KLASSISCHE GRIECHISCHE
ARCHITEKTUR

DIE KONSTRUKTION DER MODERNE

Für Micha Levin

Angela Schumitz übersetzte den ersten Teil des Buches bis einschließlich Kapitel 3,
Christine Diefenbacher den zweiten Teil.

Titel der französischen Originalausgabe
Architecture grecque classique
Copyright © 2004 by Éditions Flammarion, Paris

Bibliografie und Bildunterschriften: **Sancra Ras**
Digitale Bearbeitung der Pläne und Grafiken: **Jan Willem Ter Steege**

Koordination: **AIO, München**
Lektorat: **Jens Jendrich**
Grafische Gestaltung: **Alice Leroy**
Satz: **Verlagsservice Rau, München**
Lithografie: **Dupont, Paris**
Druck: **Canale**

Printed in Italy

ISBN 2-0802-1018-1
FB1018–04–IX
Dépôt légal: 9/2004

Éditions Flammarion
26, rue Racine
F-75006 Paris

www.editions.flammarion.com

Alexander Tzonis
Phoebe Giannisi

KLASSISCHE GRIECHISCHE
ARCHITEKTUR

DIE KONSTRUKTION DER MODERNE

Aus dem Englischen von
Christine Diefenbacher und Angela Schumitz

Flammarion

Akropolis, Athen. Eingang.
Foto Lucien Hervé.

INHALT

Akropolis, Athen.
Foto Frédéric Boissonas.

VORWORT

Die klassische griechische Architektur fasziniert uns noch heute, und in diesem Buch sollen die Gründe dafür erläutert werden. Antike griechische Bauwerke waren mehr als die Erfindung gefälliger Formen, sie waren Versuche zur Entdeckung des raumschaffenden Geistes. Ihre Erfolge können sich mit denen der klassischen Tragödie, der Geometrie des Euklid und der Medizin des Hippokrates messen. Wie diese entstand die klassische griechische Architektur, indem zahllose bereits bestehende Werke, von denen viele von außerhalb Griechenlands stammten, herangezogen, neu interpretiert und neu miteinander kombiniert wurden. Wie diese entwickelte sich die klassische griechische Architektur als ein neues, auf Regeln basierendes System der natürlichen und der sozialen Welt. Aber anders als diese führte dieses neue System nicht zu einer endgültigen Theorie, sondern zu endlosen unterschiedlichen Möglichkeiten neuer Welten. Sein *nomos* hat uns die Moderne, die Freiheit gebracht.

In diesem Buch wurden zwei Arten von Dokumenten verwendet: Zeichnungen von Archäologen und Fotos. Ich konzentrierte mich auf Bilder von Fotografen, die in der ersten Hälfte des 20. Jahrhunderts antike griechische Architektur abbildeten. Auch wenn vom heutigen archäologischen Standpunkt aus die Restaurierung einiger Bauwerke in dieser Zeit nicht befriedigend war, wurden diese Bilder doch vorgezogen, weil die jeweiligen Grabungsstätten damals noch in einem besseren Zustand waren. Darüber hinaus hat zwar jeder dieser Fotografen seinen eigenen Stil, aber ihnen allen gemein ist eine besondere Strenge bei der Wiedergabe der räumlichen Struktur, die für die Wiedergabe des klassischen griechischen Raums notwendig und unter zeitgenössischen Fotografen selten zu finden ist.

Die erste Aufnahme in diesem Buch stammt von Lucien Hervé. Er fotografierte auch für Le Corbusier, und niemand sonst hat das Gefühl von Tragik und System so gut eingefangen, das in Le Corbusiers Werk zu finden ist. 1956 veröffentlichte der Verlag Arthaud sein von François Cali mit einem Vorwort versehenes und herausgegebenes Buch *La Plus Grande Aventure du Monde*, *L'Architecture Mystique de Cîteaux*. Es enthielt auch eine Einführung von Le Corbusier, der die Fotos dafür lobte, dass sie das alte Material »Stein, den Freund des Menschen«, und gleichzeitig das moderne

Material »*beton brut*« feierten, denn beide Materialien hätten dieselben plastischen Eigenschaften. Die strenge geometrische Struktur, der starke Kontrast zwischen Licht und Schatten und die weichen, in Heliografie gedruckten Grautöne der Bilder von Hervé begründeten eine neue Art, Architektur fotografisch darzustellen. Bald danach benutzte Serge Moulinier, der früher mit Hervé gearbeitet hatte, dieselbe grafische Sprache in seinem Buch *L'Ordre Grec, Essai sur le Temple Dorique*. Auch dieses Werk wurde von François Cali konzipiert und herausgegeben und 1958 von Arthaud veröffentlicht. Im vorliegenden Werk werden einige Fotos von Moulinier verwendet.

Wie Hervé wurde auch der Schweizer Fotograf Frédéric Boissonas (1858–1944) von Le Corbusier bewundert. Seine Fotos der Akropolis machte er mit einer speziellen Großformatkamera für Architekturaufnahmen. Viele seiner Fotos wurden von Maxime Collignon in dessen Buch *Le Parthénon* (1912) veröffentlicht. Daraus entnahm Le Corbusier viele Abbildungen für sein berühmtes Manifest *Vers une architecture* (1924), um damit die »mathematische Ordnung« und den »revolutionären Geist« des Parthenon zu demonstrieren.

Die Fotos von Delphi wurden vor dem Zweiten Weltkrieg von Georges de Miré aufgenommen und aus dem Archiv der École Française d'Athenes ausgewählt. Aus derselben Zeit stammen die von Walter Hege (1893–1955) aufgenommenen Fotos der Propyläen und der Akropolis aus dem Archiv des Deutschen Archäologischen Instituts in Athen. Waldemar Deonna (1880–1959) war ein Schweizer Archäologe, Professor an der Universität Genf und Amateurfotograf. Die hier abgedruckten Fotos wurden aus seinem Privatarchiv in den Musées d'Art et d'Histoire de la Ville de Genève ausgewählt. Deonna nahm sie zwischen 1904 und 1907 auf, während er mit Unterstützung der École Française d'Athenes in Griechenland tätig war. Auf meine eigenen Fotos griff ich nur zurück, um spezifische Textbelange herauszustreichen, wenn in den Fotoarchiven nichts Passendes zu finden war.

Viele Überlegungen in diesem Buch haben sich über lange Zeit entwickelt, in der Tat seit der Zeit, in der ich bei A. K. Orlandos und D. Pikionis in Athen studierte. Viele andere Gedanken stammen aus meiner Arbeit zur Renaissance und zum Klassizismus des 17. Jahrhunderts, wobei ich mich bei J. Ackerman, L. Lefaivre und denjenigen, die die Vorlesungen zu diesem Thema besuchten und meine Positionen erörterten, bedanken möchte. Die hier vorgestellte systemische Sicht der griechischen Architektur stammt aus dieser Arbeit sowie aus der Arbeit zum kognitiven Design. R. Berwick bin ich für seine Hilfe und Inspiration dankbar. Auch aus Gesprächen mit T. Dotan und ihren großzügigen Vorschlägen habe ich viel profitiert. Ein Teil des Buches entstand während meiner zweiten Vorlesungsreihe zur räumlichen Intelligenz am Collège de France und ich möchte J. Glowinski für dessen Einladung danken. Ein herzlicher Dank auch an E. Jolles, P. Lambert, T. und M. Levin, A. P. D. Mourelatos sowie F. Schroeder, ohne deren tatkräftige Unterstützung dieses Buch nicht möglich gewesen wäre. G. Borell, M. Krumme und K. Christofi sowie I. Brun möchte ich für ihre Hilfe bei der fotografischen Dokumentation danken.

Ich bin den Mitgliedern des Design Knowledge Systems Research Center TUD – J. Arkesteijn, R. Caso-Donadei, A. Friedman, R. Schneemann, S. Ras, J.-W. Ter Steege – für all ihre Hilfe dankbar. Und schließlich möchte ich auch noch auf die besondere Sorgfalt hinweisen, mit der die Mitarbeiter meines Verlags Flammarion dieses Buch betreut haben, und auf die Energie, die mein Lektor R. Temperini aufbrachte, um mich mit klugem Rat und enthusiastischer Unterstützung durch kritische Zeiten zu steuern.

Akropolis, Athen.
Foto Frédéric Boissonas.

>>Zur Linken der Hallen des Hades wirst du eine Quelle finden [...] Vor ihr stehen Wächter.
Denen musst du sagen: Ich bin ein Kind der Gaia und des gestirnten Uranos [...] Ich bin
hungrig und durstig, [...] reicht mir sogleich kaltes Wasser aus dem See der Erinnerung. <<
Orpheus von Petalia, 4. Jahrhundert v. Chr.

WARUM KLASSISCHE GRIECHISCHE ARCHITEKTUR HEUTE?

Es mag seltsam anmuten, dass klassische griechische Architektur in kritischen Zeiten des Umbruchs wie den heutigen, in denen Identität, Diversität und Ökologie zu zentralen Anliegen werden und sich nicht-westliche Kulturen weltweit um ihre Emanzipation bemühen, eine ungebrochene Faszination ausstrahlt. Aber eben weil wir in einer Zeit derart bedeutsamer Veränderungen leben, ist die Erforschung der klassischen griechischen Architektur so wichtig, auch wenn ihr der Ruf eines konservativen, geschlossenen Systems anhaftet, eines Komplizen des Westens in seinen frühen Bemühungen, ein Weltreich zu gründen.

In diese Erforschung spielt unsere Sehnsucht hinein, mehr über die Formen und Kräfte zu erfahren, die die zu einer längst vergangenen Zeit gehörenden Gebäude gestalteten, aber auch unsere Sorgen und Hoffnungen darüber, wie sich Gebäude, Städte und Landschaften auf die physische und gesellschaftliche Qualität unseres Lebens auswirken. Die Architektur der griechischen Antike hat uns nicht nur wunderbare Monumente hinterlassen, sie zeugt auch von Kreativität, Intelligenz und der menschlichen Fähigkeit, die Welt in einer Gemeinschaft zu erdenken und zu erbauen. In dieser Hinsicht steht das Studium der antiken griechischen Architektur im Zusammenhang mit Heuristik und Politik im weitesten Sinne des Wortes; ihre längst vergangene Geschichte kann ein wesentliches Werkzeug in einer Werkstatt des neuen Denkens in unserer Zeit sein. Das Studium dieses Gebietes ist deshalb so aufregend, weil der Parthenon tatsächlich unser Zeitgenosse ist.

Diese Betrachtungsweise birgt ein Paradox und eine Herausforderung: Um imstande zu sein, mit dem Parthenon oder den Propyläen der antiken Akropolis zu kommunizieren und unsere modernen Probleme an ihnen zu messen, müssen wir sie distanziert betrachten. Das bedeutet nicht nur herauszufinden, wie fremd und unterschiedlich sie sind, sondern ebenso, wie unsere geläufige Kenntnis und Erinnerung an die Werke der Antike durch Rekonstruktionen erzwungen werden, mit denen sich dazwischenliegende Generationen übertrumpft haben. Jedes Mal nämlich, wenn man sich an etwas erinnert, wird diese Erinnerung von Glaubenssätzen und Wünschen, die sie evoziert haben, neu geformt. Deshalb müssen wir uns darüber im Klaren sein, dass wir die antike griechische Architektur heute durch ein

Der Olymp.
Foto Frédéric Boissonas.

Kaleidoskop von Konzepten und Modellen betrachten, das frühere Forscher konstruiert haben, die wie wir von Ideen und Interessen ihrer Zeit getrieben waren, auch wenn sie vorgaben, die Beiträge des alten Griechenlands jenseits der Grenzen eines kulturellen Produktes in einem gegebenen Kontext zu betrachten.

Als Oswald Spengler, der die Kulturgeschichte enorm popularisierte, in seinen Studien gegen Ende des Ersten Weltkriegs[1] darum bemüht war, die gewalttätigen, revolutionären und chaotischen Ereignisse seiner Zeit zu begreifen, sah er in der griechischen Architektur nur die Qualität der heiteren Ordnung einer Statue, das »Statuenhafte«. In ähnlicher Weise betonte ein deutscher Philosoph im Januar 1943[2] in einer Zeit persönlicher Ängste über »die Welt in Flammen«, dass die Beiträge der griechischen Antike durchaus vergleichbar seien mit dem Auftrag Deutschlands, denn beide Völker seien »Völker der Dichter und Denker«, die sich darum bemühten, »den Westen zu retten«. Die Einzigartigkeit des griechischen Gedankenguts lag seiner Meinung nach darin, dass sich auch Griechenland gegen den »Orient« und den vulgären »Liberalismus« des Westens gewandt habe. Die Definition dieser Kultur als »authentisches« Produkt einer »reinen« Rasse mit einer unverdorbenen Vergangenheit und die Definition der antiken griechischen Bauwerke als quasi übernatürliche Schöpfungen, ermöglicht durch den Genius eines heroischen Volkes, das aus dem Norden, aus den vom geheimnisvollen »schneebedeckten Olymp« verdunkelten Gebieten, ins Land gekommen war, diese reduktivistische, puristische Herangehensweise an die griechische Kultur der Antike hat eine lange Vergangenheit. Ein amerikanisches Standardwerk der Architekturgeschichte[3] aus den 1940er Jahren beschreibt dieses Ereignis als das »Eintreffen [eines Volkes], [...]

dessen Sprache zur linguistischen Gruppe der arischen Sprachen gehörte, das [...] blond war, [...] seine eigenen Götter [hatte] [...] und vor allem einen Gott des Himmels, Zeus [...] Die Einwanderer scheinen aus zwei Hauptstämmen bestanden zu haben [...], den Ionern und den Dorern [...] und sie erschufen jeweils die dorische und die ionische Ordnung«.

Keine dieser Interpretationen der antiken Architektur bedenkt die Tatsache, dass das griechische »Wunder« sich insbesondere durch das ausnehmend hohe Maß an Bildung auszeichnete, das nicht nur abstrakte Repräsentationen, die Aufbewahrung von Daten und logisches Denken ermöglichte, sondern auch die beispiellose Weiterverarbeitung und den Austausch von Wissen zwischen verschiedenen Gruppen[4]. Ebenso wenig berücksichtigen sie die Tatsache, dass dieses Wunder auch durch die Einführung hebräischer Symbole ermöglicht wurde, übernommen von einem fremden Volk, das auf der anderen Seite des Meeres lebte, den Phöniziern; auch zumindest einige Attribute von Zeus[5] stammen aus den Bergen Palästinas. Auch die griechische *polis* bleibt hier unerwähnt, und zwar nicht als abstraktes Ideal oder als Akkumulation von Siedlungen, sondern als konkrete Institution, als ein gesetzmäßig-politischer Mechanismus, der Beziehungen und Interaktionen zwischen den Menschen strukturierte und nicht eine Trennung, sondern ein Verschmelzen von Kulturen und Völkern begünstigte. Und schließlich berücksichtigen sie auch nicht das Netz gegenseitiger Handelsbeziehungen und der Zirkulation von Gütern, Kenntnissen und Theorien, das die Griechen durch den Dialog oder den Konflikt mit anderen Gruppen aufbauten.

Indes ermöglicht uns eine andere Herangehensweise an die griechische Kultur und insbesondere die griechische Architektur, ihre Entstehung und Entwicklung

Das Mittelmeer.
Foto Frédéric Boissonas.

Das Mittelmeer.
Foto Frédéric Boissonas.

zu erforschen, zu der Netzwerke von Gemeinschaften in einer bestimmten Region, aber auch aus anderen Regionen beitrugen, den »wasserumspülten Inseln« oder den »wein-dunklen« Küstenregionen des Mittelmeerraums. Dieses Meer – streng genommen war auch das Schwarze Meer darin eingeschlossen – war gefährlicher als der schneebedeckte Olymp; andererseits war es auch einfacher, es in »tiefblauen Bugen«, in »schwarzen hohlen Schiffen« zu überqueren, wodurch weit auseinander liegende Ansiedlungen enge Verbindungen unterhalten konnten.

Neben diesen physischen Hilfsmitteln, die eine Ausdehnung der griechischen Gemeinschaften ermöglichten, gab es die institutionellen Mittel, die eine Entfaltung erleichterten und gleichzeitig den Zusammenhalt festigten. Das wichtigste war das Heiligtum von Delphi. In dem *Homerischen Hymnos an Apollon* heißt es, dass der Gott persönlich das Fundament des Haupttempels errichtete und »Menschen aus aller Welt« einlud, zu ihm zu kommen und ihn zu befragen, wobei er ihnen »Rat und Antwort« versprach. Das Heiligtum lag »am Fuße des Parnass« in spektakulärer Lage auf »einem gen Westen ausgerichteten Hügel: darüber eine Klippe, darunter eine tiefe Felsspalte, in der Nähe eine süße, munter sprudelnde Quelle«, wie es im Hymnos heißt. Die landschaftlichen Gegebenheiten des Ortes trugen dazu bei, ihn zum wichtigsten Dreh- und Angelpunkt der Förderung und Regulierung der griechischen Netzwerke zu machen: Seine beeindruckende Erhabenheit rief »Gefühle der Ehrfurcht und des Mysteriums«[6] hervor, und darüber hinaus lag er abseits des territorialen Einflussbereichs[7] der bereits etablierten Gemeinschaften, die in anderen Interessenszusammenhängen standen. Gewiss gab es in Delphi auch viele andere Aktivitäten, doch zusammen mit Olympia und anderen,

bescheideneren Heiligtümern lag seine zentrale Funktion in der Förderung und Aufrechterhaltung des Netzwerkes von Gemeinschaften. Die Architektur war in all diesen Heiligtümern sowohl als Frucht dieses menschlichen Zusammenspiels als auch als eine sie ermöglichende Kraft dominant.

Die alten Griechen hätten sich dieser Ansicht nicht angeschlossen. Griechische Autoren gaben die Verbindungen zwischen ihrer Kultur und den fremden Kulturen wie auch die eigene kulturelle Verpflichtung und Abhängigkeit unumwunden zu, selbst nach der Entstehung eines expliziten »Ostwest-Grabens«, der sich mit den Perserkriegen auftat[8]. Auch Homer als einer der großen Architekten der griechischen Identität bezeichnet in der *Odyssee* die Zimmerleute als Handwerker, die »über die grenzenlose Erde« ziehen. Technische Experten wie Poeten, Musiker, Rechtsgelehrte und frühe Philosophen – die Sophisten – reisten ausgiebig über das Mittelmeer. Solche »kosmopolitischen« Techniker, die selten sesshaft waren, haben die griechische Kultur und Architektur entworfen und aufgebaut. Die Situation erinnert an das Paris Anfang des 20. Jahrhunderts, das New York Ende der 1930er und Anfang der 1940er Jahre oder sogar an das Paris zu Zeiten von Colbert und Ludwig XIV.

Die meisten alten Griechen, die sich mit Kulturpolitik beschäftigten, zerbrachen sich nicht weiter den Kopf darüber, ob sie glaubwürdig waren oder als erste an ein Ziel gelangten, wie es viele Europäer im 19. Jahrhundert mit dem Aufkommen des Nationalstaates taten. Größeren Wert legten sie auf Innovation (*kainotomia*), Erfindungsreichtum (*polymechania*) und das Erreichen von Könnerschaft (*aristeuein*) im Wettbewerb miteinander. Sie scheuten sich nicht, älteres Wissen zusammenzutragen, neu zusammenzufügen und zu verschmelzen,

Luftaufnahme des Schatzhauses der Athener, des Apollontempels und des Theaters, Delphi.
Fotograf unbekannt.

Schatzhaus der Thebaner, Delphi. Triglyphen und Metopen.
Foto Georges de Miré.

Schatzhaus der Athener, Delphi.
Foto Georges de Miré.

sei es nun regionaler Herkunft, wie in der hervorragenden homerischen Synthese linguistischer Formen, entnommen aus mykenischen, äolischen, ionischen und attischen »Themenblöcken«, die in größere metrische Schemata eingefügt wurden, oder sei es auch fremden Ursprungs, wie in der epischen Dichtung der homerischen Epoche, die Motive und Personen aus dem *Enuma Elish*[9] übernahm.

Gewiss geißelte Plutarch in *De Herodoti Malignitate* (12.1) die notorische Großzügigkeit Herodots, der den Ursprung der meisten griechischen Errungenschaften auf Nicht-Griechen zurückführte und dessen Schriften wertvolle Beschreibungen der ägyptischen Architektur enthielten, und griff ihn als »Freund der Barbaren« an. Dennoch äußerte auch er sich in *De Musica* explizit zu einer solchen Zirkulation von Wissen hinsichtlich der Entstehung und der frühen Entwicklung griechischer Lyrik und Musik. Er wies darauf hin, dass die Flöte aus

Asien, die Lyra aus Thrakien, die Doppelflöte aus Ägypten stammten, dass formale Typen und Schemata in die Musik eingeführt wurden und diskutierte auch eingehend, wie diese Importe zu neuen Entwicklungen führten, wie es bei Olympos der Fall war, der eine neue Norm der Harmonie, *nomos*, nach Griechenland brachte und dort neue Musikformen schuf. Auch Aristoteles fand es völlig normal, dass die Handwerker Einwanderer und keine Bürger waren, und wie ihre Namen erkennen lassen, stammten die Keramiker und Vasenmaler von Athen ebenfalls aus dem Ausland.[10]

Allerdings machte es vielen Griechen Sorgen, in welchem Ausmaß Künstler – Fremde oder autochthone Schöpfer, authentisch oder nicht – mit der Tradition brachen, was einen streng zu bestrafenden Akt des Frevels darstellte. Plutarch erörtert in seinen *Spartanischen Institutionen* den Fall des großen Musikers Terpander, der es wagte, in Sparta eine zusätzliche Saite an seiner Lyra

Omphalos (Nabel der Welt).
Museum von Delphi.

anzubringen und dafür bestraft wurde: Sein Instrument wurde beschlagnahmt und außerdem musste er die »Saiten, die die Anzahl über sieben hinauswachsen ließen«, zeremoniell mit einem Messer entfernen lassen. Im *Leben des Perikles* berichtet er uns auch, dass Phidias wegen Frevels angeklagt wurde, auch wenn die politischen Motive klar waren. Und auch herausragende Intellektuelle wie Aristophanes nahmen gegenüber Bewunderern des Neuen in der Dichtkunst, den *philokainoteroi*, eine kritische Haltung ein, wenn sie die Grenzen der traditionellen Harmonie verletzten, also *exarmonious* waren. Denn für alle Künstler des alten Griechenlands, auch die Architekten, bestand die große Herausforderung darin, das empfindliche Gleichgewicht zwischen den wettstreitenden Bestrebungen ihrer Kultur und den Kräften der Tradition zu wahren.[11]

Erneuerung

Angefangen bei Homer, begannen die Griechen selbst die alte griechische Geschichte neu zu schreiben. Die Rekonstruktion der architektonischen Vergangenheit des antiken Griechenlands durch die Griechen mit all den eingangs erwähnten Implikationen der durch unterschiedliche subjektive Wertungen gefärbten Erinnerung begann wahrscheinlich später, in der hellenistischen Periode, in der Zeit der »antiken Schule«, die uns als Beleg eine inzwischen wieder hergestellte Version der Palmkapitelle der oberen inneren Säulen in der pergamenischen Stoa in Athen hinterließ.

De Architectura von Vitruv, ein lateinischer Text eines römischen Verfassers, ist das früheste uns vorliegende Werk, das beansprucht, die Ursprünge der griechischen Architektur ausführlich darzustellen. Auch Pausanias' *Beschreibung Griechenlands* und Plinius' *Naturgeschichte* enthalten historische Informationen. Keiner dieser Texte wurde in der Absicht verfasst, Geschichte zu schreiben, so wie es Herodot, Thukydides oder Plutarch taten, doch sie alle hatten einen enormen Einfluss auf die Wahrnehmung von griechischer Architektur, und zwar nicht nur, indem sie isolierte Daten lieferten, sondern auch dadurch, dass sie Kategorien und Modelle entwickelten, die für das Gesamtbild der griechischen Architektur einen Rahmen bildeten.

Noch heute steht in der Nähe der Ponte Rotto inmitten alter römischer Ruinen die Casa dei Crescenzi, ein seltsames Gebäude, eine Kollage aus antiken Friesen und mittelalterlichen Steinmauern, umgeben von Halbsäulen in der Form einer antiken Kolonnade. Vielleicht markiert diese Restaurarierung die Anfänge der modernen Bemühungen zur Rekonstruktion der Architektur der Antike. Nicolaus Crescenzi[12], ein Bürger Roms und

Apollontempel und Theater, Delphi.
Foto Waldemar Deonna.

Anhänger der Republikaner, errichtete in der Mitte des 12. Jahrhunderts offenbar zur Erinnerung an einen Sieg der römischen Partei über das Papsttum dieses hybride Gebäude, das antike Fragmente und Muster in eine moderne Turmstruktur integrierte. Hinweise darauf liefert die Inschrift auf der Fassade in leoninischen Hexametern: »Romae veterems renovare decorem.« Vom modernen Blickwinkel aus war Crescenzis Entwurf einfallsreich, doch als »historische Rekonstruktion« war er archäologisch naiv. Hier zeigt sich, wie ignorant — oder vielleicht auch nur gleichgültig — sogar die Bewohner Roms zu jener Zeit gegenüber der Architektur der Antike waren. Aber hier manifestieren sich auch die Anfänge der *renovatio*, einer kulturellen Bewegung, die ein politisches Programm der Erneuerung mit der Vorstellung der Wiederbelebung der antiken Architektur verband. Die Wurzeln dieser Bewegung reichen tiefer. Offenbar verfielen um das Jahr 1000, während des

»finsteren Mittelalters« in Westeuropa, »die Künste Tag für Tag bis zu dem Punkt, dass sie die Vollkommenheit völlig verloren«, so Giorgio Vasari.[13] »Nur formlose und ungeeignete Dinge« wurden hergestellt, nur »grobe, minderwertige« Gebäude »bar jeder Gestaltung« wurden errichtet. Doch die zu jener Zeit vorherrschende Verzweiflung und Angst, dass der »Tod der menschlichen Rasse« begonnen habe (Focillon, 1969), war zunehmend gekoppelt an die Hoffnung auf eine Wiedergeburt der großartigen Welt der Antike. Diesen Glauben teilten Herrscherhöfe wie auch regionale Parteien, wie es im Falle Crescenzis deutlich wird. Eine neue politische Ordnung wurde legitimiert, indem sie mit einem alten heroischen Regime identifiziert wurde. Die auf einer »Renovation« antiker Strukturen gründende Architektur, *renovatio*, spielte eine wesentliche Rolle bei der Etablierung dieser Identität. Interessanterweise scheint in der antiken griechischen Geschichte

Heratempel, Olympia.
Foto Frédéric Boissonas.

eine ähnliche Bewegung stattgefunden zu haben, und zwar in der Zeit, als Homer eine hellenische Identität formte, indem er die Vergangenheit rekonstruierte. Zahlreiche Texte folgten ihm.

Für seine sehr begrenzte *renovatio* schlachtete Crescenzi antike römische Bauwerke aus. Allerdings hatten die meisten Menschen in Europa keinen so unmittelbaren Zugriff auf antike Ruinen. Das Programm der *renovatio* speiste sich ausschließlich aus alten Texten, und das Denken jener Zeit schrieb vor, dass man sich an Texte hielt und nicht auf Beobachtungen zurückgriff.

Griechische Texte standen sogar in den »finstersten« Jahren des Mittelalters in Westeuropa zur Verfügung. Durch die Invasion islamischer Truppen wurden die Handelsnetze zwischen Ost und West zwar unterbrochen[14], aber nicht zerstört[15]. Juden, die den Handel von den Christen übernahmen, hielten den Informationsfluss aufrecht, brachten Manuskripte nach Westeuropa und übersetzten zusammen mit Arabern alte griechische Texte. So wurden schon im frühen Mittelalter diverse theoretische Werke der griechischen Antike, die eine wichtige Rolle bei der *renovatio* der Architektur spielten, verfügbar gemacht, etwa die *Poetik* von Aristoteles, die *Mechanica* von Heron von Alexandria und ein großer Teil des Werks von Platon und der Platoniker einschließlich Timaios.[16]

Das wichtigste Werk, das direkte Informationen zur alten griechischen Architektur lieferte, stammte nicht aus der Feder eines Griechen. Wie bereits erwähnt, war Vitruvs *De Architectura* eine wahre Architektur-Enzyklopädie mit einer Fülle von Informationen über Entwürfe, Konstruktionen und über die funktionelle Organisation von Gebäuden, Städten, Maschinen und alter griechischer Architektur. Achtundsiebzig von Vitruv stammende Manuskripte lagen in den mittelalterlichen Bibliotheken von Cluny, Murbach, Melk, der Insel Reichenau, St. Gallen und anderen[17], aber wir wissen kaum etwas darüber, ob und wie sie zu Rate gezogen wurden. Als jedoch um 1416 Poggio Bracciolini und Cencio Rustici das St. Gallener Manuskript »wiederentdeckten«, markierte dieses höchst bedeutsame Ereignis den Höhepunkt der frühen Phase der *renovatio* und die Anfänge der Renaissance.

Vitruv behandelte in seinem Werk die Philosophie, die Naturwissenschaften und die »Physiologie« von der Akustik bis zur Medizin. Seine Vorstellungen waren stark von Lukrez beeinflusst, dessen materialistische Auffassung er übernahm, obwohl später behauptet wurde, bei ihm deute sich christliche Kosmologie und Theologie an. Er beschäftigte sich eingehend mit technischen und naturwissenschaftlichen Fragen und empfahl dies auch allen Architekten. Dagegen interessierten ihn Geschichte oder Rhetorik weniger. Zwar empfahl er den Architekten Geschichte, doch nur zur Hilfestellung bei praktischen Aufgaben – mit ihren Geschichtskenntnissen sollten Architekten erklären können, warum sie ein bestimmtes Ornament anbrachten. Im Gegensatz zu Plutarchs Werk *Über die Musik*, das sich ausführlich mit der Geschichte von *armoniai*, »Arten«, Tonleitern und Musikrichtungen befasst, finden wir bei Vitruvs Erörterungen über die dorischen, ionischen und korinthischen Arten der Architektur nur einige spekulative oder anekdotische Hinweise.

Seine Geschichte über die Erfindung des korinthischen Kapitells hat alle Zutaten einer erinnerungswerten Legende, auch wenn sie nicht sehr poetisch erzählt ist. Sie beginnt mit der Beobachtung, dass die hohe, schlanke Säule der schlanken Gestalt einer Jungfrau nachempfunden und von einem bestimmten jungen Mädchen aus Korinth inspiriert sei, das sehr früh verstarb. Die Konfiguration des korinthischen Kapitells

erklärt er in ähnlicher Weise: Dieses soll dem Korb nachempfunden sein, den die Kinderfrau des jungen Mädchens auf das Grab stellte und der das Spielzeug enthielt, an dem es sich zu seinen Lebzeiten erfreut hatte; der Korb sei dann von Akanthus-Blättern überwuchert worden, die im Frühling nach dem Tod des Mädchens um das Grab herum gewachsen seien.

Diese bewegende Geschichte umfasst drei wichtige Vorstellungen: die unablässige Erneuerung des Lebens nach dem Tod; poetische Kreativität, davon inspiriert, dass aus der gewöhnlichen Wirklichkeit unerwartete Analogien gezogen werden; und schließlich der Sieg der Kunst über den Verlust der Jugend. Außerdem haftete dem korinthischen Kapitell, das die Römer wie auch viele westeuropäische Architekten in den darauf folgenden Jahrhunderten bevorzugten, etwas »Romantisches« an, denn es soll die Schöpfung eines einzigen Mannes, Kallimachos, gewesen sein, der von dem tragischen Ende eines jungen Mädchens stark bewegt war, das »gerade ins heiratsfähige Alter eingetreten war«. Zur Rettung dieser Geschichte behaupteten manche Archäologen, dass Vitruv darin eine sehr wahrscheinlich historisch zutreffende Tatsache schematisierte, dass nämlich das korinthische Kapitell zuerst auf Votivsäulen angebracht war. Manche assoziierten mit dem Kallimachos aus Vitruvs Geschichte eine historische Figur, einen Schmied, der in Athen auf der Akropolis am Tempel des Erechtheion arbeitete, und führten an, dass das korinthische Kapitell anfangs in Eisen gegossen wurde. Doch wie wir später sehen werden, stimmen die Daten nicht, denn das Kapitell tauchte schon früher in Bassai auf und Vitruv selbst stellt fest, dass Kallimachos ein Bildhauer war, der mit Marmor arbeitete.

Gleichermaßen unhistorisch ist die bei Vitruv zu findende Erklärung für Form und Proportionen anderer

Das von Polykleitos geschaffene Kapitell der Tholos von Epidauros.

Arten griechischer Architektur, der *genera*. Er verwendet diesen Begriff für das, was heute eher verwirrend »Ordnungen« genannt wird und stützt sie ebenfalls auf anthropomorphe Analogien. In ähnlicher Weise begründet er die Teile und Glieder des dorischen Tempels, von denen er behauptet, ihr Entwurf sei eine steinerne Nachahmung früherer Formen aus dem Holzbau. Sehr eingehend analysiert er das Für und Wider der Details der Triglyphen, der dreifach senkrecht gekerbten Steinplatten im dorischen Fries, die er für im Steinbau nachgebildete Balkenköpfe hält. Seine Argumente wirken dadurch so überzeugend, dass er sie mit derselben Kraft und Rationalität vorbringt, mit der seiner Meinung nach auch Bauwerke errichtet werden sollten. Aus dem Vorwort zum vierten Buch seiner Schriften geht hervor, dass er plante, das architektonische Wissen auf eine »perfekte Ordnung« zu reduzieren und dadurch die Organisation von Bauwerken zu definieren, innerhalb deren nichts »ungeordnet wie Atome« fließen darf und alles auf rationale und absichtsvolle Weise erfolgt,

inventa ratio, habet rationem. Da er ein materialistischer Empirist war, glaubte er, dass Artefakte nicht subjektiv erfunden, sondern nach dem Vorbild der Natur geschaffen werden sollten, *naturae deducta*. Was in der Natur nicht vorkommt, erklärte er, könne nicht dazu gezwungen werden, in einem künstlichen Produkt zu entstehen. Er argumentierte rational als Planer, aber er dachte nicht in historischen Begrifflichkeiten. Der Weg der Geschichte ist sehr viel komplizierter, voller Versuche und Irrtümer und gelegentlich, wie die Irrfahrten des Odysseus, nicht sehr logisch, dafür aber höchst abenteuerlich. Das Wissen über einen solchen Weg mag für uns heute von größerem Belang sein als die Schmalspurversuche, die Vergangenheit zu rekonstruieren.

Gewiss schrieb Vitruv sein zehnbändiges Werk in einer völlig anderen Absicht als Herodot, Thukydides oder Plutarch ihre Geschichtswerke. Vitruv hatte ein sehr direktes und praktisches Ziel: Er wollte einen auf der Vernunft basierenden Kanon erschaffen, *disciplinae rationes*, der dem umfangreichen Bauprogramm des neuen Reiches dienen sollte. Wir wissen nicht genau, wie erfolgreich er zu seinen Lebzeiten war, aber *De Architectura* hatte seit der Renaissance einen enormen Einfluss auf die Entwicklung der Theorie und Methodologie der Architektur. Dabei spielte es keine Rolle, dass Vitruv sich kaum zur Geschichte und gar nicht über den Austausch zwischen Regionen und ethnischen Gruppen äußerte, der zu den diversen Arten von Plänen und Bauten führte.[18] Es ist interessant, dass er nur an einer einzigen Stelle die Beziehung zwischen Bauwerken und ihrer Umgebung erörterte, nämlich dort, wo er sich mit den »regionalen Arten« von Bauwerken (*genera aedificorum*) beschäftigte, die aufgrund der unterschiedlichen Beschaffenheiten und des unterschiedlichen Klimas[19] in einer Region zu finden waren: Der Norden diktiere eine

Hephaisteion, Athen.
Foto Walter Hege.

Parthenon, Akropolis, Athen. Triglyph.
Foto Czako.

Parthenon, Akropolis, Athen. Architrav an der Ostseite.
Fotograf unbekannt.

extreme Art von Architektur, der Süden das andere Extrem, während die von den Römern bewohnte »gemäßigte« Region die überlegene Architektur ermögliche, woraus er schloss, dass die Römer die legitimen Herrscher der Welt seien.

Schließlich behandelt Vitruv die dorischen, ionischen und korinthischen Arten der Architektur, die er *genera* nennt, als unabhängige Einheiten im aristotelischen Sinne von *gene*[20], charakterisiert durch Glieder (*mele*), Teile (*mere*) und sekundären Wesensmerkmalen wie der Form. Er entwickelt eine ähnliche Begriffsstruktur mit *membris* und *partis* und erörtert sodann ihre charakteristischen Eigenschaften, wobei er sich auf die zwischen ihnen bestehende Beziehung konzentriert und dabei die Begriffe Proportion und Symmetrie verwendet. Zum 19. Jahrhundert hin verschwindet die Analogie zwischen »natürlichen Gattungen« und Vitruvschen *genera*, die auch heute noch in italienischen und französischen Übersetzungen beibehalten wird, und das Konzept der *genera* geht in das Konzept der »Ordnungen der Architektur« über.

Wie wir später noch sehen werden, scheint sich das von den alten Griechen entwickelte Architekturkonzept ausgesprochen deutlich in der Analogie zwischen Aristoteles und Vitruv zu spiegeln. Allerdings umfasste es nicht die Wechselwirkung zwischen den Architekturgattungen innerhalb eines Systems. Dieses System der räumlichen Intelligenz, eines der großen Erfindungen der griechischen Architektur mit enormem Nachhall in der Zukunft, geht über das aristotelische Paradigma der »natürlichen Gattungen« hinaus.

Vitruvs Einfluss ist noch heute spürbar, denn abgesehen von Pausanias' und Plinius' überwiegend deskriptiven Schriften überdauerte keines der zahllosen Werke der alten Griechen. Im Vorwort zum siebten Buch seiner Abhandlung führt Vitruv griechische Autoren an, denen er zu Dank verpflichtet sei, deren Werke uns allerdings heute nicht mehr vorliegen: Agatharchos, Demokrit und Anaxagoras, die er bei Fragen der Perspektive zu Rate zog, Silenos, wo es um dorische Proportionen ging, Rhoikos und Theodoros bezüglich des ionischen Tempels der Hera auf Samos, Chersiphron von Knossos und Metagenes bezüglich des ionischen Tempels der Artemis in Ephesos, Pytheos bei dem ionischen Tempel der Athena in Priene, Iktinos und Karpion bei dem dorischen Tempel der Athena auf der Akropolis in Athen, Theodoros von Phokis bezüglich der Tholos in Delphi, Philon bezüglich der Proportionen von Tempeln und dem Arsenal im Hafen von Piräus, Hermogenes bezüglich des pseudodipteralen ionischen Tempels der Diana in Magnesia und des monopteralen Tempels von Dionysos in Teos, Arkesios bezüglich der korinthischen Proportionen und des ionischen Äskulaptempels in Tralles und Pytheos bezüglich des Mausoleums – eine lange Liste, und Vitruv wies darauf hin, dass es daneben noch »weniger berühmte« Verfasser bedeutender Schriften zur »Symmetrie« und »Maschinerie« gegeben habe, die er aber nicht extra erwähnte. Anders als die römischen entwickelten die griechischen Architekten offenbar ihr Denken fort und machten ihre Arbeit bekannt, indem sie darüber schrieben und dabei ihre rhetorischen Fähigkeiten ausschöpften. In *Über den Redner* stellt Cicero fest, dass Philon, der Architekt des Arsenals in Piräus, nicht nur über die »Theorie seiner Arbeit« geschrieben, sondern dies auch höchst eloquent getan habe – aus der Feder eines der größten Rhetorik-Experten der Geschichte ein hohes Kompliment. Da keine dieser alten Schriften erhalten geblieben ist, sind wir Vitruv dankbar, dass er uns zumindest einen Bruchteil dieses Wissens bewahrt hat. Andererseits lässt sich nur schwer einschätzen, wie sehr wir uns bezüglich des Inhalts dieser verlorenen Werke auf Vitruv verlassen können; denn er hatte ja zu der so genannten klassischen griechischen Architektur chronologisch gesehen nicht nur einen Abstand von mehreren Jahrhunderten, sondern verfügte auch nur über begrenzte Kenntnisse des Griechischen. Außerdem war er anders als Philon kein sehr eloquenter Autor, was Alberti, den großen Theoretiker und Architekten der Renaissance, so sehr verzweifeln ließ, dass er erklärte, Vitruvs Schriften stifteten nur Verwirrung und für diejenigen, die sich für die Architektur der Antike interessierten, wäre es besser gewesen, er hätte überhaupt nichts geschrieben.[21]

Anders als Vitruv befasste sich Alberti eingehend mit der Theorie der Rhetorik und besaß die hervorragenden Kenntnisse über die griechischen Autoren, die seiner Zeit noch zur Verfügung standen. Aber zur Geschichte oder der Theorie der alten griechischen Architektur, von der er glaubte, sie habe ihre Anfänge in Asien gehabt und sei in Italien zur Perfektion gebracht worden, konnte er kaum etwas beitragen. Wie die meisten Renaissance-Autoren machte er keinen klaren Unterschied zwischen griechischer und römischer Architektur und fasste beide unter dem Begriff »Antike« zusammen. Und er hatte noch einen weiteren Grund, Vitruv nicht zu empfehlen: Er war bemüht, die Architektur seiner Zeit zu verbessern und war daher auf der Suche nach konkreten Regeln und hoffte, diese durch das Studium und die Dokumentation erfolgreicher Bauwerke der Vergangenheit aufstellen zu können.

Andererseits war es angesichts der begrenzten Darstellungsmöglichkeiten und der, wie uns heute erscheint, idiosynkratisch hohen Anforderungen[22] an die Zeichnung eines Bauwerks[23] sehr schwer, antike Monumente so zu kopieren, dass sie Alberti von Nutzen hätten sein

können. Dies zeigt sich in einer der sehr seltenen frühen Dokumentationen antiker griechischer Architektur, den Zeichnungen von Albertis Zeitgenossen Cyriaco d'Ancona.

Cyriaco war ein Kaufmann, der 1391 in Ancona geboren wurde, einer italienischen Stadt, die von sich behauptete, eine dorische Kolonie gewesen zu sein, und zu Cyriacos Lebzeiten noch immer eine merkwürdige Tradition zur Erinnerung an ihre griechische Herkunft pflegte: Jährlich zog eine Parade ausländischer Sklaven durch die Stadt zur alten Akropolis, um dort Opfergaben niederzulegen. Cyriaco pflegte Handelsbeziehungen zum Osmanischen Reich; neben griechischem Wein, Teppichen, Edelsteinen und jungen Sklaven – er hatte eine junge griechische Sklavin als Konkubine – handelte er auch mit antiken Medaillons, Statuetten und vor allem Manuskripten, von denen er zahlreiche, darunter auch eines von Vitruv, behielt. Auf seinen Reisen machte er ausführliche Notizen, kopierte antike griechische Inschriften, korrespondierte häufig auf Altgriechisch mit seinen Freunden und zeichnete antike griechische Bauwerke ab. Er besuchte viele historische Stätten in Griechenland – Delos, Paros, Delphi, Korinth und zweimal auch Athen, 1436 und 1444, wobei er in den Propyläen übernachtete, die zu einem italienischen Palazzo umgebaut worden waren. Die meisten dieser Dokumente, die unter dem Titel *Kommentare* in sechs Bänden zusammengefasst waren, fielen 1514 einem Feuer zum Opfer. Unter den wenigen noch erhaltenen Stücken befindet sich eine Skizze des Parthenon und die Kopie einer Zeichnung desselben Bauwerks, die Giuliano da Sangallo anfertigte; die Zeichnung selbst ging ebenfalls verloren.

Zwei bedeutende illustrierte Renaissanceabhandlungen, die *Abhandlung zur Architektur* (1451–1464) von

Parthenon, Akropolis, Athen. Fassade.
Zeichnung nach Cyriaco d'Ancona.

Antonio Averlino, genannt Filarete (um 1400–1469), das erste derartige Werk in einer modernen Sprache, und die *Abhandlungen zur zivilen und militärischen Architektur* (um 1474–1482) von Francesco di Giorgio Martini (1439–1501) enthielten Zeichnungen kanonischer Säulen und Kapitelle, die sich noch auf die Autorität von Vitruvs Schriften stützen und nicht auf die Dokumentation tatsächlicher Bauwerke. Sie behielten Vitruvs Behauptung über den Ursprung der Entwicklung der antiken griechischen Steintempel aus einfachen Holzbauten bei. Dem Imperativ folgend, eine synkretistische Kultur zu erschaffen, in der christliche Lehren mit den Schriften der Antike vereinigt werden sollten,

reinterpretierten und vertieften sie Vitruvs Theorie, dass die Proportionen der dorischen, ionischen und korinthischen Architekturarten dem Vorbild des menschlichen Körpers nachempfunden seien.

Wahrscheinlich liefert kein anderes Werk der Renaissance eine umfassendere und lebendigere Vision der politisch-kulturellen *renovatio* als das reich bebilderte *Hypnerotomachia Poliphili*. Dieses Werk (das 1467 fertig gestellt und 1499 veröffentlicht wurde, signiert von einem geheimnisvollen Francesco Collona, doch vor kurzem von L. Lefaivre Alberti zugeschrieben wurde) enthält bei einem Umfang von etwa 30 000 griechischen Wörtern eine Fülle von Bildern einer neuen Lebensweise, an der sich die damaligen Fürstenhöfe orientierten. In diesem Werk wird eine neue, von der mittelalterlichen stark abweichende Interpretation der griechischen Kultur und Architektur vorgestellt, die Sinnenfreuden, Luxus und Ästhetik betont. Dieses Bild der Antike war in Europa bis in die Zeiten von Winckelmann im 19. Jahrhundert vorherrschend und hat bis zu einem gewissen Grad bis heute überdauert.

Ein völlig anderes Bild der Antike liefert Cesare Cesarianos (1483–1543)[24] Ausgabe der Originalschriften von Vitruv (1511), begleitet von zahlreichen Illustrationen, einer Übersetzung – der ersten in eine moderne Sprache – und Kommentaren, die etwa das Zehnfache des eigentlichen Textes ausmachen.[25] Zwar verweist Cesariano stets auf Vitruvs Autorität, doch in seinen ausführlichen Kommentaren nimmt er sich häufig die Freiheit, die Universalität architektonischer Regeln zu beweisen, indem er zum Beispiel Grundriss und Fassade des spätmittelalterlichen gotischen Doms von Mailand als Beispiel für eine klassische Vitruvsche Komposition anführt. Andererseits erlaubt es seine Architekturtheorie wegen seiner grundlegenden humanistischen Kenntnis

Die fünf Arten oder Ordnungen der Architektur. Toskanische, dorische, ionische, korinthische und komposite Art.
Nach Serlio (1537).

der im gelehrten Mailand präsenten antiken Texte am ehesten, das architektonische Denken der Antike zu rekonstruieren. So überrascht es kaum, dass er als erster ein Diagramm der verschiedenen Arten der Architektur zeichnete, die er nebeneinander abbildete, und er entwickelte auch als erster eine deutliche Wiedergabe der Aufteilung des antiken Tempels, die bei Vitruv fehlt. Sebastiano Serlio (1475–1564) wiederholt in seinen *Büchern zur Architektur* (1537–1575)[26], dem ersten Werk, das die Möglichkeiten neuer Techniken der grafischen Darstellung und des Buchdrucks für die Architektur nutzt, die Idee, die Architekturarten, die er »Weisen« oder »Ordnungen« nennt, nebeneinander aufzulisten. Doch er erweitert diese Idee noch: Er wendet einen einheitlichen Maßstab auf alle Säulen an, so dass sie vergleichend analysiert werden können, und arrangiert sie von links nach rechts, von der stärksten bis zur dünnsten, so dass die Ordnung der in Griechenland entstandenen Architektur klar zum Ausdruck kommt. Dennoch werden in diesem Text die Griechen und die Römer mit demselben Etikett »Antike« versehen, ein Brauch, der sich bis ins 17. Jahrhundert fortsetzte.

Doch trotz dieser Neuerungen warf die nächste Generation Serlio vor, er habe sich Vitruvs Autorität zu stark unterworfen. Andrea Palladio (1508–1580)[27] und sein Schüler Scamozzi forderten eine Rückkehr zur »Quelle der Ordnungen«; in Frankreich bezeichnete Fréart de Cambray (1650) die originalen Bauwerke als »das beste Buch, das es zu diesem Thema gibt«. Ein wichtiger Augenblick in der Geschichte der Dokumentation antiker Bauwerke ist Colberts[28] Auftrag an Antoine Desgodetz (1653–1728), nach Rom zu reisen und dort die Normen — soweit vorhanden — zu identifizieren, aufzuzeichnen und zu vergleichen. Der Finanzminister, der darum bemüht war, für das von ihm geleitete Baupro-

gramm Ludwigs XIV. normative Regeln für die Architektur aufzustellen, und zwar nach Möglichkeit basierend auf den Vorläufern der »Antike«, war nämlich der endlosen Debatten der Architekten überdrüssig. Innerhalb sehr kurzer Zeit gelang es Desgodetz mit Hilfe neuer Dokumentationstechniken, eine große Zahl von Bauwerken aufzuzeichnen. 1682 wurden sie in *Les Édifices Antiques de Rome* veröffentlicht, zusammen mit seiner Beobachtung, dass sich frühere Autoren unter dem Einfluss Vitruvs mit ihrer Behauptung, dass es solche universellen Regeln bei alten Bauwerken gebe, geirrt hätten. Allerdings waren die Griechen in dieser Dokumentation nicht eingeschlossen. Doch die angeführten Beweise galten als ausreichend, um Theorien wie etwa die von Claude Perrault (1613–1688)[29] zu unterstützen, der in seinen Kommentaren zu Vitruv bereits darauf hingewiesen hatte, dass die Proportion des korinthischen Kapitells, die bei den Griechen, für die die Höhe des Kapitells dem Säulendurchmesser entsprechen musste, als sehr schön galt, von den Römern nicht geschätzt wurde. Diese fügten ein weiteres Sechstel des Durchmessers hinzu und konnten nun behaupten, dass es keine universellen, auf der Natur basierenden Architekturregeln gebe, etwa den menschlichen Körper, wie von Vitruv festgestellt. Auch wurde Villalpandos Ansicht zurückgewiesen, Gott habe den Architekten des salomonischen Tempels die Proportionen eingegeben, und die Griechen, die ja als ihre Erfinder galten, hätten sie von diesen Architekten übernommen.

Der »Neue Humanismus«

Colbert, Desgodetz und Perrault verlagerten die Erforschung der antiken römischen Architektur weg von lite-

**Ionisches Kapitell und
ionische Basis.**
Nach Palladio (1570).

rarischen Quellen hin zu materiellen Beweisen und empirischen Daten und unterschieden zwischen primären und sekundären Quellen. Damit markierten sie die Anfänge eingehender Antikenstudien, die A. Momigliano im Gegensatz zum traditionellen Humanismus der Renaissance als »Neuen Humanismus« bezeichnete. Ein Aufruf, eine ähnliche Studie für die alte griechische Architektur durchzuführen, erfolgt etwa hundert Jahre später. Die Initiative dazu ergriff 1755 der junge französische Architekt Julien David Le Roy (1724–1803)[30], der sich vorrangig auf die von Desgodetz in Rom eingeführten Methoden stützte. In kaum drei Monaten beendete er seine Dokumentation in Athen und präsentierte der Académie royal d'Architecture in Paris die Ergebnisse. 1758 veröffentlichte er seine Untersuchungen und überarbeitete sie 1770 noch einmal. Seine Konkurrenten Nicholas Revett (1720–1804) und James Stuart (1713–1788), die vor ihm angefangen hatten, sich mit diesem Thema zu beschäftigen, waren strengeren Präzisionsstandards unterworfen und hatten weniger begeisterte Unterstützer als Le Roy, so dass sie ihre Ergebnisse erst vier Jahre nach ihm veröffentlichen konnten.[31] Wie Desgodetz in Rom begann Le Roy angesichts der Fülle der realen Bauwerke in Griechenland, den normativen, rationalistischen Ansatz Vitruvs sehr kritisch zu betrachten.[32] »Vitruv legt auf der Basis von Wahrheit die Anzahl von Säulen fest, die jede Tempelart an der Fassade aufweisen muss« – in anderen Worten nur auf Vernunftgründen basierend –, »aber dennoch findet man in Griechenland eine große Zahl von Beispielen, die belegen, dass die Baumeister dieses Volkes sich dieser Norm nicht geflissentlich unterwarfen [...] Dieser erstaunliche Unterschied in den Proportionen [...] führte zu einer höchst eindrucksvollen Vielfalt der Baukörper und dem Charakter der Fassa-

den.« Er weist noch einmal ausdrücklich auf die Vielzahl unterschiedlicher von den Griechen entworfener Tempel hin und sagt dann: »Betrachtet man die noch stehenden Tempel in Griechenland und verschiedenen Gegenden Asiens, so erkennt man, dass jeder Typus Tempel sehr unterschiedliche Baukörper vorweisen konnte, ohne von der einen in die andere Ordnung zu wechseln.«

Allmählich wurde die Architektur Griechenlands im Gegensatz zu der Roms gesehen, und es galt nicht mehr nur das allgemeine Etikett »Antike«. Dies war nicht nur auf die wachsende Sammlung exakterer Daten über griechische Bauwerke zurückzuführen, sondern auch auf den immer deutlicher werdenden Wunsch, die politische und kulturelle Situation im absolutistischen Europa zu kritisieren – die Architektur diente einmal mehr als eine Art Metapher. Gegen Ende des 17. Jahrhunderts kehrt der Geist der *renovatio* zurück; dieses Mal wird das unverdorbene Ideal in der Architektur der frühen griechischen Antike gesehen. Wieder geht die Rückbesinnung auf einen bestimmten Augenblick der Geschichte mit einer Rekonstruktion, einer Neuinterpretation und einer Veränderung einher. Das antike griechische Ideal wird im Gegensatz zu der damals herrschenden Unaufrichtigkeit, dem Gekünstelten und Korrupten als wahrhaftig, natürlich und rein interpretiert. Die Bewegung zeigt sich zuerst in der Literatur um 1700. François de Salignac de la Mothe Fénelon (1651–1715) beschreibt in seinen *Aventures de Télémaque* (1699)[33] Kalypsos Grotte als »eine Szene ländlicher Einfachheit [...], wo kein Gold, kein Silber, kein Marmor, keine Säulen, Gemälde oder Statuen zu sehen waren [...]«, womit er die absolutistischen Gepflogenheiten insbesondere Ludwigs XIV. kritisiert, wie sie in dessen Hof zu Versailles deutlich zum Ausdruck kamen. Telemach, der ehrenhafte Held auf

Dorisches Kapitell und dorische Basis.
Nach Martin (1547).

der Suche nach Gerechtigkeit und Vergeltung in einer korrupten Umgebung, betritt die ideale Stadt Mentors, wo »Mentor [...] Luxus und Faulheit [...] verbot [...] [und] den Einsatz architektonischer Verzierungen [...] auf Tempel beschränkte [...] Er schrieb Muster für eine einfache und anmutige Architektur vor [...], [nach denen] jedes Haus [...] eine kleine Säulenhalle haben sollte [...] Überflüssige Verzierungen und Prunk waren in diesen Wohnhäusern strikt verboten«.

Fénelons Homer-Adaption wird wie ein zeitgenössisches Werk gelesen, um den Bestrebungen nach einer Erneuerung durch *renovatio* entgegenzukommen. Das Gleiche gilt für Alexander Pope (1731) und Shaftesbury (1731), die in ähnlicher Weise die Architektur als Metapher für ihre Vision einer neuen Kultur und Moral benutzten. Wie Fénelon mit seiner homerischen »ländlichen Einfachheit« beschwören auch sie eine Situation herauf, in der es keine Bauwerke gibt und nur der *Genious of the Place* (1711)[34] »sich schließlich durchsetzte [...] Dinge natürlicher Beschaffenheit, wo weder Kunst noch Dünkel oder Launen des Menschen deren eigentliche Ordnung verdorben haben [...] [und] die schreckliche Anmut der Wildnis [...] einnehmender [ist als] der förmliche Hohn fürstlicher Gärten«. Tatsächlich gelangte selbst der »Naturapostel« Jean-Jacques Rousseau nicht nur durch die Berichte über neu entdeckte »Wilde«, sondern auch dank Homer und der antiken griechischen Tragödie zu seinem »Primitivismus«.[35]

Im selben Geist der *renovatio* kombiniert Marc-Antoine Laugier (1713–1769) in seinem *Essai*[36] (1753) Homers Schlichtheit mit Vitruvs Erklärung über die Entwicklung der Architektur von der Entdeckung von Höhlen als Schutz hin zum Auffinden »einiger heruntergefallener Äste«, »dem Aufstellen und [...] dem Arrangieren dieser Äste in einem Quadrat«. »So«,

schloss Laugier, »findet der Mensch eine Unterkunft [...] So nimmt die einfache Natur ihren Lauf [...] Aller Prunk der Architektur [einschließlich der alten Tempel] [...] ist nach dem Vorbild der kleinen ländlichen Hütte entstanden.« Francesco Milizia (1725–1798) identifizierte sogar noch direkter »die einzige Architektur, die aufrichtig und durch Schlichtheit und Klugheit begründet ist« mit »griechischer Architektur, denn die Griechen ahmten nur die Hütte nach«.[37]

Auch Johann Joachim Winckelmann sah in der griechischen Architektur das Natürliche, Schlichte und Aufrichtige. Er widmete sein ganzes Gelehrtenleben der klassischen Antike und trug viel zur wachsenden neuen Beliebtheit der griechischen Architektur bei. Er machte auch als erster Historiker einen klaren Unterschied zwischen der griechischer Kunst und ihren römischen Kopien. Wickelmanns Unterscheidung basierte auf dem, was er für die Vorliebe der Griechen für »edle Einfalt, stille Größe« im Gegensatz zu den »degenerierten römischen Versionen« hielt[38]. Nach der griechischen Antike, so glaubte er, sei alles »im Niedergang begriffen«, denn »der äußere Schein rangierte vor der Substanz« und »die Architekten, die es, was die Schönheit angeht, ihren Vorläufern weder gleichtun noch sie übertreffen konnten, versuchten, reicher auszusehen, [...] indem sie Verzierungen anbrachten«. Er meinte damit sowohl eine kulturelle Degeneration, aber ebenso auch im technischen Sinn einen rein stilistischen Verfall.

Eine große Vorliebe für den Stil der antiken griechischen Architektur, wenn auch isoliert von Sozialkritik und reformistischen Idealen, hielt sich bis kurz vor dem Ende des Ancien Régime, und eine Generation vor der Französischen Revolution machte sich die antike griechische Architektur in Paris als reine Mode breit. In den Worten von Jean François Blondel (1705–1774)[39]:

»Rechteckige Formen, deren Ecken so anstößig sind
[…] und die Bewegung der Menschen behindern […]
auf unseren Plätzen und in unseren Wohnhäusern […]
Die Entschuldigung wird vorgeschoben, dass diese Formen […] den griechischen nachempfunden seien, ohne
darüber nachzudenken, dass die Griechen sie nur in
ihren Tempeln oder bei der Außendekoration verwendeten.«

Noch kritischer äußerte sich Friedrich Melchior
Grimm (1723–1807)[40]: »Jetzt ist seit einigen Jahren
[…] alles im griechischen Stil angefertigt, die Fassade
und die Innenausstattung […] von Bauwerken, Möbel,
Stoffe, Schmuck […] Es gibt in Paris momentan nichts,
das nicht im griechischen Stil entworfen ist. Der Ge-
schmack hat sich von der Architektur auf die Geschäfte
unserer Modehäuser ausgedehnt; unsere Damen lassen
sich ihr Haar im griechischen Stil richten, unsere Herren
würden es für unschicklich halten, wäre ihre Schnupf-
tabakdose nicht im griechischen Stil gehalten« – eine
»Revolution«, um noch einmal Grimm zu zitieren,
die zu »Korruption und Niedergang« führte.

In einer Gegenreaktion auf diesen Trend stellte der
wichtige britische Architekt William Chambers die Frage
nach dem Sinn, Geld für Expeditionen auszugeben,
um griechische Architektur zu dokumentieren, und
warnte davor, dass die Betonung des Quellenstudiums
bei gleichzeitiger Vernachlässigung der weiter entwickelten Kunstformen, nämlich der römischen, die Produkte einer fortgeschritteneren und reicheren Nation
seien, sogar gefährlich sein könnte, wenn nämlich die
»Deformitäten« der »griechischen Bauten« die eng-
lische Architektur durchdrängen. Ein noch deutliche-
rer Gegner der griechischen *renovatio* war Giovanni Bat-
tista Piranesi (1720–1778)[41], der in einer Vorwegnahme
der Romantiker des 19. Jahrhunderts erklärte, »das

Gesetz […] gegen alles, was man tut, was nicht griechisch ist, ist wahrhaftig sehr ungerecht. Muss denn das
Genie unserer Künstler so gänzlich der griechischen
Manier versklavt sein, dass man nicht mehr wagt, etwas
Schönes von anderswo zu übernehmen, wenn es nicht
nach griechischer Manier, von griechischem Ursprung
ist?«

Andere, wie Laugier[42] im Jahr 1765 (zwölf Jahre
nach der Veröffentlichung seines *Essai sur l'architecture*)
versuchten einen Ausweg aus einer Situation zu finden, die zunehmend als »Tyrannei« mit unvorher-
sehbaren Folgen empfunden wurde. Man schlug »die
Möglichkeit einer neuen Ordnung der Architektur«
vor und erklärte, es »sei demütigend zu denken, die
Griechen hätten das exklusive Privileg, die Ordnungen
der Architektur erfunden zu haben. Warum sollte man
es anderen Nationen verbieten, sich mit dem Fund
zu beschäftigen, den die Griechen als erste ausbeute-
ten?«

Den möglicherweise leidenschaftlichsten Angriff
gegen die Bewegung der griechischen *renovatio* verfasste
der junge Goethe (1749–1832) im Alter von nur neun-
zehn Jahren.[43] Anders als Chambers und Piranesi wandte
er sich nicht gegen den Stil. Außerdem unterstützte er
rückhaltlos die Bestrebungen seiner Zeit, die Kultur zu
erneuern und zur Aufrichtigkeit und Einfachheit des
Beginns der Geschichte zurückzukehren. Doch den
Mythos, nach dem der griechische Tempel als Urhütte
identifiziert und dann als Prototyp für die neue Architektur empfohlen wurde und der inzwischen Teil der
Geschichte geworden war, lehnte er ab. Mit Blick auf
Laugier sagt er: »Es ist falsch, dass deine Hütte die erst-
geborene der Welt ist«, die Urhütte sei »eine weit pri-
mävere Erfindung«. Tatsächlich hatte ja Christopher
Wren (1632–1723) bereits hundert Jahre zuvor (um

1670) festgestellt, dass »die Ordnungen nicht nur römisch oder griechisch sind, sondern phönizisch, hebräisch und assyrisch«.

Bei dieser Debatte näherten sich Freunde wie Feinde der griechischen Architektur als Sammlung von Endprodukten und nicht als historischem Phänomen. Dies gilt nicht für Goethe. Vierzehn Jahre nach der Veröffentlichung seines frühen Textes bedauerte er seinen jugendlichen, stark emotional gefärbten Ansatz, behielt jedoch den Gedanken eines »urzeitlichen«, ursprünglichen Werks bei. Davon ausgehend begann er, spätere Theorien der Evolution der Natur vorwegnehmend, dem Problem der Genese der Form in Natur und Kultur nachzugehen.

Mit dieser Vorstellung bereiste er 1786 Süditalien, um, wie er in seiner *Italienischen Reise* mit dem Untertitel *Auch ich in Arkadien* berichtet, in den »Gärten Siziliens« nach »botanischen Erkenntnissen« zu suchen und die »Urpflanze« zu entdecken. Wir wissen nicht, ob die Suche nach der »Urform« in der Architektur ihn dazu bewegte, die antiken griechischen Tempel in Süditalien zu besuchen, aber er berichtete, dass der Anblick der Gärten Siziliens ihn an »die glückliche Insel der Phönizier« erinnerte und dazu veranlasste, sich »eilig ein Werk Homers zu kaufen«.

In einem seiner letzten und polemischsten Werke, *The Art of Seeing in the Fine Arts* (um 1810), in dem er die Menschen in der jungen französischen Republik auf die möglichen Fehler und offenen Möglichkeiten in der Kunst hinweisen wollte, warnte Francesco Milizia erneut vor den Gefahren, das antike Griechenland als Vorbild zu sehen, basierend auf einem falschen Geschichtsbild wie den »begeisterten Ergüssen von Autoren wie Winckelmann und Mengs. Diese Autoren«, schrieb er, »stellten sich die Griechen als ein Volk vor, das vom Klima und der Schönheit seiner Menschen […] begünstigt war […]. So viel Nacktheit ausgesetzt, […] wurden ihre Künstler zu Experten der Erinnerung und Neuerschaffung schöner Formen. Die Wahrheit ist weit entfernt von diesen übersteigerten Ansichten. Die jungen Mädchen Lakedaimons tanzten […] auf öffentlichen Plätzen. Aber trafen sich denn auch griechische Künstler je auf solchen Plätzen?« Ebenso unwahr fand Milizia die Behauptungen, dass »die Venus von Milo […] den [griechischen] Ehefrauen nachempfunden sei«, denn diese Frauen lebten in Wahrheit »völlig zurückgezogen«, ähnlich wie in einem »türkischen Harem«, und für ebenso falsch hielt er die Vorstellung, die gegen Ende des 18. Jahrhunderts en vogue war, dass »die Spartaner, ein Volk von Soldaten, das unter dem Joch einer gestrengen, ja fast klösterlichen Herrschaft zu leiden hatte, […] die großen griechischen Künstler hervorbrachten«.

Winckelmann ist nie nach Griechenland gereist, und seine Leidenschaft für die griechische Kultur entstammte – wie bei vielen Philhellenen seiner Zeit – eher seiner Abneigung gegen die Welt, in der er lebte, die, um Heinrich Heine zu paraphrasieren, »ihre Götter ins Exil geschickt hatte«, oder, wie eine apokryphe Geschichte Hölderlin in den Mund legt, dass Griechisch-Sein das Gegenteil von Deutsch-Sein sei.[44] Winckelmann hätte dem Deutschen auch noch das Französische des 18. Jahrhunderts hinzufügen können.[45] Andere hingegen, die uns zeitlich näher stehen, fügten das Afrikanische, das Semitische und das Orientalische hinzu. Heute ist es aufgrund der strengen Vorgaben der historischen und archäologischen Forschung schwerer denn je, solche gefärbten Rekonstruktionen der Vergangenheit vorzulegen und durchzuhalten, selbst wenn ihnen edelste geistige Bestrebungen zugrunde liegen.

Erechtheion, Akropolis, Athen. Detail des Westflügels.

Welterzeugung

Aber gibt es denn einen Fortschritt? Kennen wir die Griechen heute besser als Vitruv, Fénelon oder Winckelmann? Können wir mit dem Erbe der griechischen Antike mehr anfangen als die uns vorangegangenen Generationen der *renovatio*?

Ohne Zweifel kennen wir die Griechen heute besser als früher, und dies nicht nur, weil wir eine größere Menge von Daten haben und diese besser analysieren können, sondern auch, weil uns das Wissen darüber, wer die Griechen waren und wie sie lebten, heute ein so großes Anliegen ist wie nie zuvor. Wir nähern uns ihnen, indem wir die Distanz erkennen, die zwischen ihnen und uns liegt.

Wir wissen jedoch, dass diese Distanz nie überwunden werden kann, und zwar weniger deshalb, weil es uns bestimmt ist, von ihnen unterschieden zu sein, sondern weil manche Teile dessen, was das Leben im alten Griechenland ausmachte, unwiderruflich verloren gegangen sind. Der Prozess der Auslöschung ist unumkehrbar. Keine wissenschaftliche Rekonstruktion wird den Menschen von heute das Gefühl der politischen Leidenschaften, das der Parthenon weckte, geben; eine Ahnung von der Angst vor *miasma*, die bei der Vorstellung der illegalen Durchquerung eines *temenos* hervorgerufen wurde; die Heiterkeit, die von Skopas durch eine winzige Berechnung, ein äußerst geringes Detail, *to para micron*, des Kapitellprofils am Athenatempel in Tegea erzeugt wurde. Doch warum sollte man sich darum sorgen, dass man sich aufgrund dieser nicht authentisch nachzuvollziehenden Erfahrungen von der griechischen Antike in mancher Hinsicht unterscheidet, wenn es so vieles Zusammenführendes zu entdecken gibt, nicht in irgendwelchen abstrakten Identitäten, sondern im Konkreten?

Vielleicht ist der Prozess der kognitiven »Neben-Revolution« – die neuen Wege eines parallelen Austausches, des Neu-Kombinierens und der Aneignung des Wissens um Architektur aus griechischen wie nichtgriechischen Regionen, die ein neues System der räumlichen Intelligenz hervorgebracht haben – wertvoller als die bloßen Formen und Muster des Füllhorns antiker griechischer Bauwerke. Dieser kreative Prozess ähnelt der Systematisierung in der griechischen Musik, Dichtkunst und Religion, wo ein Pandämonium in das olympische Dodekatheon verwandelt wurde, wie es J. P. Vernant und seine Mitarbeiter gezeigt haben. Auffällig in all diesen Bereichen war die Konstruktion erstaunlicher neuer Werkzeuge der Vorstellung, um, wie es N. Goodman formulierte, »die Welt zu erzeugen« oder was B. Snell die »Entdeckung des Geistes« genannt hat[46]. Und vielleicht sind aus diesem Grund die antiken griechischen Bauwerke, selbst wenn sie uns nur fragmentiert begegnen, so bewegend und aufregend und implizieren das System der räumlichen Intelligenz, das ihnen zu ihrer Entstehung verhalf.

Wenn man die antike griechische Architektur als den Prozess ihrer Entstehung und als das Ergebnis eines Netzwerkes betrachtet, wirkt sich dies direkt auf die Festlegung der Anfänge und das Ende der Forschung aus. Wo fängt griechische Architektur an, griechisch zu sein? Wo hört sie auf? Doch wir wollen uns lieber nicht in den komplizierten Problemen der Kriterien und in endlosen Rückschritten verlieren, sondern lieber inmitten der Geschichte anfangen, in dem Moment, in dem die antike griechische Architektur als »klassisch« auftrat.

Erechtheion, Akropolis, Athen. Detail des Westflügels.

Apollontempel, Bassai.
Foto Walter Hege.

»Wenn man das Unerwartete nicht erwartet, wird man
es nicht entdecken.«
Heraklit, *Fragment* 18

»In der Erprobung liegen die Anfänge der Weisheit.«
Alkman

ERSTES KAPITEL

DER APOLLONTEMPEL IN BASSAI

Am 22. April 1811 wurde auf dem Schiff *Hydra*, das in Piräus vor Anker lag, ein Abschiedsfest gefeiert. Das Schiff gehörte Lord Elgin, der durch die Entfernung der Parthenon-Skulpturen und ihren Verkauf an das Britische Museum im Jahr 1816 zweifelhaften Ruhm erlangte. Der Gastgeber des Festes war der berühmte Dichter, Revolutionär und Abenteurer Lord Byron, die Gäste bestanden aus einer bunten Mischung nordeuropäischer Künstler und Architekten, die alle eines gemeinsam hatten: ihre Leidenschaft für die griechische Antike, deren Ideale, Geschichte und Kultur. Doch wie dem bereits erwähnten Ciriaco d'Ancona ging es auch ihnen bei der Entdeckung und Ausgrabung griechischer Antiquitäten nicht nur um Wissen, sondern auch um Geld. Am Tag nach dem Fest sollten Byrons Gäste ihre Reise zur Insel Ägina fortsetzen. Dort wollten sie den Tempel der Aphaia studieren und dessen Skulpturen und Ornamente abbauen, um sie zu verkaufen. Nachdem das erledigt war, machte sich die Gruppe in nahezu unveränderter Zusammensetzung an ein weiteres Baudenkmal der griechischen Antike, den Apollontempel in einem abgelegenen Teil des legendären Arkadien.

Mitten in den Bergen steht in über 1100 Metern Höhe der nach Norden ausgerichtete Tempel des Apollon Epikourios in Bassai auf einer der westlichen Hochebenen des arkadischen Berges Kotylion, der zum Lykaion-Gebirge gehört. Fast alles, was wir über den Tempel wissen, ist uns von Pausanias überliefert worden, der den Tempel im 2. Jahrhundert besuchte. Doch seine Informationen werfen einige Fragen auf. Pausanias erwähnt, dass der Tempel Apollon dem Helfer (Epikourios) geweiht war, weil der Gott der Dorfbevölkerung bei der Pestabwehr zur Hilfe gekommen sei, wie er das auch in Athen während des Peloponnesischen Krieges getan hatte. Diese Erklärung wird von mehreren modernen Forschern angezweifelt und aus ihr geht auch nicht der Grund für die Wahl dieses Ortes hervor, »40 Stadien [rund 8 Kilometer] von Phygalia entfernt«. Pausanias nennt uns Iktinos als den Architekten des Tempels, aber er sagt uns nicht, warum und wie dieser kleine Ort Phygalia in Arkadien diesem höchst angesehenen Mann, »einem Zeitgenossen von Perikles und dem Architekten des Parthenon in Athen« wie auch des Telesterion in Eleusis, den Auftrag erteilte. Die Behauptung des Pausanias, Iktinos sei der Archi-

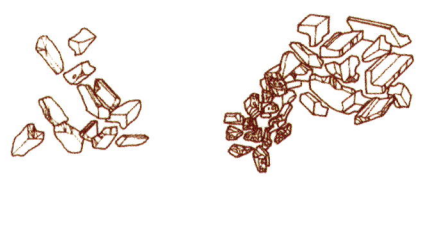
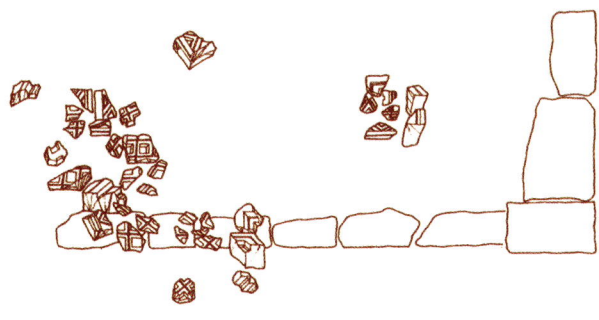

Fragmente vor dem Apollontempel, Delphi.
Nach F. A. Cooper.

0   5 m

S.157 Mitte rechts

S.157 unten

Allason - Donaldson

S.224b unten

S.212 unten rechts

S.212 oben links

S.224 d

S.29 oben

II

I

III

IV

S.222

S.225

S.211

S.213

S.219

S.214

S.29 Mitte

S.224b oben

Apollontempel, Bassai.
Fragmente des korinthischen
Kapitells (um 429–400 v. Chr.).
Rekonstruktion H. Bauer (1973),
nach Haller von Hallerstein.

46

Apollontempel, Bassai.
Rekonstruierter Aufriss mit Fundamenten.
Blick auf Adyton und die Säule der Korinther.
Studie D. Svolopoulos, Zeichnung D. Koliadis.

tekt gewesen, bedeutet, dass das Bauwerk in der perikleischen Zeit errichtet worden sein muss, aber er liefert dafür keine weiteren Belege. Daher das Rätsel für heutige Gelehrte: Hatte das Bauwerk, in dessen Entwurf sich archaische architektonische Elemente auf so geniale Weise mit erstmalig dort auftretenden Neuerungen vermengen, woraus sich seine Identität — eine merkwürdige Mischung aus konservativen und revolutionären Merkmalen — ableitet, zwei verschiedene Architekten, einen für den älteren Teil und einen für den neueren? Begann Iktinos seine berufliche Laufbahn mit dem Parthenon, 447 bis 438 v. Chr., und beendete sie in Arkadien mit dem Tempel in Bassai 429 bis ca. 400 v. Chr.? Wir wissen nahezu nichts über Iktinos.[47] Übersetzt bedeutet sein Name — amüsanterweise genau wie der von Le Corbusier — »Gabelweihe«, ein Raubvogel, der zur Familie der Habichte gehört. War er vielleicht seiner Geburt nach ein Sklave? Im alten Griechenland

konnten Sklaven Architekten werden, und typische Namen für Sklaven waren Tier-, Vogel-, Orts- und Heldennamen oder Adjektive, die auf menschliche Eigenschaften hinwiesen. War es ein Spitzname?[48] Hatte Kallimachos, der Mann, den Vitruv in anekdotischer Weise als den Erfinder des korinthischen Kapitells und Pausanias als den Schöpfer einer goldenen Lampe für das Erechtheion darstellt, mit dem Entwurf des einzigartigen korinthischen Kapitells in diesem Tempel zu tun? Pausanias hebt das außergewöhnliche, ausschließlich aus Stein gefertigte Dach des Tempels hervor — in Wirklichkeit gab es in der Decke Holzbalken — und lobt das Bauwerk mit den Worten: »Von allen Tempeln auf dem Peloponnes dürfte er wegen der Schönheit des Steines und wegen seiner Ausgewogenheit (*armonias*) vor dem in Tegea den Vorzug verdienen.« Doch die beispiellose Kombination der Säulen, dorisch außen, ionisch innen, und das Auftauchen der korinthischen Säule in der Mitte

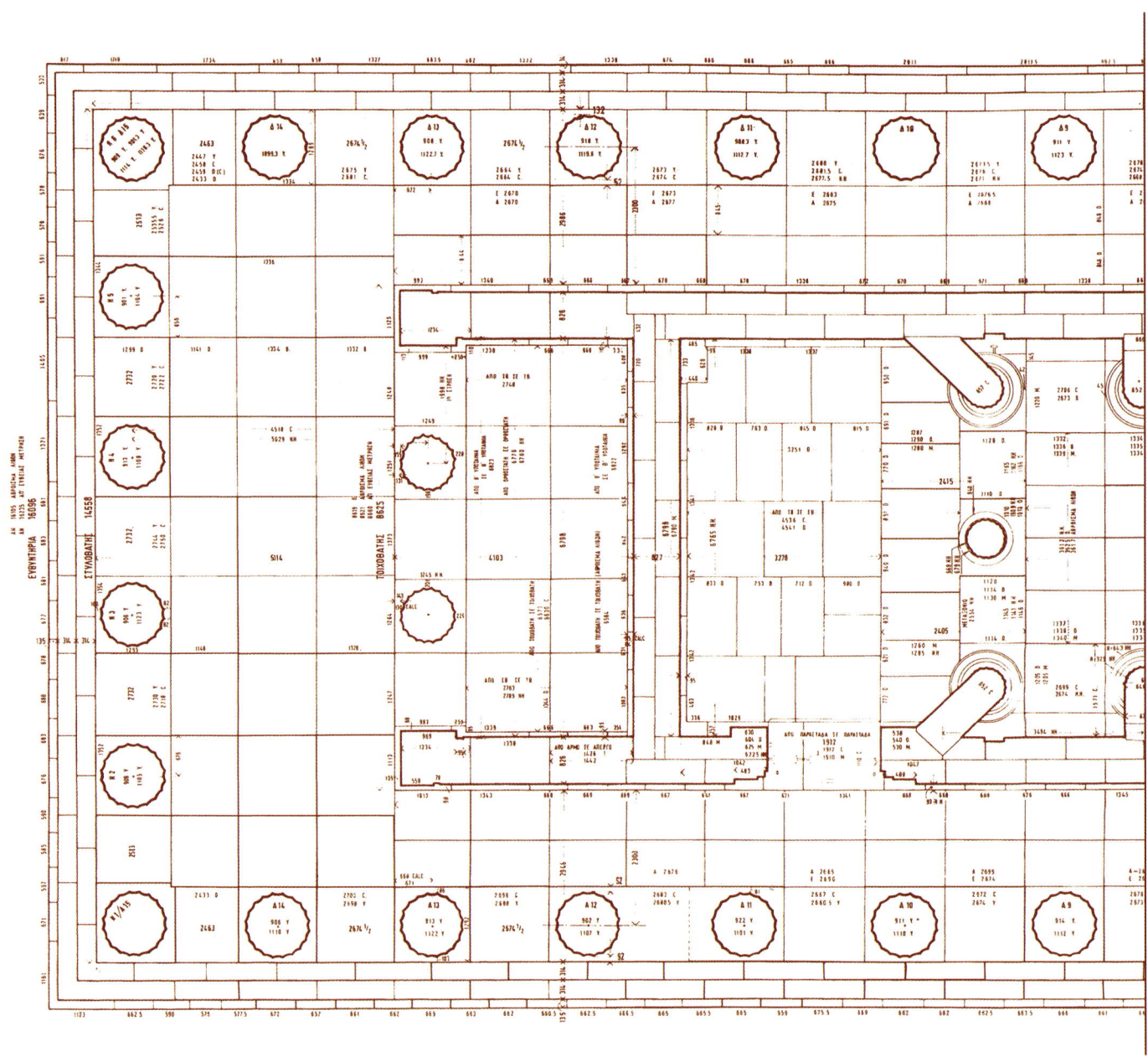

Apollontempel, Bassai.
Rekonstruierter Grundriss.
Studie D. Svolopoulos,
Zeichnung B. Trizonis.

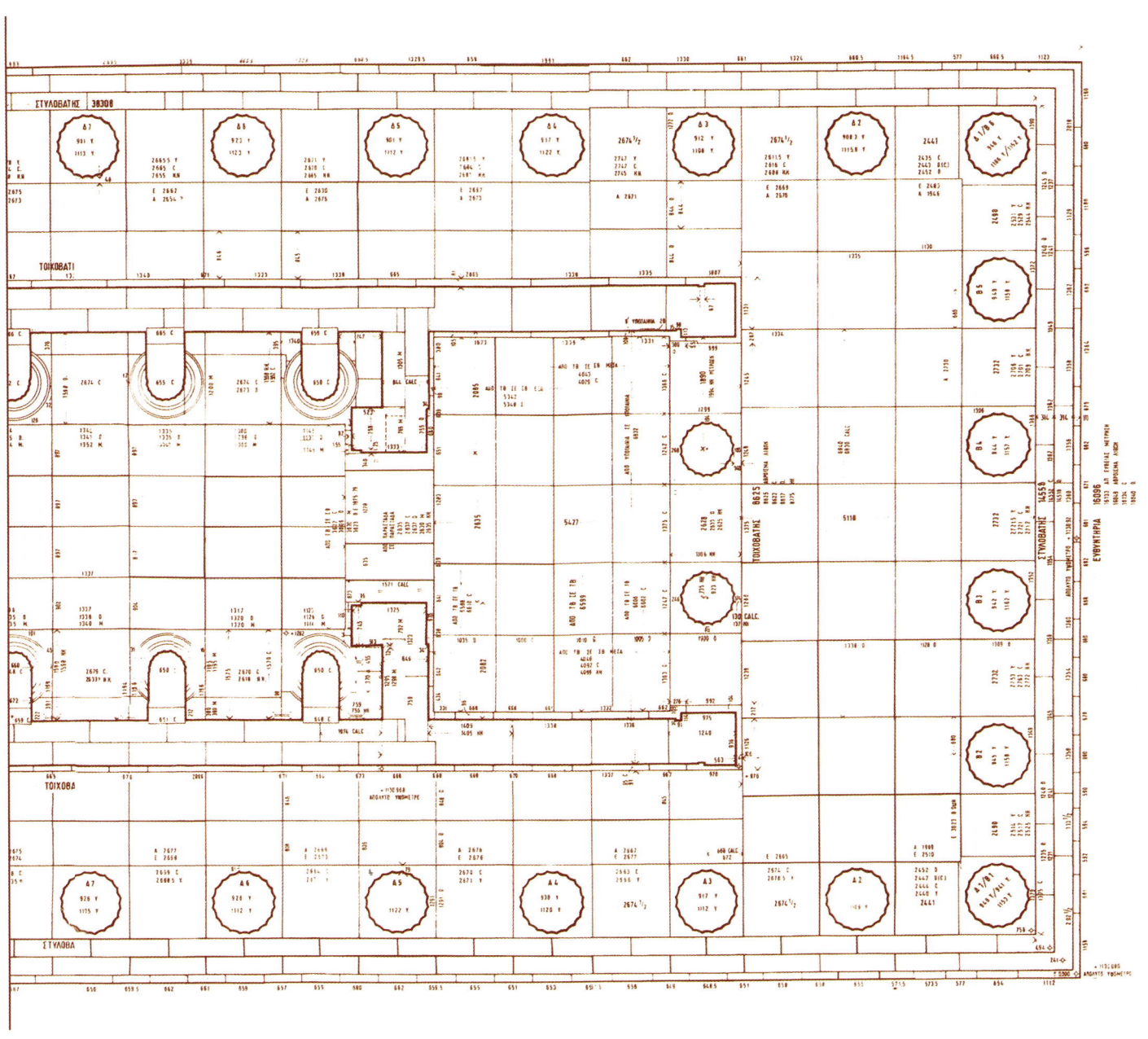

der Cella erwähnt er nicht, obwohl es sich hierbei um bahnbrechende Experimente handelte, die enorme, weltweite Auswirkungen auf die Architektur der nächsten Jahrhunderte haben sollten.

Der Tempel war jahrhundertelang vergessen, bis im November 1765 der französische Architekt Joachim Bocher auf seiner Rundreise auf dem Peloponnes in diese abgelegene Bergregion geriet und die Ruinen entdeckte. Als er später, fasziniert von seinem Fund, zurückkehrte, um das Monument genauer zu untersuchen, fiel er einem Raubmord zum Opfer. Byrons Freunde, die fünfzig Jahre nach diesem tragischen Ereignis den Tempel besuchten, hatten mehr Glück. Mit von der Partie waren Charles Robert Cockerell (1788–1863), Carl Haller von Hallerstein (1774–1817), John Foster (1787–1864) und Jacob Lynckh (1787–1841). Sie wussten, dass der Tempel relativ gut erhalten war; 36 seiner 38 Säulen standen noch, sie konnten also ein weiteres Beispiel der legendären dorischen Architektur untersuchen, die so ganz anders war als die Architektur der Römer und über die man in Westeuropa damals noch nicht viel wusste. Doch nicht nur die Gelegenheit für Studien, die der Tempel bot, verlockte sie, sondern auch der mögliche Profit der Skulpturen des Frieses, die unter der eingestürzten Decke lagen. Bis auf Cockerell kehrten Byrons Gäste in Begleitung weiterer Nordeuropäer im darauffolgenden Jahr zurück, um Ausgrabungen vorzunehmen und den Fries abzumontieren.

Die Arbeit begann am 9. Juli 1812 mit Unterstützung von etwa sechzig arkadischen Schäfern, die für die Grabungen angeworben worden waren. Viele Bereiche des Tempels waren eingestürzt, weil die Einheimischen die Metallklammern, mit denen die Steine verbunden waren, entfernt und sie anderweitig genutzt hatten, etwa um daraus Töpfe und Pfannen herzustellen. Es hatte viele solcher Klammern gegeben, vielleicht weil der Architekt das Bauwerk gegen die in dieser Gegend häufig vorkommenden Erdbeben hatte sichern wollen. Die Säulen waren offenbar deshalb erhalten geblieben, weil die Einheimischen herausgefunden hatten, dass die Trommeln nur mit hölzernen Dübeln verbunden waren. Die Forscher aus dem Norden machten es sich gemütlich. Sie lebten in Laubhütten, die sie um ein Gemeinschaftszelt herum errichtet hatten, und nutzten Steinblöcke aus dem Tempel als Sitzgelegenheit. Wenn es etwas zu feiern gab, tanzten sie im Tempelinneren, wo sie auch ein Feuer anzündeten – in diesen Teilen Arkadiens kann es auch in den Sommernächten recht kühl werden –, und die Bauern spielten die Musik dazu.[49]

Mit Unterstützung eines erfahrenen polyglotten Deutschen, Georg Christian Gropius, der mehrere Jahre im östlichen Mittelmeerraum gelebt hatte, handelten Cockerell, Haller, Foster und Lynckh am 1. Juni 1812 in Tripolis einen Vertrag mit dem Veli Pascha aus, der vorsah, den Erlös aus den Ausgrabungen, die zusammen mit den Marmorstatuen verkauft werden sollten, die sie im Vorjahr aus Ägina geholt hatten, hälftig zu teilen. Die Europäer hatten Glück, denn der Pascha war letztlich unzufrieden mit ihren Funden und verkaufte seinen Anteil an sie.[50]

Am 1. November 1812 fanden auf Zante (Zakynthos)[51] zwei Versteigerungen statt. Die Marmorstatuen aus Ägina gingen an den Kronprinzen Ludwig von Bayern. Später wurden sie von dem dänischen Bildhauer Thorwaldsen restauriert und in der Glyptothek ausgestellt, einem Museum, das der neoklassizistische Architekt Leo von Klenze in München entworfen hatte. Die Statuen aus Bassai wurden am 1. Mai 1814 an das Britische Museum in London verkauft. Ein Stück wurde nicht ver-

| 0 | 0.5 | 1.0 | 1.5 | 2.0 | 2.5 | 3.0 m |

Apollontempel, Bassai.
Rekonstruierte räumliche
Darstellung der Westwand der Cella
mit Strebepfeiler und westlicher Kolonnade.
Studie I. Regos, Zeichnung B. Trizonis.

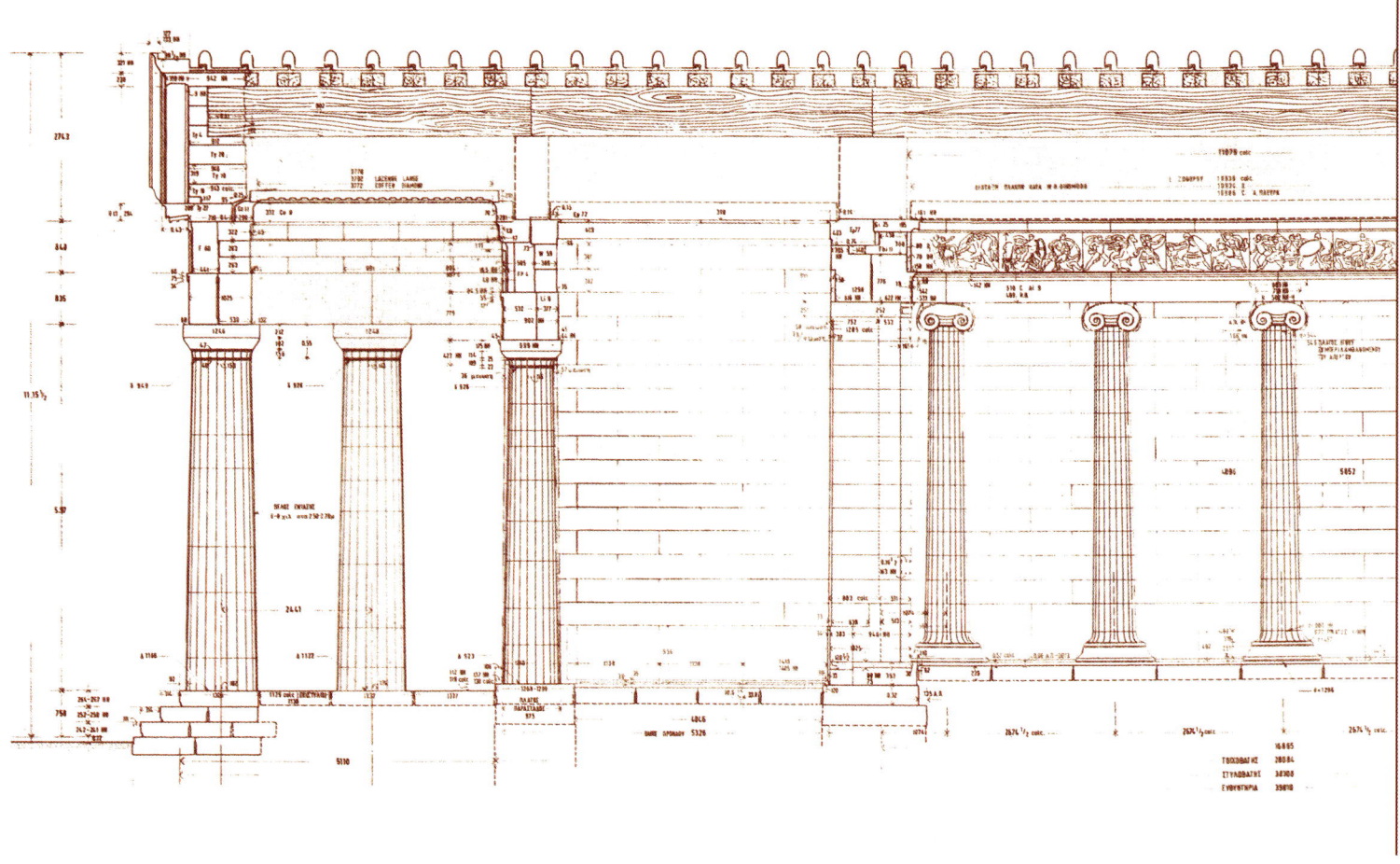

Apollontempel, Bassai.
Rekonstruierter Längsschnitt nach Osten.
Studie D. Svolopoulos, Zeichnung B. Trizonis.

kauft, und zwar das Fragment eines korinthischen Kapitells, wahrscheinlich das erste seiner Art und deshalb eine Keimzelle in der Geschichte der Weltarchitektur.[52] Offenbar blieb dieses Stück auf der Insel Zante und geriet mehr oder weniger in Vergessenheit. Jedenfalls wurde es nicht weiter dokumentiert, bis 1953 ein verheerendes Erdbeben die Stadt dem Erdboden gleich machte. Seine einzigartige Form wäre völlig aus dem Gedächtnis der Welt verschwunden, wenn nicht der Archäologe und Künstler Haller von Hallerstein, der zusammen mit Otto Magnus von Stackelberg und Foster die gesamten Ruinen ausführlich dokumentiert hatte, einige Zeichnungen angefertigt hätte[53]. Hallers Notizbuch ist nach wie vor die beste Informationsquelle zur Entstehungsgeschichte des korinthischen Kapitells.[54]

Im Herbst 1815 gelangten die vom Britischen Museum erworbenen Skulpturen nach London. Sie wurden von dem einflussreichen Ästhetiker Payne White als »die ein-

zigen noch bestehenden Exemplare [...] aus der bewundernswerten Schule des Phidias, in denen die Erhabenheit der poetischen Vorstellungskraft zum Ausdruck kommt«, gefeiert.[55] Diese übertriebene und obendrein unrichtige Begrüßung war wohl vor allem auf seine persönliche Fehde mit Elgin und seinen Wunsch, die Bedeutung der Parthenon-Figuren zu schmälern, zurückzuführen. Tatsächlich erkannten weder er noch die Mitglieder der Gruppe, die die Ausgrabungen vorgenommen und den Tempel in Bassai erforscht hatten, die architektonische Bedeutung dieses Bauwerks, seine Schlüsselposition in der Geschichte der antiken griechischen Baukunst, den möglicherweise kreativsten Augenblick ihrer Entwicklung.[56]

Der Tempel steht auf einer 40 mal 75 Meter großen Terrasse, teils in den darunter liegenden Fels schneidend, teils auf Erdaufschüttungen ruhend. Die Fundamentierung ist in vieler Hinsicht ähnlich angelegt wie

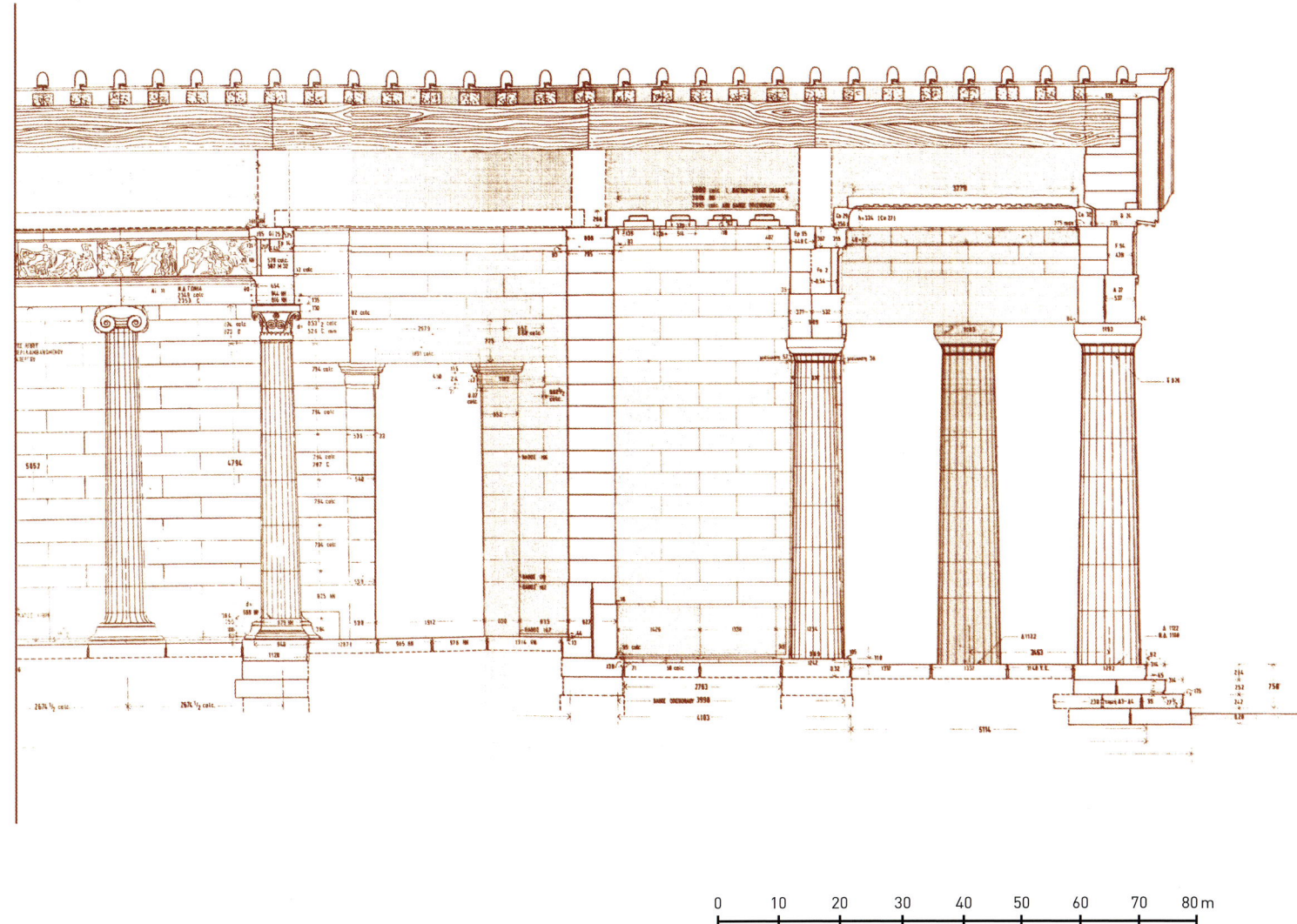

0   10   20   30   40   50   60   70   80 m

bei der Akropolis in Athen, was die Behauptung unterstützt, Iktinos habe mit dem Projekt zu tun gehabt. Die Grundmauern bilden ein Rechteck. Der gestufte Unterbau des Tempels, das *Krepidoma*, ist 74,5 cm hoch, ein Achtel der Höhe seiner Säulen. Bei anderen Tempeln aus jener Zeit, etwa dem Hephaisteion (Theseion) in Athen oder dem Poseidontempel in Sunion beträgt das Verhältnis zwischen Krepidoma zu Säule zwischen einem Fünftel bis zu einem Sechstel. Die Steinquader für das *Stylobat*, die letzte Stufe des Krepidoma, auf der die Säulen ruhen, wurden von den entgegengesetzten Ecken hin zum Zentrum ausgelegt, eine Bautechnik, die eine präzise Dimensionierung der Innenelemente erforderte.[57]

Der Apollontempel ist wie fast alle antiken griechischen Heiligtümer ein von Wänden, Pfosten, Balken und einem Dach gebildeter Raum, in dem Skulpturen standen. Die grundlegende strukturelle Komponente ist der Pfosten-Balken- oder Pfosten-Wand-Rahmen,

also horizontale Balkenglieder, die auf vertikalen Stützen ruhen. Der Tempel gehört zur *peripteralen* Art. Er besteht aus einem schmalen Raum, umgeben von einer Säulenreihe, der *Peristasis*. Das *Peristyl* ist ein allgemeinerer Begriff, mit dem eine Säulenhalle bezeichnet wird, die ein Bauwerk oder den offenen Innenhof eines antiken Wohnhauses oder Tempels umgibt. Der gesamte Innenraum ist in drei Teile gegliedert: eine zentrale Halle, *Sekos* (*Naos* oder *Cella*), eine Vorhalle, *Pronaos*, und ein rückwärtiger Raum, *Opisthodomos*. Der Naos hat ein *Adyton*, einen Innenraum, der der Allgemeinheit wahrscheinlich nicht zugänglich war und aus Kultgründen vom übrigen Raum getrennt war. Möglicherweise diente ein älterer Apollontempel in Delphi als Vorbild.[58] Zwischen Naos und Adyton gab es keine Tür, sondern erstmalig werden hier beide durch eine zentrale Säule getrennt – die erste, wie bereits erwähnt, mit korinthischem Kapitell.

Apollontempel, Bassai. Ionische Basis.

Neben der grundlegenden Raumaufteilung ist der Apollontempel in Bassai wie alle antiken griechischen Bauwerke auch durch die Zahl der Säulen, ihre relative Größe und den Abstand zwischen ihnen, dem Interkolumnium, gekennzeichnet. Die Anzahl der Säulen, 6 x 15, verleiht dem Tempel ungewöhnlich gedehnt wirkende, archaische Proportionen; denn bei den meisten Tempeln wird die Anzahl der Säulen auf der Längsseite durch die Formel 2x (Zahl an der Breitseite) +1 bestimmt. Aus der Ferne betrachtet, wirkt die Gestaltung durchschnittlich und regellos. Doch die relative Größe der Säulen und ihre Zwischenräume variieren erheblich.

Ebenfalls archaisch wirkt der größere Umfang der Säulen an der Nordseite, an der sich der Eingang befindet. Auch sind die nördlichen und südlichen Gänge, das *Pteron*, tiefer als die an den Seiten; auch der Säulenabstand, das Interkolumnium, ist dort größer.

Die Säulen des Peristyl bestehen aus dem vor Ort vorkommenden grauen Kalkstein. Sie gehören zur dorischen Art, haben also keine Basis, sondern ruhen direkt auf dem Stylobat, und ihr Kapitell besteht aus einer quadratischen Deckplatte, einem *Abakus*, unterstützt von einem *Echinus*, einem konvex gewölbten, kissenartigen Wulst. Abakus und Echinus wurden aus einem Block gemeißelt. Zusammen mit dem Kapitell ist die Säule 5,959 m hoch.[59] Die Säulenschäfte haben 20 – da dorisch – scharfkantig aneinander stoßende *Kanneluren* und sind in fünf bis neun Trommeln unterteilt. Die horizontalen Verbindungsglieder zwischen den Trommeln besitzen einen Einschnitt, um die *Empolia* aufzunehmen, hölzerne Dübel, die die Trommeln horizontalen Kräften widerstehen lassen. Am oberen Ende des Schaftes sind Rillen eingeschnitten, und die Kehle unter dem Echinus trifft auf die beiden oberen Rillen des Halses und bildet so die drei Einschnitte des *Hypotrachelion*.

Auf den Kapitellen ruht das *Gebälk*, ein stark betontes Balkenelement, bestehend aus dem *Architrav*, dem *Fries* und dem Kranzgesims, das den Fries vor Regen schützen soll. Entlang der Laibung des *Geison* und über jedem *Triglyph* und jeder *Metope* hing ein *Mutulus*, eine Steinplatte mit einer Reihe von *Guttae* (Tropfen). Das *Tympanon*, der dreieckige Giebel des Firstdaches, lagerte auf dem Hauptgesims. Der Fries selbst bestand aus vertikalen Einkerbungen, den Triglyphen, im Wechsel mit den Metopen, glatten oder mit Reliefs geschmückten Platten. Das typische Satteldach hatte einen längsseitig verlaufenden Firstbalken und Sparren, auf denen die

Pfetten im rechten Winkel angeordnet waren; darauf lagen die Flach- und Deckziegel; jede Reihe endete an den Seiten in einem Antefix. Die dreieckige Fläche an jedem Ende des Daches wurde von einem Tympanon abgeschlossen und von einem Gesims geschützt. Meistens befanden sich am Giebel mit Dübeln befestigte Skulpturen, und die Eckpunkte waren mit Akroterien verziert. Man versuchte, mit möglichst wenigen Verbindungen auszukommen, indem man größere Stücke des Baumaterials verwendete, das aus großer Entfernung herantransportiert werden musste. Am Giebel war das Dach mit einer *Sima* (Traufleiste) und an den Traufen und entlang der Dachkanten mit Palmetten-Antefixen verziert. Die Dachbedeckung bestand ganz aus Marmor, die übrige Verkleidung des Bauwerks aus dem vor Ort gebrochenen Kalkstein. Für die Pflasterung des Tempels verwendete der Baumeister ein rechtwinkliges Gittermuster, das in jedem größeren Teil des Bauwerkes variierte.

Im Gegensatz zum Pteron hatten die Vorhallen mit Figuren verzierte Metopen. Der Innenraum, das Sekos, hat, wie die meisten griechischen Tempel, keine Fenster und birgt eine hufeisenförmige Säulenreihe. Anders als solche inneren Kolonnaden in früheren Tempeln, etwa in dem aus dem 5. Jahrhundert stammenden Tempel der Aphaia in Ägina, dem Poseidontempel in Paestum oder dem Zeustempel in Olympia, besteht die innere Kolonnade hier aus zwei parallelen Reihen, und die Säulen gehören nicht der gleichen Art an wie die Außensäulen: Es sind ionische Säulen, die durch hervorragende, strebepfeilerähnliche Mauerzungen mit den Wänden verbunden sind. Sie scheinen den Fries zu tragen, den ersten, der im Inneren eines Heiligtums um die Cella herum läuft, doch dieser Schein trügt. Die Säulen dienen wohl hauptsächlich dazu, eine Abfolge von

Räumen und dadurch Nischen zu schaffen, die möglicherweise eine rituelle Funktion hatten. Dieses Schema taucht hier zum ersten Mal auf, zeigt jedoch in zweierlei Hinsicht eine starke Verwandtschaft mit dem von Iktinos entworfenen Parthenon: die hufeisenförmig angeordnete Säulenreihe und die ionische Art der Säulen, die im Parthenon im hinteren Adyton versteckt liegen. Im Gegensatz zu der dorischen hat die ionische Säule eine gegliederte Basis. Hier zeigt sie einen ziemlich ungewöhnlichen konkaven Schwung, der an eine übertriebene Apophyge erinnert. Ihr Kapitell ist auch stärker ausgearbeitet als das dorische. Statt eines Echinus besitzt es einen ornamentierten Hals und darüber zwei Voluten, die mit einer geschwungenen Linie verbunden sind, die der Kurve der Voluten entspricht, im Gegensatz zu der früheren Form, bei der die zwei Voluten durch eine gerade Linie verbunden sind, die parallel zur abschließenden Linie des Abakus verläuft. Eine Variante dieses Kapitells aus Muschelkalk wurde in der Ausgrabungsstätte des Apollontempels gefunden, woraus der experimentelle Charakter seines Entwurfes hervorgeht. Die Kanneluren des Schaftes sind durch schmale, flache Stege voneinander getrennt. Der ionische Architrav besteht gewöhnlich aus drei übereinander gesetzten, vorkragenden Schichten, die im Apollontempel nicht auftauchen. Auf dem Architrav befindet sich ein Fries, der statt der dorischen Triglyphen und Metopen eine Reihe von Zahnschnitten oder einen zusammenhängenden Bilderfries wie bei unserem Tempel aufweist. Ein ionisches Geison krönt das Gebälk im Innern; es wurde aus dem lokalen stahlgrauen Kalkstein geschnitten und hebt sich deutlich von dem Marmor des darunter liegenden Frieses ab.[60]

Eine zusätzliche Eigenheit dieses Tempels sind die diagonal verlaufenden Streben, die die ionische Säulenreihe beschließen. W. B. Dinsmoor meint, dass die diagonalen Mauerzungen korinthische Kapitelle besaßen, F. A. Cooper hingegen nimmt an, dass ihre Kapitelle aus hellem Muschelkalk bestanden und der ionischen Art angehörten.[61] Anders als die anderen Neuerungen dieses Tempels hatte dieses diagonale Arrangement in der klassischen griechischen Architektur keinen Nachhall.

Zweifellos ist die zentrale Säule mit korinthischem Kapitell, die als Teil der inneren Säulenreihe in der Achse des Eingangs stand, das Neueste an diesem Tempel. Wie bereits erwähnt, gibt es dieses Kapitell, das als erstes seiner Art gilt, nicht mehr. Es ist nur noch durch Hallers Zeichnungen dokumentiert, die dieser während der Ausgrabungen anfertigte. Wenn man versucht, die Informationen dieser Zeichnungen zusammenzuführen, scheint das Kapitell offenbar nahezu alles besessen zu haben, was zu den Standardattributen der so genannten korinthischen Art gehörte: geformt wie eine umgestülpte Glocke, auf der ein konkav-konvexer Abakus sitzt. Die Elemente, auf denen der Abakus ruhte, fehlen, aber aus den uns vorliegenden Zeichnungsfragmenten lässt sich schließen, dass Voluten mit Pflanzen- oder Rankenformen ihn trugen. Der Zwischenraum wurde von zwei gut dokumentierten, sich nach innen drehenden, dickeren Voluten eingenommen, aus dem ein großes Anthemion ragte. Ein doppelter Ring kleiner Akanthus-Blätter windet sich um den unteren Teil des Kapitells. Die Säulentrommeln, der Durchmesser, die Verjüngung sowie die Zahl und Form der Kanneluren sind bei korinthischen und ionischen Säulen gleich, ebenso die Basis.

Stark vereinfacht könnte man sagen, der antike griechische Tempel hatte zwei Aufgaben: Er beherbergte ein Abbild des Kultgottes und bildete einen Rahmen für eine Reihe von Skulpturen, die die entsprechende mythologische Geschichte oder Geschichten erzählten. Demzufolge erzwangen die Form, die Dimensionen und der Ort der die Geschichte(n) rahmenden Bauelemente (Giebel, Metopen und Friese) die Organisation der Handlung und der Episoden (die Einheiten, Trennungen und Fortsetzungen) solcher Geschichten.[62]

Im Unterschied zu anderen griechischen Kultstätten hatte der Tempel in Bassai keine Skulpturen an beiden Giebeln oder an den Metopen der Peristasis. Allerdings hatte er, der peloponnesischen Tradition folgend, skulptierte Metopen im dorischen Pronaos, im Fries des Opisthodom und im ionischen Fries im Naos. Die Pronaos-Metopen zeigen Apollon auf der Rückkehr von den Hyperboreern. Der Gott besetzt die Vorderseite seines nach Norden ausgerichteten Tempels, der Richtung, aus der man seine Ankunft erwartete. Die übrigen Personen und Handlungen sind der räumlichen Struktur des Tempels entsprechend eingebettet.

Die Metopenfriese über dem Opisthodom zeigen den Raub der Leukippiden; auch hier entspricht die zentrale Position in der Komposition der Bedeutung von Personen und Handlungen im Mythos. Auf dem Fries in der Cella kämpfen Griechen gegen Zentauren, Herkules gegen die Amazonen und Griechen gegen die Amazonen. Die Episoden werden nicht von architektonischen Elementen unterbrochen, Anfang und Ende der Themen treffen sich in der nordwestlichen Ecke. Der Betrachter sieht, sobald er die Cella betritt, zu seiner Rechten die Anfänge der Geschichte, die um die Cella herum von rechts nach links verläuft und wieder am Eingang endet. Der Verlauf der Erzählung korrespondiert mit der Art, in der sich der Betrachter bewegt, und endet mit dem Blick auf Apollon; Herkules nimmt die zentrale Position auf der anderen Seite, dem Ein-

Apollontempel, Bassai.
Foto Serge Moulinier.

gang gegenüber ein, genau oberhalb der korinthischen Säule.[63]

Die Absichten hinter der Wahl des Hausgottes, Apollon Epikourios, wie auch der erzählenden Skulpturen sind uns heute nicht klar. Selbst der Name Epikourios ist ein Rätsel. Die Bedeutung »Helfer in Pestzeiten«, die Pausanias angibt, wird von modernen Forschern angezweifelt. Sie neigen eher zu der Annahme, dass der Beiname sich auf die Unterstützung bezieht, die die Bewohner von Apollon bei der Rückeroberung ihrer Stadt von den Spartanern zu erhalten geglaubt hatten. Auch die Wahl eines Architekten aus Athen und die Bereitschaft dieses Baumeisters, sich bei einem so abgelegenen Heiligtum zu engagieren, sowie die architektonischen Ähnlichkeiten dieses Tempels mit dem Parthenon könnten mit ihrer Gegnerschaft gegenüber den Gegnern der Athener zu tun haben.

Da der Tempel des Apollon Epikourios heute in einem sehr schlechten Zustand ist, lässt sich nur schwer sagen, ob die derzeitigen Formen und Dimensionen mit den ursprünglichen übereinstimmen. Die Frage ist wichtig, wenn wir wissen wollen, ob die Abweichungen von den üblichen Dimensionen und der Geometrie, die der Tempel aufweist, auf eine Beschädigung oder auf eine absichtliche Regelwidrigkeit zurückzuführen sind, also als eine »Verfeinerung« betrachtet werden müssen. Verfeinerungen sind berechnete Abweichungen von in objektiven Begriffen gefassten Regeln, um Fehler zu berichtigen, die aus der subjektiven Wahrnehmung eines Bauwerkes entstehen. Mit solchen Korrekturen fing man im 6. Jahrhundert an. Sie gelten als Zeichen einer fortgeschrittenen architektonischen Entwicklung, und ihr Verschwinden bedeutet einen Niedergang. Diese Frage wird in der griechischen Architektur häufig erörtert, aber bei dem Apollontempel spielt sie eine besonders große Rolle. Man geht nämlich davon aus, dass solche Verfeinerungen bei den Bauwerken der Akropolis, besonders dem Parthenon, ihren stärksten Ausdruck fanden, also in eben der Zeit, in der der Apollontempel errichtet wurde. Deshalb ist ihr Auftreten hier ein wichtiger Beweis, dass Iktinos in Bassai war und dass das Projekt trotz seiner abgeschiedenen Lage eine zentrale Stellung als avantgardistisches architektonisches Experiment einnahm.

Archäologen fanden Steinmetzzeichen auf den verborgenen Seiten einiger Steinblöcke, die zum Bau des Tempels verwendet worden waren. Im Allgemeinen bekunden diese Zeichen den Herkunftsort des Schreibenden, das Datum und in großen Heiligtümern auch Informationen über den Bau, den Namen des Bauwerkes und der Zulieferer. In Bassai ist solchen Zeichen auf den Dachziegeln zu entnehmen, dass zwei Unternehmer an dem Bau beteiligt waren; der eine lieferte die Materialien, der andere organisierte die Bautätigkeit. Sie zeigen auch die genaue Position eines bestimmten Teils im Gesamtwerk an. Die durch diese Inschriften überlieferten Daten besagen, dass unbehauene Steine zu der Baustelle transportiert und dort gemäß der Weisungen des Architekten bearbeitet wurden.[64] Aus der Art der Buchstaben können wir das Datum – ca. 427–400 v. Chr. – sowie die Zusammensetzung und die Herkunft der Bauarbeiter erschließen: Die Handwerker stammten nicht aus Arkadien, sondern es waren wandernde Spezialisten dorisch-peloponnesischen Ursprungs, die mit Inselbewohnern und Athenern zusammenarbeiteten.[65] Auch architektonische Details wie das Kranzgesims (Geison) und die ionischen Formen liefern Forschern Daten, denen sie das Entstehungsdatum, das Netzwerk der Kontakte und die Verbreitung des Wissens entnehmen können, die beide zum Entwurf und zur Errichtung eines Projektes beitrugen.

Die Wahl der hier verwendeten Materialen – in der Gegend vorkommender Stein, aber auch Marmor aus Naxos, Paros, Delos und Kap Tainaron – lässt ebenfalls auf ein weit verzweigtes Netzwerk schließen. Es wird klar, dass die Errichtung dieses Tempels ein höchst komplexer Prozess war. Sehr viele Teile wurden einzeln gemäß eines Planes vorbereitet, der einer gründlichen Absprache bedurfte, um sie schließlich zu einem Bauwerk zusammenzufügen. Auch der Erwerb der Materialien in unterschiedlichen Gegenden und ihr Transport zur und innerhalb der Baustelle erforderte einen ausgeklügelten Plan. Weitere Schwierigkeiten ergaben sich aus der Tatsache, dass es nur sehr begrenzte Mittel zum Transport von steinernen Baublöcken gab; die Karren mussten die Unternehmer bei den Bauern ausleihen, wenn diese sie nicht zur Ernte, zum Dreschen oder Pflügen brauchten. Und schließlich musste die Bautätigkeit auch noch so gelegt werden, dass sie nicht von den häufig ausbrechenden kriegerischen Aktivitäten beein-

trächtigt wurde oder mit den religiösen Festtagen zusammenfiel.[66]

Der in Bassai verehrte Gott Apollon war einer der wichtigsten griechischen Götter. Seine bedeutendsten Heiligtümer befanden sich auf der ionischen Insel Delos und im Orakel in Delphi. Eigentümlicherweise wurde im Tempel in Bassai kein Altar gefunden, eigentlich ein zentraler Kultgegenstand in griechischen Heiligtümern. Ebenso seltsam ist es, dass auch keine Statue der Gottheit gefunden wurde, die wir jetzt eigentlich darstellen müssten, nachdem wir die Architektur des Tempels und seine Reliefskulpturen besprochen haben. Die merkwürdige Aura des Tempels, seine nicht eindeutig zu fixierende Identität – teils archaisch, teils modern, teils kosmopolitisch, teils regional –, die rätselhafte Unergründlichkeit des korinthischen Kapitells, dessen Gestaltung, dessen Schöpfer, dessen Stellung im Grundriss des Tempels, dessen Bedeutung für die Arkadier und als Höhepunkt dessen mysteriöses Verschwinden in unserer Zeit machen dieses Bauwerk zu einem der unergründlichsten des antiken Giechenlands.

N. Yalouris[67] meinte, dass die korinthische Säule dort stand, wo in einem griechischen Tempel normalerweise die Kultstatue steht. Es gab tatsächlich eine Tradition, der zufolge Gottheiten in Form einer Säule, eines Pfeilers oder eines Baumes dargestellt wurden. Mit dieser Erklärung ließe sich natürlich auch die Abwesenheit eines Kultbildes erklären. Clemens von Alexandria, der den Dichter Eumelos aus dem 7. Jahrhundert zitiert, schreibt, dass die Apollonstatue in Delphi eine Säule war.[68] So gesehen war die korinthische Säule das Kultbild.

Wenn diese Theorie zutrifft, geht aus ihr des Weiteren hervor, dass – so innovativ der Entwurf des Tempels auch war – das Neue daraus entstand, dass man bewährte Vorgänger-Elemente heranzog und neu kombinierte, egal ob diese Elemente zeitlich und räumlich sehr fern oder sehr nah waren. Außerdem belegen neuere Studien, dass der Entwurf des klassischen Tempels in vieler Hinsicht der Neuordnung von Elementen des aus dem 6. und frühen 5. Jahrhundert v. Chr. stammenden Apollontempel in Delphi zu verdanken war, bei dem Teile von früheren Bauwerken, die an diesem Ort gestanden hatten, einbezogen wurden. Man könnte sogar in den Worten F. A. Coopers sagen, dass die Abfolge der Tempel von Apollon I bis IV, die dem Tempel des Iktinos vorangegangen waren, genau die Entwicklung der griechischen Tempelarchitektur widerspiegelt. Daneben zeigt dieser Tempel auch die kreativen Möglichkeiten der damaligen Welt. Er zeigt, wie die Geburt einer neuen Idee, die sich auf der ganzen Welt verbreiten sollte, selbst an einem geografisch gesehen marginalen Ort möglich war, weil es ein einzigartiges Netzwerk unterschiedlicher, weit verstreuter Fachleute gab, die ihr Wissen in ein bestimmtes Projekt einfließen ließen, sobald und wo es notwendig war.

Concordiatempel, Agrigent (Akragas).
Foto Serge Moulinier.

≫ *Früher als alles entstand das Chaos, aber sodann ward Gaia, die weite, [...] Tartaros, grausam umdüstert, [...] Eros zugleich.* ≪
Hesiod, *Theogonie* 116

≫ *[...] die schwarze Erde. Vorher war sie versklavt, doch jetzt ist sie frei. Denn die Pfandsteine, die allenthalben standen, habe ich von ihr genommen.* ≪
Solon, *Fragment* 24

ZWEITES KAPITEL

RAUMORDNUNG UND DIE ARTEN

DER ARCHITEKTUR

Die Entstehung des »neuen *megaron*«

Vom Tempel des Apollon Epikourios stehen heute nur noch Fragmente, eingehüllt in schützende Planen, unter denen sie restauriert werden sollen. Dennoch entsteht aus dem Chaos von Ruinen und Geräten das Bild einer wohl geordneten, gegliederten und harmonischen Welt innerhalb der Welt im Herzen Arkadiens. Durch die Arbeit der Forscher – die Ausgrabung, Erkennung und Identifizierung – an den in Bassai gefundenen Fragmenten können wir nicht nur fast die gesamte Anlage des Tempels, sondern in etwa auch das komplexe Netzwerk menschlicher Intelligenz rekonstruieren, das die Beschaffung von Arbeitern, Materialien und Wissen ermöglichte, damit dieser Bau errichtet werden konnte. Andererseits muss man weiter zurückgehen und den »descent with modification«[69] des Tempels von Fall zu Fall untersuchen, wenn man herausfinden will, wie der Apollontempel als geistiges Konstrukt entstehen konnte, wie der Innenraum vom Außenraum unterschieden und in *Pronaos*, *Opisthodomos* und *Adyton* unterteilt wurde, wie die Säulenarten differenziert wurden und Standort und Funktion innerhalb dieser Unterteilung erhielten – dorisch für die äußere Säulenreihe, ionisch für die innere, und die neu erfundene korinthische, um das Tempelinnerste, das Adyton, zu markieren.

Offenbar war die äußere Säulenreihe um das Kerngebäude herum, die *Peristasis*, wesentlich für die konzeptuelle Entwicklung der antiken griechischen Architektur, auch wenn sie wahrscheinlich auf materielle und funktionale Notwendigkeiten zurückzuführen ist. Tatsächlich nehmen viele Forscher an, dass dieses Bauelement die griechische Architektur als Geisteshaltung und als Stil von den übrigen Architekturformen im östlichen Mittelmeer unterscheidet, einschließlich von der, die als erste in dieser Region auftauchte, von der mykenischen Architektur. Durch die Peristasis konnte das Bauwerk als ein deutlich wahrnehmbares räumliches Objekt, als eine autonome Einheit im Raum, identifiziert werden, die den Weg für die Entwicklung der großen Erfindung der griechischen Kultur ebnete, das System der klassischen architektonischen Komposition und die Entdeckung der räumlichen Intelligenz.

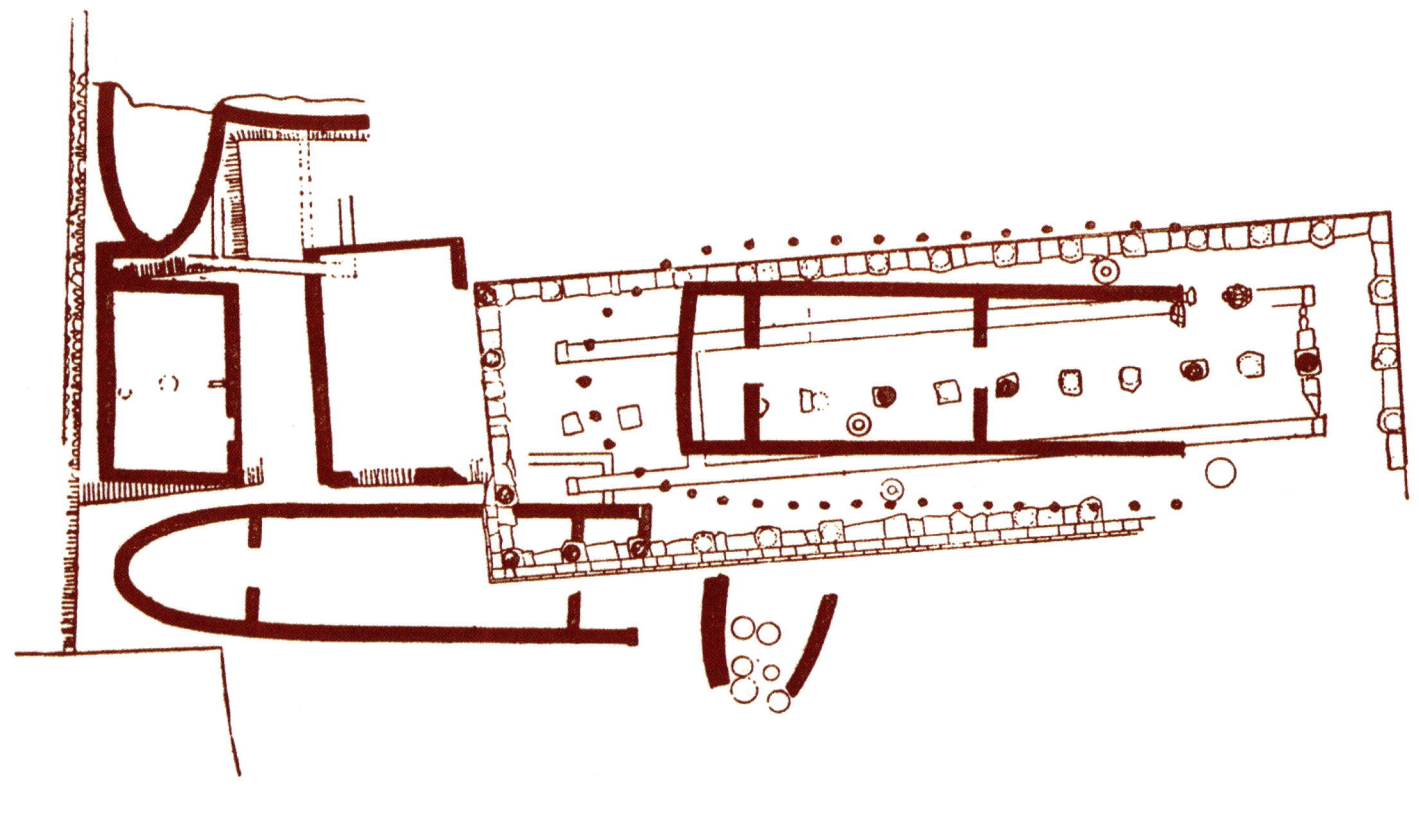

Megaron A und B,
Thermos (10. bis 8. Jh. v. Chr.).
Nach W. B. Dinsmoor (1950).

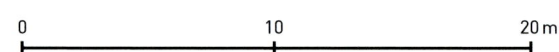

0   10   20 m

Die ursprüngliche Absicht, ein Bauwerk mit Säulen zu umgeben, hatte wenig mit der späteren konzeptionellen Verwendung zu tun. Höchstwahrscheinlich lagen den ersten Kolonnaden technisch und funktional begründete Absichten zugrunde: Sie sollten die Wände des Bauwerkes schützen, die früher nicht aus haltbarem Stein errichtet wurden, und den Menschen, die sich bei öffentlichen Feierlichkeiten um einen zentralen Platz versammelten, Schutz gewähren. Doch obgleich Säulenreihen fast zu einem Synonym für die griechische Architektur wurden und ihre Entstehung tief in lokalen Bedingungen verwurzelt ist, stand ihre Entwicklung in einem deutlichen Zusammenhang mit dem technologischen und intellektuellen Geschehen in anderen Regionen, das durch das »kosmopolitische« mediterrane Kontaktnetz weitergeleitet wurde.

Lange vor den ersten peripteralen Kolonnaden war Griechenland geprägt von den »mykenischen« Palastan-

lagen in Mykene, Tiryns, Pylos und weiteren, weniger bedeutenden Bauwerken. Noch heute ist die Frage offen, warum diese herrlichen, dicht bevölkerten Zentren gemeinschaftlichen Lebens um ca. 1100 v. Chr. zerbrachen, viele Jahrhunderte danach nur Armut herrschte und die Architektur verkümmerte, denn über das Verschwinden der mykenischen Kultur existieren keine schriftlichen Berichte und nur sehr wenige materielle Relikte. Analog zu einem ähnlichen Zeitraum in der Geschichte Westeuropas, dem frühen Mittelalter, ist diese Zeit auch als »die finsteren Jahrhunderte« in der griechischen Antike bezeichnet worden. Auch wenn neuere Forschungen sie nicht mehr als so finster und rückständig sehen, steht sie doch in großem Gegensatz zur vorhergehenden Palastkultur. Einer der möglichen Gründe für diesen Prozess der Verarmung, Entvölkerung und Auflösung, der zum Zusammenbruch des paladialen Regierungssystems und der gesamten wirtschaftlichen, gesellschaftlichen und kul-

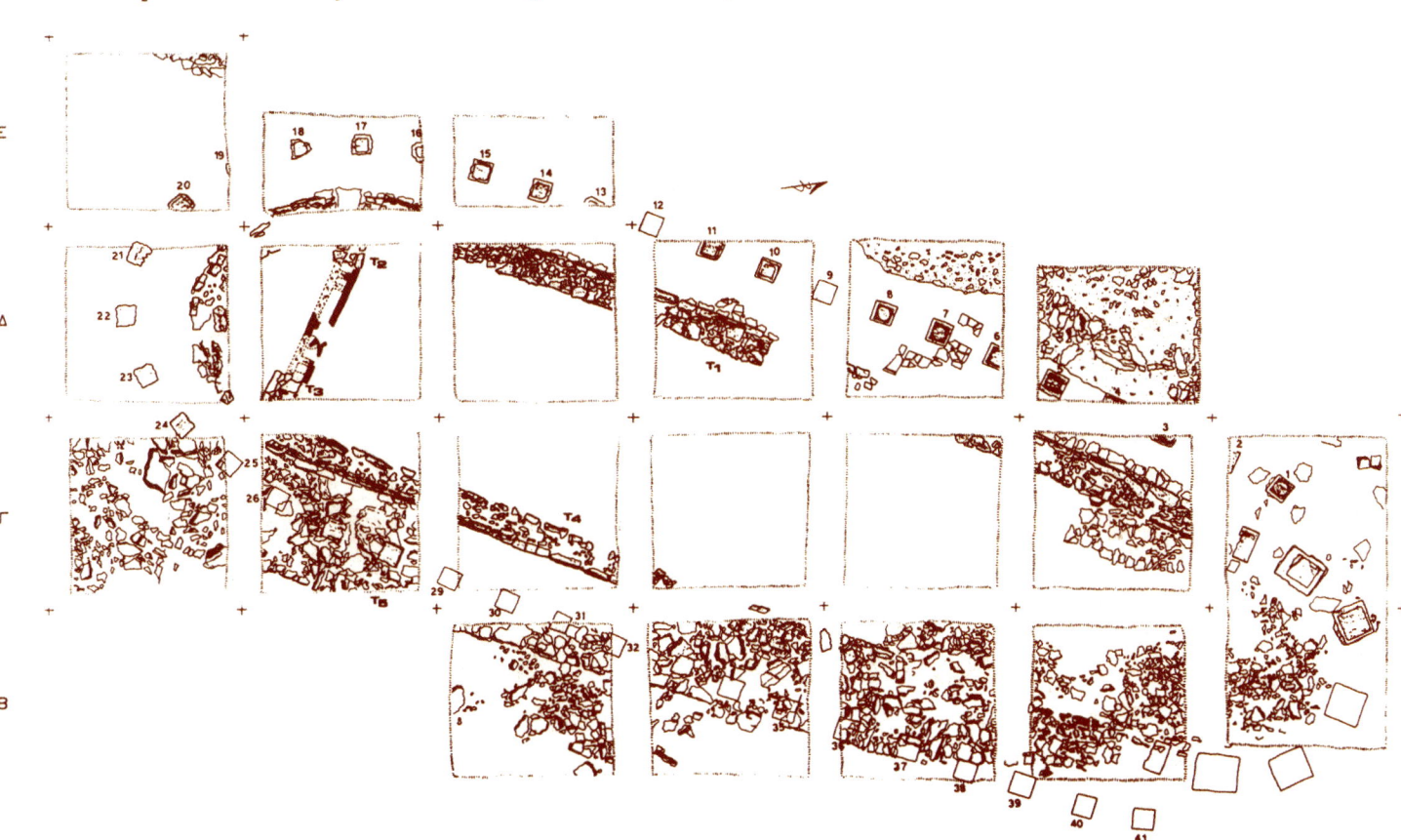

Plan des Hekatompedon, Ano Mazaraki.
Nach M. Petropoulos (1996–97).

0 1 2 3m

turellen Organisation in seinem Umfeld führte, wird heute allerdings ausgeschlossen – die Theorie, dass die Herakliden, die Nachfahren des mythischen Herakles, nach dem trojanischen Krieg zusammen mit den Dorern, rauen, zähen und vitalen Menschen aus dem Norden, den südgriechischen Raum mit seinen geistig weit entwickelten, sanften Menschen eroberten. Das gilt auch für die Meinung, die »Seevölker« hätten dieser Ordnung ein Ende bereitet. Sehr wahrscheinlich waren es mehrere Faktoren – Erdbeben, Klimaveränderungen, Hungersnöte, soziale Unruhen, Piratenüberfälle und die Einführung einer neuen Militärtechnologie –, die diese außergewöhnliche Veränderung hervorriefen.[70] Der danach erfolgende Wiederaufbau findet – auch wenn er in der Nachbarschaft der älteren mykenischen Orte geschieht – mit minderwertigen Materialien, auf einem niedrigeren technologischen Niveau, in sehr bescheidenem Maß und räumlich verstreut statt.

Das älteste und wichtigste architektonische Beispiel der so genannten geometrischen Epoche, das den Beginn einer Renaissance markiert, ist das Heroon von Lefkandi an der Westküste von Euböa[71]. Aus den Funden schlossen die Archäologen, dass es sich um einen länglichen, haarnadelförmigen Bau handelte.[72] Das Innere bestand aus einer niedrigen Vorhalle, die durch eine breite Öffnung mit einem nahezu quadratischen Raum verbunden war, der wiederum in den Hauptraum führte, in dem sich die Schachtgräber befanden. Vermutlich wurden dort heroische Ahnen bestattet, daher auch der Name. Zum Hauptraum führte auch noch ein zweiter direkter Zugang. Seit dem Jahr 2000 v. Chr. wurde der Ort immer wieder über längere Zeit benutzt und danach wieder verlassen. Man geht davon aus, dass das Bauwerk aus dem 10. Jahrhundert und die in den Gräbern gefundenen Objekte aus dem 13. oder 12. Jahrhundert v. Chr. stammen. Eine Säulenreihe umgab drei Seiten des Ge-

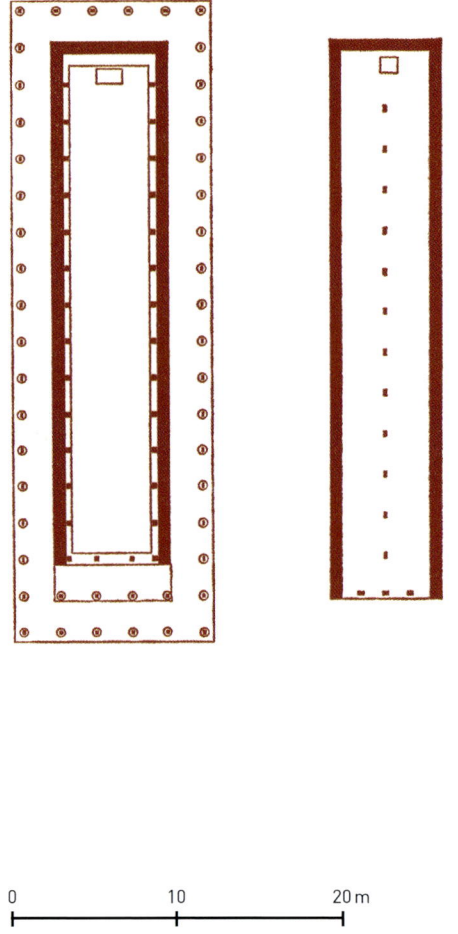

0   10   20 m

Heratempel, Samos (700–650 v. Chr.).
Hekatompedon I und Hekatompedon II.
Umstrittene Rekonstruktion.
H. Berve und G. Gruben (1961).

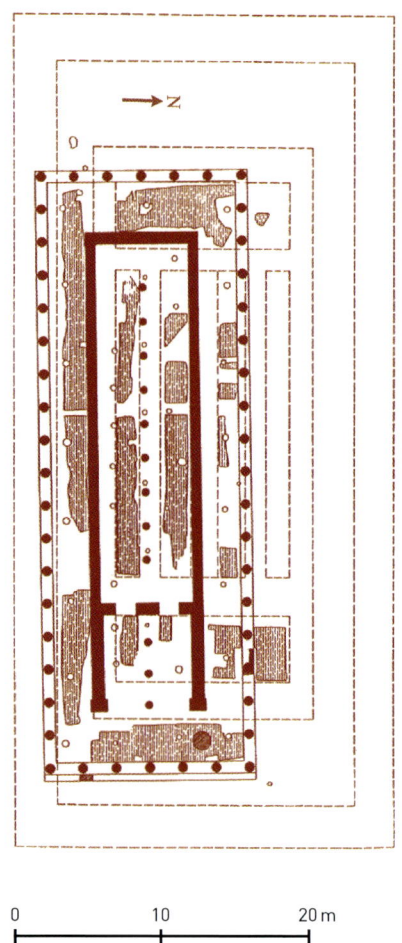

0   10   20 m

Plan des Poseidontempels, Isthmia.
Nach W. B. Dinsmoor jr.
O. Broneer (1971).

bäudes; der von einem Portikus geschützte Eingang blieb offen. Das von der Traufe zum First gleichmäßig aufsteigende Spitzdach ruhte auch auf einer Reihe von in der Längsachse stehenden Holzpfosten.[73]

Verglichen mit den mykenischen Steinbauten ist das Heroon klein, die Materialien einfach, und anders als jene geschlossenen Anlagen ist es ein freistehendes Bauwerk. Dennoch war sogar dieses einfache Gebäude in ein Netzwerk von Handelsbeziehungen eingebettet, das die kosmopolitische Intelligenz der Griechen ankündigte. Tonwaren aus Euböa wurden an der Küste der Levante entdeckt. Euböer gehörten zu den ersten griechischen »Kolonisatoren« und trieben Handel mit der levantinischen Küste und mit Zypern. Umgekehrt wurden Metallwaren aus Zypern und dem Nahen Osten in Lefkandi gefunden. Sehr wahrscheinlich wurde das nordkanaanitische Alphabet nach Euböa importiert oder gelangte mit den Phöniziern dorthin. Einige der frü-

hesten Beispiele der griechischen Schrift, in Tonscherben eingeritzt, wurden hier gefunden.[74]

In manchen Heiligtümern wurden Architekturmodelle aus Ton entdeckt, aus denen sich Rückschlüsse auf die hier diskutierte Entwicklung der Wandkonstruktionen, Öffnungen sowie Säulen- und Dachelemente ziehen lassen. Beispiele sind die Tempelmodelle des Heraion aus Perachora oder des Heraion in Argos (800– 750 v. Chr.). Diese Modelle weisen keinen äußeren Säulenring auf, es stehen nur Säulen in Form eines Portikus *in antis* vor einem einzigen Raum, der oft mit einer halbrunden Apside geschlossen war. Diese Struktur ist auch in Gonnos in Thessalien und beim Apollontempel in Eretria zu erkennen. Solche Portikustempel scheinen in Erinnerung an das *Megaron* entstanden zu sein, der neue Tempel scheint sich also eher an lokalen Vorgängern als an Beispielen aus dem Ausland orientiert zu haben. Waren die elliptischen oder apsidialen geomet-

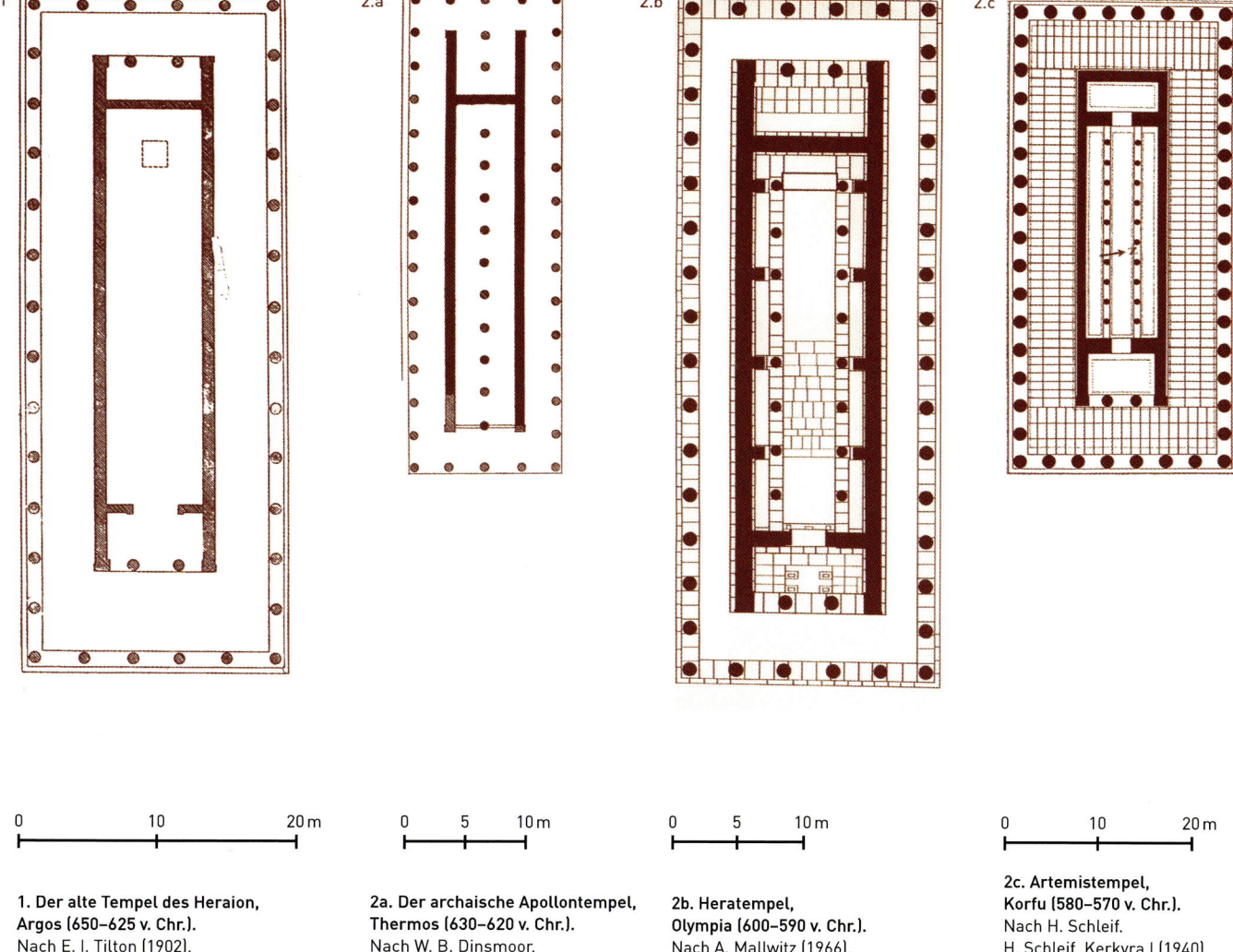

1. Der alte Tempel des Heraion, Argos (650–625 v. Chr.).
Nach E. I. Tilton (1902).

2a. Der archaische Apollontempel, Thermos (630–620 v. Chr.).
Nach W. B. Dinsmoor.

2b. Heratempel, Olympia (600–590 v. Chr.).
Nach A. Mallwitz (1966).

2c. Artemistempel, Korfu (580–570 v. Chr.).
Nach H. Schleif.
H. Schleif, Kerkyra I (1940).

rischen Bauten die Ergebnisse solcher Erinnerungen? Der Begriff Erinnerung wird häufig benutzt, ist aber eigentlich nur eine unscharfe Metapher. Die Menschen erinnern sich, Gesellschaften haben eine »kollektive« Erinnerung aufgrund von schriftlichen Dokumenten oder mündlich überlieferten Geschichten. Wie erinnert sich eine Gemeinschaft an eine Bautechnik oder Form? Unter den damaligen Umständen war es ziemlich schwer, sich die Form eines komplexen Artefakts wie des Megaron in Erinnerung zu bringen, vor allem in einer Gesellschaft, die die Schrift ihrer eigenen Sprache vergessen hatte und dabei war, eine neue Art des Schreibens auf der Grundlage von lautschriftlichen Elementen zu importieren. Außerdem hatten die mykenischen Paläste keine apsidialen oder elliptischen Formen, wie wir sie im Repertoire der geometrischen Epoche finden.

Ein einmaliges Beispiel ist das Gebäude T in Tiryns, das einzige Bauwerk, das mit der Wahl des Platzes und

des Grundrisses eine Kontinuität mit mykenischen Vorläufern vermuten lässt. Der Plan weist starke Ähnlichkeiten mit dem früheren Megaron, seiner Geschosshöhe, den beiden Säulenbasen und der alten Thron-Basis auf. Auch die zwei Stufen, die zum Portikus des alten Megaron führten, wurden wieder benutzt.[75] Wenn man Parallelen zur Dichtkunst dieser Zeit zieht, in der man sich sehr um eine neue Identität für die Griechen bemühte und dafür auf die Mythen und Geschichten der heroischen mykenischen Vergangenheit der Bronzezeit zurückgriff, könnte man vermuten, dass diese Ähnlichkeiten bewusst eine *renovatio* anstrebten.

Das mykenische Beispiel beantwortet jedoch nicht die Frage nach dem Ursprung des Peristyl und der Erweiterung um das Pteron bei einem einfachen kubischen Gebäude. Am Beispiel des Tempels B in Thermos zeigt sich, dass er Teil eines Gebäudekomplexes war und kein freistehendes Bauwerk. Außerdem ist heute bewiesen,

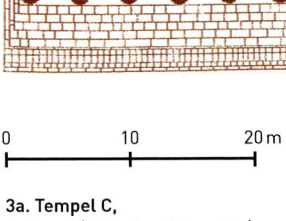

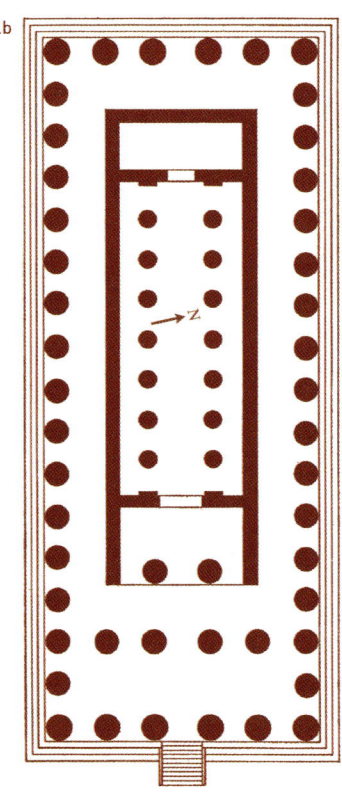

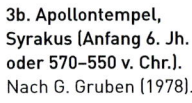

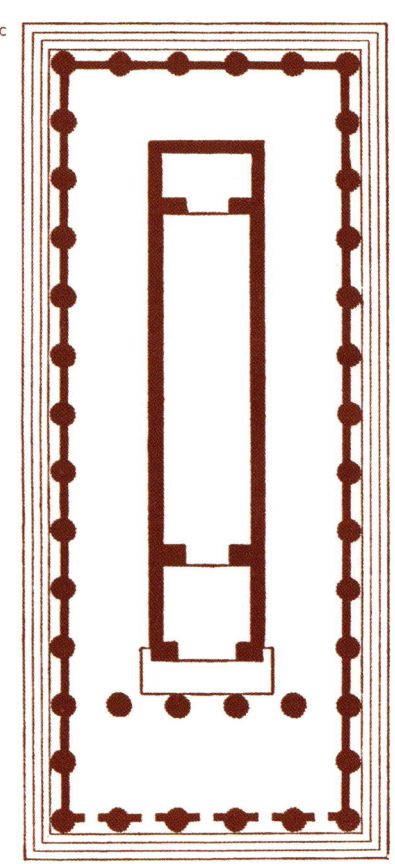

0   10   20 m

3a. Tempel C,
Selinunt (570 oder 550 v. Chr.).
Nach Gruben.
H. Berve und G. Gruben
sowie O. Puchstein (1899).

3b. Apollontempel,
Syrakus (Anfang 6. Jh.
oder 570–550 v. Chr.).
Nach G. Gruben (1978).

3c. Athenatempel (F),
Selinunt (560–540 oder sogar 520 v. Chr.).
Nach J. Hulot und G. Fougères.
H. Berve und G. Gruben (1978).

dass die 18 Fundamentsteine, von denen man früher annahm, sie seien die Basen einer später dem Hauptgebäude hinzugefügten Peristase gewesen, erst nach der Zerstörung von Megaron B gelegt worden sind.[76] Nachdem die Annahmen, dass der Tempel B in Thermos (8. Jahrhundert), der Heratempel (Hekatompedon IA) in Samos (8. Jahrhundert) und das Hekatompedon des Apoll in Eretria (um 660 v. Chr.) von Säulen umgeben gewesen seien, ausgeschlossen worden waren, bleiben nach neuesten Schlussfolgerungen von Kennern der ältesten griechischen Peristyle nur noch zwei Kandidaten.

Der Tempel in Ano Mazaraki, der um 750–650 v. Chr. auf dem Berg Panachaiko in Achaia in einer Höhe von 1130 m (so hoch gelegen wie sonst nur noch der Tempel des Apollon Epikourios in Bassai) erbaut wurde, scheint das einzig echte peripterale Bauwerk aus dem 8. Jahrhundert zu sein. Die Hypothese, es habe eine Kolonnade um einen Zentralraum gegeben, wird durch die Entdeckung von Basen aus ungeglättetem Sandstein und Poros-Stein unterstützt. Auch der Boden war aus Stein. Der apsidiale Zentralraum besaß eine Adyton-Unterteilung. Die den Raum umgebenden Säulen waren aus Holz, ihr Abstand unregelmäßig. Für das Dach und das übrige Gebäude wurde mit Lehm beworfenes Flechtwerk benutzt. Bei der Grabung wurden korinthische Ziegel gefunden, die aber zu einer späteren Dachdeckung gehörten.[77] Der zweite Kandidat ist der aus der Mitte des 8. Jahrhunderts stammende Tempel B der Artemis in Ephesos.[78] Die Cella besitzt einen rechteckigen Grundriss und im Gegensatz zu dem Tempel in Ano Mazaraki waren die Wände vollkommen aus Stein gemauert. Die 4 x 8 Säulen der Kolonnade waren aus Holz. Es gibt Spuren von vier Säulen in der Mitte der Cella, zwischen denen wahrscheinlich die Kultstatue stand.[79] Das Dach war aus Stroh oder Lehm.

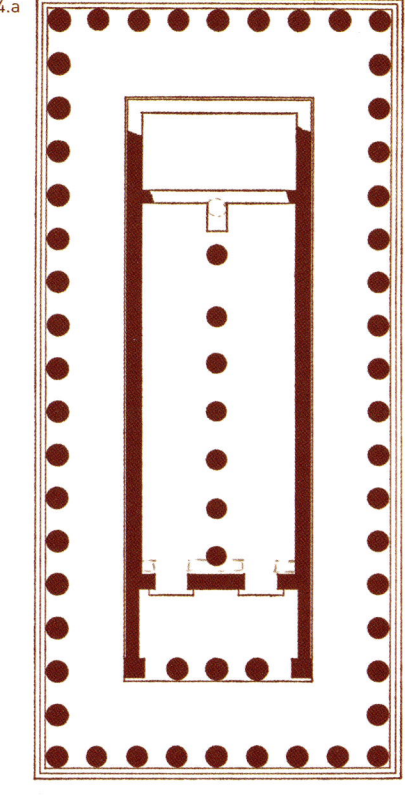
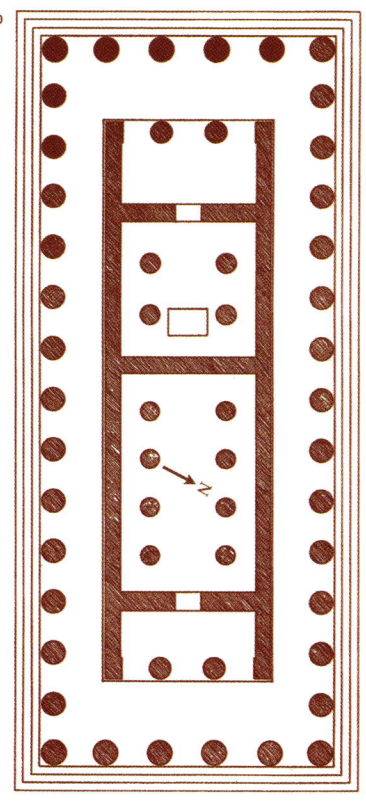
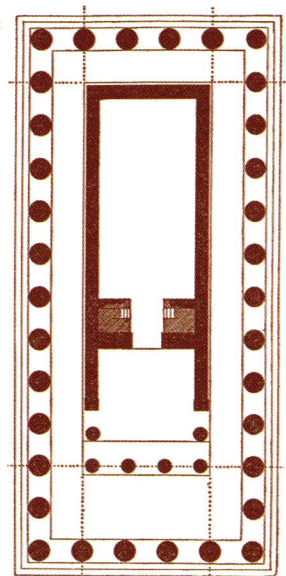

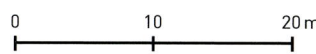

0 10 20 m

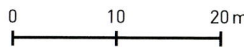

0 10 20 m

**4a. Heratempel I («Basilika»),
Paestum. Grundriss des ursprüng-
lichen Baus (575 oder 550 v. Chr.).**
Nach F. Krauss. H. Berve und
G. Gruben (1978).

**4b. Apollontempel,
Korinth (540 v. Chr.).**
Nach Gruben.
H. Berve und
G. Gruben (1978).

**4c. Athenatempel (früher Demetertempel),
Paestum (530 oder 510 v. Chr.).**
Nach Koldewey und Puchstein.
D. S. Robertson (1969).

Eine höchst bedeutsame technische Innovation in der Baukunst findet sich in der Mitte des 7. Jahrhunderts v. Chr. in Korinth beim Vorläufer des Apollontempels und bei einem Tempel auf einem niedrigen Plateau mit Blick auf das Lechaion-Tal nahe Korinth, dem Poseidontempel (690–650 v. Chr.) bei Isthmia. Bei beiden Tempeln wurde zum ersten Mal das Dach mit Terrakottaziegeln gedeckt, ein Material, das für jene Zeit höchst fortschrittlich war. Dies ist ein faszinierendes Beispiel für Innovation durch einen »Technologietransfer« sowie für eine Situation, in der alle Beteiligten von einem ungehinderten Kommunikationsfluss zwischen diversen Regionen und Menschen profitierten. Ursprünglich hatte man in Korinth hauptsächlich Gefäße, Vasen und Tonfiguren aus gebranntem Ton importiert. Doch etwa in der Mitte des 7. Jahrhunderts v. Chr. kehrte sich der Prozess um. Die Korinther beherrschten die Technik nun selbst – vielleicht hatten sie mit den Waren auch

Handwerker aus der Levante importiert – und begannen, vor Ort hochqualitative Waren zu erzeugen und sie überallhin zu exportieren, wobei sie fast die gleichen Handelswege wie für den Import nutzten. Und was noch bedeutender war: Offenbar waren die Korinther die Ersten, die neue Einsatzmöglichkeiten dieser neu entwickelten Terrakottatechnik sahen. Wie bei der Töpferei erkannten sie die Möglichkeit, diese Technik von in der Sonne getrockneten Mauersteinen auf im Brennofen gebrannte Ziegel zu übertragen, und erkannten auch, was dieses neue Produkt auf Dächern bewirken konnte, nämlich Regenwasser abzuleiten und dem Feuer zu widerstehen.[80] Neben der technischen Verbesserung bei der Dachdeckung, einer Technik, die noch heute verwendet wird[81], hatte die Einführung des gebrannten Tons Folgen für die Gesamtkonzeption eines Bauwerkes, denn sie förderte die Differenzierung und Spezialisierung der Bauelemente und ihre Normierung.

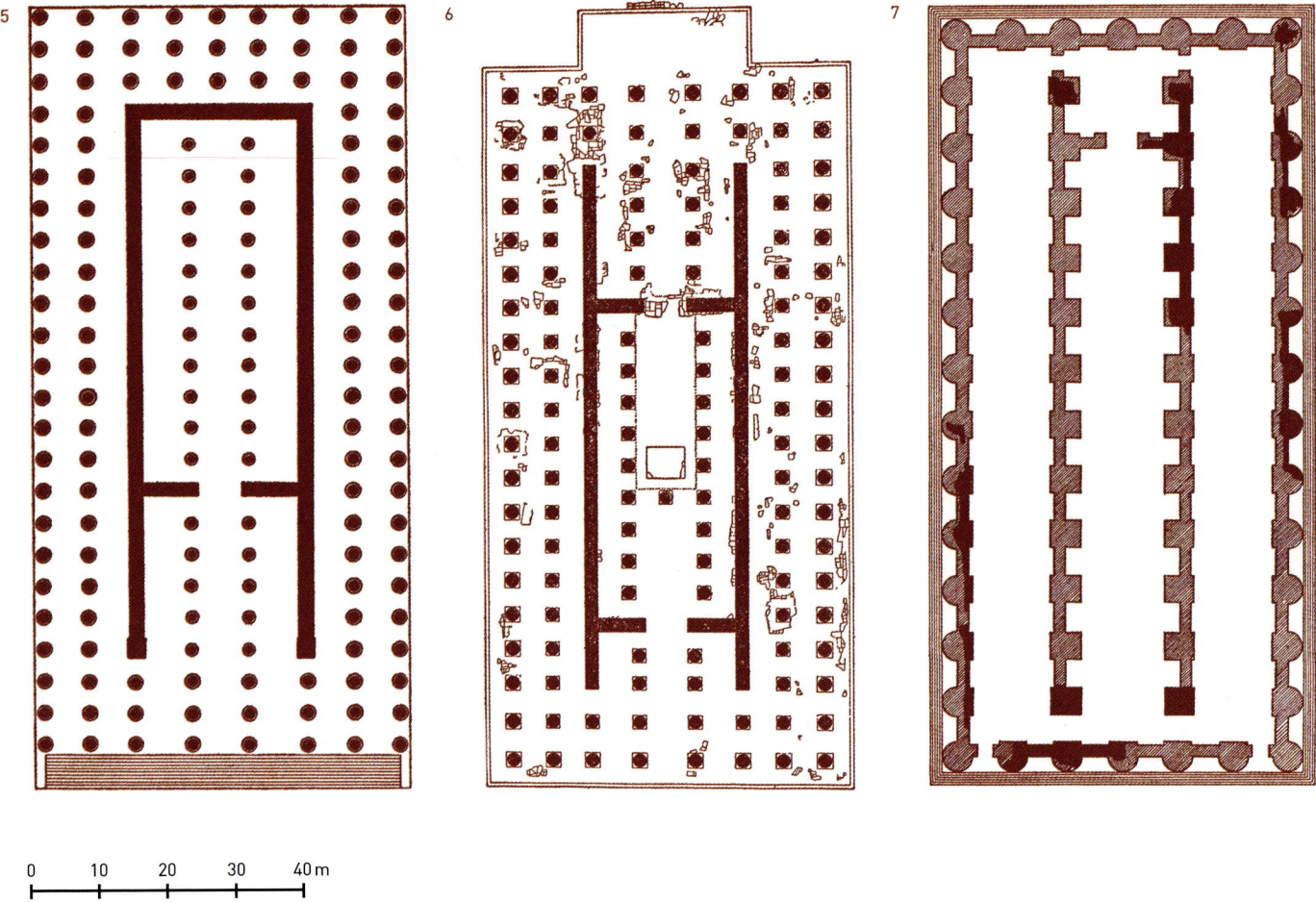

0   10   20   30   40 m

5. Heratempel IV,
Samos (525 v. Chr.).
Nach Gruben. H. Berve und G. Gruben (1955).

6. Artemistempel, Ephesos (6. Jh. v. Chr.).
Nach D. G. Hogarth.
D. S. Robertson (1969).

7. Tempel des olympischen Zeus (Tempel B),
Agrigent (Akragas) (um 500–460 v. Chr.).
Nach A. W. Lawrence. H. Berve und G. Gruben (1978).

Ebenso bedeutend ist der Tempel bei Isthmia als frühes Beispiel für die Entwicklung der Steinbearbeitung in der antiken griechischen Architektur. Aufgrund seiner monumentalen Größe gilt das Bauwerk als Vorgänger des noch heute existierenden Apollontempels[82]. Andererseits lässt sein Quader-Mauerwerk aus gesägten Steinblöcken es zu einem epochalen Werk in der Entwicklung der antiken Bautechnik werden. Die gleich großen Quader wurden auf strikt isodome Weise verlegt, das heißt, so gesetzt, dass jede Stoßfuge über der Mitte des darunter liegenden Blockes liegt. Zusammen mit den in einer Form hergestellten Ziegeln, die ihrer Größe nach genau in den Zwischenraum zwischen Säulen und Holzrahmen passten, manifestiert sich in dieser Tempelkonstruktion ein wichtiger Schritt in der »modularen Vorfertigung« und im technologischen Denken[83]. Ein weiterer wichtiger Schritt ist die Nivellierung des Plateaus vor der Errichtung des Bauwerkes. Daneben

besaß das Gebäude ein steinernes Geison als Schutz vor Regen. Im Inneren waren verzierte Paneele vorhanden. Sowohl die Verwendung kleiner Steinquader als auch die von Terrakottaziegeln ist originär und kein Import aus anderen Teilen Griechenlands oder dem Ausland. Die neuen technologischen Konzepte im Tempel bei Isthmia wurden später auf andere Bauwerke überall in der griechischen Welt übertragen.[84]

Es wurde darüber diskutiert, ob dieser auf so innovative Weise errichtete Tempel von einer Säulenreihe umgeben war. Diese Hypothese wurde schließlich bestätigt, doch ob die Säulen, wie behauptet, tatsächlich dorischer Art waren, ist umstritten[85]. Jedenfalls wird hier deutlich, dass die Fortentwicklung des Plans mit neuen, spezialisierteren strukturellen und räumlichen Elementen mit der Einführung neuer Bautechnologie einherging. Welche die treibende Kraft war, ist allerdings schwer zu sagen. Eines ist jedoch sicher: Der

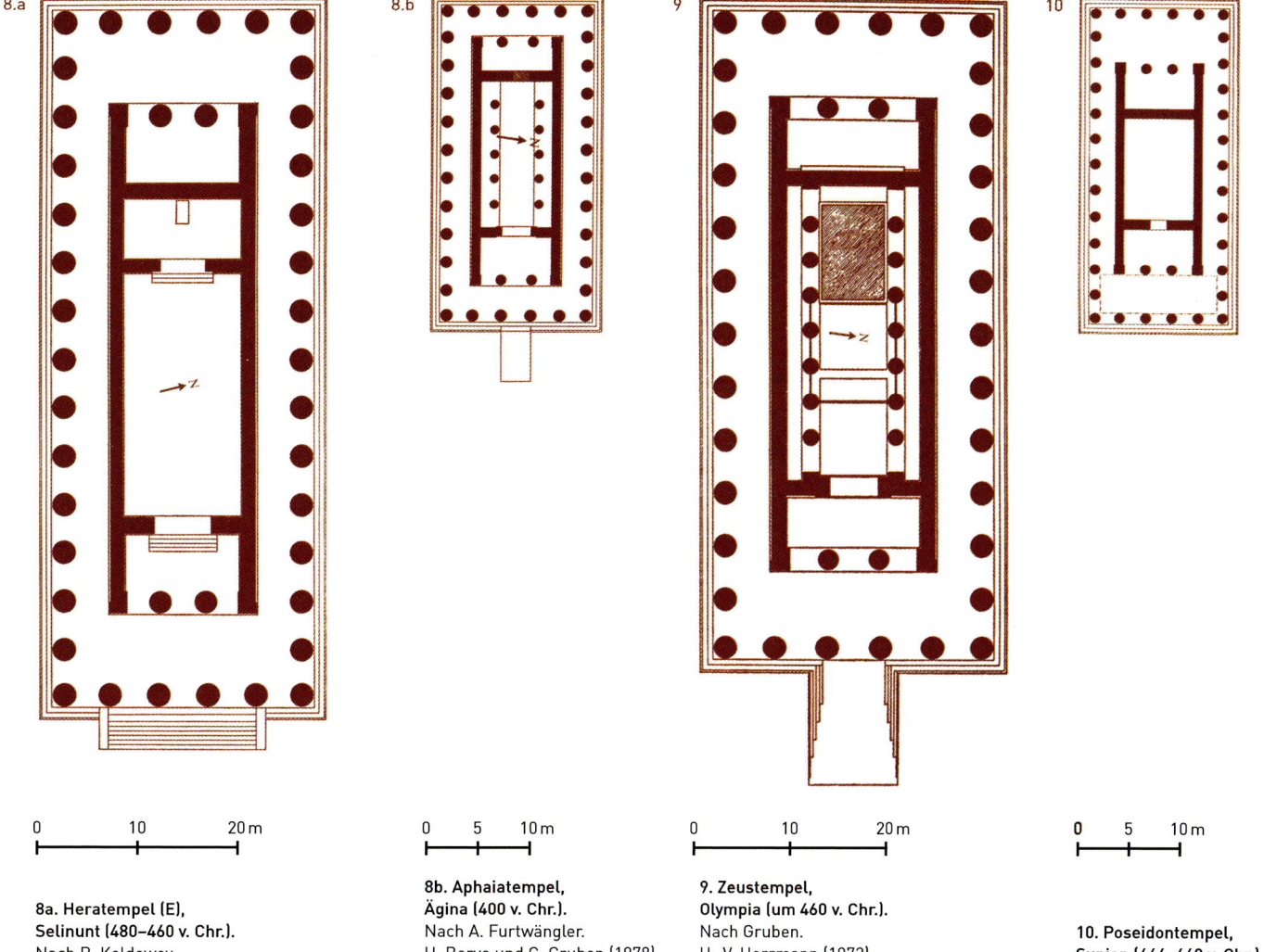

8a. Heratempel (E),
Selinunt (480–460 v. Chr.).
Nach R. Koldewey.

8b. Aphaiatempel,
Ägina (400 v. Chr.).
Nach A. Furtwängler.
H. Berve und G. Gruben (1978).

9. Zeustempel,
Olympia (um 460 v. Chr.).
Nach Gruben.
H.-V. Herrmann (1972).

10. Poseidontempel,
Sunion (444–440 v. Chr.).

Einsatz einer ausgefeilteren und teuren Technologie setzte eine prosperierende Wirtschaft voraus, und der Schritt von Lehmziegeln zu Terrakottaziegeln und schließlich hin zu Steinquadern, die mit Hilfe fortschrittlicher Methoden gebrochen und in gleich große Blöcke gesägt wurden, bedeutete einen wahren Sprung aus der Subsistenzwirtschaft der finsteren Jahrhunderte. Die Geschwindigkeit, mit der diese Techniken eingeführt wurden, legt allerdings nahe, dass einige ihrer Elemente aus anderen, technisch weiter fortgeschrittenen Regionen eingeführt wurden. Tatsächlich weist vieles darauf hin, dass die griechische Steinbearbeitung einer Methode folgte, die in ägyptischen und anderen Regionen des Nahen Ostens verwendet wurde.[86] Und es weist auch einiges darauf hin, dass die zum Quadermauerwerk benötigte Technologie von Monumentalbauten Palästinas abgeleitet worden ist, während Techniken der Holzbearbeitung ihren Ursprung wahrscheinlich in

Kanaan[87] hatten und von dort aus über Syrien in die ostgriechischen Städte Ioniens und Äoliens oder nach Phönizien gelangten[88].

Manche der oben angeführten Tempel sollen dorische Säulen besessen haben, doch dafür gibt es keine ausreichenden Belege; wir können nur gewisse Schlussfolgerungen bezüglich der Entwicklung des Grundrisses der Gebäude ziehen. Selbst in dieser Hinsicht wurde Kritik laut an der vorschnellen Charakterisierung vieler dieser frühen Tempel als peripteral, ohne dass es dafür Beweise gibt.[89] Deshalb setzt man jetzt die Daten für die ersten peripteralen Tempel sowie die ersten Steinsäulen und die allgemein verbreitete Verwendung von Stein später an (650 v. Chr.). Allerdings darf man nicht vergessen, dass diese Korrekturen sich auf die Datierung beziehen und nicht auf die Art des Entwicklungsprozesses der griechischen Architektur in den finsteren Jahrhunderten. Davon unberührt bleibt die grundlegende

Parthenon, Akropolis, Athen.
Foto Serge Moulinier.

Annahme, dass die Bauten sich dahingehend entwickelten, dass eine Kolonnade an eine Halle angefügt wurde, die dadurch zu einem von sie umgebenden Bauten isolierten Gebäude wurde und deren Raum dadurch in verschiedene Teile gegliedert wurde. Auch hier weist wieder einiges darauf hin, dass diese Entwicklungen nicht isoliert stattfanden, sondern in einem Austausch zwischen verschiedenen griechischen und nicht-griechischen Regionen, ermöglicht durch ein kosmopolitisches Netzwerk reisender Söldner, Händler und Handwerker.

Offenbar spielte die Einführung der Säulenreihe um den Tempel herum eine wichtige Rolle in der konzeptionellen Entwicklung der griechischen Architektur, denn dadurch wurde das Gebäude als Einheit identifiziert. Dies wiederum förderte die Entwicklung eines Regelwerks für die klassische Komposition, die Herausbildung eines *Kanons*.

Allerdings fanden wichtige morphologische Experimente, die ebenso zur Herausbildung des klassischen Kanons der antiken griechischen Architektur beitrugen, auch beim Entwurf der Antentempel statt. Frühe Beispiele dieses Typus haben wir bereits betrachtet, spätere Entwicklungen werden wir bei den wegweisenden Schatzhäusern in Delphi und im Athen der klassischen Periode untersuchen.

Das *Pteron* ist allerdings nicht nur das, was die Säulenreihe umschließt. Wir stoßen in der *Stoa* darauf, wo eine Säulenreihe einen Raum definierte, der alltäglichen Handelsaktivitäten und anderen öffentlichen, nicht-rituellen Zwecken diente. Die Stoa war ein lang gestreckter, gedeckter Raum, dessen Dach auf einer oder mehreren, parallel zur Rückwand angeordneten Reihen von Säulen ruhte. Ein frühes Bauwerk dieser Art ist die Stoa Basileios in Athen aus dem 6. Jahrhundert. Die Ägypter entwarfen und errichteten solche steinernen Kolonnaden bei ihren monumentalen Anlagen seit dem Beginn des 2. Jahrtausends. Später zeigen Lehmmodelle mit Alltagsszenen, dass sie für öffentliche Alltagsgeschäfte benutzt wurden. Es wäre seltsam, wenn die auffälligen Ähnlichkeiten zwischen dem frühen griechischen Pteron und der ägyptischen Stoa ein Zufall wären, wo doch in Griechenland um das 7. Jahrhundert herum und auch schon früher Hunderte ägyptisierende Skarabäen und andere ägyptisch anmutende Kunstgegenstände zu finden waren. Genaueres über diese Kontakte, die viele antike griechische Autoren, so auch Herodot, erwähnen, kennen wir nicht, aber wir haben Belege, dass um 660 v. Chr. der Pharao Psamtik I. (Psammetichos) mit der Unterstützung von ionischen und karischen Söldnern gegen die Assyrer kämpfte und den Griechen zum Dank Sonderprivilegien verlieh, die zur Gründung der Handelsniederlassung Naukratis (in Westägypten) führten. So kann ägyptisches Wissen, das beim Entwurf von Bauwerken eingesetzt wurde, nach Griechenland gelangt sein, und wir wissen, dass ägyptische Methoden der grafischen Darstellung von Bauwerken damals sehr fortgeschritten waren. Möglich ist auch, dass ägyptische Zimmerleute, die auf dem Weg,

den damals zahlreiche andere reisende Handwerker benutzten, nach Griechenland gelangten und ihr Wissen weitergaben. Wie wir im nächsten Abschnitt sehen werden, wird die Bedeutung dieser Kontakte mit Ägypten wie auch mit anderen Regionen des östlichen Mittelmeeres noch offenkundiger, seit die Säulen- und Balkenkonstruktion des Pteron im Zuge der weiteren Entwicklung der griechischen Architektur zu einer ausgeprägten architektonischen Stilform wird.

Andererseits wird auch der einzigartige Beitrag der Griechen klar, wenn wir sehen, wie sie diese Stilform in ein System einbanden und damit zu einem Kanon machten. Dies scheint zum ersten Mal um 465–460 v. Chr. nicht bei einem Tempel, sondern bei einer Stoa, der Poikile-Stoa in Athen, der Fall gewesen zu sein. Diese Stoa wurde als »Haus« der Philosophen berühmt, die in diesem lang gestreckten, schattenspendenden Bauwerk auf- und abgingen und dabei ihre Probleme erörterten. Architektonisch stellt diese Stoa einen höchst bedeutenden Schritt dar, denn hier tauchte zum ersten Mal eine Kombination von dorischen und ionischen Säulen auf, zehn Jahre, bevor Iktinos sie im Parthenon und im Apollontempel in Bassai ausprobierte.

Oben: Heratempel (»Basilika«), Paestum. Fassade. Foto Erich Lessing.
Unten: Heratempel (»Basilika«), Paestum. Gesamtansicht. Foto Erich Lessing.

Die Entstehung der dorischen und der ionischen Art

Um ca. 800 v. Chr. entsteht in der griechischen Antike eine neue Architektur. Im Gegensatz zu den legendären verlassenen mykenischen Palastanlagen handelte es sich bei diesen neuen Bauwerken um einzeln stehende Gebäude, die meist aus einem langen Raum mit einem Eingang an der Schmalseite bestanden. Im Gebäudeinneren ersetzte eine doppelte Säulenreihe in der Cella die axiale Kolonnade, wie sie zum Beispiel im Apollontempel in Thermos, im Heratempel auf Samos und dem Poseidontempel in Isthmia zu finden war. Die neue Gestaltung gestattete einen besseren Blick und Zugang zur Statue des dort verehrten Gottes und einen ungehinderten Umgang. Die Rundapsis verschwand. Durch die Beifügung von Säulen war das Bauwerk von außen betrachtet als eine frei stehende Einheit definiert. Säulen wurden am Eingang zwischen die vorspringenden Seitenwände des Baus (*in antis*) oder außerhalb des Eingangs in der Form eines Portikus oder um die Halle herum als Kolonnade platziert. Auf diesen Säulen ruhte ein Balkenelement, das Gebälk. Archäologen entnehmen den vorliegenden Funden, dass ursprünglich weder Säulen noch Gebälk besonderen Schmuck aufwiesen. Die charakteristischen Elemente scheinen sich erst später entwickelt zu haben und nach und nach zum Standard geworden zu sein. Dies ist sehr bedeutsam, denn das weist darauf hin, dass Säulen und Gebälk allmählich kategorisiert wurden, d. h. sie wurden allmählich einer »Art« zugeordnet, der dorischen oder ionischen »Gattung«, die Vitruv erörtert, und dadurch fiel dann auch das Bauwerk in diese Kategorie.

Im Heraion von Argos auf dem Peloponnes wurde ein dorisches Kapitell gefunden, das Kapitell C[90], das wohl aus der Zeit um 600 v. Chr. stammt und von vielen Forschern als das Erste seiner Art betrachtet wird. Es ist allerdings nicht sicher, ob es zum Tempel oder zur Nordstoa der Kultstätte gehörte. Vitruv schrieb, dass das Heraion von Argos der früheste Tempel der dorischen Art sei, die vor der ionischen auftrat, wie er behauptete. Doch etwa zur gleichen Zeit wurde in Kleinasien eine andere Art von Säule gefunden, die zum Athenatempel im antiken Smyrna[91] gehörte und vieles mit den ionischen Säulen gemein hatte.

Kapitelle, die wesentliche Eigenschaften mit dem kanonischen ionischen Kapitell aus Alt-Smyrna teilten, wurden in Nordwest-Kleinasien und auf Lesbos, in Zypern, dem Nahen Osten und vor allem in Palästina gefunden.[92] Sie stammen überwiegend aus dem 7. bis hin zum Ende des 6. Jahrhunderts. In der Antike taucht der Begriff »äolisch« in Bezug auf Kapitelle oder Säulen nicht auf, er wurde erst im 19. Jahrhundert von Forschern verwendet, die damit eine Klasse von Kapitellen oder Säulen bezeichneten, die weder in das dorische noch in das ionische Stilkonzept passten[93]. Andere Forscher zogen dafür den Begriff »proto-ionisch« vor, um damit auf die mögliche Abstammung der ionischen Form von dieser hinzuweisen.[94] Durch den Begriff »äolisch« werden diese Bauelemente allerdings auf die Regionen beschränkt, die von den Äolern besiedelt waren, wodurch andere Regionen, in denen sie ebenfalls auftraten, ausgeschlossen werden, und auch die regionalen Interaktionen werden eingeschränkt, aus denen heraus sich dieses neue architektonische Element entwickelte.

Proto-ionisches Kapitell.

Proto-äolisches Kapitell, Hazor.
Israelisches Museum, Jerusalem.

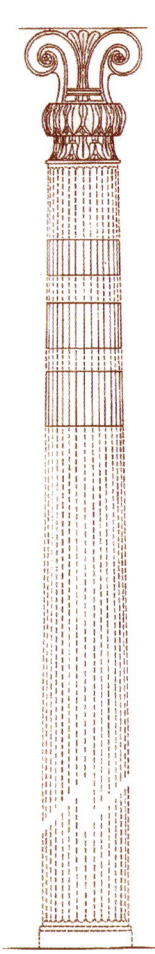

Athenatempel (IIIA-B), Smyrna. Rekonstruierte Säule (um 610–600 v. Chr.).
Nach Cook und Nicholls. Rekonstruktion J. M. Cook und R. V. Nicholls (1998).

Äolische Kapitelle weisen eine starke Ähnlichkeit mit den ionischen auf, unterscheiden sich aber auch grundlegend von ihnen. Im äolischen Kapitell entspringen einem oder mehreren Blattringen zwei große, weit ausladende Voluten, zwischen denen ein axiales Pflanzenmotiv, eine Palmette, herauswächst. Ganz anders die ionischen Voluten, die sich nach unten und innen winden und oben verbunden sind. Gemeinsam ist diesen beiden Arten das symmetrisch angeordnete Pflanzenmotiv – Palmen, Lilien oder Lotus. Ein in unserer Zeit sehr häufig reproduziertes äolisches Kapitell stammt aus dem Tempel in Neandria, der um die Mitte des 6. Jahrhunderts erbaut wurde. Der Archäologe R. Koldewey hat es auf sehr einfallsreiche, wenn auch umstrittene Weise aus drei verschiedenen Fragmenten rekonstruiert.

Das äolische Kapitell sollte nicht mit dem kleinasiatischen Palmkapitell verwechselt werden. Letzteres hat im Unterschied zum äolischen kein axiales Element oder Voluten und besteht ausschließlich aus aufspringenden Palmenblättern. Motive des äolischen Kapitells und Stützsäulen, die auch in der ionischen Art vorkommen, treten in kleinen und mittelgroßen, aus Elfenbein oder Bronze gefertigten Kunstgegenständen und Statuetten sowie auf Kapitellen von Votivsäulen[95] in mehreren Regionen auf, so in Nordsyrien, Mesopotamien, der Levante, Palästina und im Ägypten der 18. Dynastie. In Griechenland wurden sie auf Naxos, Delos, Oropos und in Delphi gefunden. Bei zwei Votivkapitellen auf der Akropolis in Athen mischen sich äolische und ionische Merkmale auf bemerkenswerte Weise, doch bei Bauwerken auf dem griechischen

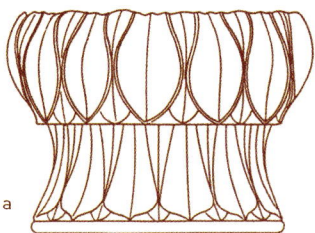

a. Kapitell vom Athenatempel, Smyrna (um 610–600 v. Chr.). Nach Coulton.

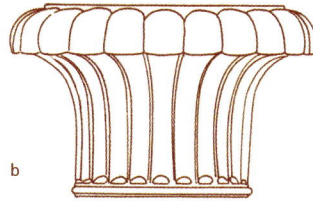

b. Kapitell von der Nordost-Stoa des Athenatempels, Pergamon (erste Hälfte des 2. Jhs. v. Chr.). Nach Coulton.

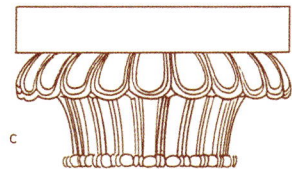

c. Kapitell vom Schatzhaus von Massalia, Delphi (540–500 v. Chr.). Nach Coulton.

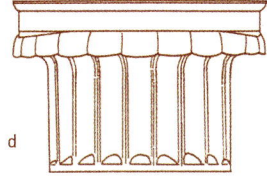

d. Kapitell von der Attalosstoa, Athen (159–138 v. Chr.). Nach Coulton.

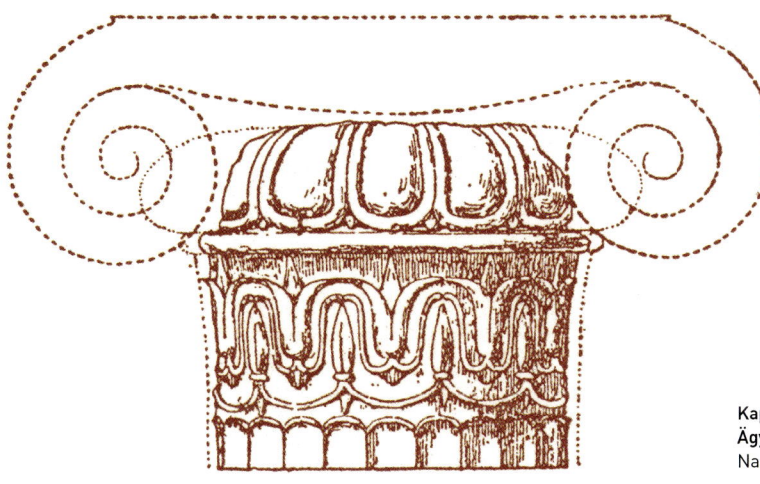

Kapitell vom Apollontempel, Naukratis, Ägypten (um 565 v. Chr.). Nach Dinsmoor (1950).

Festland sind keine äolischen Kapitelle gefunden worden.

Auf dem griechischen Festland dominierte die dorische Art. Eines der ersten Bauwerke mit einer Peristase aus dorischen Säulen ist der Heratempel in Olympia, der um 600–590 v. Chr. errichtet wurde. Vom ursprünglichen Gebäude ist nur wenig erhalten geblieben; die Vermutung, dass dieser Tempel zur dorischen Art gehörte, wurde aufgrund des geringeren Abstands zwischen den Säulen angestellt; diese so genannte Eckkontraktion kennzeichnete später kanonisierte dorische Bauwerke. Die Cella des späteren Tempels, dessen dorische Säulen noch vorhanden sind, hatte zwei Eingänge mit je zwei Säulen zwischen den Anten, doch die wichtigste Neuerung, die das Säulenarrangement der Cella des Apollontempels in Bassai erahnen lässt,

besteht darin, dass jede zweite Säule von einer Strebe ersetzt wurde, die in die Cella hineinragte. Pausanias[96], der den Tempel im 2. Jahrhundert besuchte, erwähnt eine Holzsäule, die damals noch dort stand. Dies lässt vermuten, dass der ursprüngliche Tempel aus Holz gebaut war. Das nachfolgende steinerne Gebäude wurde in der Mitte des 6. Jahrhunderts errichtet, was darauf hinweist, dass die Veränderung der Bautechnik zusammenfiel mit der Entwicklung architektonischer Elemente zu unterscheidbaren Arten und der Entwicklung von Formen, die sie charakterisierten und voneinander unterschieden. Wie bereits erwähnt, wiederholten sich in den neuen steinernen dorischen Elementen viele, wenn auch nicht alle Details der älteren hölzernen Bauten. Die Entwicklung, die im dorischen Kanon gipfelte, zeigt, dass sie nicht an eine einzige

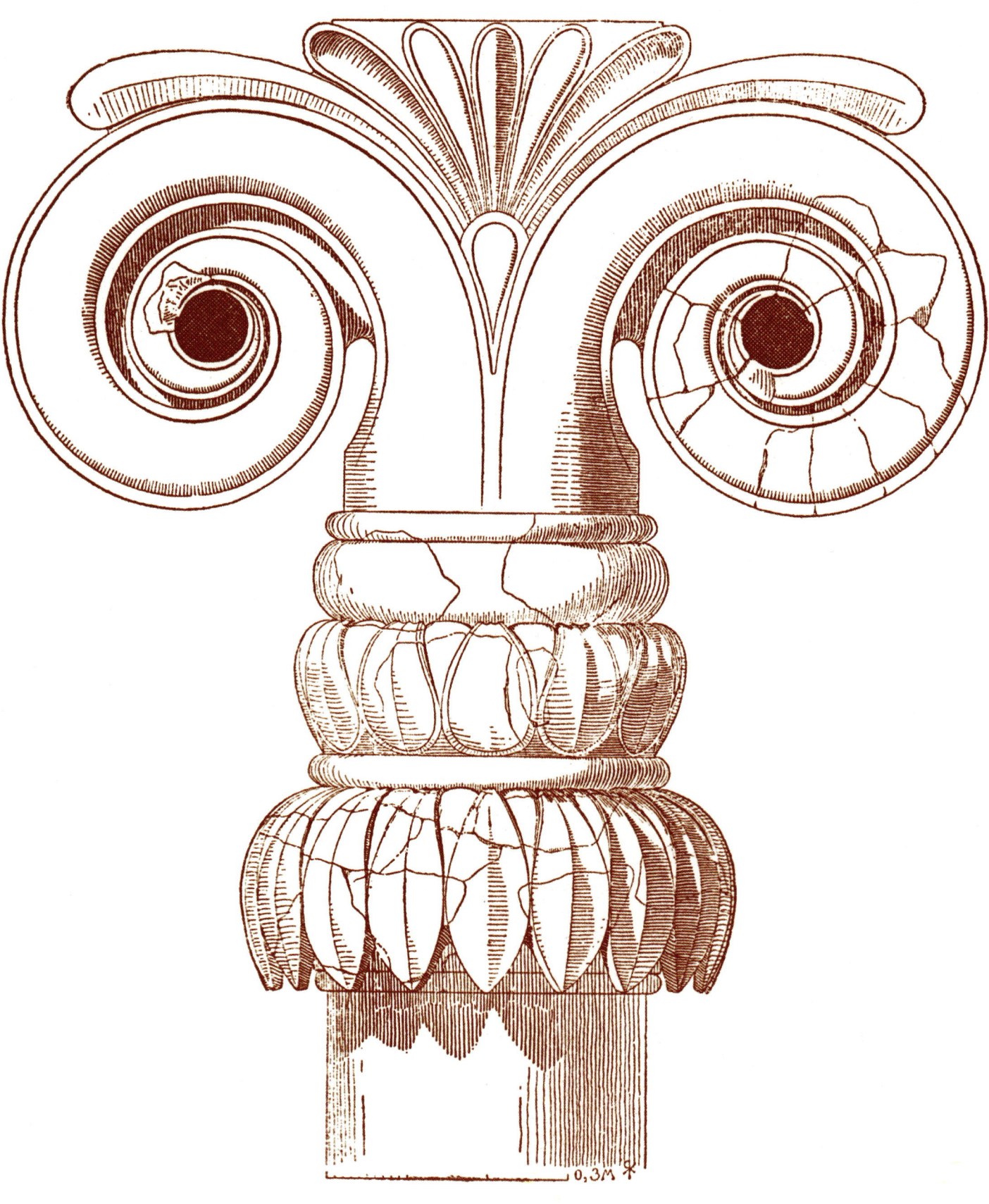

Kapitell vom Tempel,
Neandria (Mitte des 6. Jhs. v. Chr.).
Nach Koldewey (1891).

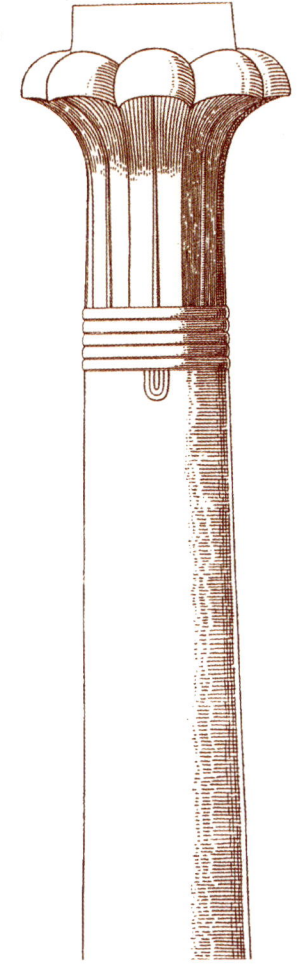

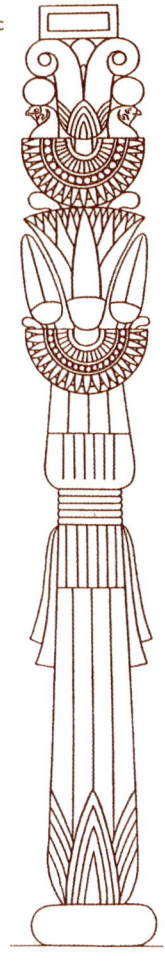

a. Palmkapitell und Säule,
Ägypten.
O. Puchstein (1907).

b. Ionische Marmorsäule vom Tempel
der Athena Nike, Athen (um 429 v. Chr.).
O. Puchstein (1907).

c. Bemalte Säule, Kapitell mit floralen Motiven,
Ägypten (späte 18. bis 19. Dynastie).
O. Puchstein (1907).

spezifische Bautechnik oder an eine einzige Region gebunden war. Viele Aspekte scheinen von anderen Objekten oder Kunstgegenständen übernommen worden zu sein, und es zeigt sich auch, dass diese Entwicklung durch die Interaktion vieler Regionen einschließlich Ägyptens zustande kam.

Das dorische Kapitell war von einem quadratischen Abakus gekrönt und trug einen glatten Architrav, der in Form und Proportionen vielen ägyptischen ähnelte. Die ersten dorischen Kanneluren waren sehr flach, und die bevorzugte Anzahl betrug 16, wie es häufig in Ägypten der Fall war. Später werden konkave Kanneluren so angeordnet, dass sie scharfkantig aufeinander stoßen, und ihre Zahl wird auf 20 erhöht. Wie in Ägypten waren die Säulen in frühen dorischen Tempeln in Griechenland oft monolithisch und mit ähnlichen Pro-

portionen, etwa sechs Durchmesser hoch. Diese Verwandtschaften zeigen sich zum Beispiel deutlich beim Portikus des Anubisschreins in Dair al Bahri aus dem 15. Jahrhundert v. Chr. Ähnlich wurden in Syrien ionische Basen und Toren gefunden, doch aus anderem Material. Angesichts der intensiven Beziehungen zwischen Griechenland und dem südlichen und östlichen Mittelmeerraum während dieser Zeit der einschneidenden Veränderungen ist es nur natürlich, dass sich die Griechen in ihren Bemühungen, ihre Holzbauwerke durch dauerhaftere zu ersetzen, Gestaltungsformen und Technologien zuwandten, die bereits »in Übersee« entwickelt worden waren. Um die Mitte des 6. Jahrhunderts treten griechische Händler, Kunstgegenstände und Waren im Nahen Osten und in Ägypten auf. Um 500 v. Chr. wurde in Ägypten Naukratis,

Artemistempel, Korfu.
Giebel aus Kalkstein mit Figur.

Artemistempel, Korfu.
Foto Wagner.

Artemistempel, Korfu.
Giebel aus Kalkstein mit Gorgo.
Foto Wagner

Artemistempel, Korfu (580–570 v. Chr.).
Giebel mit Figuren.
Rekonstruktion Buschor (1934).

Schatzhaus von Gela, Olympia.
Foto Wagner.

eine dynamische griechische Handelskolonie, gegründet.[97] Im dortigen Apollontempel wurden Fragmente ionischer Kalksteinsäulen gefunden, zudem Fragmente der Basis und des Schaftes einer Säule, der durch ein Kissen mit einem Kapitell mit horizontal aufspringenden Voluten verbunden war; darunter befand sich der Eierstab des Echinus, Attribute, die insgesamt schon sehr an den ionischen Kanon erinnern.

Aus beinahe der gleichen Zeit wie der Heratempel in Olympia stammt der Artemistempel auf Korfu[98] (580—570 oder sogar 560 v.Chr.). Auch dieser war ein peripteraler Antentempel mit einer aus 8 x 17 Säulen bestehenden Peristasis; er hatte also annähernd die kanonischen Proportionen 2 x + 1. Er bestand aus Vorhalle, Cella mit doppelter Säulenreihe und dem Allerheiligsten, dem Adyton. Das Bauwerk gilt als das erste

Beispiel für einen gänzlich aus Stein erbauten dorischen Tempel mit allen erkennbaren dorischen Zügen. Seine steinernen Kapitelle besaßen ornamentierte Hohlkehlen und trugen den Fries aus glatten Metopen und gerillten Triglyphen. Ein wichtiger architektonischer Aspekt ist der skulptierte Giebel, vielleicht der erste seiner Art, der häufig übernommen und viele Jahrhunderte lang beibehalten werden sollte. Als Zentralfigur enthielt er eine von Leoparden flankierte Gorgo und an den Seiten die Schlacht zwischen den Giganten und den Göttern, eine Allegorie des Kampfes zwischen der neuen und der alten Welt.

Die kargen Belege, die den Archäologen zur Verfügung stehen, lassen darauf schließen, dass etwa um den Beginn des 6. Jahrhunderts eine große Zahl von stilistischen Neuerungen zeitgleich in verschiedenen Re-

Schatzhaus von Gela, Olympia.
Foto Wagner.

gionen auftauchten. Manche von ihnen wurden nur einmal ausprobiert und verschwanden dann wieder, manche überdauerten und verschmolzen mit anderen, um schließlich Teil des dorischen Kanons zu werden. Die ursprüngliche Pfosten- und Balken-Konstruktion der archaischen Zeit entwickelt sich durch Differenzierung und Spezialisierung der Bauelemente weiter. Offenbar kam zuerst das Kapitell an die Reihe, dann die Metope, der Triglyph, das Antenkapitell, das Geison und die Mutuli.[99] Innerhalb dieser Entwicklungsreihe gab es eine gewisse Regelmäßigkeit. Der dorische Säulenschaft des Apollontempels in Syrakus wirkt im Vergleich zu dem Schaft des Apollontempels in Bassai oder auch dem der Aphaia in Ägina schwer und massig. In ähnlicher Weise wirkt sein Echinus flach und ausladend, ebenso in dem zeitgleich erbauten Tempel der

Athena Pronaia in Delphi (um 570 v. Chr.). In einem Zeitraum von hundert Jahren wird der Echinus zunehmend aufrechter proportioniert und erhält ein schärferes Eckprofil wie im Kapitell des Aphaiatempels oder des Zeustempels in Olympia, einem zum klassischen Kanon gehörenden Bauwerk. Heute nimmt man jedoch an, dass diese Entwicklung weder so kontinuierlich noch so ungebrochen verlief, wie man früher dachte.[100]

Neben der Entwicklung eines jeden die Arten bestimmenden Elements kann man auch die Entwicklung der Beziehungen zwischen ihnen beobachten, durch die sie allmählich zu einem Ganzen verschmolzen werden. Wie wir gesehen haben, sitzen die Triglyphen der dorischen Kolonnade des Apollontempels in Bassai oder des Zeustempels in Olympia exakt über der Säulenachse. Dies war früher nicht so. Wenn man

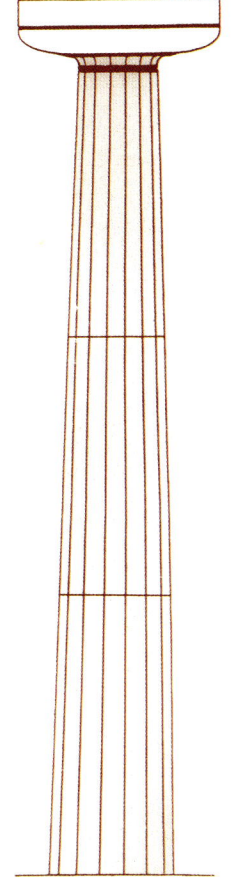

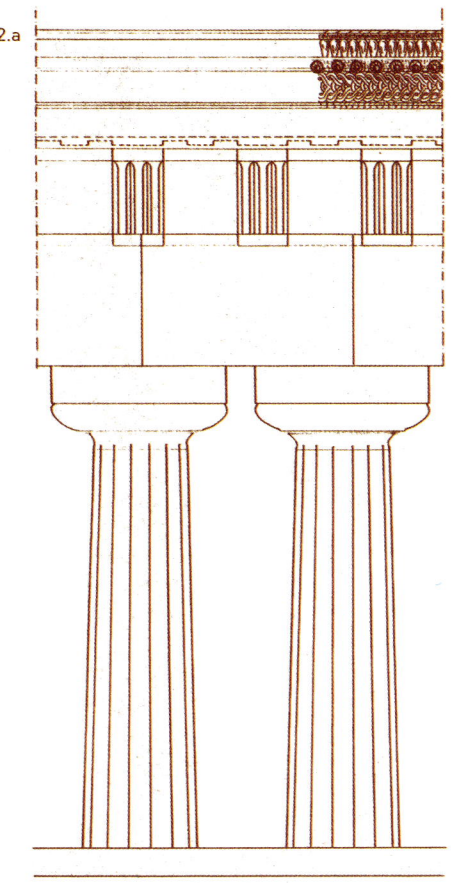

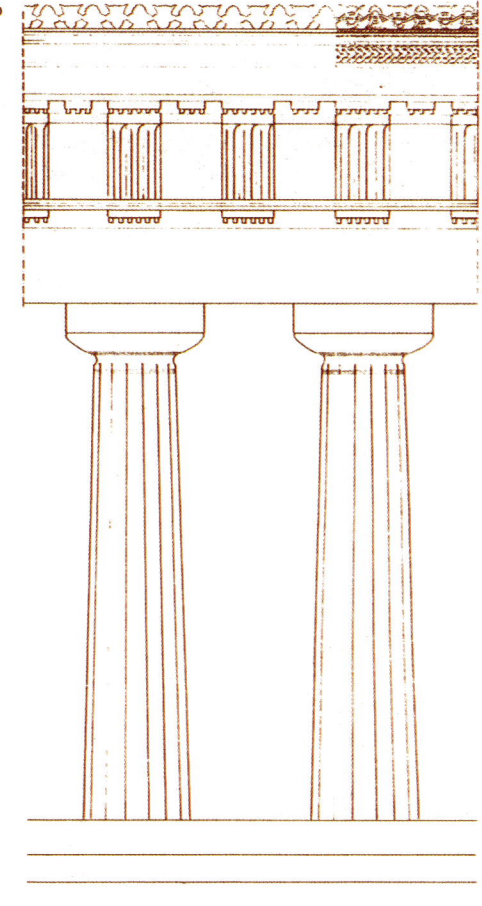

Gegenüber oben: Heratempel (Poseidontempel), Paestum. Foto Erich Lessing.
Gegenüber unten: Heratempel (»Basilika«), Paestum. Foto Robert O'Dea.

1. Säule vom Tempel der Athena Pronaia, Delphi (um 570 v. Chr.). Nach P. de la Coste-Messelière (1963).

2a. Teil des Apollontempels, Syrakus (570–560 v. Chr.). Aufriss.

2b. Teil des Aphaiatempels, Ägina (570 v. Chr.). Aufriss. Nach Mertens. Schwandner (1996).

die um 580 v. Chr. erbaute Tholos in Delphi betrachtet, einen von einer dorischen Säulenkolonnade umgebenen Rundbau, dem ersten seiner Art in Griechenland, sieht man, dass diese Regel gerade erst formuliert wurde.

Die marmornen Bauten auf den Kykladen sind zwar klein, spielen aber bei der Entwicklung der ionischen Art eine große Rolle. Frühe Beispiele sind der Dionysostempel in Iria auf Naxos (ca. 680 und 580–570 v. Chr.) und das Haus (*oikos*) der Naxier (ca. 600 v. Chr.) im Apollonheiligtum auf Delos. Die ehemaligen Holzsäulen des Oikos wurden durch Marmorsäulen ersetzt. Man nimmt an, dass ein schlecht erhaltenes Kapitell, wahrscheinlich das früheste ionische, das eine tragende architektonische Säule (im Unterschied zur Votivsäule) krönte, zum Haus der Naxier

gehörte. Das niedrige Dach des Bauwerks war aus naxischem Marmor gefertigt, das erste seiner Art in Griechenland, und hatte ein einfaches ionisches Gesims, auch dieses wahrscheinlich das erste seiner Art[101]. In seiner dritten Bauphase (um 550 v. Chr.) wurde das Gebäude mit einer Vorhalle mit ionischen Säulen auf samischen Basen ausgestattet. Die Basis bestand aus *Trochilos* (*Scotia*) und *Torus* (einem halbrunden Wulst). Diese Basis, in der grundsätzlich ein konvexer, meist gerillter Torus mit einer konkaven, ebenfalls gerillten Scotia kombiniert wird, entwickelt sich schließlich im Athen des 5. Jahrhunderts zur sogenannten attischen Basis. Wie wir noch sehen werden, gab es noch eine weitere ionische Basisform. Diese stammte aus Kleinasien und bestand ebenfalls aus einem Torus und zwei großen, konkaven Scotiae, die oben und unten mit

Ionische Säulen:
a. Haus der Naxier, Delos (frühes 6. Jh. v. Chr.).
b. Votivsäule, Ägina (um 580–570 v. Chr.).
c. Votivsäule der Naxier, Delphi (um 570 v. Chr.).
d. Vierter Tempel des Dionysos, Iria, Naxos (um 580–570 v. Chr.).

e. Stoa der Naxier, Delos (540 v. Chr.).
f. Tempel A, Paros (530–520 v. Chr.).
g. Alter Artemistempel, Ephesos (560–550 v. Chr.).
h. Alter Apollontempel, Didyma (um 550 v. Chr.).
i. Heratempel (Polykrateion), Samos (um 530 v. Chr.).

Astragalen eingefaßt sind.[102] Ebenfalls auf Delos findet sich ein bahnbrechendes Marmorbauwerk, die erste bekannte L-förmige Stoa. Auch sie ist ein naxisches Gebäude (550–540 v. Chr.) mit einer Kolonnade, deren Säulen auf einer zylinderförmigen Basis standen.[103]

Anders als diese kleinen prostylen ionischen Bauwerke auf den Inseln waren die ostionischen Tempel groß und besaßen mindestens zwei Säulenreihen (*dipteroi*). Der erste bezeugte ist der von Rhoikos erbaute Tempel der Hera auf Samos (570–560 v. Chr.), der zweite der Artemistempel in Ephesos (560–550 v. Chr.). Der aus Samos stammende Theodoros ist wohl der Architekt beider Tempel, wobei Rhoikos aus Samos beim Heratempel und der aus Kreta stammende Chersiphron von Knossos sowie Metagenes, sein Sohn, bei dem Artemistempel mit ihm zusammenarbeiteten.[104] Das »Labyrinth von Samos«, wie Plinius es nannte[105], besaß an der Vorderseite zwei Reihen mit jeweils acht Säulen, die, wie bei den ägyptischen Tempeln, in der Mitte einen größeren Abstand hatten. Der Artemistempel besaß einen ähnlich grandiosen Eingang. Die Vielzahl von Säulen im Inneren lassen vermuten, dass man sich bei diesem Entwurf an ägyptischen Vorläufern orientierte. Die Zahl der seitlichen Säulen des Heratempels ist nicht genau bekannt; vermutlich waren es 21, jedes Pteron bestand also aus gut 100 Säulen. Vom Heratempel auf Samos hat kein Kapitell überdauert, doch die Fragmente legen nahe, dass der Tempel möglicherweise Holzkapitelle mit Voluten besaß[106]. Die Säule hatte eine zweiteilige Basis, eine gerillte *Spira* und darüber einen Torus. Die Säulen des neuen Artemis-

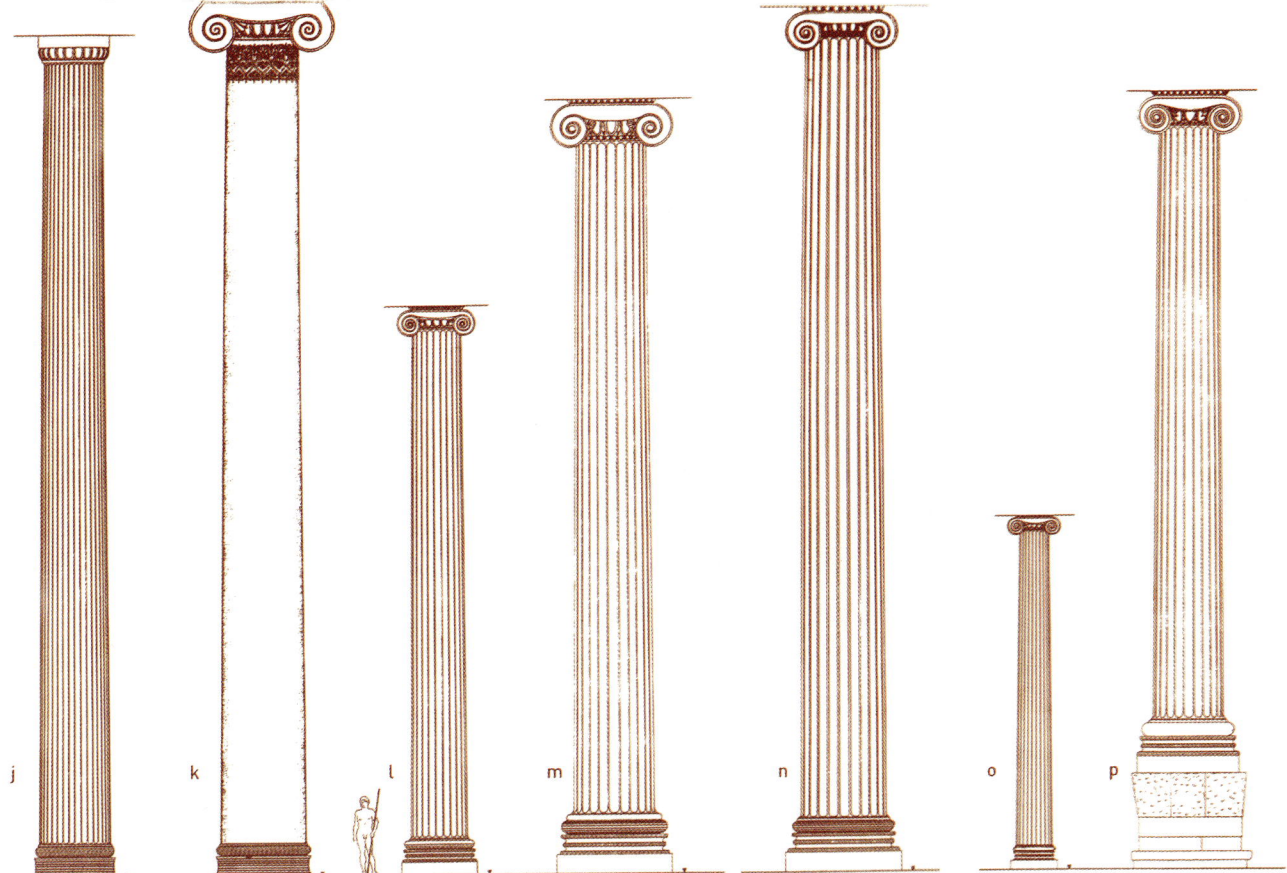

j. Heratempel (Polykrateion), Samos (um 530 v. Chr.).
k. Heratempel, Priene (nach 350 v. Chr.).
l. Artemistempel, Ephesos (um 356 v. Chr.).
m. Apollontempel, Didyma (spätes 4. Jh. v. Chr.).
n. Naiskos des Apollontempels, Didyma (3. Jh. v. Chr.).

o. Tempel der Artemis Cybele, Sardis (spätes 3. Jh. v. Chr.).
p. Tempel der Artemis Cybele, Sardis (spätes 3. Jh. v. Chr.).

Nach Gruben.
Aus: E.-L. Schwandner (1996).

tempels waren vollständig aus Marmor gefertigt. Auf den Basen von vier oder fünf der gemeißelten marmornen Säulentrommeln befanden sich Inschriften des legendären lydischen Königs Kroisos. Die ionische Basis ist ein sehr frühes Beispiel für die asiatische Form. Die in beiden Tempeln zu findende Mischung aus dorischen, ionischen und äolischen Merkmalen legt nahe, dass hier die Möglichkeiten einer Zusammenführung und der Kombination von Elementen aus verschiedenen Regionen ausgelotet wurden.[107] Ebenso experimentell war der Apollontempel in Didyma, der wohl zwischen 540 und 530 v. Chr. errichtet wurde. Er hatte ein aus 8 x 21 Säulen bestehendes doppeltes Pteron und eine tiefe Vorhalle mit zwei Säulenreihen. Der Innenraum war nicht überdacht und enthielt ein kleineres Heiligtum. Das wurde auch so beibehalten, als

der ursprüngliche Tempel in der hellenistischen Zeit neu erbaut wurde. Wie der Tempel in Ephesos hatte auch dieser Apollontempel Skulpturen auf den Säulentrommeln und zwar Frauengestalten an der Frontseite im unteren Bereich der Säule. Bis auf die Koren am Schatzhaus der Siphnier in Delphi wurde dieses Element nicht noch einmal verwendet.[108] Andererseits wurde hier zum ersten Mal der aus drei übereinander gesetzten Schichten (*Faszien, Taeniae*) bestehende ionische Architrav erprobt, der schließlich zu einem wesentlichen Merkmal des ionischen Kanons wird. Aus der gleichen Zeit stammt der Athenatempel in Assos (ca. 550 v. Chr.), einer lesbischen Kolonie in der Nähe von Neandria in Kleinasien. Der peripterale Tempel mit 6 x 13 Säulen und einer Vorhalle, allerdings ohne Opisthodomos oder Innensäulen, ist ein einzigartiges

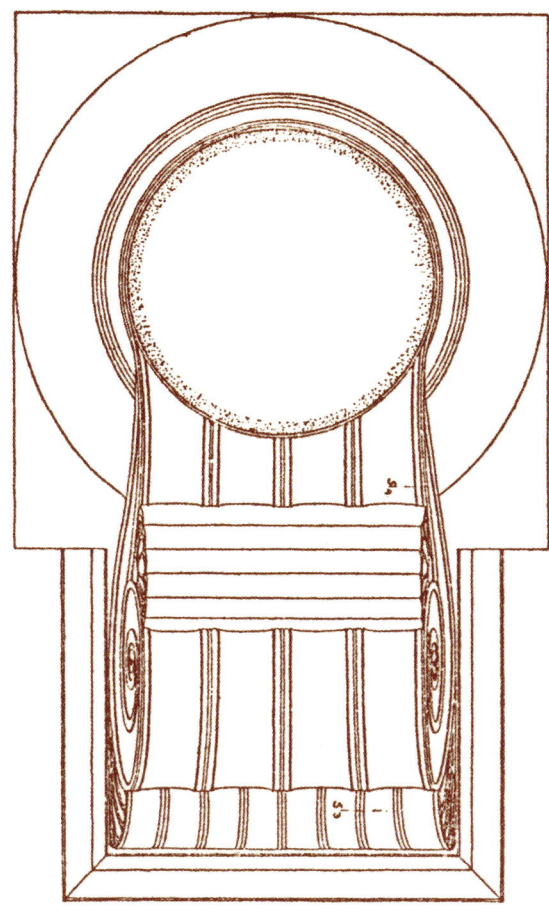

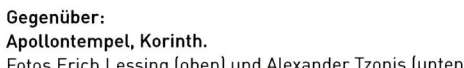

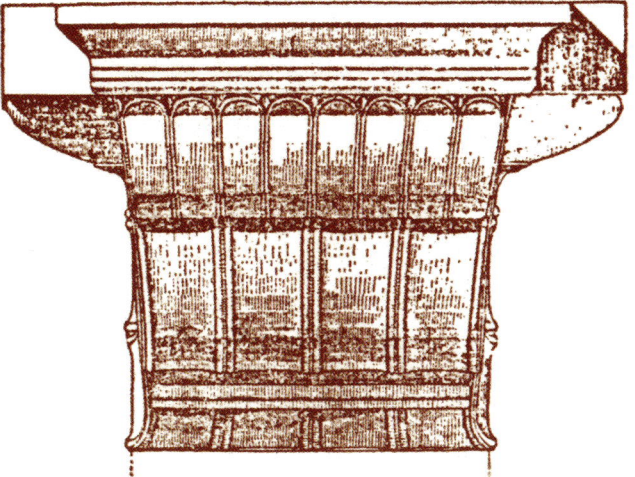

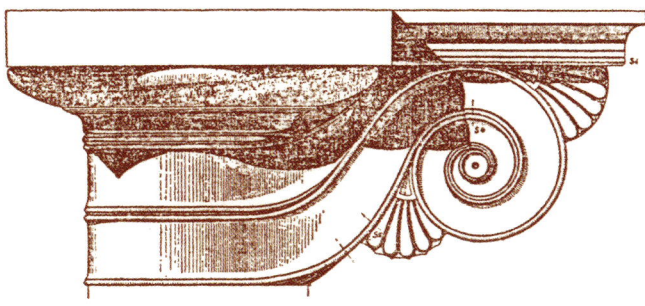

1 2 3

Gegenüber:
Apollontempel, Korinth.
Fotos Erich Lessing (oben) und Alexander Tzonis (unten).

1., 2., 3. Kapitell vom Thron des Apollon,
Amyklae (530–525 v. Chr.). Rekonstruktion.
Nach D. S. Robertson (1943).

Beispiel eines dorischen Tempels in Kleinasien — dorisch deswegen, weil er dorische Säulen und Triglyphen hatte. Doch wichtig sind die ionischen Elemente. Die Dimensionen der Säulen und ihre Intervalle entsprechen den damaligen ionischen Säulen, und auf den Säulen ruhte ein umlaufend skulptierter Fries auf einer einzigen Faszie. Die Giebel des Tempels blieben schmucklos.

Verglichen mit diesen kühnen Experimenten ist die Architektur auf dem griechischen Festland bis auf die Entwicklungen in Delphi ziemlich konservativ. Die noch vorhandenen Fragmente eines größeren Apollontempels (um 540 v. Chr.) in dem damals wichtigen Zentrum Korinth weisen dorische monolithische Säulen auf. Sie haben keine *Entasis*, stehen auf einer gebogenen Plattform und verjüngen sich nach oben — also

kein kühner, zukunftsweisender Entwurf. Andererseits zeigt sich in einem anderen, außerhalb von Sparta gelegenen Bauwerk, dem Thron des Apollon (530–525 v. Chr.) in Amyklae, ein faszinierendes Nebeneinander von dorischen und ionischen Elementen. Jedoch stammte der Architekt dieses Bauwerks, Bathykles, aus Magnesia, einer griechischen Kolonie in Kleinasien. Hier sehen wir ein einzigartiges Experiment, bei dem dorische und ionische Kapitelle sich buchstäblich zu einem einzigen doppelköpfigen vereinigen. Möglicherweise hätte dieser gewagte Versuch, wenn er denn weiter verfolgt worden wäre, den Weg der architektonischen Entwicklung in Griechenland verändert. Doch so hatte er keine weiteren sichtbaren Folgen.[109]

Ähnlich erfinderisch war die extensive Bautätigkeit in den westlichen Kolonien Griechenlands. Elemente,

Schatzhaus der Siphnier, Delphi.
Foto Georges de Miré.

Schatzhaus von Massalia, Delphi.
Foto Georges de Miré.

die sich später in den beiden Hauptarten, der dorischen und der ionischen, herauskristallisieren, werden hier in mehreren Kombinationen erprobt. Der Apollontempel (570–560 v. Chr.) in Syrakus, einer korinthischen Kolonie in Sizilien, zeigt Elemente, die wahrscheinlich aus verschiedenen Regionen stammten und hier neu kombiniert wurden. Der Tempel war peripteral, mit 6 x 17 Säulen und einem dorischen Peristyl. Am östlichen Stylobat verkündete eine Inschrift, dass der Tempel von Kleomenes gestiftet worden war und Epikles die Säulen angefertigt hatte. Die Säulen waren gedrungen dorisch mit einem flachen Echinus und einem monolithischen Schaft. Die Endsäulen waren dicker, was dem dorischen Kanon entsprach, doch das Eckinterkolumnium war nicht kleiner, und der mittlere Säulenzwischenraum war breiter,

Stoa der Athener, Delphi.
Foto Georges de Miré.

wie es der Praxis für ionische Tempelkolonnaden in der östlichen Ägäis entsprach[110]. Die Cellawände endeten in einem Pfeiler ohne Stirnschmuck, ein weiteres ionisches Element in diesem Tempel.

In ähnlicher Weise vermischen sich dorische und ionische Elemente in dem aus dem 6. Jahrhundert stammenden Heratempel in Paestum, bekannt als »Basilika«: Die Kanneluren seiner dorischen Säulen enden halbrund profiliert und mit einem Halsring mit schmalen Blättern, die den ionischen ähneln. Im Demetertempel (530–510 v. Chr.) umgibt eine dorische, aus 6 x 13 Säulen bestehende peripterale Kolonnade die Cella, in die man durch einen aus vier Säulen bestehenden ionischen Portikus gelangt. Hier werden dorische und ionische Elemente hundert Jahre früher kombiniert als im Apollontempel in Bassai und auf der

Akropolis in Athen. Die Tempel der griechischen Kolonien enthielten auch Elemente ägyptischen Ursprungs, wie etwa der Apollontempel in Krimisa. In Selinunt (einer Kolonie von Megara Hyblaea) auf Sizilien wurde eine Vielzahl von Tempeln gefunden, bekannt unter den Buchstaben A, B, C, D, O (Akropolis) und GT, FS und ER (die tiefer gelegenen Bereiche). Wie beim Apollontempel in Syrakus hat der peripterale Tempel C (6 x 17 Säulen) auf der Akropolis (um die Mitte des 6. Jahrhunderts erbaut) eine zweite Innenkolonnade im Pteron, die auf eine mögliche Verwandtschaft zu den tiefen Vorhalleneingängen der Tempel in Kleinasien schließen lässt. Der Tempel F (S) der Athena (560–540 v. Chr.) zeigt im Pteron ein einzigartiges ägyptisches Element: Zwischen den Säulen befinden sich in halber Höhe steinerne Schranken, um den Durchgang zu verhindern.

Diese Mischung aus dorischen und ionischen Elementen in den westlichen Kolonien und erst recht in den ägyptischen, ist gelegentlich als seltsam oder unkonventionell bezeichnet worden. Doch da noch keine architektonischen Konventionen festgelegt waren, von denen man hätte abweichen oder sich von ihnen befreien können, entsprechen solche Bezeichnungen nicht der damaligen Zeit. Außerdem wird damit die wichtigste Eigenschaft dieser Zeit und dieser Orte verkannt – das intensive Experimentieren und der Dialog, bei dem es um Verschmelzung und Abspaltung heterogener Elemente aus Regionen ging, die von Griechen oder Nicht-Griechen besiedelt waren, einem Prozess, der zu der Entstehung der verschiedenen Arten und eines Kanons oder einer *koine* beitrug.

Im ersten Drittel des 6. Jahrhunderts wurde mit der naxischen Sphinx-Votivsäule Marmor in Delphi eingeführt. Die Schatzhäuser von Massalia, Klazomenai, Knidos und Siphnos folgten. Schatzhäuser waren kleine Bauwerke, die oft nach einem Sieg gestiftet wurden. Zwischen dem 7. und dem 4. Jahrhundert wurden allein in Delphi 23 Schatzhäuser errichtet. Ähnliche Bauten, die man auch als *oikos* bezeichnete, gab es auch in Olympia, und hier wie dort wurden sie meist nebeneinander gebaut. Ihre Stifter waren Tyrannen, griechische Städte oder Kolonien. Führend waren Städte der Kykladen und aus Kleinasien. Der Grundriss ähnelte dem eines kleinen Tempels – ein Raum mit einer Vorhalle und zwei Antensäulen. In Delphi waren viele dieser Schatzhäuser dorisch, doch bei einigen wurde auch mit neuen Elementen experimentiert. Offenbar hatten ihre Stifter die Mittel und den Ehrgeiz, innovativ zu sein und sich von den anderen zu unterscheiden. Die Einführung von Marmor, einem sehr teuren Material, förderte das Experimentieren

mit Ornament und Skulptur. Die Schatzhäuser von Delphi waren die Vorläufer späterer Entwicklungen in der klassischen perikleischen Zeit. Hier wird zum ersten Mal der zusammenhängende skulptierte Fries statt der früheren ionischen Zahnschnitte angebracht. Im Schatzhaus von Knidos wird ein Torus mit horizontaler Kannelierung und ein in der Größe übertriebenes und sehr detailliertes Perlen- und Scheibenastragal eingeführt und im Schatzhaus der Siphnier – offenbar in einem Wettstreit[111] – eine riesige Perle, die an die Stelle eines weniger deutlich kannelierten Torus tritt. In diesem Gebäude gibt es auch einen Türrahmen, der durch ionische Details charakterisiert ist, die später vom Baumeister des Erechtheion übernommen werden. Zwei der Schatzhäuser hatten Säulen mit Palmkapitellen, die manchmal als äolisch bezeichnet werden und deutlich den ägyptischen Ursprung zeigen. Im Schatzhaus von Massalia (540–500 v. Chr.), dem späteren Marseille und einer Gründung der Phokier aus Kleinasien, war dieses Kapitell mit einer asiatischen Basis und einem dorischen kannelierten Schaft kombiniert. Die Schatzhäuser von Knidos, Siphnos und ein drittes benutzten als Säulen zum ersten Mal schlanke Mädchenfiguren, die Koren. Das Schatzhaus von Siphnos wurde 525 v. Chr. aus Marmor erbaut; laut Herodot[112] verwandten die Siphnier – die reichsten unter den Inselbewohnern, da sie höchst ergiebige Gold- und Silberminen besaßen – ein Zehntel ihres Ertrages auf die Errichtung dieses prachtvollen Bauwerks. Die Koren standen auf quadratischen Podesten und hatten als Echinus eine umgestülpte Glocke, auf der eine Szene mit zwei Löwen, die einen Bullen töten, dargestellt ist, darüber einen quadratischen Abakus. Sie sind der Prototyp der Korenhalle des Erechtheion.[113] Viele dieser Neuheiten

Ionische Säule der Sphinx der Naxier,
Museum von Delphi.

Ionische Votivsäule mit Sphinx,
Ägina (um 580–570 v. Chr.).
Nach Furtwängler (1906).

werden gemeinsam mit dem durchlaufenden figür-
lichen Fries Elemente des zukünftigen ionischen Kanons.

An einer sehr prominenten Stelle auf der heiligen
Straße in Delphi lag das ebenfalls gänzlich aus Marmor
erbaute Schatzhaus der Athener (490 v. Chr.). Seine
beiden dorischen Säulen stützten einen Fries mit
30 Metopen mit Reliefs, die die Heldentaten des Herakles und des Theseus zeigten. Das im Vergleich zu
den kleinasiatischen Schatzhäusern nicht sehr innovative Schatzhaus enthielt über 150 Inschriften an den
Wänden, am bedeutendsten wohl zwei mit Notenzei-
chen versehene Gesänge auf Apollon. An der Südter-
rasse des Schatzhauses erklärt eine Inschrift, dass die
Athener dieses Bauwerk Apoll nach der Schlacht bei
Marathon geweiht haben.

Aphaiatempel, Ägina.
Fotograf unbekannt.

Aphaiatempel, Ägina. Von Süden.
Foto Hellner.

Die Stoa der Athener (ca. 479–470 v. Chr.) in Delphi war mit nur 3,10 m ziemlich schmal. Sie hatte ein hölzernes Gebälk und Marmorsäulen mit Basen, an denen zum ersten Mal die attisch-ionische Variante erprobt wurde. Die Schäfte waren monolithisch mit 16 Kanneluren, die ionischen Kapitelle hatten einen Echinus ohne Eierstab. Im Stylobat befindet sich das früheste Zeugnis für das Wort »Stoa«, und es wird festgehalten, dass die Athener in dieser Halle Feindesbeute – Waffen und Bugornamente – unterbrachten.[114]

Wie bei den äolischen Motiven, die zuerst bei Kunstgegenständen ausprobiert und dann in die Architektur eingeführt wurden, kann man nicht ausschließen, dass Elemente der ionischen Säule von der Votivstele übernommen wurden. Unter den ersten ionischen Kapitellen gibt es vier solcher Beispiele, das Kapitell von

Sangri (625 v. Chr.; das früheste erhaltene Beispiel eines kanonischen ionischen Kapitells ohne Abakus), die Sphinxsäule in Ägina (600–575 v. Chr.), die 12,50 m hohe Sphinxsäule der Naxier in Delphi (570 v. Chr.) und die Sphinxsäule auf Delos (560 v. Chr.), die wahrscheinlich ebenfalls ein Geschenk der Naxier ist.[115] Das Kapitell aus Delos und möglicherweise auch die Kapitelle in Delphi hatten ein aufsteigendes zentrales Pflanzenelement zwischen den Voluten, das an die Konfiguration der äolischen Kapitelle erinnert und eine Artverwandtschaft nahe legt.[116] Alle diese ionischen Votivkapitelle sind von einer Sphinxstatue gekrönt, einer mythischen Gestalt mit den Schwingen eines Adlers, dem Leib eines Löwen und dem Kopf sowie den Brüsten einer Frau. Sphinxe sind zusammen mit anderen geflügelten Fabelwesen, etwa der geflügelten

Gorgo, neben einer Vielzahl von Gottheiten und Kulten aus dem Nahen Osten und Ägypten nach Griechenland gewandert.[117] Ihre Bedeutung ist unklar. Bekannt ist, dass die Sphinx Rätsel aufgibt. An der Basis einer archaischen Stele aus Thessalien befindet sich die Inschrift: »O Sphinx, Hund des Hades, über wen wachst du sitzend [oder wachst du über die Toten]?«[118] Das erklärt vielleicht, warum die Sphinx mit dem Gedenken an die Toten in Verbindung gebracht wird. Interessanterweise fiel die Erscheinung der Sphinx zeitlich mit der der ionischen Kapitelle zusammen. Es besteht eine gewisse Übereinstimmung zwischen der Form der Sphinxflügel und den Spiralen der mit Voluten ausgestatteten Kapitelle und zwischen der formalen strukturellen Behandlung der Skulptur und der architektonischen Form, was möglicherweise auf gemeinsame Wurzeln der Ausbildung von Bildhauern und Architekten hinweist. Noch faszinierender könnte die Analogie zwischen der Schöpfung der Sphinx und der Erschaffung des ionischen Kapitells sein.

Die Zeit der intensiven Neuerungen scheint gegen Ende des 5. Jahrhunderts auszulaufen. Bei einigen Bauten aus dieser Zeit zeigt sich eine Konsolidierung des Erreichten, eines bemerkenswerten Repertoires von Elementen, die deutlich die zwei unterschiedlichen Arten von Architektur, die dorische und die ionische, kennzeichnen, und eine Methode des Zusammenführens dieser Elemente in Raumkompositionen. Ein perfektes Beispiel dieser Leistung war der kleine Kalksteintempel der Aphaia auf Ägina, der gegen Ende des 5. Jahrhunderts in einem Pinienhain auf einem Bergrücken mit einem wunderbaren Blick auf das Meer, den Peloponnes und Attika errichtet wurde. Ein älteres Bauwerk an derselben Stelle war ohne Peripteros, ein Antentempel mit schmalen Metopen. Der neue

Tempel der Aphaia war ein Doppelantentempel mit einer Vorhalle und einem Opisthodomos. Das Pteron hat 6 x 12 monolithische dorische Säulen, die sich deutlich nach innen neigen und mit Ausnahme der etwas dickeren Ecksäulen den gleichen Durchmesser und Abstand besitzen. Schwarz und Rot wurde benutzt, um die Steinmetzarbeit zu verschönern. In der Cella stützte eine dorische Doppelkolonnade einen Architrav, auf dem sich eine weitere Reihe kleinerer, ebenfalls dorischer Säulen befand, die das Dach trugen. Später wurde ein Holzfußboden in der Architravebene angebracht und damit ein zweites Stockwerk geschaffen. Nur die First-Akroterien waren aus Marmor. Das Bauwerk war bis auf die Firstziegel, die aus Marmor bestanden, mit Terrakottaziegeln verkleidet. Seine hochkarätigen Giebelskulpturen befinden sich heute in der Glyptothek in München; sie wurden zu Beginn des 19. Jahrhunderts von der Mannschaft, die damals auch der Feier Lord Byrons auf dem Boot Lord Elgins beiwohnte und dann nach Bassai weiterzog, abmontiert und verkauft.

Um 470–460 v. Chr. begann man in Agrigent (Akragas) auf Sizilien mit der Errichtung eines der größten griechischen Tempel, dem Tempel des olympischen Zeus, der 406 v. Chr. noch unvollendet war. Der eindrucksvollste Teil ist sein Pseudo-Pteron: 7 x 14 Halbsäulen in zwei Reihen mit dorischen Kapitellen, unterstützt von rechteckigen Pilastern, waren mit einer durchgehenden Wand mit ionischen Ornamenten an der Basis verbunden. Dafür waren kleinere Blöcke in Reihen anstelle von Säulenschäften benutzt worden, und statt eines einzelnen Architravblocks zwischen den Säulen wurden drei mit Eisenstangen verstärkte, verdübelte Blöcke von Achse zu Achse der Säulen verwendet. Zwischen den Säulen wurden Atlanten, die den Architrav zu tragen scheinen, restauriert.

Zeustempel, Olympia (um 460). Aufriss.
Nach Herrmann (1972).

Der dorische Heratempel in Paestum, der oft als »Neptuntempel« oder »Poseidontempel« bezeichnet wird, weist einige Ähnlichkeiten mit dem Aphaiatempel auf. Das um 474–460 v. Chr. errichtete peripterale Bauwerk besitzt 6 x 14 Säulen und zwei Anten-Vorhallen (Prodomos und Opisthodomos). Die Außensäulen verjüngen sich nach oben. Im Inneren stützt auch hier eine doppelte Säulenreihe einen Architrav und ein zweites Stockwerk mit kleineren Säulen.

Über der Agora in Athen auf dem Hügel Kolonos Agoraios gegenüber der Akropolis steht der weiße Marmortempel des Hephaistos, eines der am besten erhaltenen und am ehesten dem dorischen Kanon entsprechenden Bauwerke der griechischen Antike. Mit seiner Erbauung wurde 449 v. Chr. noch vor dem Parthenon begonnen; fertiggestellt wurde er 444

v. Chr.[119] Der Tempel hat ein dorisches Pteron (6 x 13), eine tiefe Vorhalle mit einem kleineren Opisthodomos und eine innere, U-förmige, doppelgeschossige dorische Kolonnade. Die Figuren des Ostgiebels stellen die Einführung des Herakles in den Olymp dar, die zehn östlichen Metopen seine Taten. Nur in wenigen Punkten wird die dorische Reinheit durchbrochen. Über der Vorhalle läuft ein durchgehender ionischer Fries, gerahmt von einem ionischen Gesims, auf dem Theseus in der Schlacht dargestellt ist. Theseus ist auch der Held auf acht anderen Metopen, weshalb der Tempel auch als »Theseion« bekannt ist. Quadratische, aus dem Felsen gehauene Vertiefungen mit Blumentöpfen wurden um den Tempel herum gefunden, was auf einen Garten hinweist – dem ersten, der an einem griechischen Sakralbau entdeckt worden ist.

Poseidontempel, Sunion.
Foto Kleemann.

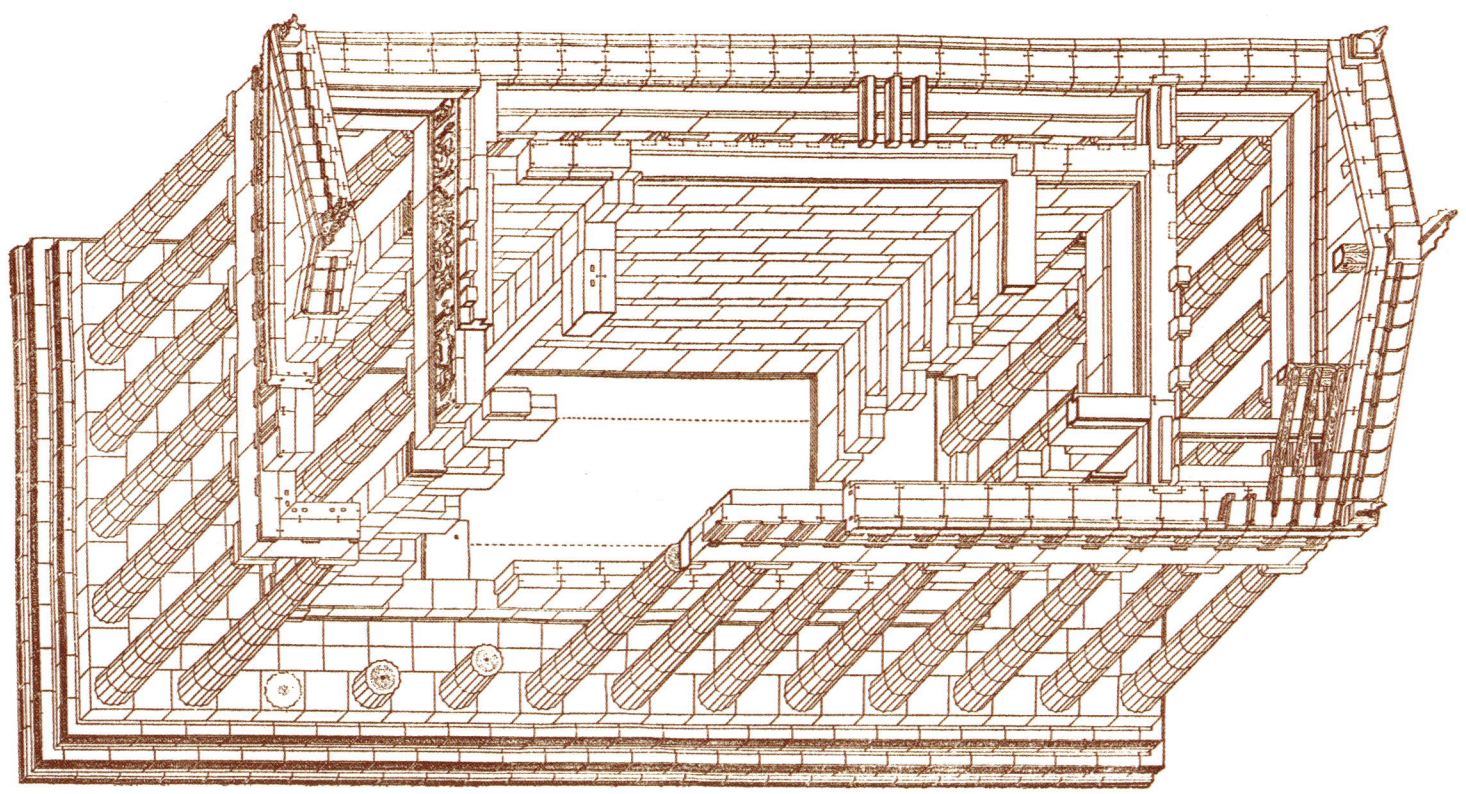

Poseidontempel, Sunion.
Perspektivische Rekonstruktion.
Nach M. L. Bowen (1950).

Die ersten Pflanzungen stammen aus dem 3. Jahrhundert.

Der dem Meeresgott Poseidon geweihte Marmortempel von Sunion (um 440 v. Chr.) steht auf einer hohen Felsklippe und konnte von den Seefahrern aus weiter Ferne gesehen werden. Da dieser Tempel viele Ähnlichkeiten mit dem soeben besprochenen Hephaisteion aufweist, geht man davon aus, dass sie denselben Baumeister hatten. Die dorischen Säulen des Tempels haben 16 Kanneluren und keine Entasis. An seinem Giebel befanden sich keine Skulpturen. Wie beim Hephaistostempel standen beim Poseidontempel die Vorhallensäulen mit den dritten Säulen des Pteron und mit allen seinen wichtigen Bestandteilen in einer Flucht.

Um 470 wurde mit dem Bau des aus Kalkstein errichteten Zeustempels in Olympia begonnen. Der Bau-meister war Libon von Elis, und der Tempel weist die gleichen Merkmale wie der Aphaiatempel oder der Zeus-tempel in Agrigent auf, nur findet sich hier auch die kanonische Säulenzahl 6 x 13. Der untere Architrav mit den darüber stehenden Innensäulen stützte eine Ebene über den Schiffen, wodurch Galerien entstanden, die man auf einer bis zum Dach führenden Wendeltreppe besuchen konnte. Vom Dach aus konnte der Besucher die von Phidias geschaffene Kolossalstatue des Zeus bewundern. Wie im Apollontempel in Bassai gab es skulptierte Metopen über den Architraven des Pronaos und des Opisthodomos, eine Praxis, die man später noch öfter auf dem Peloponnes benutzte. Der Tempel muss um 457 v. Chr. fertig gestellt worden sein. 432 v. Chr. begann Phidias mit seiner Arbeit an der sitzenden Zeusstatue aus Gold und Elfenbein, die das

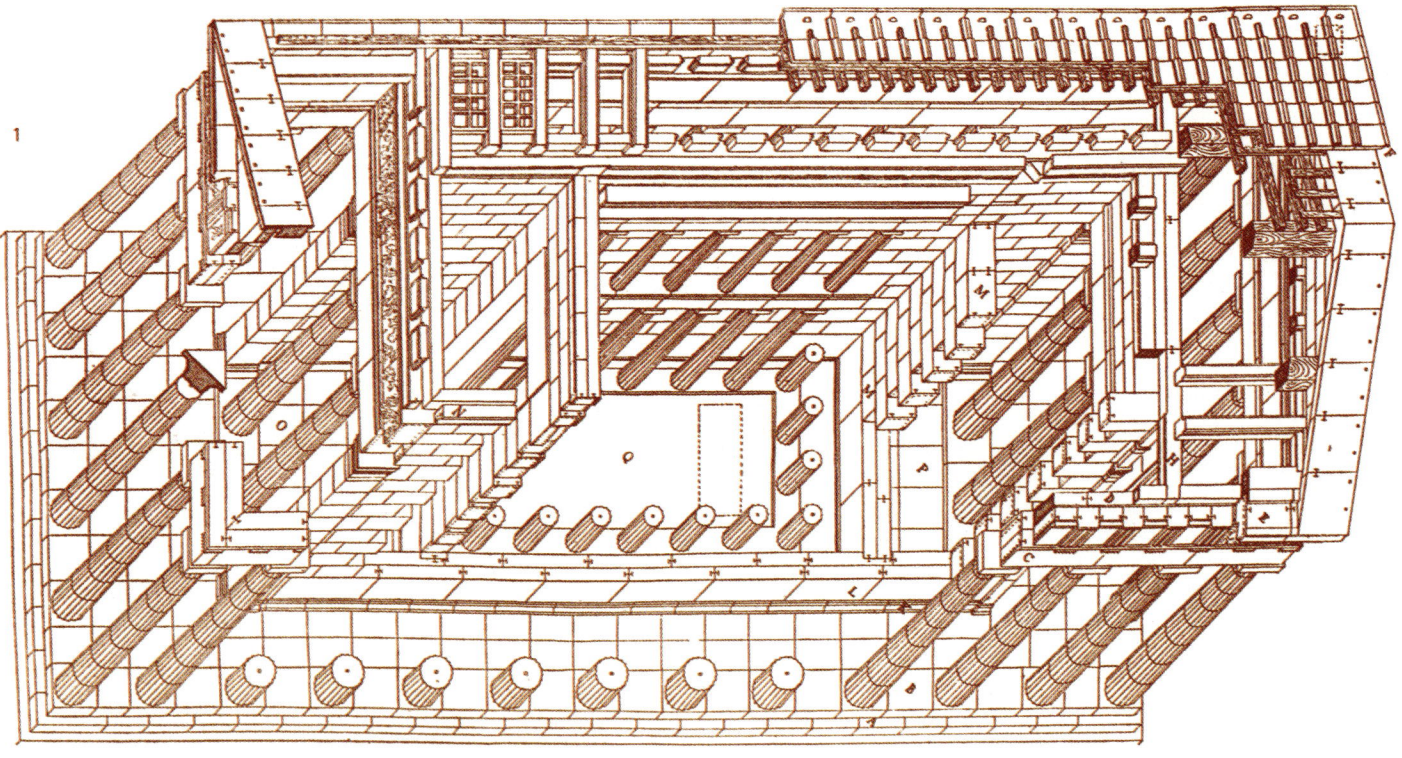

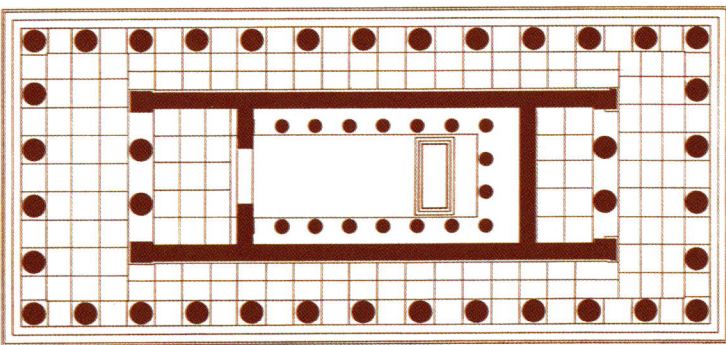

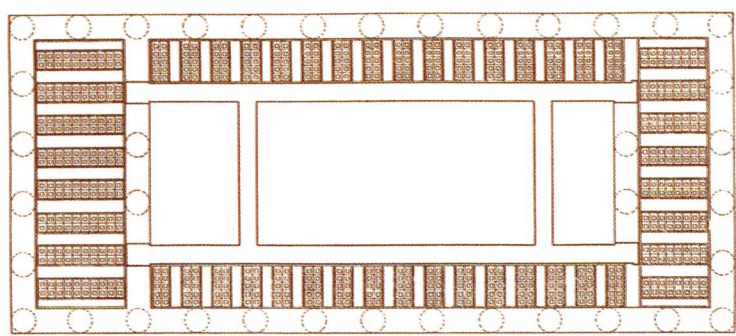

1. Hephaistostempel, Athen.
   Perspektivische Rekonstruktion.
   Nach M. L. Bowen.

2. Hephaistostempel, Athen.
   Plan der Decke.
   Nach Baumeister.

3. Hephaistostempel, Athen.
   Plan nach der Restauration.

Hephaistostempel, Athen.
Foto Waldemar Deonna.

alte Götterbild am Ende der Cella ersetzte. Der Zeustempel zeigt exemplarisch die dorischen Elemente in ihrer kanonischen Form.

Die dorische und die ionische Art waren natürlich keine Gattungen im biologischen Sinn, sondern Konstrukte von Menschen, die über einen spezifischen Zeitraum hinweg tätig waren und über ein ausgedehntes Netzwerk, durch das Wissen ausgetauscht werden konnte, in Kontakt kamen. Die letzte Gruppe der hier erörterten Bauwerke zeigt, dass dies Ergebnisse zeitigte, die auf dem griechischen Festland und in Süditalien fast gleichzeitig ein gewisses Maß an Vollkommenheit erreichten. Zu jener Zeit wurde in Kleinasien nicht sehr viel gebaut. Die Griechen begannen eine Reihe von kriegerischen Auseinandersetzungen, die schließlich zu einem großen Krieg zwischen mehreren griechischen

Städten und dem persischen Reich eskalierten. Es lässt sich schwer sagen, bis zu welchem Grad dieser große Konflikt, der mit dem Sieg der Griechen über die Perser endete, zu einer neuen Ära in der Entwicklung der Architektur führte. De facto tauchten jedenfalls in dem Moment, in dem die griechische Architektur alle anstehenden Probleme gelöst hatte, neue Probleme auf, die einen neuen Prozess in Gang setzten. Eine klarere Differenzierung zwischen Innen und Außen war erforderlich, und es mussten Antworten auf die komplexeren programmatischen Bedürfnisse und die beschränkteren räumlichen Umstände gefunden werden. Doch zu jener Zeit waren die Griechen, oder vielmehr die Athener, reich und verfügten über enormes Wissen, so dass sie sich mit großer Zuversicht auf diese neue Phase einließen.

Parthenon, Akropolis, Athen.
Foto Frédéric Boissonas.

»Denn kein Ding entsteht oder vergeht, sondern aus vorhandenen Dingen findet eine
Mischung wie andererseits eine Trennung statt. Und so dürfen sie wohl mit Recht das
Entstehen als ein Sich-Mischen und das Vergehen als ein Sich-Trennen bezeichnen.«
Anaxagoras, *Fragment* 17

»Die Götter haben den Sterblichen nicht von Anfang an alles offenbart, sondern erst
nach und nach finden diese suchend das Bessere.«
Xenophanes, *Fragment* 18

DRITTES KAPITEL

KANON UND *KOINE*

Die Akropolis in Athen

Gegen Ende des 13. Jahrhunderts bauten die Mykener an der Südwestseite der Athener Akropolis einen Befestigungswall auf die Verteidigungsmauer der Pelasger. Mehr als ein halbes Jahrtausend später (um 550 v. Chr.) weihten die Athener unter Peisistratos der Göttin des Sieges, Athena Nike, eine kleine Kultstätte. Der Krieg gehörte zu einem der vielen Zuständigkeitsbereiche der Göttin, und die Einwohner des alten Athen brüsteten sich, von Nike, der geflügelten Siegesgöttin, nie verlassen worden und nie unter Fremdherrschaft geraten zu sein. Angeblich erklärt dies, warum das alte Kultbild (*xoanon*) in diesem Tempel keine Flügel hatte: Die Athener sollen ihr die Flügel beschnitten haben, damit sie nie aus ihrer Stadt davonfliegen konnte. Viel wahrscheinlicher ist jedoch, dass das alte Götterbild keine Flügel hatte, weil Athena Nike wie viele Elemente der griechischen Kultur aus einer orientalischen geflügelten Göttin, Nike, und einer lokalen, Athena, die keine Flügel besaß, zusammengesetzt war.

Fast jede antike griechische Stadt besaß eine Akropolis, eine befestigte Wehranlage. Der Fels der Akropolis in Athen war jahrhundertelang die einzige Festung der Stadt, weil er schwer einzunehmen war und über die legendäre Klepsydra-Quelle verfügte. In der mykenischen Zeit errichteten die Athener ein nach Westen geöffnetes Tor, um den Zugang zur Akropolis zu kontrollieren, und zu dessen Verteidigung eine Wehrmauer. In der archaischen Zeit nahm die Bautätigkeit auf der Akropolis zu; mindestens zwei größere Peripteraltempel aus Kalkstein wurden errichtet. 527 v. Chr. wurde ein zweiter Peripteraltempel für die Göttin Athena gebaut, der 508 v. Chr., als Kleisthenes die Demokratie begründete, durch einen neuen ersetzt werden sollte, jedoch nie fertiggestellt wurde. Nach dem Sieg bei Marathon über die Perser begann man 490 v. Chr. mit dem Bau des ersten marmornen Parthenons, doch die Arbeit wurde bald darauf eingestellt, als eine neue persische Invasion drohte und Gelder in die Verteidigung umgelenkt wurden. 480 v. Chr. fielen die Perser in Attika ein und zerstörten die gesamte Akropolis, auch den Tempel der Athena Polias, den sie »seiner Schätze beraubten und in Brand steckten«, wie Hero-

Parthenon, Akropolis, Athen.
Foto Mark Edward Smith.

Parthenon, Akropolis, Athen. Dorisches Kapitell.

dot berichtet[120]. Nicht nur für Attika und die Akropolis, sondern für die ganze griechische Welt hatte dieser Krieg schwere Folgen. Fast 35 Jahre lang wurde, ausgenommen in den Kolonien in Italien, wenig gebaut. Der Parthenon auf der Akropolis blieb unvollendet, um die Athener an den Krieg mit den Barbaren zu erinnern, wie es der Eid von Plataiai vorschrieb. 447 v. Chr. läutete Perikles eine neue Ära ein und verkündete ein Wiederaufbauprogramm für die Akropolis. Unabhängig von den Visionen des Perikles, der zweifellos Verbindungen zu vielen Neuerern und Modernisierern unterhielt und auch den Philosophen Anaxagoras zu seinen Freunden zählte, war dieser Ort, auch wenn er fast nur noch aus Ruinen bestand, keine Tabula rasa. Das Gelände an sich und die Reste alter Bauten, aber auch institutionelle Vorgaben und Interessenkollisionen erlegten dem Bauprozess zahllose Einschränkungen auf. Der Konflikt zwischen diesen Zwängen und

den Kräften der Erneuerung führte zu einem faszinierenden architektonischen Ergebnis.

Der Tempel der Athena Nike

Bald nachdem Perikles den Entschluss zu seinem Wiederaufbauprogramm gefasst hatte, begannen 478 v. Chr. die Vorbereitungen zur Neuerrichtung des Heiligtums der Athena an der Südwestseite der Akropolis. Doch es passierte nicht sehr viel, bis um 448 v. Chr. Kallikrates zum Baumeister des neuen Tempels der Athena Nike bestimmt wurde, der allerdings erst 427 v. Chr. seine Arbeit aufnahm. An dieser Verzögerung war möglicherweise der Bau eines neuen Eingangs direkt neben dem zukünftigen Athenatempel schuld. Dieser Eingang war der Nachfolger des unter Peisistratos gebauten, der ebenfalls den Persern zum Opfer gefal-

Tempel der Athena Nike, Akropolis, Athen.
Foto Erich Lessing.

len war. Es hieß auch, dass es zwischen Kallikrates und
Mnesikles, dem Baumeister der Propyläen – so hieß
das neue Tor – zu einem Streit kam, in den auch die
Priester des Niketempels verwickelt waren. Ursache war
die Höhe der Plattform des Tempels. Schließlich ei-
nigte man sich darauf, diese etwas niedriger zu halten.
Im Unterschied zu den langwierigen Vorbereitungen
dauerte der Bau während des Peloponnesischen Krieges dann nur zwei Jahre – um 425 v. Chr. war der Niketempel fertig.

Der Tempel ist sehr klein und erinnert an die Schatzhäuser in Delphi, die wir bereits besprochen haben.
Er wurde ganz aus pentelischem Marmor erbaut und
zeigt in Entwurf und Ausführung dieselbe Vollkommenheit wie die Schatzhäuser. Er hat den Grundriss
eines verkürzten Amphiprostylos-Tetrastylos: An beiden Seiten befindet sich jeweils ein Portikus mit vier
Säulen, die Längsseiten sind säulenlos; die untypisch

quadratische Cella *in antis* enthielt eine Reproduktion
des alten hölzernen Kultbildes der Göttin. Die beiden
Vorhallen haben ionische Säulen mit monolithischen
Schäften. Über dem Dreifaszienarchitrav liegt ein mit
Reliefs verzierter ionischer Fries, der Kampfszenen
zwischen den Griechen und den Persern sowie den
verbündeten Böotiern zeigt, ferner Athena, die sich
bei einer Götterversammlung für die Griechen ein-
setzt. An den drei Außenseiten des Tempels wurde eine
Brüstungsmauer errichtet. Auch diese war mit Reliefs
verziert, die geflügelte Niken und die Athena zeigten.

Im baulichen Arrangement spiegelt nichts die Konflikte, die der Planung des Tempels vorausgingen. Wie
die aus dem Anfang und der Mitte des 5. Jahrhunderts
stammenden dorischen Bauwerke, die wir im letzten
Kapitel besprochen haben, wirkt der ionische Niketempel in sich sehr geschlossen, eine Komposition,
die nach längerem Suchen eine gewisse Ausgewogen-

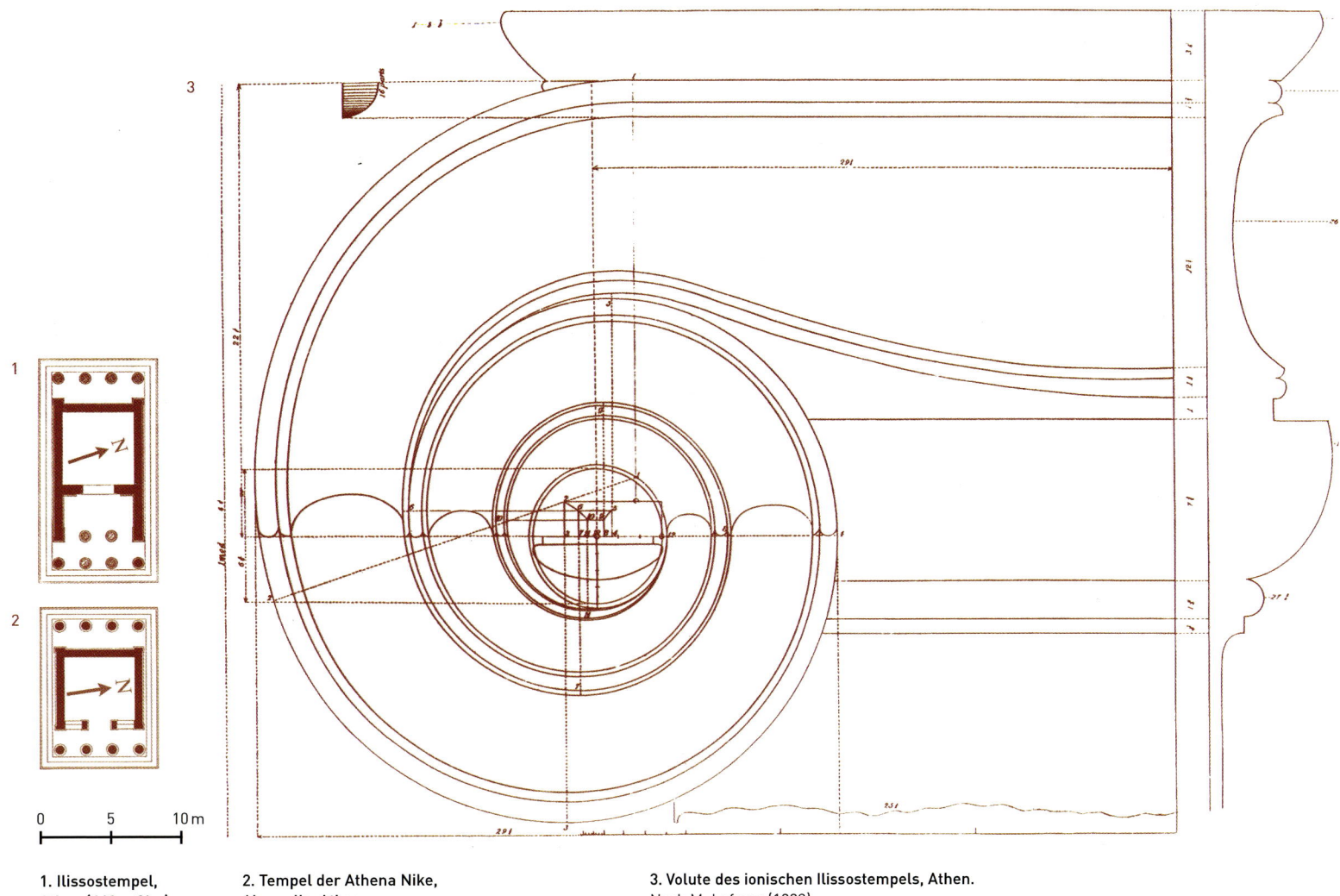

1. Ilissostempel,
Athen (440 v. Chr.).

2. Tempel der Athena Nike,
Akropolis, Athen.

3. Volute des ionischen Ilissostempels, Athen.
Nach M. Lafever (1883).

0   5   10m

heit gefunden hat. Das Gleiche gilt für einen weiteren ionischen Tempel am Ilissos, der in etwa der Zeit errichtet wurde, in der der Niketempel geplant wurde. Aus einer sehr detaillierten, 1762 von Stuart und Revett veröffentlichten Dokumentation — leider wurde das Bauwerk 1778 zerstört — geht hervor, dass es sich ebenfalls um einen ionischen Tetrastylos handelte. Beide nutzen die Möglichkeiten des ionischen Kapitells, durch die Neigung der Volute eine Eckform zu bilden. Das Profil der ionischen Säulenbasis im Niketempel stimmt mit dem Relief im unteren Bereich der Cellawand überein. Dadurch entsteht im ganzen Bauwerk eine Regelmäßigkeit, die schließlich Teil des klassischen Kanons wird. Die ionische Basis im Ilissostempel war attisch gestaltet: zwischen zwei konvexen Tori ein konkaver Trochilos, eine Form, die später auch im Erechtheion Verwendung findet und ebenfalls Bestandteil des klassischen Kanons wird. Beide Bauwerke scheinen unab-

hängig von komplexen programmatischen Anforderungen oder der Geländestruktur fast alle Probleme gelöst zu haben, die mit der Zusammenfügung einzelner Bauelemente entstanden, indem sie deren Dimensionen modular aufeinander abstimmten.

Der Parthenon

Der Parthenon, der zwischen 447 und 438 v. Chr. ganz aus hochwertigem weißem pentelischen Marmor errichtet wurde, wirkt, als wäre hier eine noch größere Harmonisierung von Bauelementen und Details erreicht worden. Wie beim Niketempel spiegeln sich in seinem Grundriss nicht die durch das Gelände diktierten Einschränkungen, und sein Programm ist relativ einfach und nüchtern. Die Baumeister waren Iktinos, der auch den Apollontempel in Bassai entworfen hat, und Kal-

Parthenon, Akropolis, Athen.
Blick von den Propyläen.
Foto Emile.

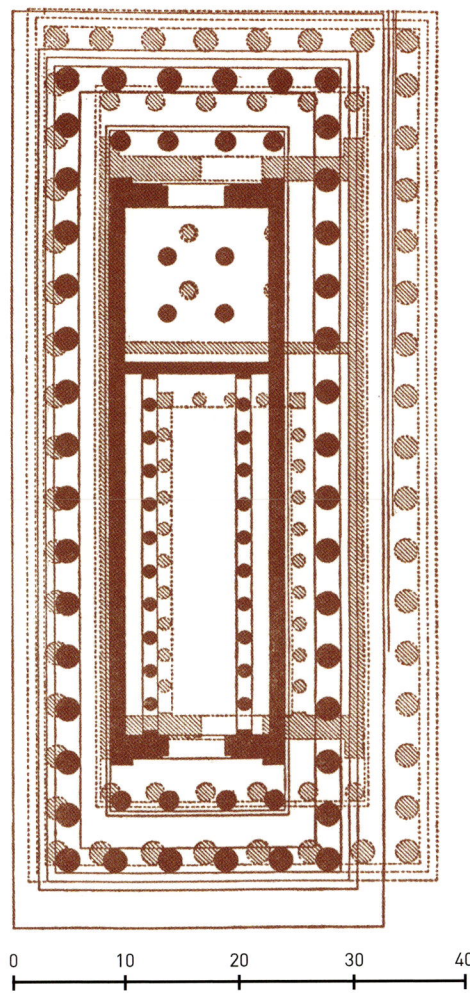

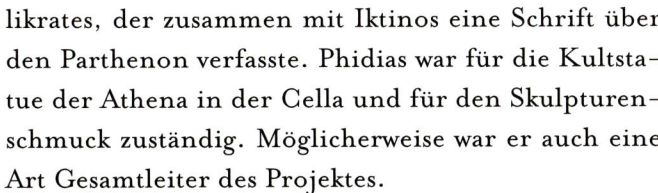

Aufeinanderfolgende Schichten des Athenatempels, Akropolis, Athen.
Alter und perikleischer Parthenon (447–432 v. Chr.).
Nach B. H. Hill, (1912).

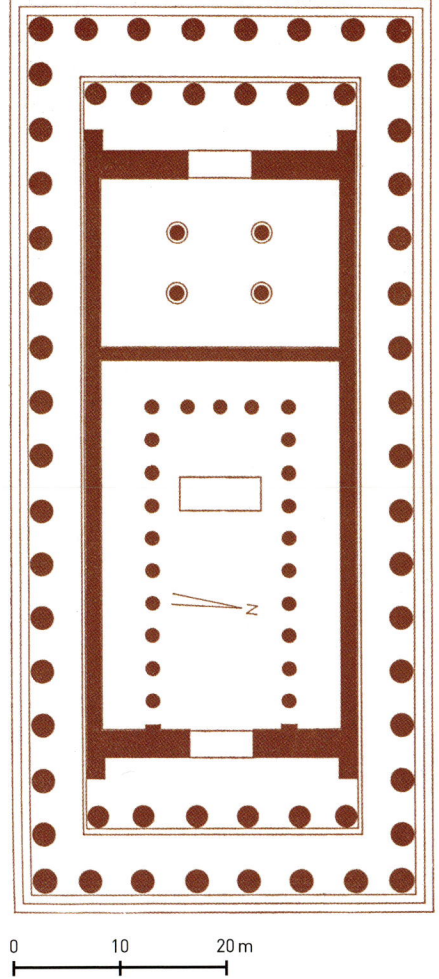

Parthenon, Akropolis, Athen.
Nach Gruben (1978).

likrates, der zusammen mit Iktinos eine Schrift über den Parthenon verfasste. Phidias war für die Kultstatue der Athena in der Cella und für den Skulpturenschmuck zuständig. Möglicherweise war er auch eine Art Gesamtleiter des Projektes.

Der Tempel ist ein peripteraler Amphiprostylos mit einem Peristyl von 8 x 17 dorischen Säulen und zwei hexastylen (sechssäuligen) Vorhallen. Diese sechs Säulen stützten einen ionischen Fries, der um die Halle lief. Der Pronaos hatte eine U-förmige Innenkolonnade, die wie die Innenkolonnaden früherer dorischer Tempel aus dem 5. Jahrhundert – der Aphaia- oder der Zeustempel in Olympia – eine zweigeschossige dorische Kolonnade aus 5 x 10 Säulen hatte, welche die von Phidias geschaffene Athena aus Gold und Elfenbein umgab. Bronzene Schranken zwischen den Säulen verhinderten den unmittelbaren Zugang zum Athenastandbild. Auf die Statue fiel Licht aus zwei hoch oben

in der östlichen Pronaoswand zu beiden Seiten des Eingangs unter dem Architrav angebrachten Fenstern. Im Inneren der Pronaoswand befand sich eine Treppe, die zum Dachstuhl führte. Das Adyton, der eigentliche »Parthenon«, der Raum der Jungfrau, enthielt vier ionische, 12,50 m hohe Säulen. Von den ionischen Kapitellen des Parthenon gibt es keine Fragmente mehr, aber es weist einiges auf diese bedeutende innovative Ausgestaltung hin. Diese wurde, wie wir gesehen haben, bereits im Demetertempel in Paestum und in der Stoa Poikile in Athen erprobt; hier ging sie über die reine Mischung dorischer mit ionischen Elementen hinaus[121]. Wichtig war, dass hier eine neue Regel kanonisiert wurde. Neben den baulichen Vorteilen[122] ermöglichte es diese Regel, die verschiedenen Bereiche eines Bauwerks architektonisch zu unterscheiden, indem jedem ein spezielles architektonisches Element zugeordnet wurde. Diese neue Regel wurde bald darauf von wahrschein-

Parthenon, Akropolis, Athen.
Fotograf unbekannt.

Parthenon, Akropolis, Athen.
Südecke des Westfrieses.
Foto Walter Hege.

lich demselben Baumeister bei den Innenkolonnaden des Apollontempels in Bassai und von Mnesikles bei den Propyläen angewandt und wird allmählich Bestandteil des klassischen Kanons.

Auf den Hochrelief-Metopen des dorischen Gebälks kämpfen die Griechen auf der Westseite gegen die Amazonen, auf der Südseite gegen die Zentauren und auf der Nordseite gegen die Trojaner. Die östlichen Metopen zeigen den Kampf zwischen Göttern und Giganten. Die Faszien über den Triglyphen und Metopen haben einen Astragal, und auf beiden Seiten des Bauwerkes befand sich eine Reihe von marmornen Antefixen. Auch hier wurde Nike mit den sehr großen Akroterien gefeiert. Auf beiden Giebeln wurde Athena geehrt, der Ostgiebel zeigt ihre Geburt, der Westgiebel den Streit zwischen Athena und Poseidon um Athen. 432 v. Chr., am Vorabend des Peloponnesischen Krie-

ges, waren die Giebelskulpturen fertig. Der lange ionische Fries lief ohne Unterbrechung über den dorischen Säulen der Vorhallen sowie an den beiden Längsseiten der Cella entlang. Einen solchen Fries hatte es bis dahin in keinem dorischen Tempel gegeben. Dargestellt ist eine Prozession mit deutlichen Hinweisen auf den Festzug anlässlich der Panathenäen, der alle vier Jahre stattfand, wenngleich moderne Forscher festgestellt haben, dass es sich auch um in der Schlacht bei Marathon Gefallene handeln könnte. Die Prozession beginnt an der Südwestecke des Tempels und teilt sich an dieser Stelle in zwei Umzüge, die sich entgegengesetzt aufeinander zubewegen und sich im Osten über dem Haupteingang in einer Mittelszene treffen.

Die reiche Fülle der baulichen Feinheiten, die den Parthenon auszeichnen, sind durch absichtliche Abweichungen von der Regel entstanden. Verfeinerungen wurden in der griechischen Architektur seit dem

Parthenon, Akropolis, Athen.
Nordwestecke.
Foto Freiler.

Parthenon, Akropolis, Athen.

6. Jahrhundert und in Ägypten viel früher gefunden. Gegen Ende des 5. Jahrhunderts verschwinden sie, was viele Forscher als Zeichen des Niedergangs betrachteten[123]. F. C. Penrose, der als Erster öffentlich auf sie hinwies, betrachtet ihre Abwesenheit in modernen Nachbauten antiker griechischer Bauwerke als einen Grund, warum diese Gebäude »Härte und Trockenheit« ausstrahlen.[124] Auch die Proportionen des Parthenon haben zu seiner Berühmtheit beigetragen. Der große Archäologe W. B. Dinsmoor stellte fest, dass dem Entwurf ein einheitliches Proportionssystem von 9 zu 4 (Höhe zu Länge) und 4 zu 9 (Länge zu Breite) zugrunde liegt.[125] Das lässt sich jedoch kaum verifizieren und ist vielleicht auch von anachronistischen Vorurteilen beeinflusst, wie wir im Kapitel über die Poetik der antiken griechischen Architektur noch sehen werden.

Ähnliche Vorurteile beeinflussen unsere Sicht der Rolle von Perikles bei der Errichtung des Parthenon,

seinem ersten Bauauftrag. Plutarch berichtet darüber in *Das Leben des Perikles,* ein Werk, das er über 500 Jahre nach dessen Tod verfasste. Darin glorifiziert er Phidias als den Leiter des gesamten Bauprogramms, obwohl dieser vielleicht nur für die Statue der Athena verantwortlich war. Es weist einiges darauf hin, dass er die Stadt möglicherweise schon 438 v. Chr. verließ, noch bevor die Giebel des Parthenon fertig waren. Plutarch vereinfachte die Komplexität des Projektes. Überlieferten Aufzeichnungen zufolge arbeiteten etwa 200 Handwerker und 50 Bildhauer am Parthenon.[126] In Anbetracht der damals in Athen herrschenden demokratischen Verhältnisse ist es zweifelhaft, dass dieses Projekt unter der Leitung einer zentralen Autorität stand, wie es in den Zeiten, in denen Plutarch sein Buch verfasste, der Fall war. Ihm zufolge wurden die Bauprojekte aus der Bundeskasse des delisch-attischen Seebundes finanziert, die 454 v. Chr. nach Athen überführt wurde. Nach

Parthenon, Akropolis, Athen.
Foto Kleemann.

Parthenon, Akropolis, Athen.
Foto Serge Moulinier.

neueren Forschungen sollen die meisten Kosten jedoch von den *tamiai*, den Schatzhütern der Göttin, und aus der Athener Stadtkasse übernommen worden sein, die sich aus Kriegsbeute, Hafengebühren, Gerichtsstrafen, der Vermietung von Häusern, die Athena unterstanden, und privaten Beiträgen speiste.[127] Plutarch behauptet sogar, Perikles habe den Peloponnesischen Krieg nur begonnen, um eine Anklage zu vermeiden, die ihm im Zusammenhang mit dem Bau des Parthenon und durch das Verhalten von Phidias drohte.

Die Propyläen

Unmittelbar nach der Fertigstellung des Parthenon begann Mnesikles 437 v. Chr. den Bau der Propyläen, des neuen Westeingangs zur Akropolis. Wie der Parthenon waren auch die Propyläen ganz aus Marmor,

doch im Gegensatz zum Parthenon und dem Niketempel spielten das Terrain und programmatische Zwänge beim Entwurf des Bauwerks eine entscheidende Rolle. Das Ergebnis war nicht nur ein einzigartiges Werk, sondern auch die Entstehung neuer Stilregeln, die zum festen Bestandteil des sich entwickelnden klassischen Kanons werden sollten.

Im Wesentlichen war ein *Propylon* eine überdachte Torhalle, wie es die unter Peisistratos im 6. Jahrhundert errichteten Propyläen waren. Allerdings sollte der neue Eingang neben den bereits vorhandenen Funktionen noch weitere übernehmen. Ein zusätzliches Problem war das starke Gefälle des Bauplatzes und die Niveauunterschiede zu den benachbarten Bauwerken. Mnesikles behielt den Mittelteil des Propylon bei, verlängerte ihn jedoch, indem er an den beiden Seiten der Außenwände zwei hexastyle dorische Vorhallen hinzufügte und die Mittelachse mit ionischen Säulen

Propyläen, Akropolis, Athen.
Foto Frédéric Boissonas.

betonte. Außerdem fügte er zwei Seitenflügel hinzu. Im Nordflügel war eine Bildergalerie (*pinakotheke*) untergebracht. Der Name weist auf Weihgeschenktafeln hin, doch der Raum sollte auch für Bankette genutzt werden können[128]. Der Südflügel war mit dem älteren Heiligtum der Chariten verbunden. Mnesikles brachte diese drei Teile, das eigentliche Tor und die Flügel des Westeingangs, zusammen, indem er die Konfiguration einer U-förmigen Stoa erfand, wiederum etwas völlig Neues, da bis dato nur lineare und L-förmige Stoen existiert hatten; erstes Beispiel dafür war die im letzten Viertel des 5. Jahrhunderts errichtete Stoa des Zeus Eleutherios auf der Athener Agora.[129] Der Pinakothekflügel ähnelt einem Anten-Schatzhaus.[130] Der Südflügel mit seiner offenen Vorhalle sollte als Zugang zum Schrein der Athena Nike dienen.

Die Propyläen und der Parthenon weisen einige Gemeinsamkeiten auf. Die Dimensionen des zentra-

len westlichen Teils der Propyläen ähneln denen des Westraums des Parthenon; das Gleiche gilt für das Verhältnis der Säulenhöhe zum unteren Säulendurchmesser. Auch bei den optischen Verfeinerungen lassen sich Ähnlichkeiten erkennen, so bei der Entasis, der Innenneigung der Säulen und der Kurvatur des Architravs. Die Propyläen wurden sicher zeitlich nach dem Parthenon gebaut, und einige Techniker des Parthenon wechselten 438 v. Chr. zur Werkstatt des Mnesikles über[131].

Das Bauwerk könnte man als faszinierendes Ergebnis einer Kollision zwischen dem reinen Zufall – den sich aus den Geländestrukturen ergebenden Zwängen – und den neuen programmatischen Erfordernissen und traditionellen Regeln sehen, wobei Mnesikles passiv auf diese Faktoren reagiert, indem er einen Zentralbau entwirft und diesem zwei Fronten und zwei Flügel anfügt.[132] J. A. Bundgaard stellt in seiner Monografie über Mne-

Propyläen, Akropolis, Athen.

feststellt, wurde »der Schutz während der Bauarbeiten auf den Stufen und dem Boden des Gebäudes nie entfernt, zahllose Bossen […] an den Ostwänden der Nordwest- und Südwestflügel und an den Nord- und Südwänden des zentralen Torhauses […] wurden nie abgeschlagen.« Andererseits wurden viele Einwände gegen Dörpfelds Vorstellung laut. Ein symmetrischer Entwurf hätte natürlich den Abbau der Zyklopenmauer südlich der Propyläen erfordert. Außerdem unterlag der Bau der Propyläen strengsten zeitlichen und materiellen Beschränkungen, fand also keinesfalls improvisiert statt, wie neueste Forschungen ergaben. Deshalb nimmt man an, dass die Bautätigkeit nicht plötzlich und unvorhergesehen unterbrochen wurde.[134] Dennoch wirkt Dörpfelds Rekonstruktion durchaus plausibel und entspricht vielleicht sogar dem ursprünglichen Plan, den der Baumeister jedoch wieder abänderte. Mnesikles scheint ein pragmatischer, aber auch revolutionärer Baumeister gewesen zu sein, was Methodologie und Entwurf angeht. Seine Strategie scheint nicht darin bestanden zu haben, ein Projekt auf seine minimalen Erfordernisse zu reduzieren, die eine Harmonie garantierten, wie es bei den Tempeln in Olympia oder am Ilissos der Fall gewesen war. Er bezog vielmehr sämtliche programmatischen und geländerelevanten Aspekte mit ein und kombinierte in seinem Entwurf bereits früher erfolgreich eingesetzte Elemente in einem beispiellosen neuen Bauwerk. Darüber hinaus nutzte er wie Iktinos die Potentiale, die in der Kombination der beiden Arten der Architektur lagen, der dorischen an den Außenfassaden und der ionischen im Inneren des Durchgangs. Alle diese Komponenten zu koordinieren war überaus schwierig. Eine seiner Techniken bestand darin, zwei unterschiedliche Maße zu verwenden, eines für den Grundrissentwurf, das zweite für die Aufrissproportionen.[135]

sikles fest, dass das archaische Propylon und der Vorläufer der Pinakothek den Entwurf diktierten. So ist das Hauptgebäude einfach nur ein zentraler Teil mit zwei vorgeblendeten Fronten, die den Proportionen folgen, die kurz davor bei der Peristasis des Parthenon angewandt worden waren.

Doch das sagt sich so leicht: Mnesikles hatte ein großes neues Problem — er musste eine einheitliche Komposition schaffen, wobei er offenkundig die Symmetrie der Fassade im Auge hatte und nicht die individuellen Maße des Grundrisses. W. Dörpfeld nahm an, dass das ganze Bauwerk schließlich symmetrisch werden sollte, aber die Nordost- und Südostseiten blieben wegen des Peloponnesischen Krieges unvollendet. De facto wurden die Propyläen nie ganz fertiggestellt, was das Bauwerk zu einem typischen Fall von *hymiteles* macht, einem dauerhaft unvollendeten Werk, etwas, worauf wir später noch zurückkommen werden. Wie J. M. Hurwit[133]

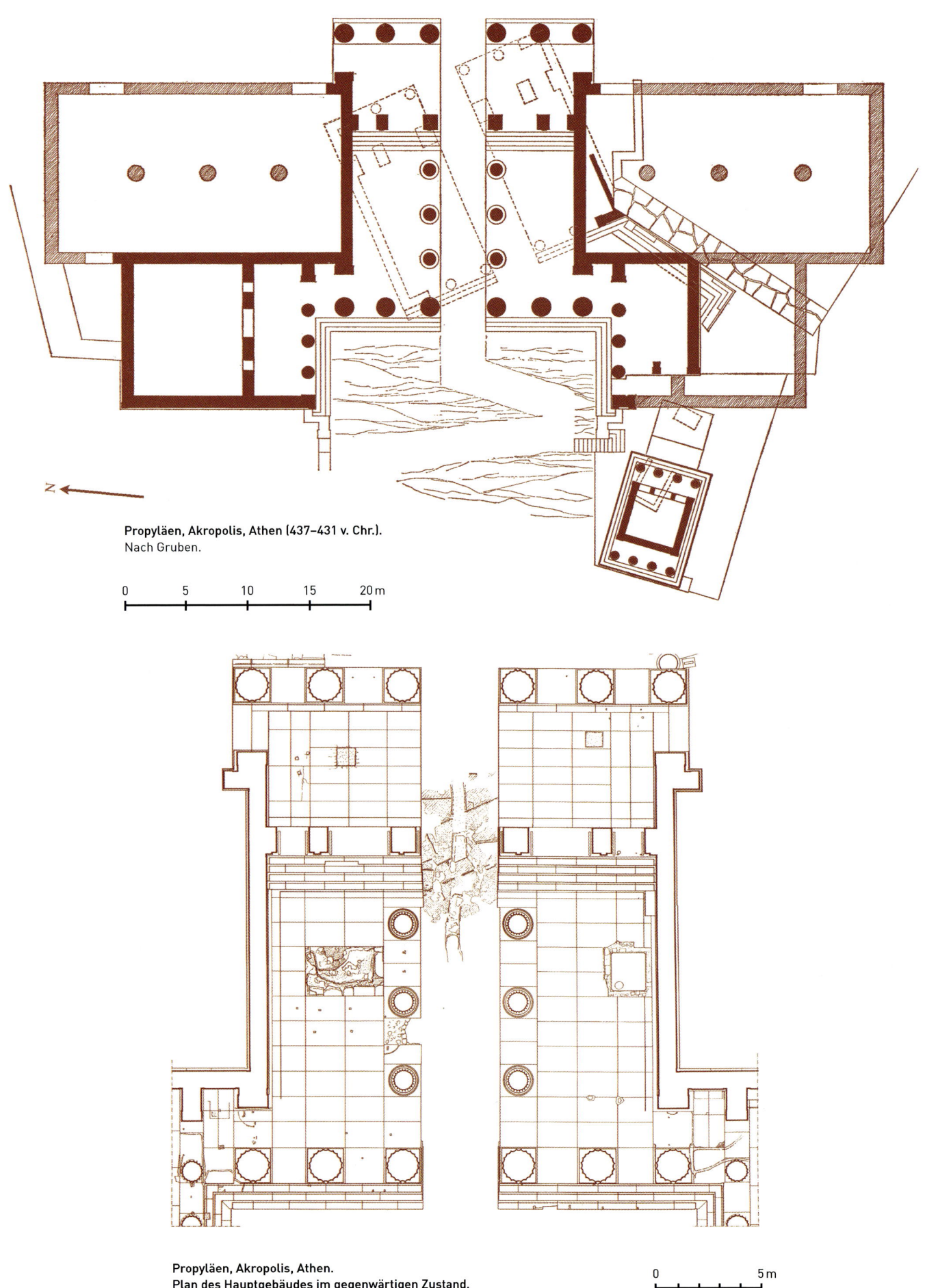

Propyläen, Akropolis, Athen (437–431 v. Chr.).
Nach Gruben.

0   5   10   15   20 m

Propyläen, Akropolis, Athen.
Plan des Hauptgebäudes im gegenwärtigen Zustand.
Nach T. Tanoulas (1994).

0   5 m

1. Propyläen, Akropolis, Athen (klassische Epoche).
Aufriss entlang der Mittelachse nach Norden.
Nach T. Tanoulas (1994).

0   5   10 m

2. Propyläen, Akropolis, Athen.
Aufriss der Nordwand des Hauptgebäudes.
Nach T. Tanoulas (1994).

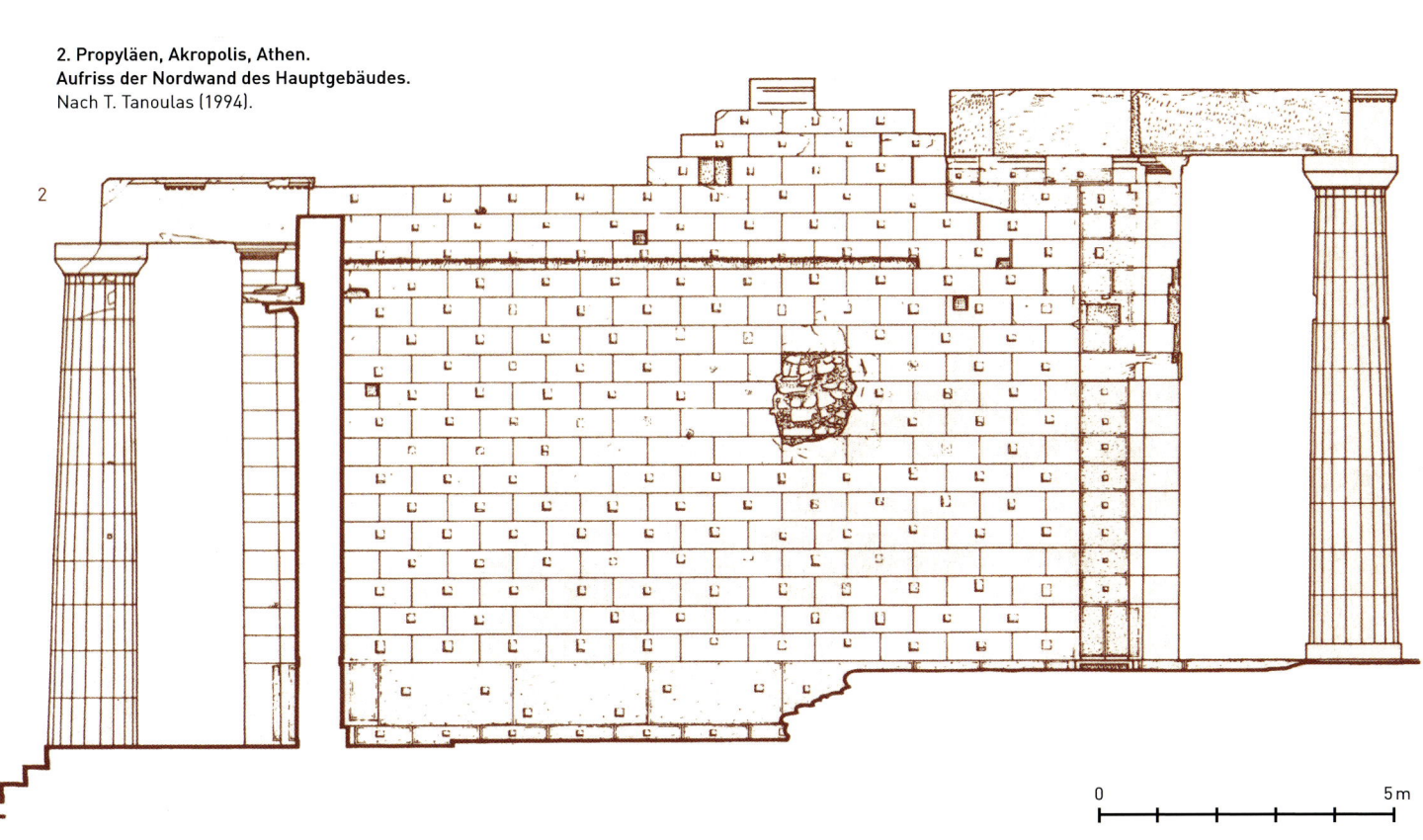

0   5 m

Propyläen, Akropolis, Athen.
Foto Walter Hege.

Propyläen, Akropolis, Athen.
Foto Walter Hege.

Erechtheion, Akropolis, Athen.
Im Hintergrund der Parthenon.
Foto Frédéric Boissonas.

Erechtheion, Akropolis, Athen. Ostflügel.
Foto Frédéric Boissonas.

Die die Propyläen auszeichnenden baulichen Neu-erungen und ihr Einfallsreichtum begeisterten nicht nur Architekten, sondern wie beim Parthenon auch die breite Öffentlichkeit. Epaimenondas soll gesagt haben, dass Theben, wenn es denn so groß sein wollte wie Athen, die Propyläenvon der Akropolis zur Kad-meia schaffen müsse.

Das Erechtheion

Möglicherweise zeigt kein anderes Bauwerk auf der Akro-polis besser das von der griechischen Architektur in jener Zeit erreichte Maß an Komplexität und Vollkommen-heit als das Erechtheion. Das Bauwerk ist paradox, denn in seinen Details gilt es als beispielhaft für den klassi-schen Kanon, indem es erfolgreich die regionalen Erkenntnisse in sich vereint, doch im Entwurf gilt es als

höchst gewagtes Experiment. Die fehlende Symmetrie und seine Propellerform machten es zu Beginn des 20. Jahrhunderts zum Liebling der Avantgarde-Archi-tekten.

Wie bei den Propyläen sind die innovativen Elemente darauf zurückzuführen, dass die komplexen, durch Gelände und Programm diktierten Vorgaben den Ent-wurf entscheidend beeinflussten. Das Bauwerk sollte eigentlich den 480 v. Chr. von den Persern zerstör-ten Tempel der Athena Polias ersetzen. Aber es sollte auch Raum für andere Funktionen bieten. Teilweise als Grab, als Raum für Mysterien, als Tempel — die grundlegenden Entscheidungen über dieses Projekt, das letztendlich die verschiedensten Verwendungs-zwecke in sich vereinte, mussten von einem Komi-tee gefällt werden, in dem zahlreiche Priester darauf bestanden, dass ihr geheiligter Boden respektiert würde.

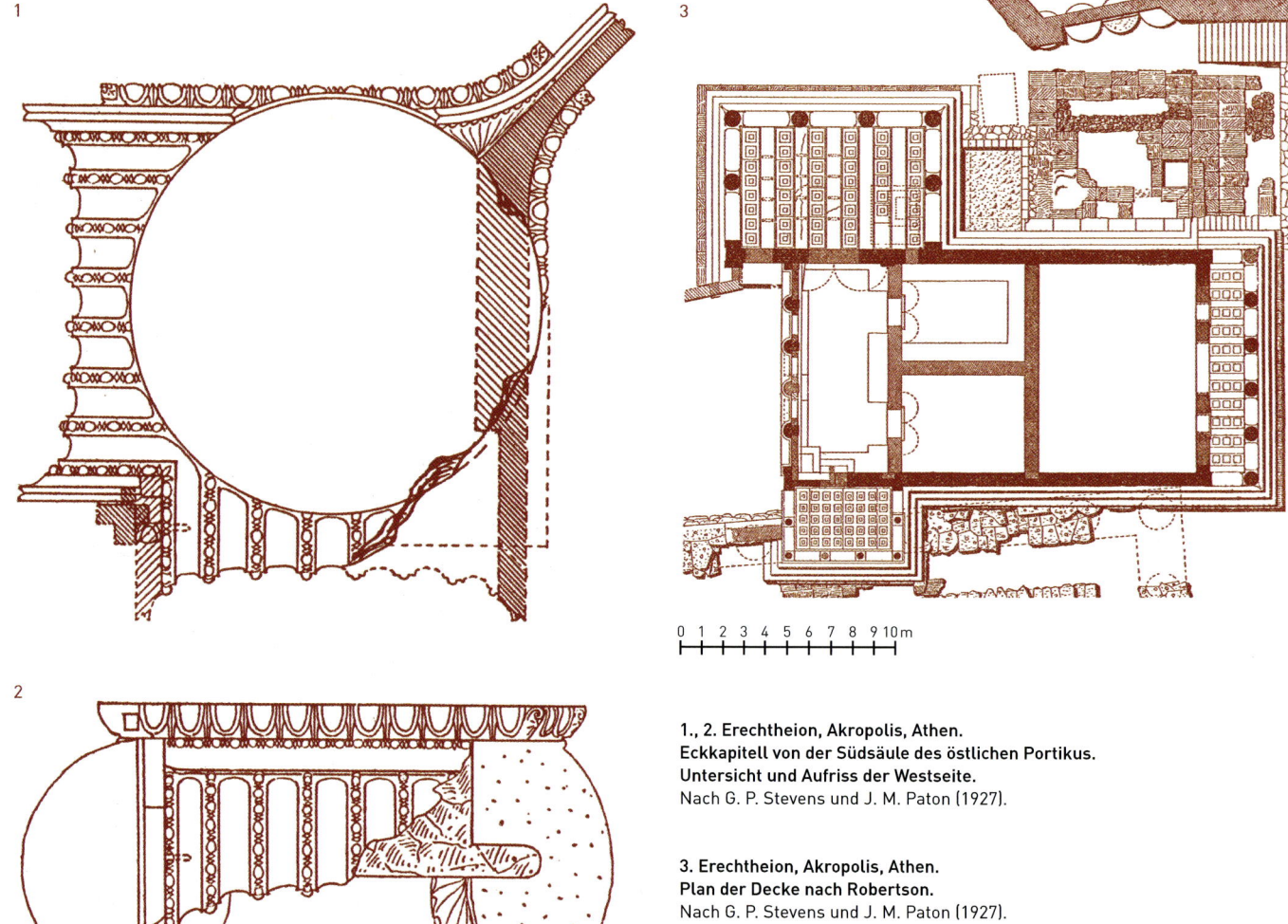

1., 2. Erechtheion, Akropolis, Athen.
Eckkapitell von der Südsäule des östlichen Portikus.
Untersicht und Aufriss der Westseite.
Nach G. P. Stevens und J. M. Paton (1927).

3. Erechtheion, Akropolis, Athen.
Plan der Decke nach Robertson.
Nach G. P. Stevens und J. M. Paton (1927).

Vermutlich war die östliche Hauptcella für Athena, die westliche, vor der der heilige Ölbaum der Athena stand, für Poseidon und Erechtheios bestimmt.[136] Der Ostraum enthielt das hölzerne Xoanon der Athena, das, so glaubte man, als Geschenk an den mythischen Schlangenkönig und Gründer von Athen Kekrops, dessen Heiligtum sich im Südwesten der Anlage befand, vom Himmel gefallen sei. Während der Invasion von Attika und der Zerstörung der Akropolis wurde die Statue von den Athenern gerettet und auf der Insel Salamis versteckt. In der nördlichen Vorhalle finden sich Spuren am Boden, die angeblich vom Dreizack des Poseidon oder dem Donnerschlag des Zeus herrührten. Eine Öffnung im Dach wies auf diese Stelle hin. Durch die nördliche Vorhalle gelangte man zuerst in das *Prostomiaion*. Im rückwärtigen Teil des Gebäudes befand sich ein Altar des Hephaistos.

Dies sind nur einige der Elemente, die der Entwurf des Bauwerkes berücksichtigen musste. Der Grundriss ist ohne Vorbild. An der Ostseite stehen Halbsäulen, an der Westseite freistehende Säulen. An der Nordseite befindet sich eine ionische Vorhalle, an der Südseite eine äußerst seltene Form von Vorhalle, bei der »Karyatiden«, junge Mädchen, die auf einem Sockel stehen, als Säulen fungieren. In der östlichen Vorhalle stehen ionische Säulen mit geflochtenen attischen dreigeteilten Basen, die aus einem konvexen unteren Torus, einer fast vertikalen Hohlkehle und einem oberen nichtkannelierten Torus bestehen. Diese Anordnung sollte für viele Jahrhunderte kanonisch werden. Das ionische Kapitell trug ein Anthemion, einen Palmettenfries, der sich in gleicher Weise auf dem Antenkapitell und an der Cellawand wiederfand. Das Motiv erinnert

Erechtheion, Akropolis, Athen.
1. Nordportikus. Decke.

2. Nordportikus. Decke und Tür.

3. Ost- und Nordportikus.

4. Nordportikus.

stark an das ionische Kapitell des im 5. Jahrhundert errichteten Marazatempels in Locri (Italien). Viele der verwendeten Motive ähneln auch denen einiger Schatzhäuser in Delphi. Die Anlage besaß mehrere Öffnungen: zwei Türen an der Rückseite der nördlichen Vorhalle, zwei Fenster und eine Tür in der östlichen Vorhalle. Dem Beispiel des Schatzhauses der Siphnier in Delphi folgend sind alle diese Öffnungen von ornamentalen Profilen gerahmt und weisen dadurch darauf hin, dass sie zur ionischen Art gehören, ein weiterer Beitrag des Bauwerkes zur Schaffung des klassischen Kanons.

Für das Erechtheion wurden ausgesuchte Materialien verwendet: Das Fundament war aus Poros-Stein aus Piräus, der Hintergrund des Frieses bestand aus blauem eleusischem Marmor, gegen den sich zarte weiße

Marmorfiguren abhoben. Farbige Steine und vergoldete Bronze wurden ebenfalls verwendet. Es gab auch eine goldene, von Kallimachos entworfene Lampe und einen bronzenen Kamin in Form einer Palme, der möglicherweise ebenfalls von Kallimachos stammte. Es wurde vermutet, dass dieser Kamin einer der Vorläufer des korinthischen Kapitells gewesen sei, doch die Daten scheinen diese Vermutung nicht zu bestätigen. Der übrige Bau bestand aus weißem pentelischem Marmor von höchster Qualität.

Auch Vitruv ist erstaunt über die Einzigartigkeit und den komplexen Entwurf des Erechtheion; er begründete das Bauwerk epigrammatisch damit, dass er es als eines bezeichnete, das »alles, was wir bei anderen Tempeln an den Fronten finden, auf die Seiten verlegt« (Buch IV, Kap. 8). Damit mag er in gewisser Weise Recht

Erechtheion, Akropolis, Athen. Friesverzierung.
Foto Walter Hege.

haben, der Plan entstammte ja tatsächlich einer Neuordnung bereits vorhandener Elemente, doch die Absichten und der Prozess waren ungleich komplexer,

als Vitruv vermuten lässt, die Neuerungen viel weitreichender, als er nahelegt; er erwähnt das Bauwerk in seinen Büchern fast nur am Rande.

Erechtheion, Akropolis, Athen. Karyatide.
Foto Walter Hege.

Erechtheion, Akropolis, Athen. Karyatide.
Foto Walter Hege.

Erechtheion, Akropolis, Athen. Karyatide.
Foto Walter Hege.

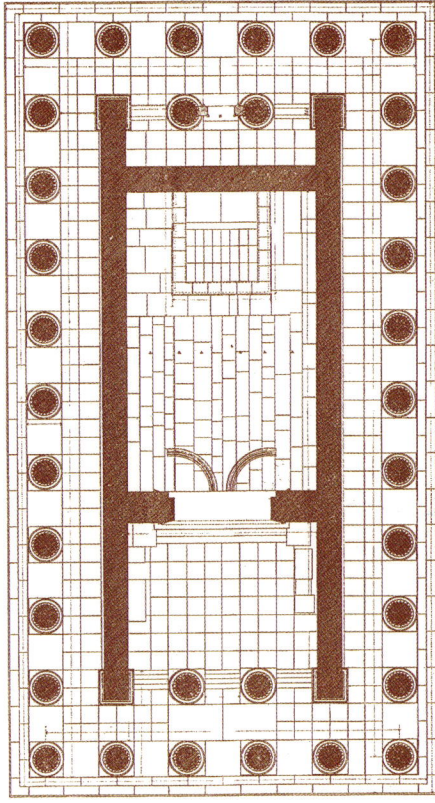

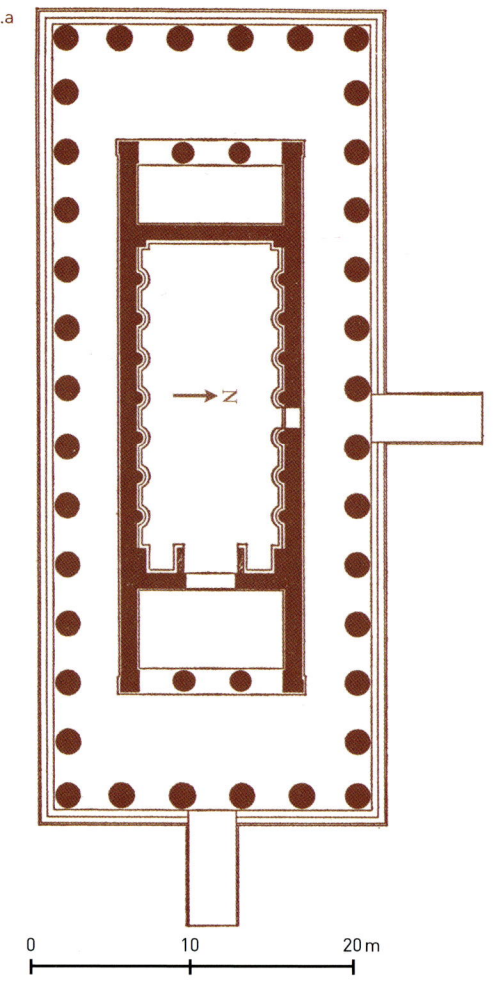

1.a

Tempel der Athena Polias, Priene.
H. Berve und G. Gruben (1978).
Neue Zeichnung M. Courby, Fouilles de Delphes (1927).

1a. Tempel der Athena Alea, Tegea (350 v. Chr.).
Nach W. B. Dinsmoor (1950).

Innovation und Diffusion

Seit der Mitte des 5. Jahrhunderts und innerhalb von knapp fünfzig Jahren schufen die Baumeister auf der Akropolis in Athen nicht nur eine Reihe neuer Gebäude, sondern auch eine neue Art des planerischen Denkens von umfassender historischer Bedeutung, die so genannte klassische Architektur, die einen Kanon, einen Satz expliziter Entwurfsregeln, und eine Koine, einen Satz impliziter Entwurfskonventionen, umfasste.

Diese Leistung wurde auf einem kleinen geografischen Raum von einer Handvoll Menschen erbracht, doch möglich wurde sie nur, weil eine große Zahl von über den ganzen Mittelmeerraum verteilten Experten, von Gemeinschaften solcher Fachleute und von deren Wissen in Athen zusammengeführt wurde. Dies geschah mittels eines ausgedehnten Netzwerkes, das Kommunikation, Verbindungen und Wechselbeziehungen ver-

mittelte. Dem auf diese Weise rekrutierten Wissen standen in der damaligen Zeit enorme Möglichkeiten für die Produktion neuer Werke und Ideen offen: Es gab genügend finanzielle Mittel; es gab die *polyarchia*, die sicher keine Demokratie im modernen Sinn war, es jedoch ermöglichte, dass viele Standpunkte und Erfahrungen öffentlich vorgestellt werden konnten. Das Wissen wurde diskutiert, in neuen Konzepten anders kombiniert und an realen Projekten erprobt. Und nicht zuletzt traute man Athen zu, eine neue Welt zu schaffen, nun, da der Sieg auf dem Akropolisfelsen gefeiert wurde. Gleichzeitig gab es jedoch auch gravierende Einschränkungen: Der Raum auf der Akropolis war extrem begrenzt, und zahllose Traditionen — Rituale und Tabus — wie auch erworbene Rechte waren hartnäckig und mächtig. Doch gerade diese Auseinandersetzung führte zu den kreativen Innovationen in der Architektur.

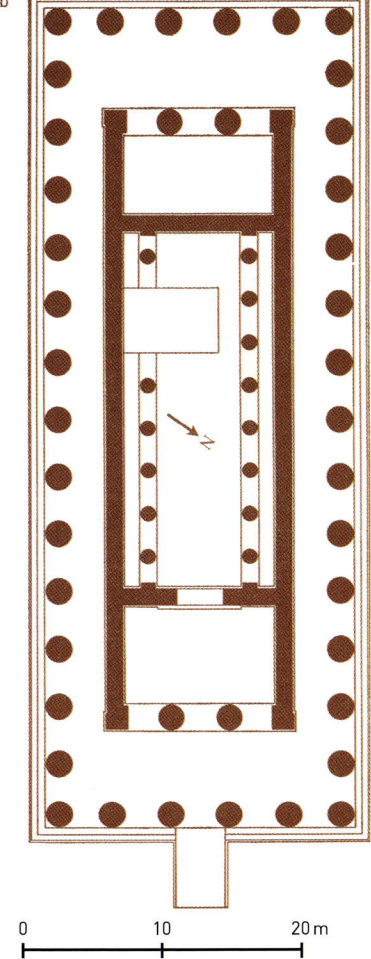

1.b

1b. Apollontempel VI, Delphi (346–326 v. Chr.).
H. Berve und G. Gruben (1978).
Neue Zeichnung M. Courby, Fouilles de Delphes (1927).

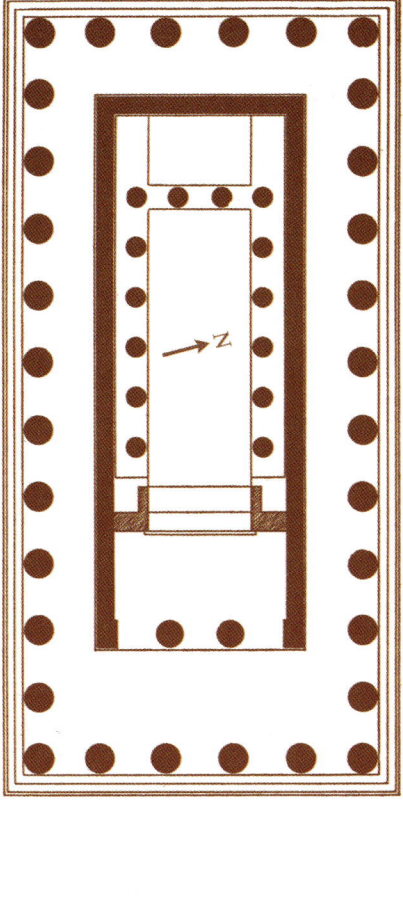

Zeustempel, Nemea (330 v. Chr.).
Nach Gruben (1978).

Allerdings war die Zeit nach dem Wiederaufbau der Akropolis enttäuschend, wie mehrere Forscher feststellen. So behauptet W. B. Dinsmoor[137], die große Zeit des Tempelbaus auf dem griechischen Festland sei mit dem Ende des 5. Jahrhunderts zu Ende gegangen und ein Großteil der darauf folgenden architektonischen Aktivitäten habe sich auf eine Hinzufügung weiterer Ornamente oder die Mischung von Arten beschränkt. Dieselbe Kritik lässt sich auch an der Architektur der klassischen Akropolis selbst üben. In vieler Hinsicht reicht sie nicht an die kühnen, bahnbrechenden architektonischen Experimente der archaischen Zeit heran. Die meisten solcher Bewertungen messen die Leistungen einer Periode an der einer anderen. Doch wenn man jede dieser Perioden als Konstruktionsschicht betrachtet, die den Boden für die nächste bereitet, erkennt man, dass immer wieder bahnbrechende Leistungen erbracht wurden, die die Ent-

wicklung der Architektur bis heute spürbar beeinflusst haben.

Innovationen in der Zeit nach dem Wiederaufbau der Akropolis bewegten sich in zwei Richtungen: Zum einen entwickelte sich ein Rahmenwerk, das die unterschiedlichen Architekturelemente einem neuen System des Raumkonzepts zuordnete, zum anderen neue Formen der räumlichen Organisation der Bauwerke. Das Regelwerk des sich herausbildenden Kanons wurde in zahlreichen Büchern von vielen griechischen Architekten festgehalten. Die Konventionen der Koine wurden von Handwerkern verbreitet, die je nach Anforderungen und Möglichkeiten von einem Bauplatz zum nächsten zogen, aus den Regionen in die Zentren und umgekehrt.[138]

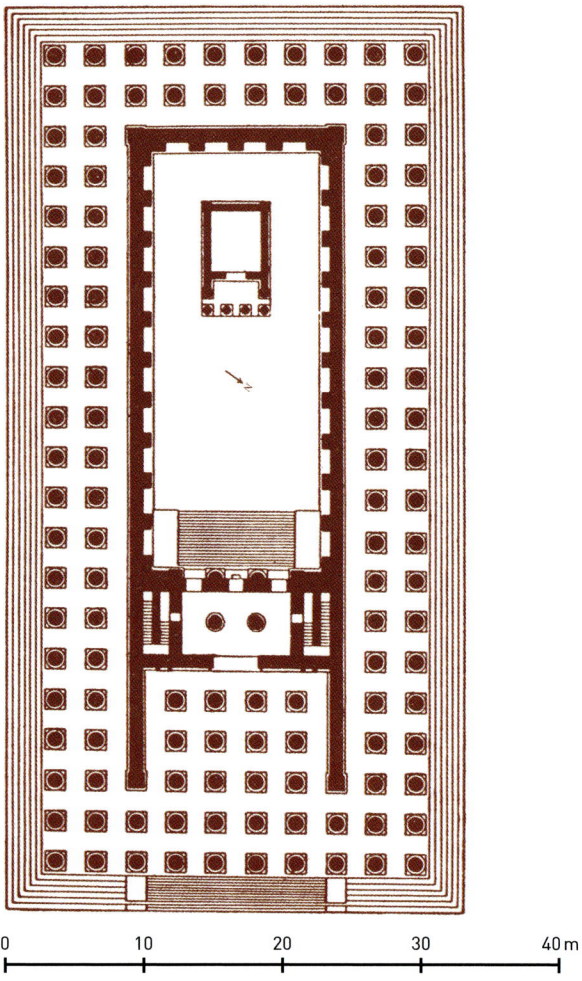

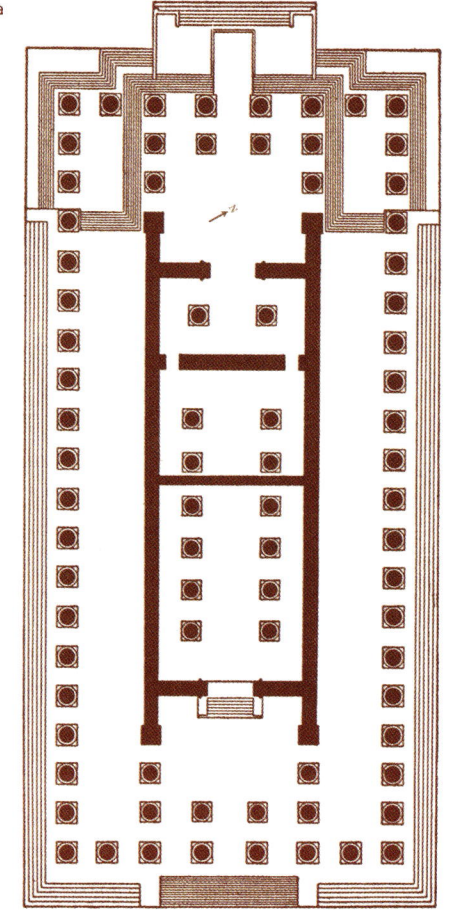

1.a

Apollontempel, Didyma (3. Jh. v. Chr. und später).
A. W. Lawrence (1957).

1a. Tempel der Artemis Cybele, Sardis (300 v. Chr.).
Rekonstruktion Butler. W. B. Dinsmoor (1950).

Ionische Reinheit und Strenge

Für den klassischen Kanon und die Koine der ionischen Art, die sich im Ilissostempel, im Tempel der Athena Nike, dem Erechtheion und dem Apollontempel in Bassai entwickelten, wurde früheres architektonisches Wissen aus den Regionen Naxos, Delos, Samos und Delphi herangezogen. In Ionien wurden Kanon und Koine eingepflanzt und weiter entwickelt; in Priene entwarf Pytheos den Tempel der Athena Polias (350– 344 v. Chr.), der als mustergültiges Beispiel die Entwicklung einer Koine förderte. Pytheos verfasste auch eine Schrift über die Architektur, die zur Formulierung des Kanons beitrug. Der Tempel muss eine große Bedeutung gehabt haben, denn er wurde von Alexander dem Großen persönlich eingeweiht. Es war ein 6 x 11 Säulen umfassender Peripteros, in dessen Cella man von der Vorhalle aus gelangte. Die Säulen stattete

Pytheos nach dem Vorbild des älteren Artemision in Ephesos mit einer kleinasiatischen anstatt einer attischen Basis aus. Über den Faszien lief ein Astragal, ein Eierstab, ein Zahnschnitt und die Wiederholung dieses Ensembles in kleinerer Ausführung. Gekrönt war diese Anordnung durch ein glattes Band, ein konvexes Kymation und ein flaches Band; darauf ruhte schließlich ein Giebel mit aufwändig geschmücktem Geison und Sima.

Die von Vitruv und offenbar auch von seinen Zeitgenossen bewunderte Leistung des Pytheos bestand darin, alle Bauelemente bis in das kleinste Detail aufeinander abzustimmen. Dafür entwickelte er ein Raster, um so die Platzierung der Elemente zu markieren. Die dorischen Elemente hielt er nach fast zwei Jahrhunderten Anwendung für zu beschränkt und rigide und schloss sie deshalb aus. Offenbar war er sich dieses Problems sehr bewusst; denn Vitruv zufolge meinte

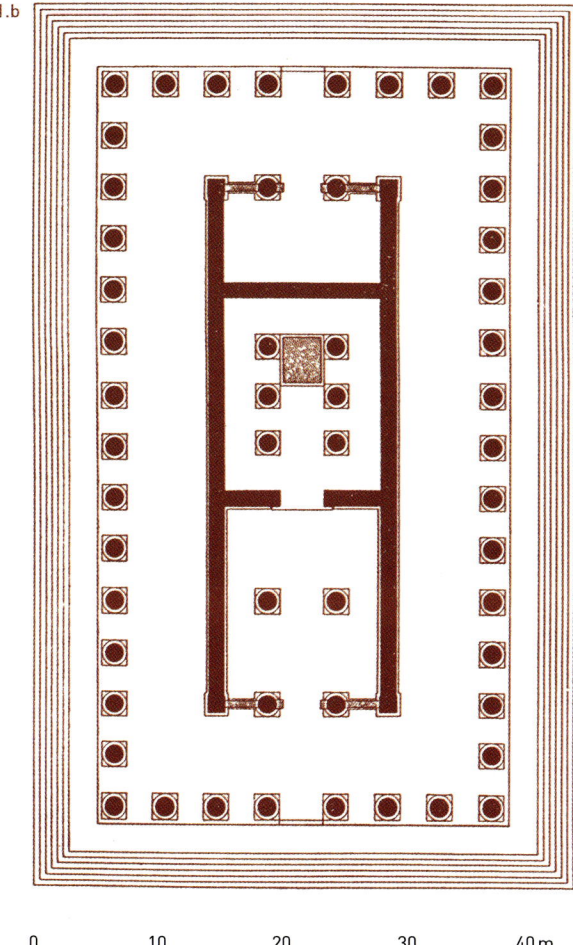
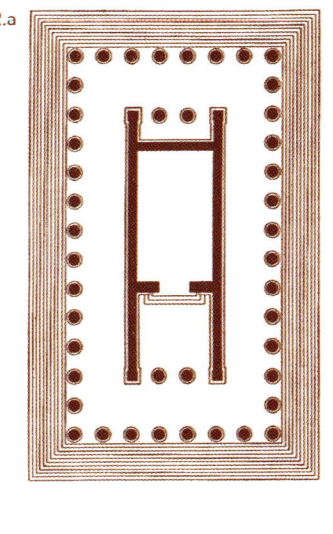

0 10 20 30 40 m

1b. Tempel der Artemis Leukophryene, Magnesia (um 130 v. Chr.).
A. W. Lawrence (1983).

0 10 20 m

2a. Tempel des Apollon Smintheus in der Troas, Kleinasien (150 v. Chr.).
Nach Dinsmoor (1950).

0 10 20 30 40 m

2b. Tempel des olympischen Zeus, Athen (hellenistische Epoche, 174 v. Chr.).
Nach Dinsmoor (1950).

er in seiner Schrift, die dorischen Tempel seien mangelhaft und unstimmig aufgrund der Anordnung von Triglyphen und Metopen, da die Triglyphen nicht immer mit den Säulenachsen korrespondierten[139]. Es gibt in der Antike nur ein Beispiel für maßstabgetreue Werkzeichnungen, das sich auf einigen Quadern dieses Tempels findet und vom Baumeister persönlich dort eingeritzt worden sein soll.[140]

Zwei Jahrhunderte später, um 150 v. Chr., baute Hermogenes den Tempel der Artemis Leukophryene in Magnesia und verfasste wie Pytheos auch eine Schrift darüber. Vitruv bewunderte den praktischen und theoretischen Beitrag des Hermogenes zur Entwicklung des klassischen Kanons. Die Arbeit von Pytheos fortsetzend, schuf Hermogenes eine strenge Methode, um in ionischen Tempeln Regelmäßigkeit zu erreichen. Er entwarf ein Proportionssystem, das die Größe der Bauelemente auf der Grundlage eines gemeinsamen Moduls,

des Säulendurchmessers, aufeinander abstimmte[141]. Vitruv zufolge entschied sich Hermogenes einzig allein aufgrund architektonischer Erwägungen dafür, den Tempel ionisch zu gestalten. Ursprünglich wollte er wohl einen dorischen Tempel bauen, doch in allerletzter Minute – die Baumaterialien waren bereits bestellt – verwarf er seinen Plan und beschloss, ein ionisches Bauwerk zu errichten. Vitruv bewunderte Hermogenes für seine Neuerungen; er hielt ihn für den Erfinder einer neuen Art von Grundriss, dem »pseudodipteralen«, den Hermogenes im Entwurf des Artemistempels vorstellte und dessen Regeln er in seiner Schrift darlegte[142].

Durch die pseudodipterale Anlage, »die Entfernung des inneren Säulenkranzes«, gelang es ihm, einen einzigartigen großen Raum zu schaffen, eine kühne Entscheidung zu jener Zeit, sowohl vom morphologischen als auch vom technologischen Standpunkt aus betrach-

Tempel der Athena Polias, Priene.
Foto Erich Lessing.

Tempel der Athena Polias, Priene.

tet. Der Tempel hatte eine 8 x 25 Säulen umfassende ionische Kolonnade, eine Cella, die genauso groß wie das Opisthodomos war, und eine Vorhalle. Die Innensäulen fluchteten mit dem Pteron. Sie hatten eine attische Basis. Auch der Fries war attisch. Die Giebel waren leer, die Akroterien fast so hoch wie die Giebel. Vielleicht ist ihre ungewöhnliche Größe auf optische Korrekturen zurückzuführen, ein Thema, das man damals soeben zu erörtern begann. Möglicherweise spielten lokale Identität und Stolz eine Rolle bei dem Entschluss des Hermogenes, die ionische Art zu bevorzugen, doch durch seinen Entwurf und seine Schrift förderte er den klassischen Kanon und die Koine, und sein Einfluss lässt sich nicht nur in der römischen Architektur und den Büchern des Vitruvs erkennen, sondern auch in der Architektur und den architektonischen Abhandlungen des 17. bis 19. Jahrhunderts in Europa und den USA.

Die Herausbildung des Systems der architektonischen Arten

Wenn man Vitruv liest und sich intensiv mit den einflussreichen ionischen Tempeln beschäftigt, könnte man den Eindruck gewinnen, die dorische Architektur habe eine Krise durchlaufen und sei völlig vernachlässigt worden. Dies stimmt keinesfalls.[143] Auf dem Peloponnes entwickelte sich die dorische Art in ähnlicher Weise und war vielleicht sogar noch innovativer, als es die Kanonisierung der ionischen in Kleinasien war. Während Pytheos und Hermogenes auf die Entwicklung eines ionischen Kanons hinarbeiteten, indem sie für strenge Reinheit eintraten und ein strenges System der Übereinstimmungen zwischen den Bauelementen derselben Art, nämlich der ionischen, schufen, entwickelten die Baumeister auf dem Peloponnes ein System, in dem sich die dorischen, ionischen und korin-

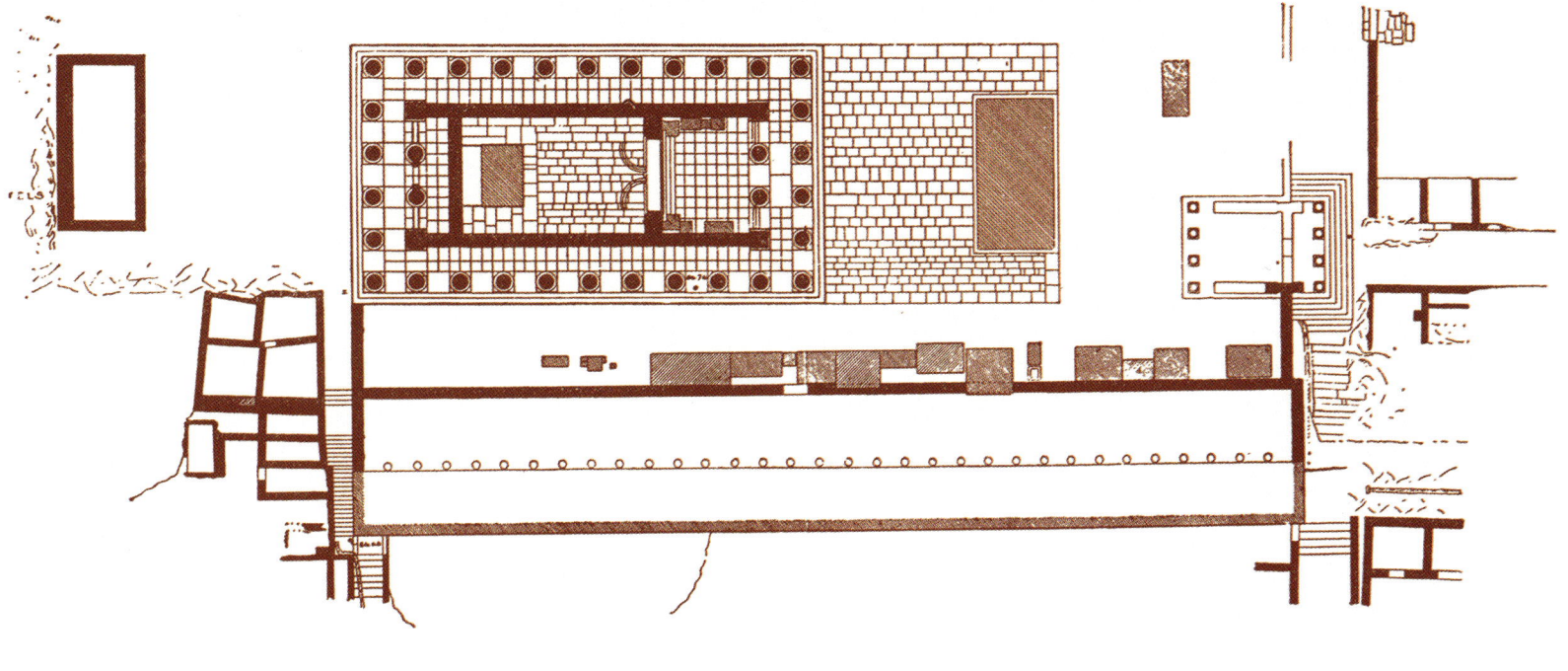

Tempel der Athena Polias, Priene.
Geweiht 334 v. Chr.
Nach Gruben (1978).

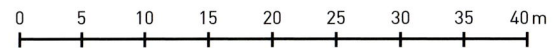

0 5 10 15 20 25 30 35 40 m

thischen Arten vermengten; dabei stützten sie sich auf
die Vorläufer Parthenon, Propyläen und den Apollontempel in Bassai. Dieses System ging weit über eine
reine »Mischung der Ordnungen« hinaus[144] und lieferte einen neuen Rahmen für das Entwerfen, in dem
die Bauelemente in einer Rangliste nach Arten kategorisiert wurden, die wiederum einer gleichwertigen
Kategorisierung und Listung des Bauwerks hinsichtlich seiner räumlichen Gegebenheiten entsprach. Wie
wir später noch sehen werden, führten weitere Erprobung, Anpassung und Überdenken zu einem Aufge-
hen dieser beiden Systeme in dem, was wir als klassische Architektur bezeichnen.

Der Tempel der Athena Alea — Alea war eine lokale
Gottheit, die mit der Athena verschmolz — in Tegea
vereinte alle drei Arten der Architektur. Er wurde nach
dem Vorbild des Apollontempels in Bassai um 350
v. Chr. errichtet und von Pausanias nach dem Tempel

in Olympia am stärksten bewundert. Es war ein 6 x 14
Säulen umfassender Peripteros mit einem dorischen
Peristyl. Auf der nördlichen Längsseite des Pteron
befand sich ein ungewöhnlicher zweiter Zugang zur
Cella. Im Inneren hatte der Tempel zwei Kolonnaden
von Wandsäulen wie in Bassai. Doch anders als in Bassai und wie im Tempel von Olympia oder im Hephaisteion hatte die Kolonnade zwei Geschosse. Der innovative Schritt bestand darin, dass die untere Ebene
korinthisch, die obere ionisch war. Das korinthische
Kapitell — mit einem Akanthusblatt in der Mitte — hatte
der große Bildhauer Skopas entworfen, der vielleicht
auch am Entwurf des Gesamtgebäudes beteiligt war.

Der um 330 v. Chr. errichtete Tempel in Nemea
ähnelte dem in Tegea in vieler Hinsicht. Er war ein
ebenfalls peripterales, 6 x 12 Säulen umfassendes Bauwerk mit einer dorischen Außenkolonnade. Im Inneren hatte er eine U-förmige Kolonnade wie in Bassai.

Tholos, Delphi.
Foto Waldemar Deonna.

Die Tholos

Die Innenkolonnade hatte zwei Geschosse wie in Tegea, die erste Ebene war korinthisch, die zweite ionisch. Der Schaft der dorischen Außensäulen ist schlank und markiert damit ein Abrücken von den gedrungenen Ursprüngen der dorischen Art.

Die Tholos

Auch bei einem ganz anderen Gebäudetypus, der Tholos[145], wurden dorische Außensäulen mit ionischen und korinthischen Innensäulen kombiniert. Für die Baumeister des 4. Jahrhunderts war die Tholos kein neues Bauwerk. Der Rundbau hatte archaische, wenn nicht sogar noch ältere Wurzeln, aber offenbar war seine Form aus der Mode gekommen. Die Tholos in Delphi (um 380–370 v. Chr.) folgte einer ebenfalls dort errichteten Tholos aus dem 6. Jahrhundert und einer, die

um 470 v. Chr. auf der Athener Agora erbaut worden war und von den Prytanen genutzt wurde. Im Gegensatz zu diesen früheren Tholoi, bei denen nur dorische Bauelemente eingesetzt worden waren, wurden in der Tholos von Delphi aus dem 4. Jahrhundert dorische mit korinthischen Elementen kombiniert. Das Peristyl bestand aus zwanzig schlanken dorischen Säulen aus pentelischem Marmor, die auf einer dreistufigen, aus 40 Quadern bestehenden Krepidoma ruhten, und einem Stylobat mit einem Umfang von 14,5 m. Zwei Metopen entsprachen jeweils einem Interkolumnium und der Abschluss der mit Orthostaten versehenen Cellawand wurde von einem aus 40 Metopen bestehenden ionischen Fries gebildet. Im Inneren war eine der Wand vorgelagerte korinthische Kolonnade. Die Kapitelle ähnelten denen in Bassai. Auch das Dach war aus Marmor. Vitruv zufolge verfasste Theodoros Phokaios eine Schrift über dieses Bauwerk und gilt

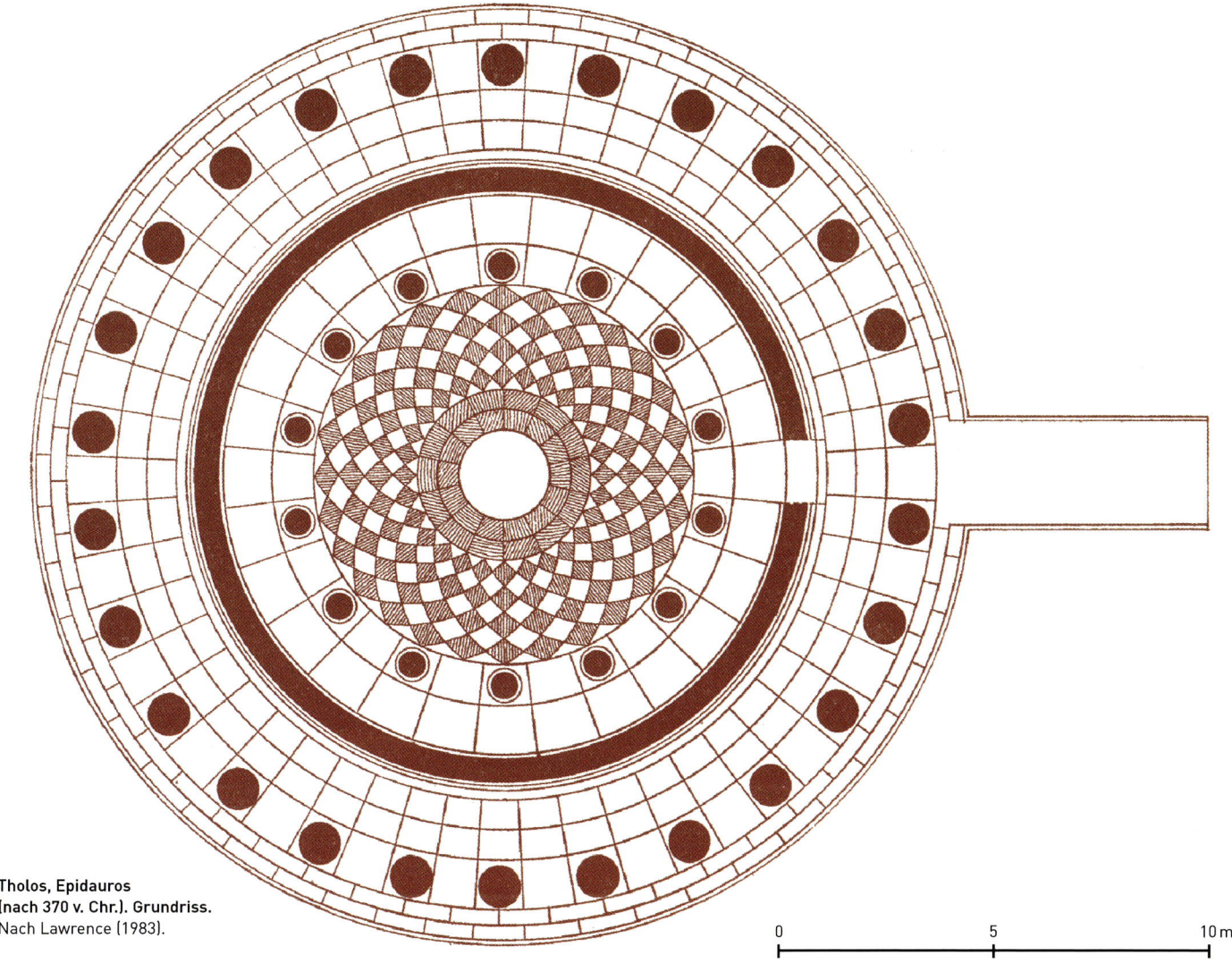

Tholos, Epidauros
(nach 370 v. Chr.). Grundriss.
Nach Lawrence (1983).

0   5   10 m

deshalb auch als dessen Architekt. Die Tholos in Epidauros, Thymele, wurde um 360 v. Chr. in Anlehnung an die delphische errichtet, und zwar aus Kalkstein. Sie hatte einen Durchmesser von 21,82 m und eine Außenkolonnade mit 26 Säulen, die wie die delphische dorisch war, während die 14 Innensäulen ebenfalls wie die delphische der korinthischen Art folgten. Die Metopen des dorischen Außenfrieses trugen eine große Rosette in der Mitte. Unter dem Bauwerk befand sich eine Krypta mit einer komplizierten labyrinthischen Anordnung von konzentrischen Kreisen, die durch unregelmäßig angeordnete Zugänge miteinander verbunden waren. Pausanias zufolge hat Polykleitos diese Tholos entworfen. Das Philippeion in Olympia wurde später gebaut (um 335 v. Chr.). Es hatte eine ionische Außenkolonnade und an der Innenwand der Cella korinthische Halbsäulen. Diese Kombination nimmt spätere zur Römerzeit und nach der Renaissance

stattfindende Entwicklungen des klassischen architektonischen Kanons vorweg, bei dem die korinthische Art nach der dorischen und der ionischen den dritten Platz in der Hierarchie der architektonischen Arten einnimmt.

Die Stoa

Bedeutende Neuerungen finden im 4. Jahrhundert an der Stoa statt. Wie die Tholos war die Stoa ein Gebäudetypus, dessen Wurzeln in die archaische Zeit zurückreichen und der in seiner frühen Entwicklung stark von ägyptischen Vorläufern beeinflusst war. In der zweiten Hälfte des 5. Jahrhunderts wuchs der Bedarf nach diesen vielseitig nutzbaren Profanbauten und auch ihre Konzeption wird weiter entwickelt. Die Neuerungen des 4. Jahrhunderts beinhalteten die Entwicklung neuer

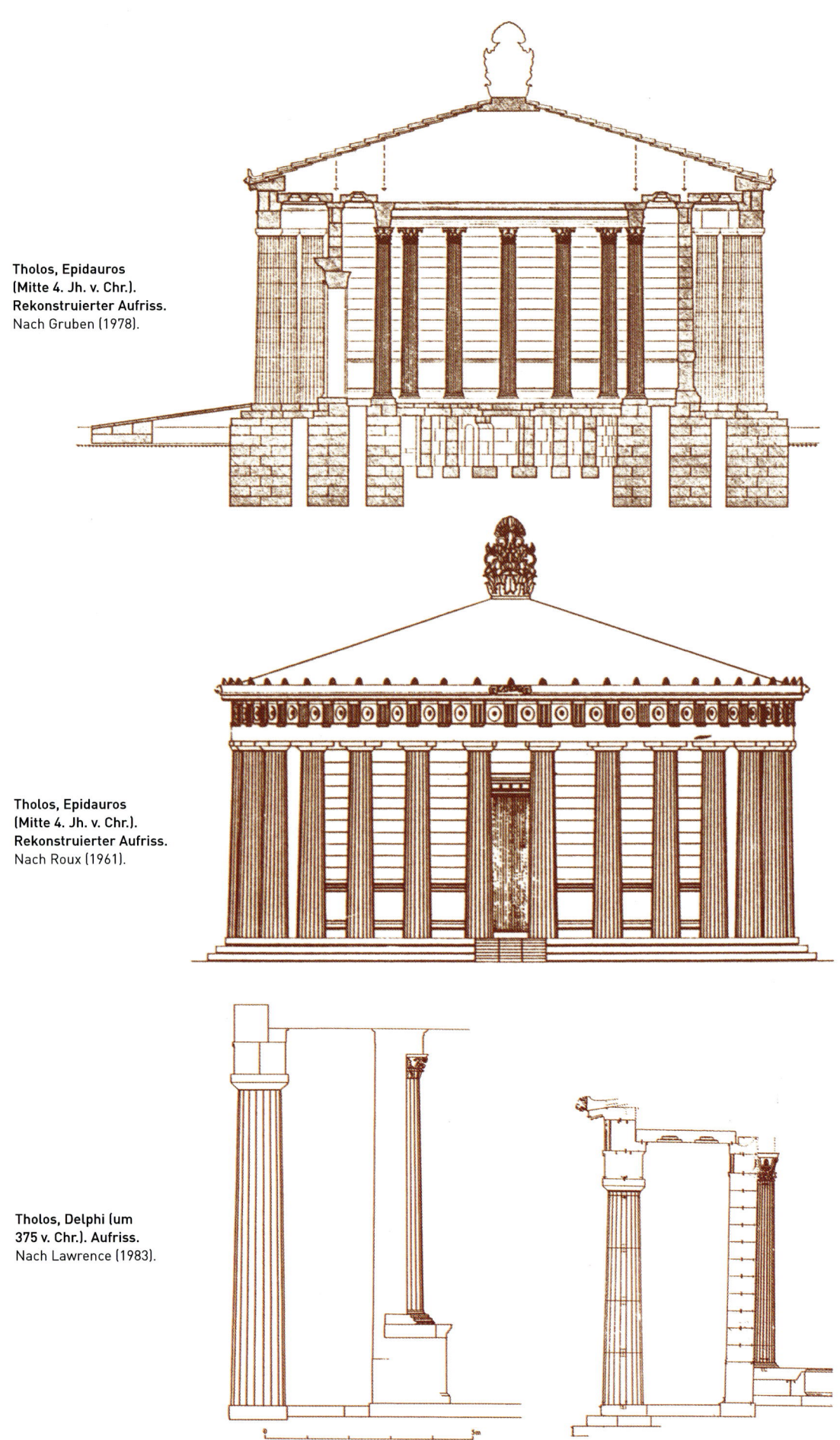

**Tholos, Epidauros
(Mitte 4. Jh. v. Chr.).
Rekonstruierter Aufriss.**
Nach Gruben (1978).

**Tholos, Epidauros
(Mitte 4. Jh. v. Chr.).
Rekonstruierter Aufriss.**
Nach Roux (1961).

**Tholos, Delphi (um
375 v. Chr.). Aufriss.**
Nach Lawrence (1983).

Attalosstoa, Agora, Athen.

L- und U-förmiger Grundrisse sowie die Beifügung von Räumen und einem zweiten Stockwerk. In dieser Zeit wird die Stoa zum ersten Gebäudetypus des antiken Griechenlands, der dazu verwendet wird, um einen Außenbereich zu definieren, um Kultstätten oder Märkte zu umgeben und um Plätze zu bilden; sie ist also nicht mehr einfach nur ein unabhängiges Objekt, das in den Raum eingefügt wird. Außerdem werden neben dem Tempel auch in der Stoa die architektonischen Arten dorisch, ionisch, korinthisch und sogar das Palmblattkapitell systematisiert.

Die Stoa des Zeus Eleutherios (um 430–421 v. Chr.) auf der Athener Agora ist die erste U-förmige Stoa, bei der die äußere Kolonnade dorisch, die innere ionisch ist. In der Mitte des 2. Jahrhunderts wurden auf der Athener Agora eine Reihe weiterer Stoen mit dorischen Frontsäulen errichtet. Zur selben Zeit werden diese Profanbauten auch in anderen griechischen Städten nach einem sehr ähnlichen Muster erbaut. Die um 340 v. Chr. in Megalopolis erbaute Philipposstoa

besaß eine dicht gestellte dorische Kolonnade, kombiniert mit zwei Reihen weit auseinander stehender ionischer Säulen im Inneren. In der ersten Hälfte des 2. Jahrhunderts wurde in Pergamon eine Stoa um den früheren dorischen Tempel der Athena errichtet; dabei versuchte man, die Arten der Kolonnaden und das Gebälk miteinander in Einklang zu bringen. Die Stoa hatte eine dorische Kolonnade mit drei Triglyphen pro Interkolumnium. Auf diese Kolonnade aufgesetzt war eine ionische Kolonnade mit einer friesartigen Balustrade zwischen den Säulen. Die ionische Kolonnade mit einem zweibändrigen Architrav trug einen dorischen Fries, dessen Triglyphen dichter – jeweils vier zwischen den einzelnen Säulen – gesetzt waren.

Eine ziemlich konsistente Systematisierung der verschiedenen Säulenarten parallel zur Systematisierung unterschiedlicher Bereiche in einem Bauwerk fand in der langen, zweigeschossigen Stoa auf der Athener Agora statt, die Attalos II., der König von Pergamon, 159–138 v. Chr. errichten ließ. Das Erdgeschoss der Außenkolonnade war dorisch, der Aufbau ionisch; im Inneren waren die Säulen im unteren Bereich ionisch, im oberen mit glockenförmigen Palmkapitellen geschmückt. Die Wahl der Palmkapitelle ist interessant. Dem Kanon zufolge, der sich damals offenbar herausbildete, war es möglich, ein korinthisches Kapitell zu benutzen, wie ja bei der früher errichteten Tholos von Delphi schon geschehen. Der Grund für die Verwendung dieses ausgesprochen »orientalischen« Palmkapitells, das schon seit fast 400 Jahren verschwunden war und zuletzt bei den Schatzhäusern in Delphi auftrat, wo es von mit Ionien verbündeten Kolonien benutzt worden war, könnte auf den Auftraggeber Attalos zurückgehen, der dieses Bauwerk aus politischen Gründen errichten ließ; er wollte damit Prestige gewinnen und ein sichtbares

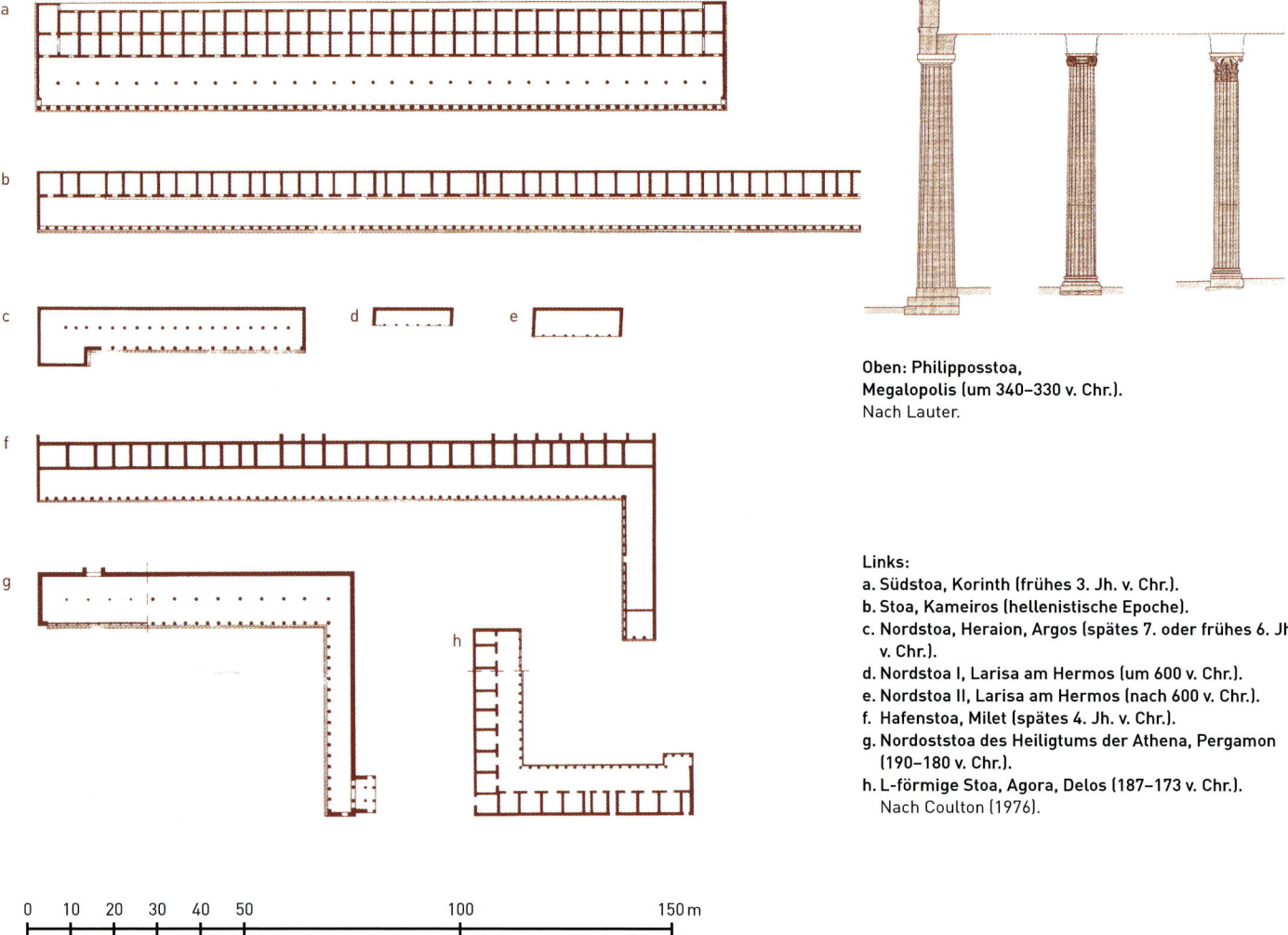

Oben: Philipposstoa,
Megalopolis (um 340–330 v. Chr.).
Nach Lauter.

Links:
a. Südstoa, Korinth (frühes 3. Jh. v. Chr.).
b. Stoa, Kameiros (hellenistische Epoche).
c. Nordstoa, Heraion, Argos (spätes 7. oder frühes 6. Jh.
   v. Chr.).
d. Nordstoa I, Larisa am Hermos (um 600 v. Chr.).
e. Nordstoa II, Larisa am Hermos (nach 600 v. Chr.).
f. Hafenstoa, Milet (spätes 4. Jh. v. Chr.).
g. Nordoststoa des Heiligtums der Athena, Pergamon
   (190–180 v. Chr.).
h. L-förmige Stoa, Agora, Delos (187–173 v. Chr.).
   Nach Coulton (1976).

Zeichen setzen, dass Athen allmählich die Rolle von Delphi übernahm.

In dieser Zeit verschmolzen auch zwei unterschiedliche Elemente, die zu unterschiedlichen Baugliedern gehörten. Ein Beispiel dafür ist das Zusammentreffen zweier Kolonnaden in einer einzigen Ecksäule. Allerdings sind Ecksäulen immer als Ausnahmen behandelt worden. In der dorischen Art wurden sie vergrößert; die ionischen Eckkapitelle hatten eine besondere Form und erhielten ihre Form nicht durch Verschmelzung. Wir haben bereits ein extremes – und einmaliges – Beispiel für so eine Verschmelzung aufgezeigt, nämlich das zusammengesetzte Kapitell aus dem Thron des Apollon in Amyklae. Das Problem bestand bereits beim U-förmigen Grundriss der Propyläen und wurde immer dringlicher, als neue, komplexere Bauwerke wie die U- und L-förmigen Stoen entwickelt wurden. Die Ecktriglyphen, die seit dem 6. Jahrhundert in Süditalien entstanden, waren ein Versuch, dieses Problem durch die Verschmelzung verschiedener Elemente zu lösen. Auch bei der Stoa von Milet stellte sich die Frage, wie die Ecksäulen behandelt werden sollten, wenn zwei Kolonnaden aufeinander stießen. Dort wurde eine herzförmige Kompositsäule eingefügt.

Architektonische Aufzeichnungen

Seit dem Wiederaufbau der Akropolis gibt es neben den immer häufiger auftretenden Stoen auch zunehmend neue Typen von Bauwerken, die die gewonnenen Erfahrungen nutzen. Iktinos arbeitete am Telesterion in Eleusis, wo er dem Vorgängerbau mit dorischen Triglyphen eine ionische Vorhalle anfügte. Das Telesterion, eine Kultstätte der Demeter, war eine große, von Säulen eingefasste Halle, die Tausende der Kultteil-

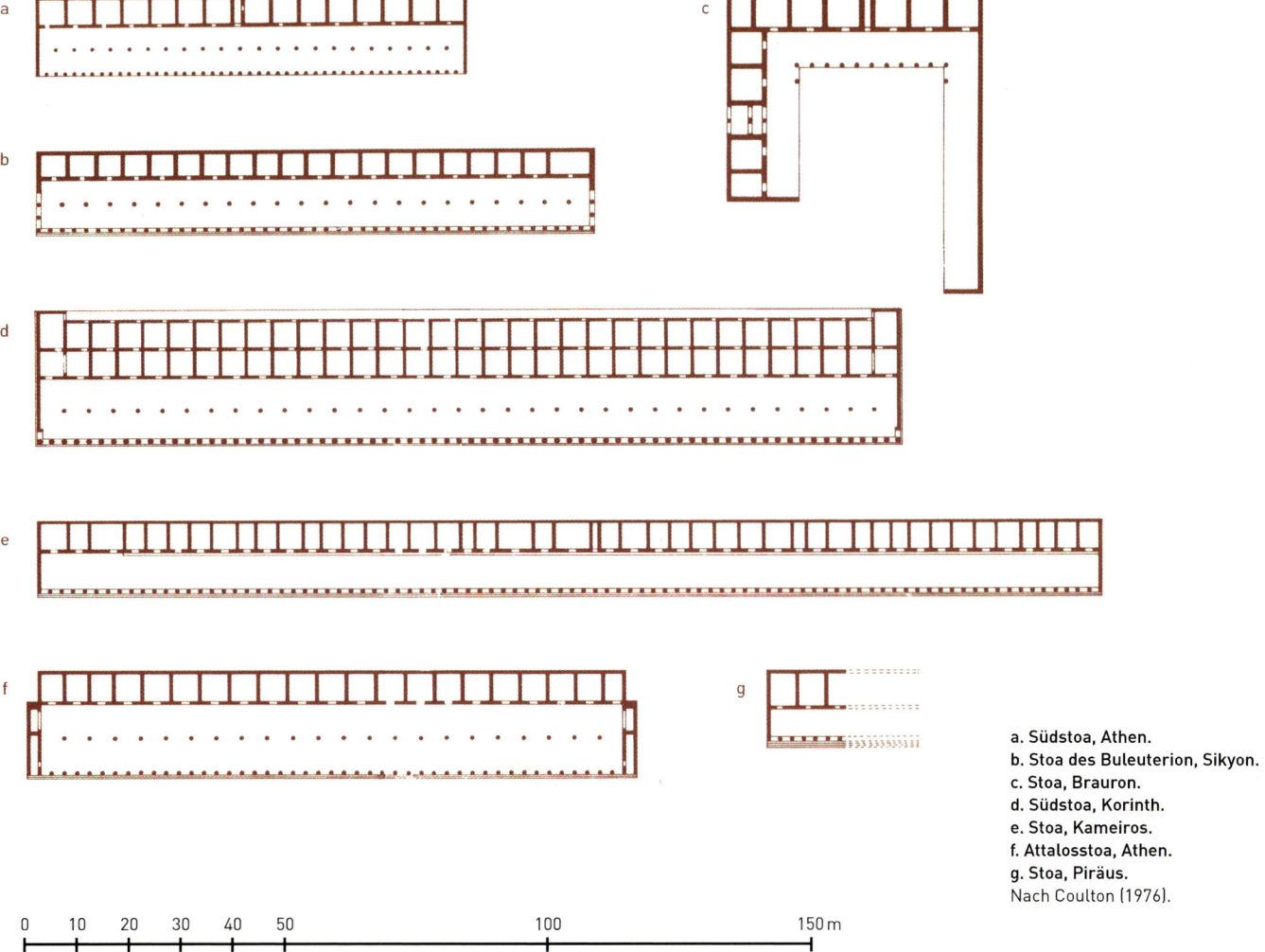

a. Südstoa, Athen.
b. Stoa des Buleuterion, Sikyon.
c. Stoa, Brauron.
d. Südstoa, Korinth.
e. Stoa, Kameiros.
f. Attalosstoa, Athen.
g. Stoa, Piräus.
Nach Coulton (1976).

0   10   20   30   40   50   100   150 m

nehmer aufnehmen konnte. Sie wurde im Lauf der Zeit mehrmals neu gebaut. In den letzten Jahren des 6. Jahrhunderts wurde unter Peisistratos das erste quadratische Bauwerk errichtet. Es wurde von den Persern zerstört und ohne Vorhalle Anfang des 5. Jahrhunderts wieder aufgebaut. Iktinos orientierte sich in seinem Grundriss wieder an der quadratischen Form. Das Dach des Bauwerks ruhte auf einem damals einzigartigen Stützsystem von kreuzförmig angeordneten Säulen, die deutlich ihre ägyptische Verwandtschaft zeigten.[146] Philon von Eleusis fügte dem Bauwerk schließlich eine dorische Vorhalle an.[147]

Die in dieser Kultstätte gefundenen Bauinschriften zeigen, wie schwer es in der Antike war, an die nötigen Materialien zu kommen. Bis zu 33 Tiere wurden benötigt, um eine einzige Säulentrommel von Pendeli nach Eleusis zu transportieren, und da dieselben Tiere auch beim Pflügen, Dreschen und Ernten gebraucht

wurden, konnten die größeren Bauarbeiten nur in Zeiten stattfinden, in denen der Ackerbau ruhte.[148]

Ein weiteres sehr großes Bauwerk mit einem neuen Typus von Grundriss war das Arsenal in Piräus (um 340 v. Chr.). Dort wurde eine noch detailliertere Inschrift gefunden, die einmalige Informationen über technische Details, Vorgehensweisen und Verantwortlichkeiten bei Bauten in Athen enthielt. Die Inschrift stammt vom Architekten des Arsenals, Philon von Eleusis, der auch die Vorhalle in Eleusis errichtete und bekannt war als Verfasser einer Schrift über die Architektur und eloquenter Verfechter seiner Arbeit. Wie das Telesterion war das Arsenal ein großes, sehr einfaches und funktionales Gebäude. Es bestand aus einer geschlossenen, befestigten Passage mit Lagerräumen auf beiden Seiten. Im Erdgeschoss befanden sich Fenster gegenüber den Interkolumnien an der Längsseite. Im Außenbereich hatte das Arsenal einen dorischen Fries

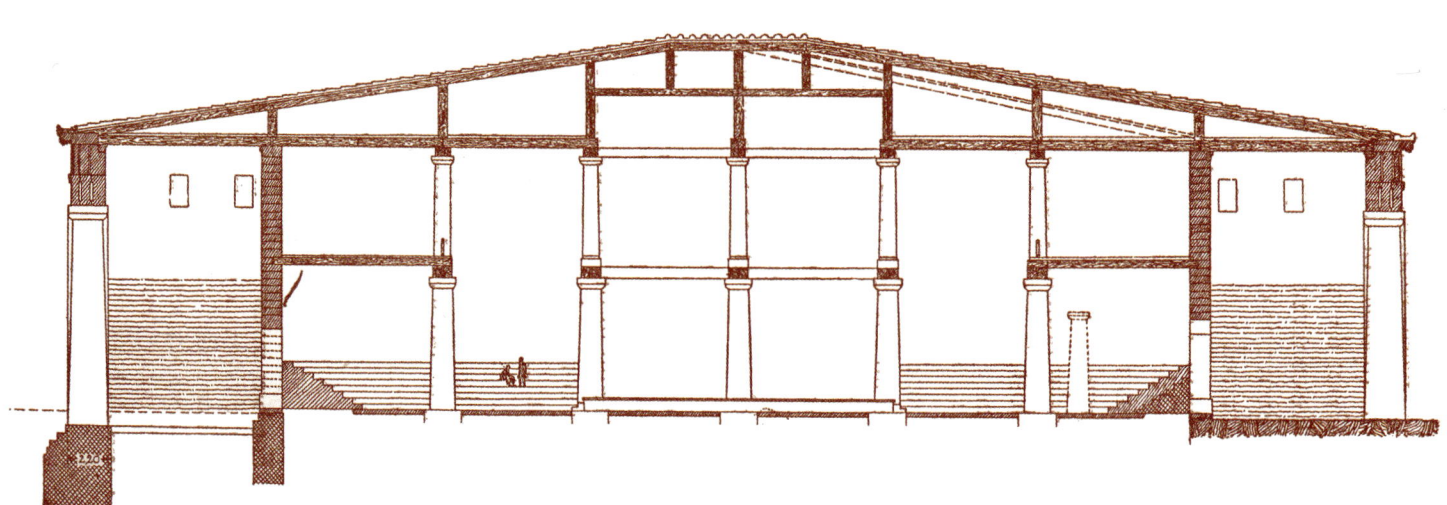

Arsenal, Piräus (347/346–329 v. Chr.).
Rekonstruktion.
Nach A. W. Lawrence (1983).

Telesterion, Eleusis (um 440 v. Chr.).
Südnord-Aufriss.
Nach D. S. Robertson (1969).

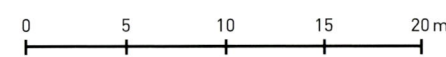

| 0 | 5 | 10 | 15 | 20 m |

und darüber Triglyphen. Man nimmt an, dass Philon im Zuge der allgemein in dieser Zeit stattfindenden Experimente, bei denen unterschiedliche Arten von architektonischen Elementen miteinander kombiniert wurden, diese mit ionischen Säulen verband.[149]

Interessanterweise werden in den Bauinschriften die ionischen Elemente nicht ausdrücklich erwähnt. Es werden zwei Reihen von jeweils 35 Steinsäulen oder Stützpfeiler und ihre Größe erwähnt. Form und Größe mussten dann zu einem späteren Zeitpunkt vom Baumeister festgelegt und an den Bauunternehmer weitergegeben werden. Die Inschriften fangen mit allgemeinen Richtlinien an und werden gegen Ende zu immer detaillierter. Genauer erwähnt Philon[150] in seiner Schrift auch den Ort, die Dimensionen seines Plans, den Grundriss und dessen wesentliche Züge. Auch Besonderheiten des Steinbaus und die Haupteigenschaften und Dimensionen der Türen, Wände, Fenster und Gesimse, der Giebel, des Stylobats und der Säulen, der Architrave, der Dachkonstruktion und der Ziegel, der Galerien und der Regale für die Takelage, der Truhen für die Segel und Seitenvorhänge, der Ventilation und schließlich noch der einzelnen Vertragsklauseln werden aufgelistet.

Die Bauinschrift gab das wieder, was die Athener Volksversammlung gebilligt hatte, und informierte die breite Öffentlichkeit über das Projekt. Es war ein für Bauunternehmer und deren Zulieferer rechtsverbindlicher Text: »Alle diese Dinge werden von den Unternehmern in Übereinstimmung mit den vom Architekten vorgelegten Spezifizierungen (*suggraphas*), Maßen (*metra*) und Modellen (*paradeigma*) ausgeführt werden.« Das Modell war aus Holz, Gips oder Ton, manchmal auch aus Stein gefertigt und lieferte Informationen über die komplexeren Details. Damals war es angesichts des innovativen Charakters der Arbeit von großem Nutzen; denn Worte allein, selbst wenn sie von einem Architekten stammten, der mit Worten so gut umgehen konnte wie Philon, reichten nicht aus. Nach der Fertigstellung des Bauwerks wurde das Modell darin aufgestellt.

Etwa 40 Jahre nach dem Arsenal wurde der riesige neue Apollontempel in Didyma entworfen (109,34 x 51,13 m), und auch dieser zeigt den Grad der Strenge, den die architektonischen Entwürfe in jener Zeit erreichten. Der ursprüngliche Apollontempel war um 494 v. Chr. von den Persern zerstört worden. Mit dem Bau des neuen Tempels wurde um 300 v. Chr. mit Unterstützung von Alexander dem Großen und unter den Architekten Paionios von Ephesos und Daphnis von Milet begonnen. Im 2. Jahrhundert n. Chr. wurde noch immer an dem Tempel gebaut, der letztlich nie fertig gestellt wurde. Er hatte ein doppeltes Pteron auf einem Unterbau, der aus sieben riesigen Stufen bestand. Das Pteron umgab eine dachlose Cella, die einen Hof umschloss, in dem ein ionischer Schrein stand. Die Vorhalle war sehr tief, ihre Säulen hatten unterschiedliche Basen. Von dort aus gelangte man durch zwei kleine Türen, einen Tunnel und eine Flucht monumentaler Treppen in den Innenhof. In der Cella entdeckte L. Haselberger[151] 1978 die ersten Bauzeichnungen aus der griechischen Antike. Rund 200 m² der Wandfläche, der Säulenschäfte und des Giebels sind damit bedeckt. Dort wird auch die Entasis des Schaftes berechnet: Die oberen und unteren Durchmesser werden in voller Größe gezeichnet, die Höhe des Säulenschafts wird im Maßstab 1 : 16 gezeichnet, und ein Bogen auf dem verkürzten Schaft legt die Entasis fest. Auf einer anderen Zeichnung wird ein Halbkreis in zwölf gleich große Segmente aufgeteilt, offenbar die Aufteilung der Kanne-

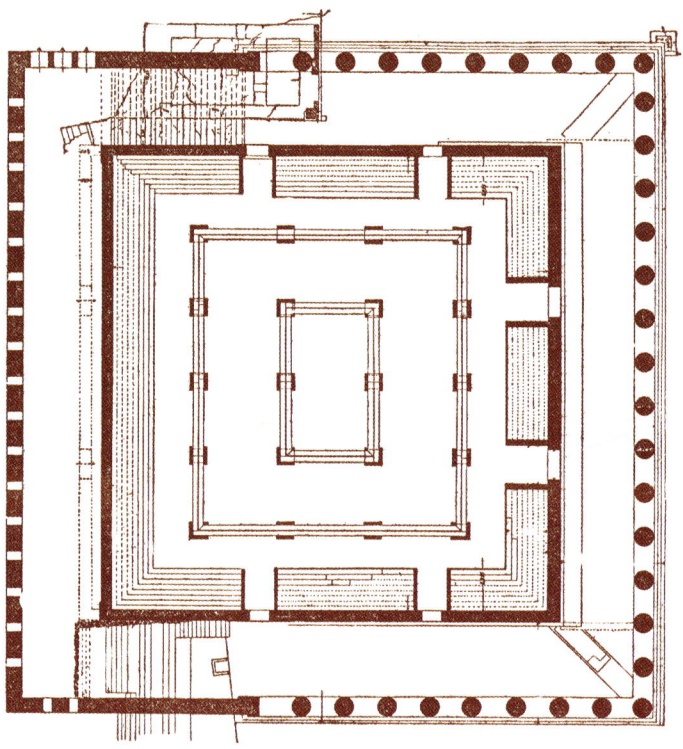

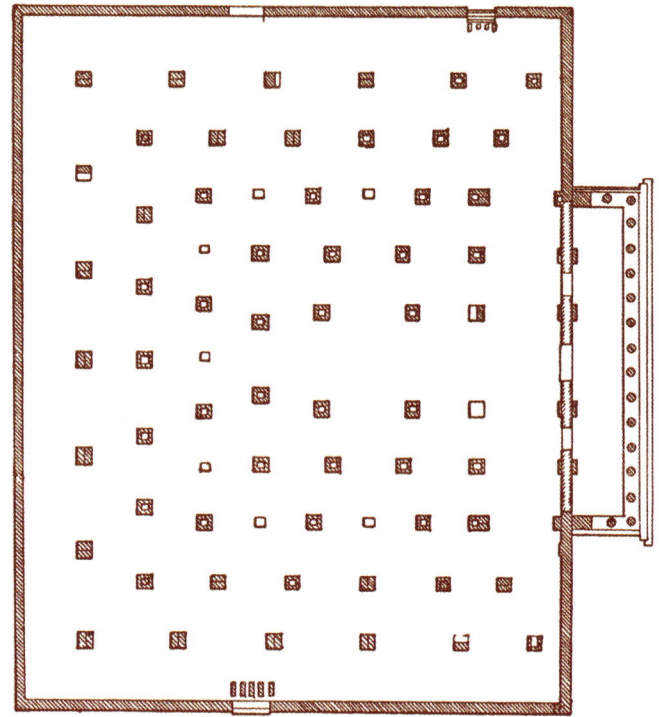

Telesterion, Eleusis.
Nach D. S. Robertson (1969).

Thersilion, Megalopolis.
Nach D. S. Robertson (1969).

luren, denn die Zeichnung stellt den Plan für eine Halbsäule dar. Auf anderen Darstellungen wird die Berechnung der Profilierung des Torus für die Basis beschrieben.

Versammlungsstätten

Da das gesellschaftliche und politische Alltagsleben sich zunehmend intensivierte und immer mehr Organisation erforderte, entwarf man im 4. Jahrhundert einen neuen Gebäudetypus, der Versammlungen ermöglichte, die in älteren Gebäuden wie der Pinakothek der Propyläen auf der Akropolis, die aus einem einfachen Raum mit Bänken entlang den Wänden bestand, nicht möglich gewesen wären. Der Vorläufer des Telesterion spielte allerdings sicher auch eine Rolle bei dieser Entwicklung. In der Mitte des 4. Jahrhunderts bot das Ther-

silion von Megalopolis Raum für 6 000 Menschen, und die komplizierte radiale Anordnung der Säulen ermöglichte ein ungehindertes Schauspiel. Vorhalle wie Innensäulen waren wahrscheinlich dorisch. Der Hypostylos (um 210 v. Chr.) auf Delos wurde als Raum für Händler genutzt. Die Stützstruktur bestand aus rechteckigen eingebetteten Rahmen; der äußere war dorisch, der innere ionisch. Die dorischen Säulen hatten ionische Kanneluren. Das Ekklesiasterion von Priene (um 200 v. Chr.), ebenfalls als Versammlungsraum erbaut, hatte keine Stützen im Inneren. Es war ein quadratisches Bauwerk, wie ein Theater in einer Senke errichtet und mit U-förmig angeordneten Sitzreihen ausgestattet, die Platz für mehr als 600 Menschen boten. Das Dach ruhte auf vierzehn Eckpfeilern. Ein ähnliches, fast gleich altes Versammlungsgebäude, das Buleuterion von Milet (um 170 v. Chr. von Antiochos IV. erbaut), bot gut 1 200 Menschen Raum.

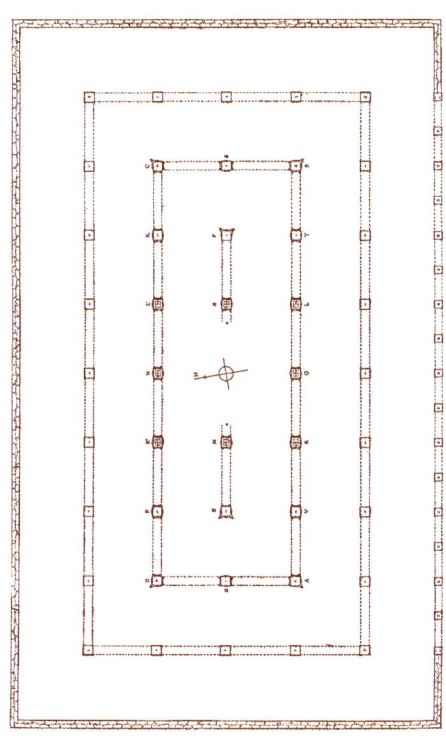

Hypostylos, Delos.
Nach D. S. Robertson (1969).

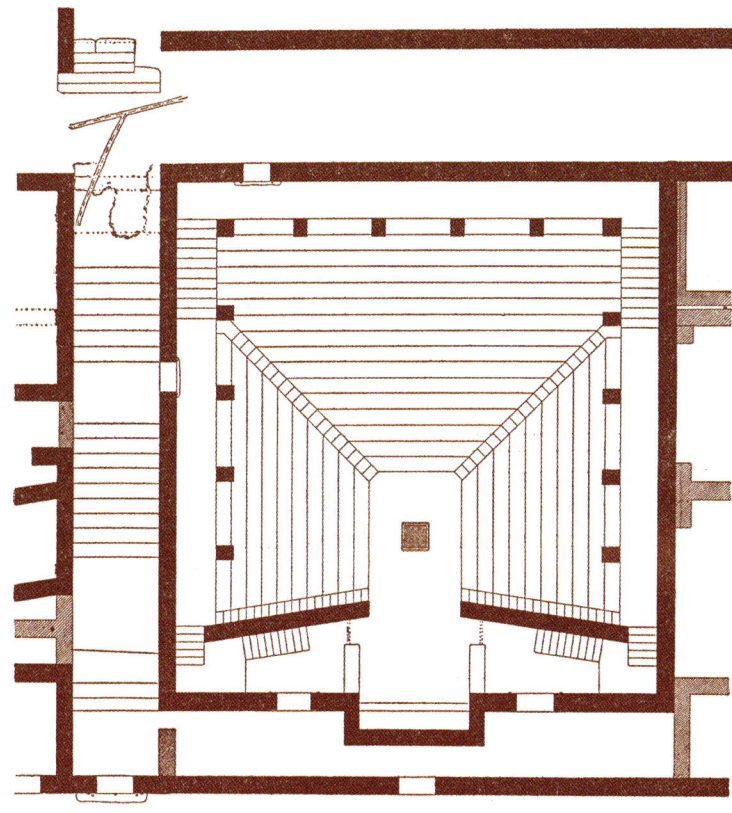

Ekklesiasterion, Priene.
Nach D. S. Robertson (1969).

In den *stadia* fanden athletische Wettbewerbe statt. Gesellschaftlich spielten die Stadien in Delphi, Olympia und Isthmia eine große Rolle, architektonisch gesehen waren sie zweitrangig. Eine weitere Versammlungsstätte, die sich vor allem nach der Invasion der Perser als wichtige Institution mit einer bedeutenden architektonischen Struktur entwickelte, war das Theater. Das antike griechische Theater bestand ursprünglich hauptsächlich aus *orchestra* (Tanzplatz, dessen runde Form wohl auf den Dreschplatz zurückgeht, auf dem früher rituelle Tänze stattfanden) und *ikria* (hölzerne Zuschauerränge). Die ältesten solcher Holztribünen befanden sich wahrscheinlich im Theater auf der Athener Agora, das unter Peisistratos um 534 v. Chr. für Thespis errichtet wurde und 498 v. Chr. einstürzte. Der künstliche Hang, auf dem die Tribünen angelegt waren, wurde durch den natürlichen Hang, den ein Hügel bot, ersetzt. Das erste Theater dieser Art wurde

wahrscheinlich zwischen dem Areopagos und der Akropolis an der Pnyx angelegt. Um die Mitte des 6. Jahrhunderts wurde Dionysos am Südhang der Akropolis ein heiliger Bezirk geweiht. Ein Altar, ein Tempel, ein Hain und eine Orchestra, auf der rituelle Gesänge und Tänze stattfanden, waren die ersten Bauelemente. Hier wurden die ersten Aischylos-Tragödien aufgeführt, und Vitruv berichtet uns, dass Agatharchos hier auch die *skenographia*, das Bühnenbild, erfunden hat[152]. Nach und nach wurde aus dieser ersten Anlage schließlich das Dionysostheater. Um 421–415 v. Chr. wurde ein dauerhaftes Bauwerk, betont durch die architektonischen Elemente Stoa und Tempelkolonnade, errichtet. Um 330 v. Chr. wurde allmählich das gesamte Bauwerk aus Stein gebaut.

Das berühmteste und harmonischste Theater der Antike war Pausanias[153] zufolge das um 365 v. Chr. errichtete Theater in Epidauros. Pausanias berichtet

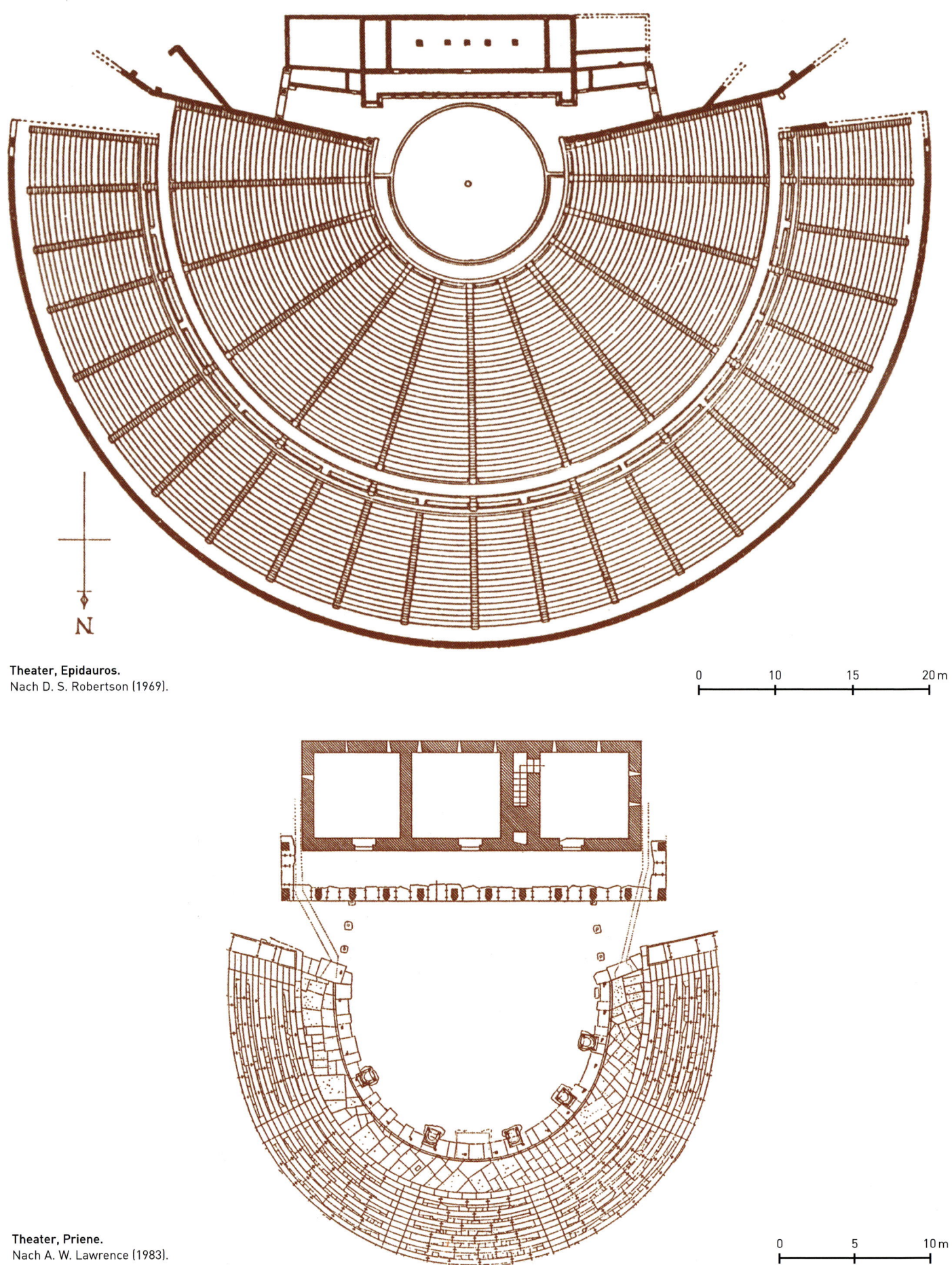

Theater, Epidauros.
Nach D. S. Robertson (1969).

N

| 0 | 10 | 15 | 20 m |

Theater, Priene.
Nach A. W. Lawrence (1983).

| 0 | 5 | 10 m |

Theater, Epidauros.
Foto Serge Moulinier.

uns auch, dass Polykleitos, der Architekt der ebenfalls dort zu findenden Tholos, auch das Theater entworfen hat. Im Gegensatz zu römischen Theatern war der gemauerte Teil hier minimal; die Freilufttribünen waren in eine Hügelmulde eingebettet. Der Zuschauerraum war symmetrisch angeordnet: 13 strahlenförmig ausgehende Treppen, zwölf Sektionen und eine untere sowie eine obere Galerie. In der ersten Reihe befanden sich reich verzierte Sitze für Priester und politisch bedeutende Persönlichkeiten. In der Mitte der kreisrunden Orchestra befand sich ein runder Stein, auf dem der Altar stand. Die ursprünglich sehr einfache *skene* (Bühnenhaus) wurde in der hellenistischen Zeit immer ausgeklügelter und bot zunehmend mehr Möglichkeiten für zuschauerwirksame Darbietungen und mechanische Vorrichtungen.

In Priene wurde um 340–300 v. Chr. ein Theater errichtet, das denselben Prinzipien der räumlichen Aufteilung und Konstruktion folgte wie die beiden oben beschriebenen älteren Theater. Sein wichtigster Teil, eine zweigeschossige *skene*, die etwa Anfang des 3. Jahrhunderts errichtet wurde, war eine feste Einrichtung. Das Erdgeschoss bestand aus einer Reihe dorischer Halbsäulen, der darüber liegende Stock besaß drei weite Öffnungen, in die wahrscheinlich wechselnde bemalte Paneele gehängt wurden.

Das Theater war auch als Institution neu. Thespis brachte 534 v. Chr. das erste Drama in Athen auf die Bühne. Theaterbauten wurden im antiken Griechenland vor allem nach der Invasion der Perser errichtet. Das Dionysostheater in Athen entwickelte sich erst um 330 v. Chr. zu einem Steinbau. Das Theater in Epidauros wurde um 365 v. Chr. erbaut und von Pausanias für das schönste gehalten. Im Gegensatz zu römischen Theatern fügten sich die nicht überdachten Sitzgelegenheiten in den Hang ein; die Ausstattung

Dionysostheater, Athen.
Fotograf unbekannt.

war einfach. Die Architektur der Bühne dagegen war ausgefeilter. Orientiert an der Stoa-Architektur bot sie eine neue Herausforderung, nämlich die Integration der illusionären Darstellung in den Architekturraum.

Monumente

Einige Großbauten, die nur als Denkmäler dienten, eine Rolle, die früher von viel bescheideneren Bauwerken übernommen worden war, entwickelten sich als eigenständiger Bautypus. Ihre architektonische Bedeutung liegt darin, dass hier neue Ideen der räumlichen Organisation erprobt werden. Das Nereidenmonument in Xanthos[154] wurde um 400 v. Chr. kurz nach der Fertigstellung des Erechtheion in Athen gebaut. Diese beiden Bauwerke weisen einige Ähnlich-

keiten auf – den überdimensionierten Sockel und die Integration menschlicher Gestalten als architektonische Elemente. Der Sockel hat zwei skulptierte Friese und endet mit einem doppelten Eierstab-Gesims. Darauf steht eine 4 x 6 Säulen umfassende Kolonnade und zwischen den Säulen eine Nereide.

Zwischen dem Bauwerk in Xanthos und einem weiteren, viel größeren Monument, dem Mausoleum in Halikarnassos, bestehen viele Ähnlichkeiten. Das Bauwerk wurde von Mausolos, von dessen Name sich dieser Gebäudetyp fortan ableitete, in Auftrag gegeben, einem Nicht-Griechen und Feind Athens. Es wurde um 350 v. Chr. von Pytheos und Satyros entworfen, die auch gemeinsam eine Schrift darüber verfassten[155]. Wie das Monument in Xanthos besaß auch das Mausoleum einen überdimensionierten dreiteiligen Sockel mit Fries, auf dem ein tempelartiges Bauwerk ruhte. Zwischen den 9 x 11 Säulen der ionischen Kolonnade stan-

Theater, Epidauros.
Foto John Hios.

den Statuen.[156] Pytheos fertigte die marmorne Quadriga, die auf einer auf Säulen ruhenden Pyramide stand. Die Ostseite wurde von Skopas bearbeitet, die Nordseite von Bryaxis, die Südseite von Timotheos und die Westseite von Leochares, die sich des Wertes ihrer Werke sehr bewusst waren; denn obwohl auch die Gattin von Mausolos in der Zwischenzeit verstarb, beharrten sie darauf, ihre Arbeit zu beenden. Das Innere war nur mit Tuffsteinplatten, die Außenwand jedoch mit kostbaren Marmorskulpturen geschmückt.[157]

Das nächste Monument, das wir hier besprechen wollen, ist sehr viel kleiner als die beiden vorigen. Auf der Westseite der Tripodenstraße in Athen, die zum Dionysostheater führt, steht das noch heute gut erhaltene Lysikratesdenkmal aus dem Jahr 335/334 v. Chr. Wie die Bauwerke in Xanthos und Halikarnassos steht auch dieses kleine Denkmal auf einem vergleichsweise sehr hohen Sockel. Es ist rund und hat sechs, erstmals

außen verwendete korinthische Halbsäulen. Es besitzt keine Skulpturen, ist jedoch mit einer sehr großen, mit Blättern verzierten Fläche gekrönt, auf der die Trophäe des Siegers, ein kunstvoll gearbeiteter Dreifuß, stand.

Der Wechsel von der dorischen zur korinthischen Art zeichnet sich auch bei dem Tempel des olympischen Zeus in Athen am Ufer des Ilissos ab. Antiochos IV. leitete 175 v. Chr. erste Schritte zur Errichtung eines neuen Bauwerkes ein, doch die eigentliche Bautätigkeit begann erst 165 v. Chr., und endgültig fertiggestellt wurde das Bauwerk unter der Herrschaft des Kaisers Hadrian um 124/125 n. Chr., der 131/132 v. Chr. den größten jemals für Zeus errichteten Tempel einweihte[158]. Es war ein Dipteros aus Marmor mit zwei ringsum laufenden korinthischen Kolonnaden (8 x 20). Vor den Schmalseiten stand zusätzlich noch eine dritte Säulenreihe.

Nereidenmonument, Xanthos (um 400).

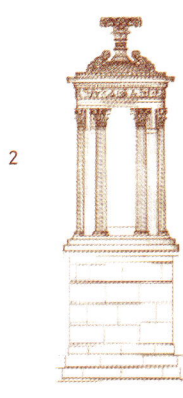

1. Mausoleum, Halikarnassos.
Nach Adler und Robertson (1969).

2. Lysikratesdenkmal, Athen.

Der Entwurf stammte von dem römischen Architekten Cossotius, doch dieser orientierte sich nicht an der damaligen römischen Baukunst, sondern am Heraion auf Samos und dem Artemision in Ephesos und auch an dem Vorläuferbau, dem großen archaischen Porostempel, der um 515 v. Chr. von Peisistratos dem Jüngeren erbaut worden war. Hinsichtlich der Art von Säulen und Gebälk entschied man sich gegen die dorische und für die neue, die korinthische. Diese erforderte zwar aufwändigere Arbeiten, doch kam es hier nicht zu den Unregelmäßigkeiten, die bei der dorischen Art häufig auftraten.

Auf der Athener Agora steht ein merkwürdiges oktogonales Bauwerk, der so genannte Turm des Äolos; merkwürdig aufgrund seiner seltenen Form und seiner Verwendung. Auf den ersten Blick wirkt der Turm der Winde wie ein weiteres Denkmal, doch in Wahrheit handelt es sich um das einzige noch erhaltene *horo*-logion. Dieses Instrument in Gebäudeform wird Andronikos aus Kyrrhos zugeschrieben. Vitruv erwähnt die Konstruktion solcher *horologium rationes*, also von Uhren, die mit anderen Geräten und Instrumenten einhergehen, für die der Architekt sich unter anderem in »Astronomie […] und der Ordnung der Himmel«[159] auskennen sollte. Allerdings ist der Turm der Winde eher meteorologisch als astronomisch oder astrologisch angelegt, er zeigt nämlich die Bewegung der Sonne und der Winde auf, nicht die der Sterne, und in seinem Innern befand sich eine Wasseruhr. Er wurde um 37 v. Chr. in der Zeit der Römer errichtet, doch ähnelt er eher älteren hellenistischen Bauwerken als zeitgenössischen. Auf jeder Seite des Gebäudes befand sich eine Sonnenuhr und wie beim Lysikratesdenkmal[160] stand auf dem Dach eine oktogonale Säule mit einem korinthischen Kapitell, die eine bewegliche bronzene Tritonfigur trug, die die Windrichtung anzeigte.

Turm des Äolos (Turm der Winde), Athen.

In das Gebäude gelangte man durch zwei prostyle Vorhallen. In den Säulenkapitellen wurde das Palmettenmotiv im oberen Bereich mit dem korinthischen Akanthus im unteren verbunden. Eine Basis besaßen die Säulen nicht. Der Baukörper war unverziert bis auf einen überdimensionalen umlaufenden Fries; jede der acht Seiten trug ein Relief, das einen der acht Winde darstellte.

In dem Bauwerk zeigen sich die vielfältigen Möglichkeiten des klassischen Kanons zu jener Zeit, mit dessen Hilfe man auf völlig neuartige räumliche Anordnungen kam, um beispiellose komplexe Funktionen unterzubringen und zu organisieren, die weit entfernt waren von denen der früheren Tempel oder Stoen, den Bauwerken, aus denen heraus der Turm sich entwickelt hatte.

Die Erfindung des urbanen Gitternetzrasters

Wie bereits erwähnt, entstand nach der »finsteren Zeit« in Griechenland eine neue Architektur, die die Errungenschaften der Mykener und Kreter ignorierte. Im Gegensatz zu den alten Palästen, die aus großen, dichten Komplexen bestanden, gebaut in der Form von offenen Höfen, die von Räumen umgeben waren, bestand die archaische Architektur aus freistehenden, voneinander meist unabhängigen Gebäuden. Allmählich beginnen diese Gebäude, wie wir es bei den Propyläen in Athen und den Stoen gesehen haben, den Raum zu strukturieren, Verbindungen zu knüpfen und miteinander in Beziehung zu treten.

Seit dem 5. Jahrhundert findet mit viel weiter zurückliegenden Wurzeln eine andere Entwicklung statt, die in der hellenistischen Zeit ihren Höhepunkt erreicht: Ein rechteckiger Rasterplan für die Städte entsteht, in den die Gebäude eingebettet sind. Hippodamos aus Milet soll dieses System entwickelt haben. Er entwarf bahnbrechende Stadtpläne und schrieb laut Aristoteles auch darüber[161]. Seine Vorstellungen wurden in Milet – und zwar für die gesamte Stadt, nachdem die Perser sie zerstört hatten –, in Piräus (im Auftrag von Themistokles) und in Thurioi umgesetzt.

In Milet plante Hippodamos in der ersten Hälfte des 5. Jahrhunderts ein Muster von Straßen, die sich im rechten Winkel trafen. Im Norden der Stadt waren die Straßen dichter angelegt. Der für öffentliche Angelegenheiten bestimmte Bereich der Stadt fängt im Norden an und zieht sich bis in den Süden hin. Sämtliche öffentlichen und individuellen Aktivitäten sollten in diesem Bereich abgewickelt werden, der Rest der Stadt sollte reiner Wohnbezirk sein. Das Rastermuster wurde

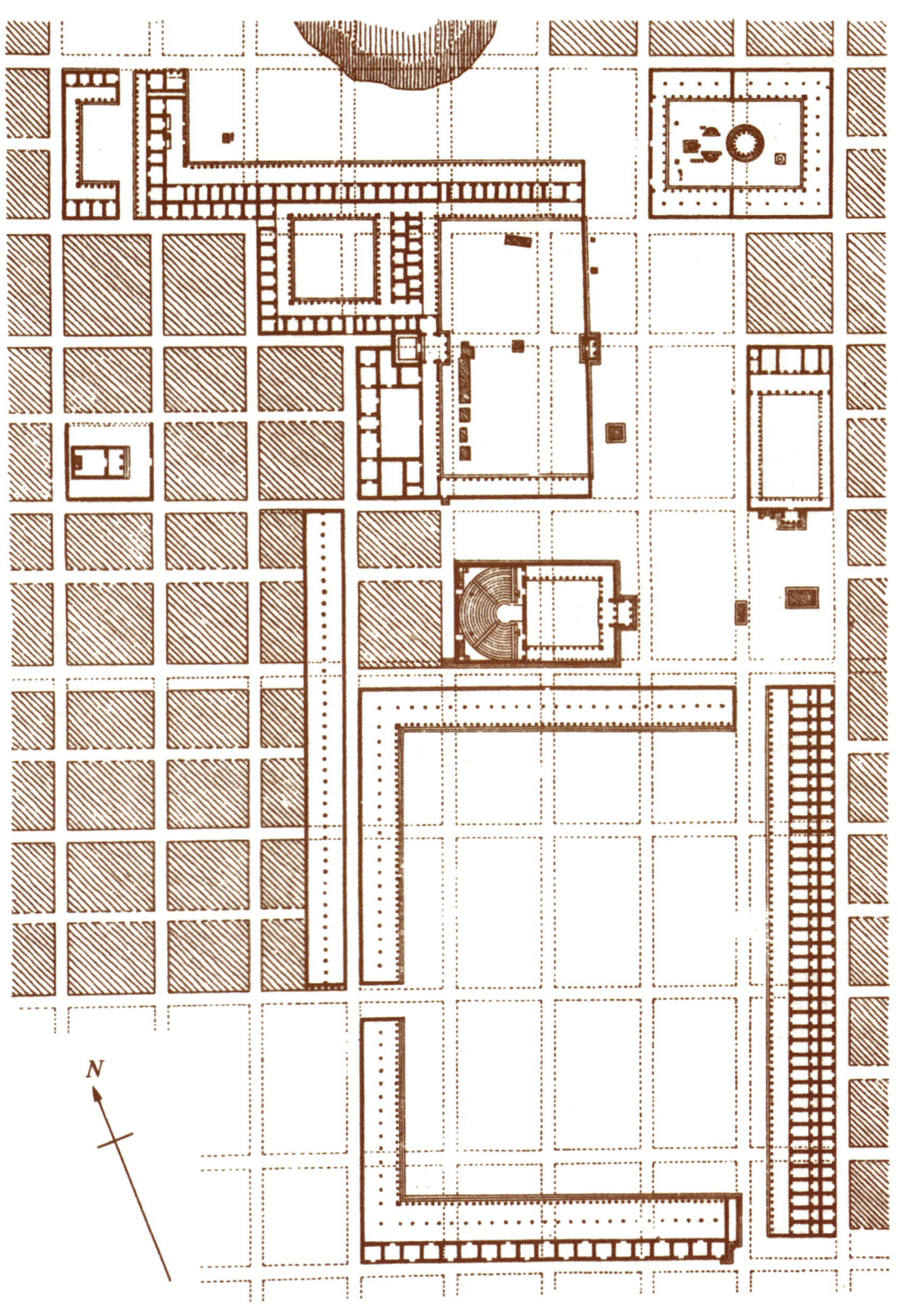

Agora, Milet.

N

0   50   100 m

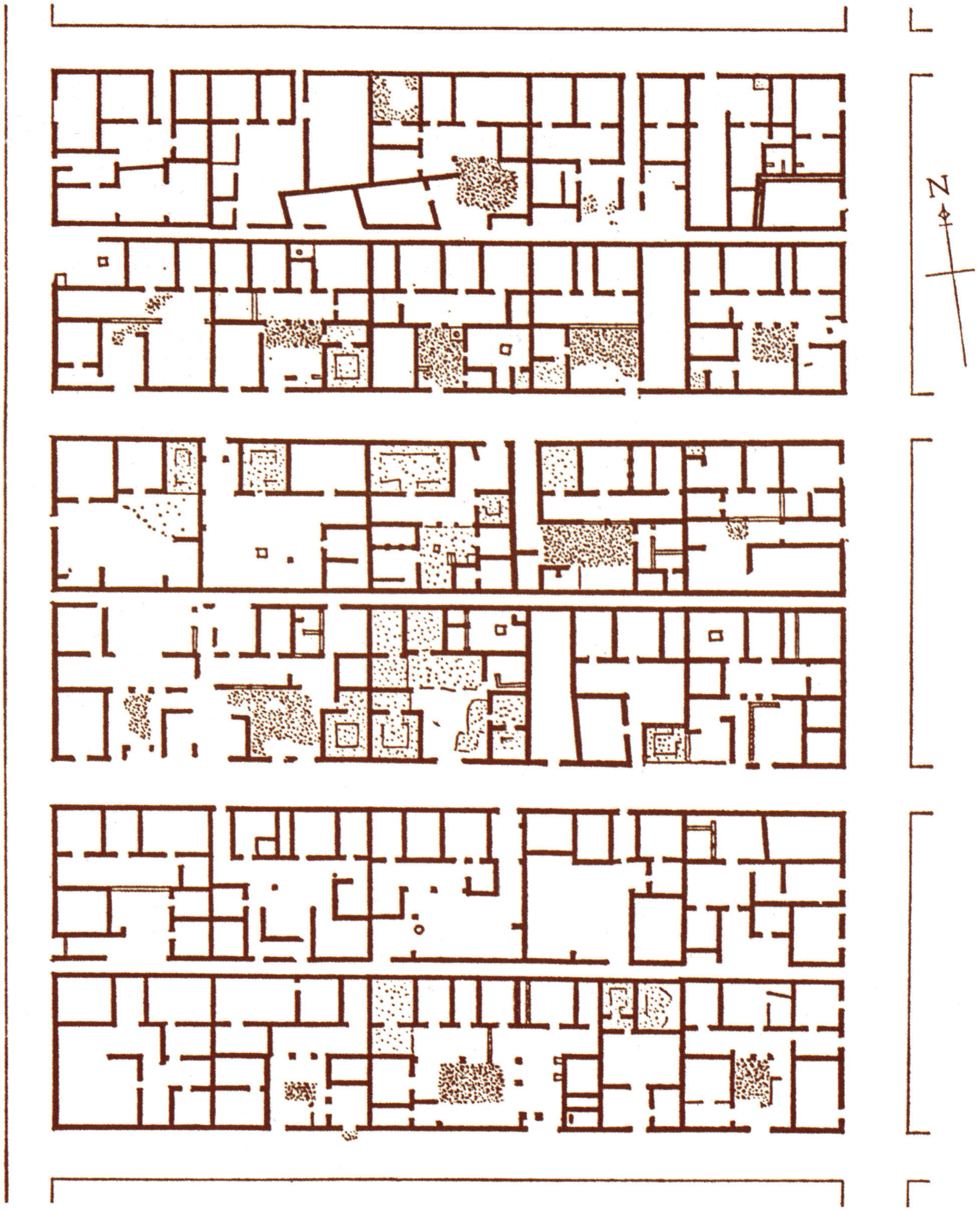

Olynthos. Häuserblöcke.
Nach A. W. Lawrence (1983).

0   5 m

auf die Häuserblöcke wie auf die Gestaltung der öffentlichen und offenen Räume angewandt. Die Agora war als Ganzes an einer bestimmten Position und mit festen Grenzen in das urbane Geflecht integriert.

Im 4. Jahrhundert wurde dieses Prinzip weiter systematisiert. Auch die von Alexander dem Großen gegründeten Städte basierten auf dem hippodamischen Prinzip. So wurde zum Beispiel in Priene der rechtwinklige Plan trotz der abschüssigen Lage verfolgt; mit Treppen anstelle von Straßen. Die Agoren der Städte des 4. und 3. Jahrhunderts v. Chr. werden zu immer größeren und komplexeren Anlagen.[162] Die Stoa spielt eine wichtige Rolle und formt zusammen mit neuen Gebäudetypen — gymnasia und palaistrae — ganze Gebäudekomplexe. Stoen säumen nun auch die Hauptstraßen und verleihen diesen etwas Monumentales, bieten aber auch Schutz vor ungünstiger Witterung und fördern die soziale Interaktion.

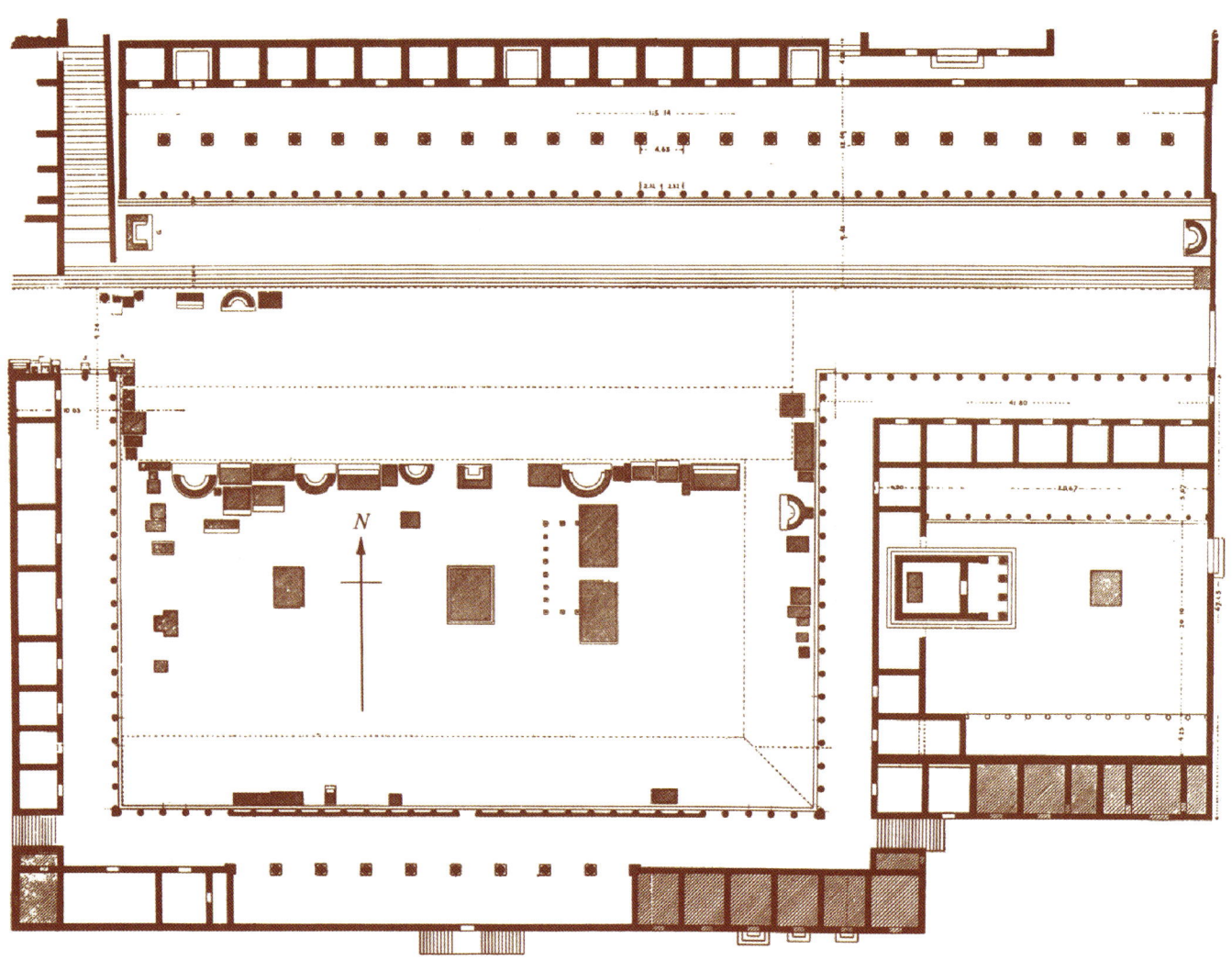

Priene. Plan des Zentrums.

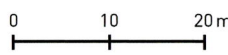

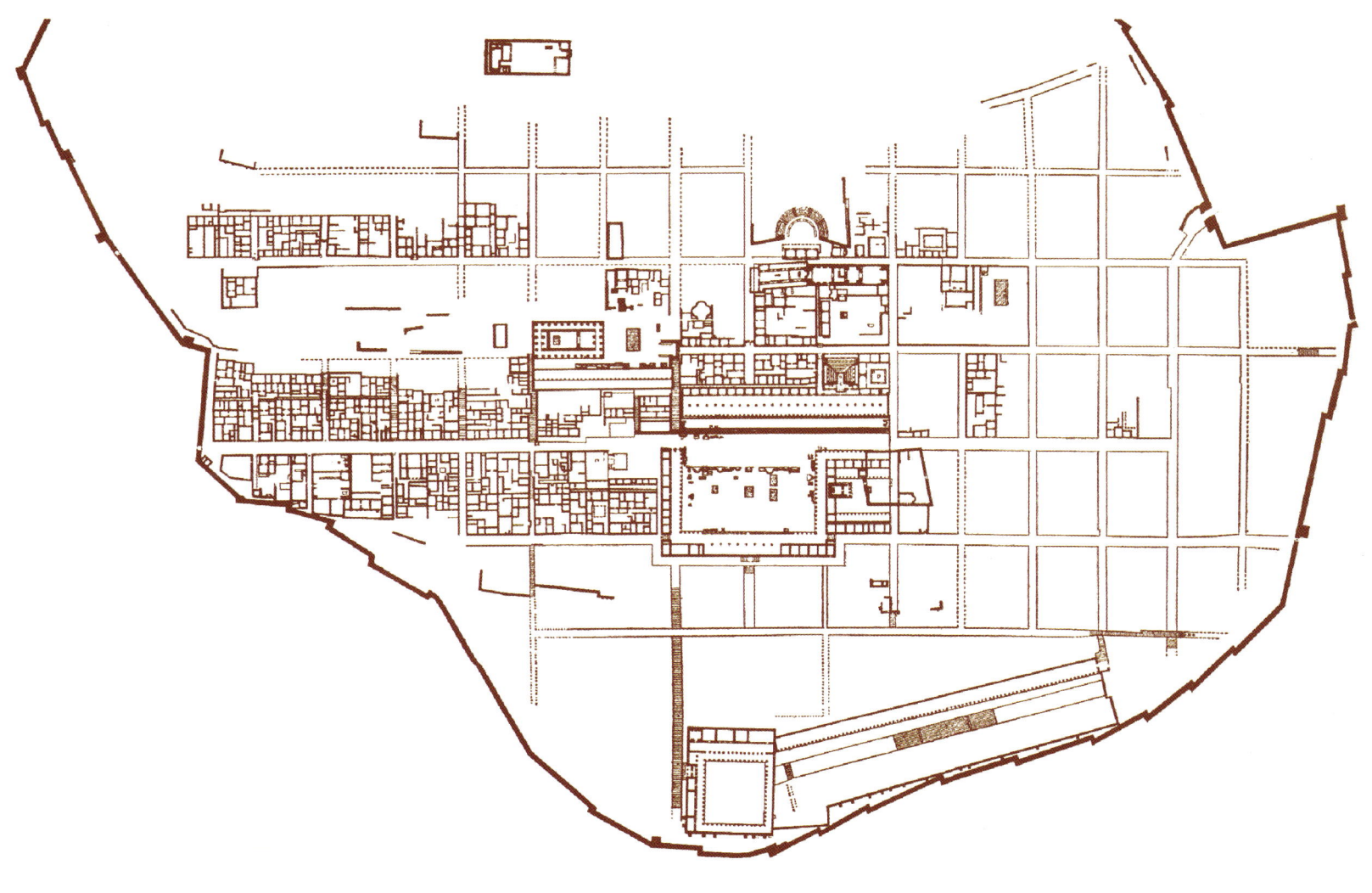

Priene. Stadtplan.
Nach Th. Wiegand und H. Schrader.

Blick auf den Lykabettos mit der Akropolis.
Foto Frédéric Boissonas.

»*Erst nun formte der Meister [Hephaistos] den Schild [...] Ferner schuf er darauf zwei Städte von sterblichen Menschen, schöne; die eine von Hochzeitsfesten erfüllt und Gelagen, Bräute führten sie fort aus den Kammern beim Schein von Fackeln rings durch die Stadt; aus vielen Kehlen ertönte das Brautlied. Jünglinge drehten sich tanzend im Kreise [...]; die Weiber standen alle bewundernd indes vor den Türen der Häuser. Volk war dicht auf dem Markte geschart; es hatte ein Hader dort sich erhoben, zwei Männer lagen im Streit um die Sühnung eines getöteten Mannes [...] Beiden lärmte die Menge, geteilt sie begünstigend, Beifall [...] Aber die andere Stadt umringten zwei Heere von Völkern, leuchtend in Waffen [...] Und die Weiber und Kinder bewachten die Mauer, obenstehend [...]*«

Homer, *Ilias,* 18, 478–515

VIERTES KAPITEL

HERD, *TEMENOS* UND AGORA

ls der schiffbrüchige Odysseus den Palast des Alkinoos betrat, »setzt' [er] am Herd in die Asche sich nieder neben dem Feu'r; und alle verstummten umher und schwiegen«[163]. J.-P. Vernant[164] hat den Zusammenhang zwischen der Feuerstelle und der Göttin Hestia herausgearbeitet, die als Hüterin des Herdes gleichzeitig für den gesamten Haushalt (*oikos*) zuständig war. Ferner wies er auf ihre enge Verbindung zu Hermes, dem Schutzgott der Reisenden und Glücksbringer der Diebe und Kaufleute hin. Diese beiden Götter – die wichtigsten des *dodekatheon*, d.h. der zwölf Gottheiten des griechischen Olymps – bildeten eine Art Koordinatensystem, mit dessen Hilfe die Griechen das Phänomen »Raum« definierten. Auf der von »privat« bis »öffentlich« reichenden Skala – vom einzelnen Haushalt über das Heiligtum und den öffentlichen Platz der Agora bis hin zur ländlichen Umgebung – besetzten diese beiden Gottheiten die Extrempositionen.

Auf sämtlichen Ebenen dieser Hierarchie findet sich ein wichtiges Element: das Feuer. Bereits bei Homer spielt es im Palast des Alkinoos eine zentrale Rolle. Die Herdstatt bildete das Herzstück des *megaron* der mykenischen Akropolis. Von dieser Feuerstelle führte eine Reihe konzentrischer Kreise nach außen bis hin zum *propylon*, zum Tor der Palastanlage. Da der Thron des Fürsten (*wanax*) direkt neben der Feuerstelle stand, kann man von einer »zentripetalen Anordnung um das *megaron* des Palastes herum« sprechen, »in dessen Mittelpunkt sich die Feuerstelle befand, an der der Herrscher über die Aufrechterhaltung des Kultes wachte«[165].

Opfer und Altar

Feuer als wichtiger Bestandteil der Opferzeremonie, des zentralen religiösen Rituals, fand sich auf dem Altar. Innerhalb des Heiligtums aber auch an sämtlichen übrigen Orten, an denen wichtige politische Handlungen des Gemeinwesens vollzogen und stets von Opfern begleitet wurden, spielte Feuer eine wichtige Rolle. Bestimmte Teile des Opfertieres mussten – um die Götter milde zu stimmen – voll-

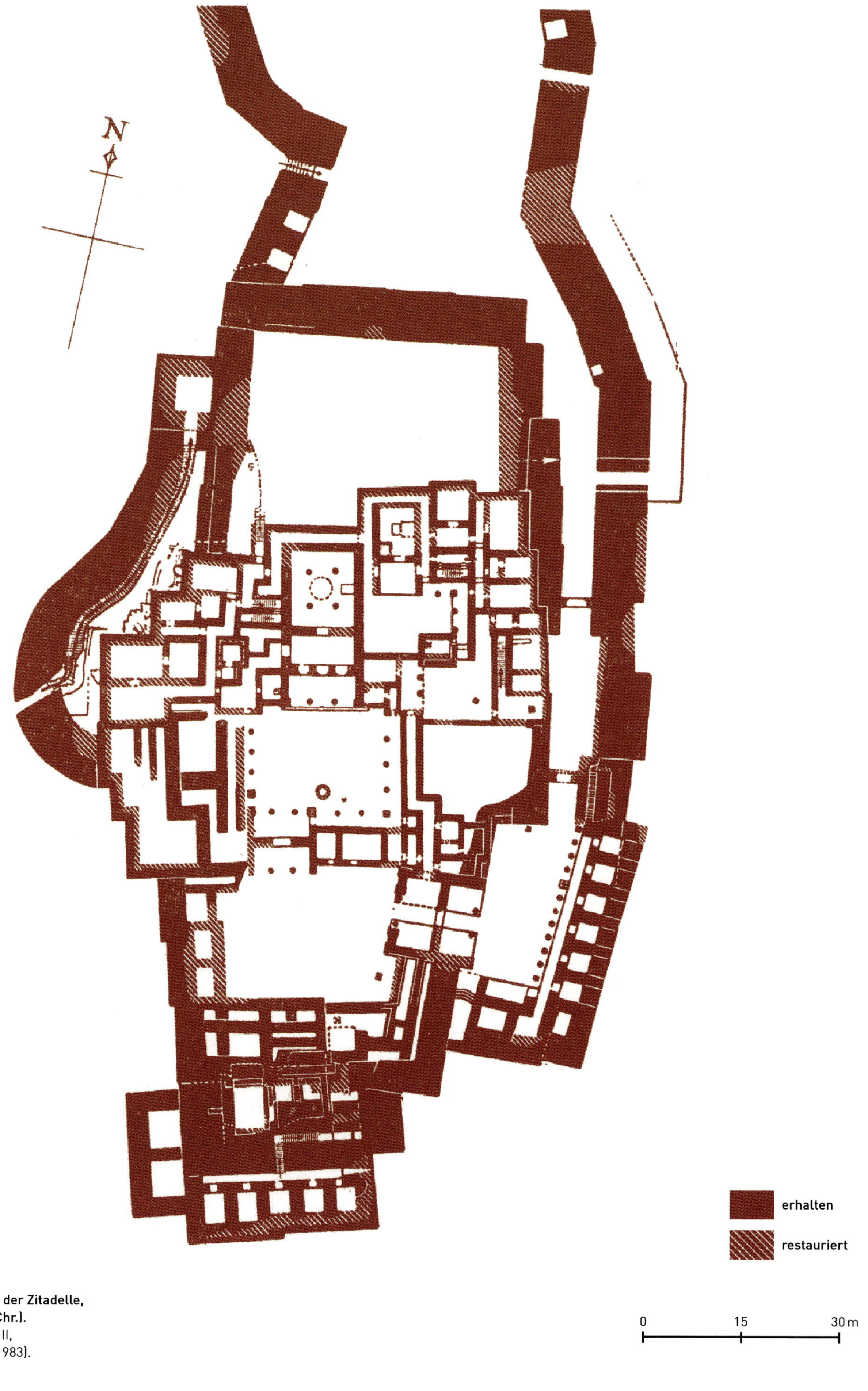

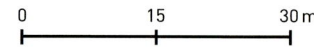

N

erhalten

restauriert

Palast und südlicher Teil der Zitadelle,
Tiryns (spätes 13. Jh. v. Chr.).
Nach Müller, Tyrins, Bd. III,
Tafel 4. A. W. Lawrence (1983).

0   15   30 m

ständig auf dem Altar verbrannt werden. Der Rest wurde von den Anwesenden verzehrt. Dieses Mahl war fester Bestandteil des Opferrituals und wurde in unmittelbarer Nähe der Opferstätte abgehalten. Es diente dazu, das Zusammengehörigkeitsgefühl innerhalb der Gemeinschaft zu stärken.[166] Anders als in der mykenischen Gesellschaft, in der die Teilnahme am Opferritual auf einen bestimmten Personenkreis beschränkt war, durften in der archaischen Periode alle Bürger des Gemeinwesens gleichberechtigt daran teilnehmen. Dies war ein typisches Kennzeichen der *polis*, deren politisches System auf der Gemeinschaft aller *homoioi*, aller »Gleichen«, beruhte.

Den homerischen Epen ist zu entnehmen, dass Opferhandlungen überall in der freien Natur sowie häufig in Küstennähe vorgenommen wurden. Natürlich fanden sie auch in Heiligtümern statt. Ob diese Heiligtümer auf das *megaron* der geometrischen Epoche zurückgehen und dieses daher die Keimzelle des *peripteros*, des rundum von Säulenreihen umgebenen griechischen Tempels, darstellt, ist nach wie vor fraglich.[167] Fand das Opfer innerhalb eines Heiligtums statt, wurde das Opfertier zunächst in feierlicher Prozession vom Eingang des Heiligtums zum Altar geleitet. Teilnehmer und Opfertier wurden für die Prozession geschmückt. Die Männer trugen saubere Gewänder und das Opfertier war mit Bändern verziert. Den Opferkorb mit den Gerstenkörnern und dem darin verborgenen *makhaira*, dem Opfermesser, trug eine Jungfrau auf dem Kopf herein, und in einem Gefäß wurde Wasser herbeigeschafft. Zum Abschluss der Prozession bildeten Teilnehmer und Opfertier einen Kreis um den Altar. Das Ritual bestand aus einem linearen – dem Weg vom Eingang zum Altar (*bomos*) – und einem kreisförmigen Element – der Aufstellung rund um die Opferstätte.[168] Diese letzte Etappe erinnerte an eine Menschenmenge, die sich um einen Sprecher scharte, wobei der Altar das Gegenstück zur *bema* (Rednertribüne) bildete. Die meisten frühen Heiligtümer besaßen keine Altäre als architektonisches Element. In den Anfangszeiten bestand der Altar aus einem schlichten Aschehaufen. Erst im Laufe der Zeit entwickelte er sich zu einem architektonischen Objekt. In wenigen Ausnahmefällen – beispielsweise beim berühmten Aschealtar des Zeus in Olympia – wurde der ursprüngliche Aschehaufen beibehalten.[169] Die ältesten Altäre (aus der Zeit zwischen dem 10. Jahrhundert und 700 v. Chr.) befinden sich im Heraion von Samos.[170] Sie sind von auffallend schlichter Machart. Ganz anders der Große Zeusaltar, den Eumenes II. (197–159 v. Chr.) ein halbes Jahrtausend später in Pergamon im Rahmen eines kolossalen Bauvorhabens errichten ließ. Der eigentliche Altar war nur ein kleiner Bestandteil der enormen Baumasse. Er war mit einem Skulpturenfries verziert und erhob sich auf einem flachen Podiumssockel. Eine zentrale Treppe führte zu der Plattform empor, auf der sich inmitten einer U-förmigen Kolonnade der Opferaltar befand.

Gemeinsame Speiserituale

Da der Apollontempel in Delphi in seinem Inneren einen eigenen Opferaltar barg, vermutete man[171], dass die Opferriten ursprünglich im Wohnhaus der Führer vollzogen wurden. Namentlich A. Mazarakis suchte zu ergründen, inwieweit ein räumlicher Zusammenhang zwischen dem Wohnsitz der Herrscher und gemeinschaftlich abgehaltenen religiösen Riten bestand. [172] Alles deutet darauf hin, dass etwa ab 700 v. Chr., als allerorten Tempel innerhalb und außerhalb von Siedlungen errichtet wurden und die Aristokratie an die Macht kam, die adeligen Wohnsitze in Tempel verwandelt wurden und zum Teil weiterhin für Speiserituale genutzt wurden, da die Tempel – wie die einstigen Herrschersitze – über Feuerstellen und Sitzbänke verfügten. Zu einem späteren Zeitpunkt wurden, so die zitierte Studie, die einzelnen Rituale auf verschiedene, eigens errichtete Gebäude aufgeteilt: Der Tempel diente weiterhin als Heimstatt der betreffenden Gottheit und ihres Kultbildes, während die Speiserituale in den *hestiatoria* stattfanden und die Besitztümer in den Schatzhäusern aufbewahrt wurden. Es ist noch immer schwierig, zwischen den Kultstätten und den Herrschersitzen zu unterscheiden. [173] Außerdem sind religiöse Rituale in Form von gemeinsamen Mahlzeiten, Weihgeschenken und Opferaltären für einzelne griechische Heiligtümer (beispielsweise in Olympia oder auf Samos) bereits lange Zeit vor der Errichtung entsprechender Tempel belegt, so dass die Entwicklung der religiösen Kultstätten noch manche Frage offen lässt.

Der Tempel und seine Lage

Nach wie vor unbeantwortet ist die Frage, inwieweit die Bauwerke innerhalb eines Heiligtums miteinander in Verbindung standen. Das altgriechische Wort für Tempel (*temenos*) leitet sich vom Verb *temnein* (abtrennen) her. In der Tat handelte es sich bei den Heiligtümern um Bezirke, die von der umliegenden Umgebung durch Mauern oder Grenzsteine abgetrennt waren und die man durch ein Tor (*propylon*) betrat. Innerhalb dieser Markierungen galt es, besondere Verhaltensmaßregeln zu beachten. Ein Grenzstein im Amphiareion von Oropos besagt: »*Horos.* Es ist verboten, innerhalb dieser Grenzen zu bauen.« Den »heiligen Bezirk« (*hieron*) durften ausschließlich »reine« Menschen (*hagnotes*) betreten. Der Verunreinigung (*miasma*) machte sich schuldig, wer gegen bestimmte, Geschlechtsverkehr, Geburt, Tod und Mord betreffende Gebote verstieß. [174] Eng mit dem *hieron* verbunden ist das *asylon* – jenes Gebiet, auf dem sich Dinge befinden, die den Göttern gehörten und folglich weder zerstört noch entfernt werden durften. Vom *asylon* leitet sich der Status des *temenos* als Zufluchtsort und sicherer Hafen für Schutzsuchende her, da auch die Menschen, welche den Boden des *asylon* betraten, automatisch Eigentum der Götter wurden. Die Heiligtümer der klassischen Periode muss man sich daher als räumliche Einheit mit einer Reihe von kultischen Zwecken dienenden Einrichtungen vorstellen: mit Tempeln, einem oder mehreren Altären, Säulenhallen (*portico*), Wandelhallen (*stoa*), Speiseplätzen (*hestiatoria*), Schatzhäusern, diversen Weihgeschenken in Form von Statuen oder Bauwerken sowie natürlichen Elementen wie Bäumen, Sträuchern und Blumen.

In der archaischen Periode setzte ein allmählicher Wandel ein. Der Altar rückte vom Zentrum an die östliche Peripherie, der Tempel vom westlichen Rand in den Mittelpunkt und die Opferstätte von der westlichen an die östliche Peripherie. Manche Forscher interpretierten diese Entwicklung als langsame Verlagerung des Hauptaugenmerks weg von der unsichtbaren Gottheit im Himmel, zu deren Ehren das Opfer vollzogen wurde, hin zum von Menschenhand gefertigten Kultbild der Gottheit als sichtbare Figur, die an zentraler Stelle des meist gen Osten ausgerichteten Tempels aufbewahrt wurde. Diese Veränderung ging mit der Ablösung der einfachen Axialkolonnade im Inneren durch eine doppelte Säulenreihe und der spürbaren Aufwertung des Tempels als Aufbewahrungsort des Kultbildes einher.

Der Tempel: Inneres und Gliederung

Neben dem alten Kultbild (*xoanon*) barg der Tempel weitere Bildnisse, die sich im Lauf der Zeit angesammelt hatten. Er enthielt auch Weihgeschenke und Wertgegenstände, die zum Besitz des Tempels zählten, den so genannten *thesaurus*. Schließlich befanden sich im Tempel Relikte, die mit der jeweiligen Gottheit in Beziehung standen, wie beispielsweise der Ölbaum im Erechtheion, der laut Herodot im Jahr 480 v. Chr. von den erobernden und plündernden Persern zusammen mit dem Heiligtum in Brand gesteckt wurde und vollkommen niederbrannte und aus dessen Stumpf alsbald ein neuer, achtzehn Zoll langer Schössling emporwuchs[175]. Die anthropomorphen Kultbilder waren aus kostbaren Materialien gefertigt. Die Zeusstatue war so wertvoll, dass sie — wie die Kerben im Fußboden und den Wänden belegen — durch ein Gitter gesichert wurde. Bei sämtlichen Gebeten, Opferhandlungen und Pro-

zessionen standen die Kultbilder im Mittelpunkt. Zunächst waren das einfache, aus Holz geschnitzte und leicht zu transportierende Statuen, von denen man oft glaubte, sie seien vom Himmel gefallen.[176] Anlässlich der Prozessionen, deren Rituale aus dem Nahen Osten entlehnt waren, wurde das Kultbild aus dem Tempel geholt. So wurde beispielsweise die Herastatue von Samos zum Meer getragen und einem Reinigungsritual unterzogen, um anschließend einen Gerstenkuchen vorgesetzt zu bekommen. Für Athen ist Ähnliches belegt. Dort wurde auch die Statue der Athena Polias zwei Monate vor den Panathenäen nahe Phaleron im Meer gewaschen. Dieses *plynteria* genannte Ritual war ionischen Ursprungs. Ihm ging die *kallynteria* voraus, die Reinigung des Tempels.[177]

In Tempelinschriften und literarischen Quellen finden sich zwei Termini, die auf das Tempelinnere, die *cella*, verweisen: adyton und opisthodomos. *Adyton*[178] bedeutet wörtlich »Zutritt verboten«. Solche Verbote galten für Heiligtümer, Höhlen, unterirdische Bauwerke, Tempel bzw. Teile von Tempeln und Orakelstätten. Bekannte Beispiele sind der Hypäthraltempel im Apollonheiligtum zu Didyma, dessen Orakel nachts befragt werden musste und allen voran das *adyton* im Apollontempel von Delphi, der Sitz des berühmten Orakels[179]. *Opisthodomos* bedeutet »hinterer Teil eines Hauses« und »rückwärtiger Raum eines Tempels«. Inschriften aus dem 4. Jahrhundert bezeichnen damit bisweilen das rückwärtige Gegenstück zum *pronaos*, zur vorderen, vor dem *naos* gelegenen Säulenvorhalle. Herodot soll im Opisthodomos des Zeustempels von Olympia aus seinen Werken vorgelesen[180] und die Kyniker sollen in einem Opisthodomos großen Lärm veranstaltet ha-

Heiligtum der Hera,
Samos (2. Hälfte des 6. Jhs. v. Chr.).
Foto Kienast.

ben[181]. Ferner diente er zur Aufbewahrung kostbarer Weihgeschenke.

Neben dem Kultbild barg der Tempel monumentale Votivgaben. Während man seit der geometrischen Zeit die Verstorbenen mit Grabbeigaben zu versehen pflegte, ging man ab dem 8. Jahrhundert dazu über, die Heiligtümer mit Weihgeschenken zu bedenken. Reiche und Aristokraten scheinen dies zum Anlass genommen zu haben, ihre Macht und ihr Ansehen zu demonstrieren. Die Gaben fielen unterschiedlich groß aus, gelegentlich wurden ganze Tempel gestiftet. Platon, der selbst dem Adel entstammte und aristokratisches Gedankengut vertrat, nahm Anstoß an den unzähligen Weihgeschenken, mit denen die »Neureichen« ihren Wohlstand zur Schau stellten.

Tempel, Straßen und Schriftlichkeit

Nach ägyptischem und mesopotamischem Vorbild wurden seit der archaischen Periode Löwen und Sphinxen auf den Weihgeschenken abgebildet. Sie zeigten auch menschliche Gestalten, wie die Fundstücke entlang der heiligen Straße belegen, welche die Polis von Samos mit dem außerhalb der Stadt gelegenen Heratempel verband. Ein Beispiel hierfür ist die kolossale Jünglingsstatue des auf 570 v. Chr. datierten *kouros*[182]. Auf Naxos und Delos wurden ältere *kouroi* gefunden. Im Heratempel auf Samos entdeckte man entsprechende weibliche Figuren (*korai*). Um das Jahr 560 v. Chr. erblickte der Besucher, wenn er sich – vom Tor kommend – auf den Tempel zu bewegte, ein weiteres Monument, wie

es für kein ägyptisches Heiligtum belegt ist. Auf einem langen Sockel rechts des Weges befanden sich eine liegende Gestalt, vier stehende weibliche und danach eine sitzende Figur. Die Matte, die der liegenden Figur als Unterlage diente, trug eine Inschrift, die in Form eines Bustrophedon die Stifter nannte.

Seit die Griechen die phönizische Schrift übernommen und weiterentwickelt hatten, fand diese dank bedeutender Zentren wie der Handelsniederlassung Al-Mina rasche und umfassende Verbreitung.[183] Die ersten schriftlichen Quellen finden sich auf Töpferwaren. Sie tragen mitunter eine sehr persönliche und lyrische Note wie etwa der ostgriechische Trinkbecher, der ein Kindergrab auf Ischia schmückte: »[Ich bin] der berühmte Trinkbecher Nestors. Wer immer aus diesem Becher trinkt, wird alsbald von heftigem Verlangen nach jener Aphrodite befallen, die sich in der hübschen Girlande verbirgt.«[184] Inschriften spielen in den Stätten des antiken Griechenlands, in den Tempeln, entlang der Straßen und auf den öffentlichen Plätzen eine zentrale Rolle. Der Besucher konnte ihnen Informationen über die Gebäude und die Weihgeschenke entnehmen, die seinen Weg säumten. Sie begleiteten ihn gewissermaßen, da man Inschriften laut zu lesen pflegte[185]. Sie hielten den Namen des Stifters fest, kündeten davon, welche Gottheit mit der Gabe bedacht werden sollte und mehrten den Ruhm und das Ansehen einzelner Persönlichkeiten sowie ganzer Gemeinwesen. Wie die heutige Werbung wurden sie gezielt so platziert, dass sie unweigerlich ins Auge fallen mussten: auf beiden Seiten des Weges, in der Nähe des göttlichen Kultbildes und an den Säulen der Tempelvorhallen. Im 3. Jahrhundert sahen sich die Tempelbehörden gezwungen, die weitere Aufstellung prunkvoller Weihgeschenke per Dekret einzuschränken – zum Schutz der Gebäude und aus Platzmangel.[186] Vermutlich war – angesichts des großen Interesses, auf das die Votivgaben bei den Besuchern stießen – auch Eifersucht im Spiel. Nicht von ungefähr wird Kreousa in Euripides' *Ion* bei ihrem Besuch in Delphi von Apollons Diener gefragt, ob ihr Ehemann sie »aus purer Neugier« begleite oder »um das Orakel zu konsultieren«. Der Skulpturenschmuck erregte ebenfalls die Aufmerksamkeit der Besucher. Sie bestaunten nicht nur die Kunstwerke, sondern auch die Namen der ausführenden Künstler und der Stifter. Auch die Skulpturen trugen stets Inschriften. Dies beweist der vierte *Mimiambus* von Herondas, in dem sich zwei Frauen über Statuen unterhalten. Als eine der beiden voll Bewunderung ausruft: »Oh, was für eine wunderbare Statue, … welcher Künstler mag diesen Stein bearbeitet haben und wer mag wohl der Stifter sein?«, antwortet die andere: »Die Söhne des Praxiteles; siehst du denn nicht, was auf dem Sockel geschrieben steht? Und der Auftraggeber ist Euthies, der Sohn des Prexon.«[187]

Identität, Prozessionen und Lage der Heiligtümer

Wie bereits erwähnt, verstand man im antiken Griechenland unter Heiligtümern deutlich von ihrer Umgebung abgetrennte heilige Bezirke. Die Heiligtümer, die Straßen, die zu ihnen führten, und ihre Lage innerhalb des Territoriums schufen eine neue, kognitive Karte des Raumes. Zusammen mit einem neuartigen Verhaltenskodex (*nomos)* brachte diese kognitive Landkarte (*polis)* verschiedene, bislang dezentral und locker organisierte Stämme zusammen und verband sie miteinander.[188] Der Begriff *polis,* »Stadtstaat«, steht eher für eine Institution, für eine spezifische Art, die Griechen am Gemeinwesen zu beteiligen und an ein Territorium zu binden, als für eine dicht besiedelte städtische Gemeinde im heutigen Sinn. In den wenigsten Fällen dürfte sie sich aus einer früheren mykenischen Palastanlage entwickelt haben. Wie beim griechischen Alphabet handelte es sich auch bei der *polis* um eine Neuschöpfung. Die wichtigsten Bestandteile dieses neuartigen Konzepts waren das Heiligtum (*temenos),* die eigentliche Siedlung (*agora),* das umliegende Ackerland (*chora)* und die Straßen, welche die einzelnen Heiligtümer miteinander verbanden.

Das neuartige Konzept regelte nicht nur das Zusammenleben innerhalb eines Stammes, sondern auch das Miteinander der verschiedenen Stämme. Identität und territoriale Ansprüche gründeten auf dem Konzept der *polis,* das durch gemeinsame Mythen und Rituale bekräftigt wurde. Heiligtümer markierten den Mittelpunkt und die Grenzen einer *polis.* Vor allem außerhalb der Stadt gelegene Tempel kündeten vom Herrschaftsanspruch der *polis* über das Umland, über die *chora,* oder gar von neuen territorialen Ansprüchen. So spiegelte etwa das Heraheiligtum von Perachora, auf dem Vorgebirge gegenüber Korinth an einer wichtigen Verkehrsstraße gelegen, den Aufstieg der Seemacht Korinth im 8. Jahrhundert wider und steckte den Einflußbereich der *polis* ab.[189]

Territorial- oder Identitätsprobleme zwischen Gemeinschaften mit älteren Heiligtümern und aufstrebenden Zentren löste man durch feierliche Prozessionen wie im Falle des berühmten Demeterheiligtums von Eleusis, das mit jenem innerhalb Athens – in unmittelbarer Nähe der Agora – durch die heilige Straße und das Ritual der eleusinischen Prozession verbunden wurde.

Die Lage der Heiligtümer war ganz offensichtlich von großer Bedeutung – schließlich dienten sie in archaischer Zeit zur Begründung der Identität und territorialer Ansprüche. Überreste früherer Kultstätten wurden zielstrebig zur Identitätsstiftung und Lösung ethnischer Fragen herangezogen.[190] Die Heiligtümer außerhalb der Stadt steckten das zugehörige Territorium ab.[191] Sie dienten gewissermaßen als Grenzmarkierungen und kennzeichneten jene Randgebiete (*eschatia*), in die man junge Wehrpflichtige zu entsenden pflegte, um sie dort in Verbindung mit dem Apollonkult ihren Wehrdienst ableisten zu lassen, bevor sie in die Stadt zurückkehren und den feierlichen Bürgereid ablegen durften.[192]

Die Funktion der Heiligtümer als politische Grenzmarkierungen wurde durch Rituale – periodisch wiederkehrende Feiern zu Ehren der jeweiligen Gottheit – unterstrichen, die vom Ausmaß und der Rechtmäßigkeit der territorialen Ansprüche kündeten. Entlang des Prozessionsweges, der vom Zentrum der *polis* zu einem außerhalb gelegenen Heiligtum führte, dokumentierten weitere Monumente deren Herrschaftsanspruch. Regelmäßig stattfindende Feiern innerhalb eines Heiligtums oder Prozessionen stärkten auch den Zusammenhalt und halfen, Konflikte mit benachbarten Stadtstaaten beizulegen. F. de Polignac[193] vermutet zu Recht, dass derlei Zusammenkünfte und religiöse

Festmahle freundschaftliche Beziehungen (*philia*) zwischen benachbarten Landmächten – beispielsweise in Olympia oder Tegea – oder unter durchreisenden Seeleuten – in den unmittelbar am Meer gelegenen Heratempeln auf Samos und in Perachora sowie möglicherweise in Brauron förderten.

Die Prozessionen banden das Territorium nicht nur an die Polis als Ganzes, sondern auch an ihre zentralen Bestandteile: die wichtigsten Straßen, die Agora, die Akropolis und die städtischen Heiligtümer. Anlässlich der Prozessionen kamen die Mitglieder der Gemeinschaft zusammen; die Bedeutung der Mitgliedschaft, die Zusammensetzung des Staatswesens und die Hierarchie der einzelnen Gruppen wurden sichtbar vor Augen geführt.[194] An bestimmten Etappen der Prozession wurden spezielle Rituale zelebriert, die – religiösen und politischen Meilensteinen gleich – den Weg markierten.

Neben politischen oder gesellschaftlichen Gründen waren auch Vorstellungen von der Beziehung zwischen menschlicher Welt und Natur für die Standortwahl eines Heiligtums ausschlaggebend. Es ist erwiesen, dass Artemistempel bewusst in freier Natur, in Jagdgebieten und nicht etwa in Siedlungs- oder Ackerbaugebieten errichtet wurden. Für Demeterheiligtümer – die Göttin der Fruchtbarkeit, des Wachstums und Schutzheilige der Gebärenden – war Wasser das ausschlaggebende Element. Ihr Ritual erforderte Abgeschiedenheit, deshalb waren die Demetertempel stets von ihrer Umgebung abgetrennt, selbst wenn sie inmitten der Stadt lagen.[195] Heiligtümer von Zeus waren – bedingt durch seine Rolle als Berg- und Wettergott – ebenfalls oft in einsamen, ländlichen und hügeligen Gegenden.[196] Poseidontem-

Heratempel, Olympia.
Foto Erich Lessing.

pel fanden sich häufig in Meeresnähe wie in Isthmia und Sunion, wo er in der Nachbarschaft des Athenaheiligtums lag, da die Göttin der Weisheit gleichzeitig die Schutzheilige der Seefahrer war.[197]

Diese Heiligtümer dienten den Seeleuten zur Orientierung und vermittelten ein Zugehörigkeitsgefühl, wie folgende Verse aus Sophokles' *Ajax* dokumentieren: »O wär ich dort schon, wo mir / Waldreich im Meer aufragt / Ein wogenumrauschter Felsen, / Um dort – unter Sunion – die / Heilige Stadt Athen / Vom Schiff froh zu begrüßen!«[198]

Panhellenische Heiligtümer: Olympia und Delphi

Die außerhalb der Stadt errichteten Heiligtümer samt ihrer Rituale dienten neben der Bekundung territorialer Ansprüche auch der ethnischen Identitätsstiftung.[199] Die Heiligtümer von Pherai beispielsweise führten unterschiedliche thessalische Völkerschaften zusammen, in Kalapodi versammelten sich Stämme (*ethne*) aus Phokis und Lokris. Arkadien besaß ein ganzes, durch Synoikismos entstandenes Netzwerk von Heiligtümern, darunter der Athenatempel in Tegea und der Apollontempel in Bassai.[200] Die Gründung großer panhellenischer Heiligtümer in Olympia, Delphi, Nemea und Isthmia samt der damit verbundenen, in regelmäßigen Abständen abgehaltenen Spiele, zu denen sich Einzelpersonen und Gemeinwesen aus ganz Griechenland und den Kolonien einfanden, dokumentieren diese identitätsstiftende Funktion. Die Lage dieser panhellenischen Heiligtümer war von großer Wichtigkeit: Sie mussten frei zugänglich sein, durften aber nicht im Einflussbereich einer einzelnen Polis liegen. Sie standen allen offen, gehörten aber niemand.

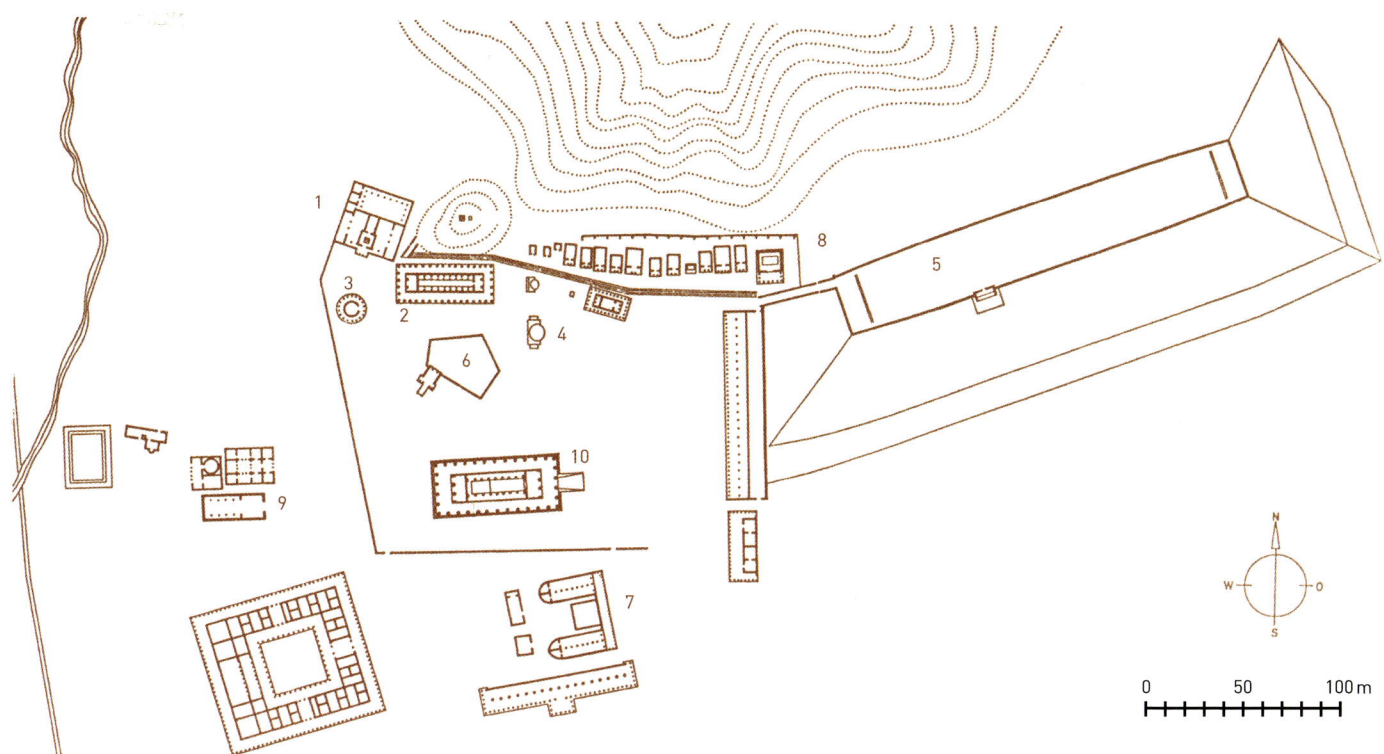

Olympia (archaische Epoche, 6. und frühes 5. Jh. v. Chr.). Übersichtsplan:
1. Prytaneion, 2. Heratempel, 3. Philippeion, 4. Zeusaltar, 5. Stadion,
6. Pelopeion, 7. Buleuterion, 8. Schatzhäuser, 9. Werkstatt des Phidias,
10. Zeustempel.
Nach Herrmann (1972).

Olympia liegt auf dem Westpeloponnes am Zusammenfluss des Alphaios mit dem Kladeus. Es besitzt eine üppige Vegetation aus Platanen und wilden Oliven. Von Letzteren heißt es, sie stammten aus dem Land der Hyperboreer und seien von Herakles gepflanzt worden.[201] In Olympia wurde vor allem Zeus verehrt; der älteste Tempel des Heiligtums ist Hera geweiht. Zu den ältesten Altären zählten der Asche.altar des Zeus, die Altäre für die Erdmutter (Gaia), Themis und Hera. In der frühen Eisenzeit haben sich vermutlich die Anführer aus Westgriechenland, vor allem von dem Peloponnes, in Olympia eingefunden, um durch kostbare Weihgeschenke – in erster Linie Metallgegenstände, zu denen auch der markante *tripod*, ein Kessel auf drei Füßen gehörte – ihre Machtstellung zu demonstrieren. 776 v. Chr. gilt als Gründungsjahr der alle vier Jahre stattfindenden panhellenischen Olympischen Spiele. Ab 725 v. Chr. war ihr Einzugsgebiet nicht länger auf die westgriechische Region begrenzt; sie entwickelten sich zu einer panhellenischen Veranstaltung.[202]

Die Olympischen Spiele fanden, wie die Pythischen Spiele in Delphi, im August oder Anfang September statt, während die Nemeischen Spiele alle zwei Jahre, zwischen den Olympischen und den Pythischen Spielen, Ende Juli und die Isthmischen Spiele im April stattfanden – zur Eröffnung der Schifffahrtssaison[203]. Am Isthmos von Korinth wurde bekanntlich Poseidon, der Gott der Seefahrer, verehrt. Die Olympischen Spiele dauerten vier bis sechs Tage und erstreckten sich über einen Vollmond.

Das Territorium von Elis galt als unantastbar, und in Olympia wurde anlässlich der Wettkämpfe eine heilige Waffenruhe verkündet. Dass der Herakult in Olympia eine wichtige Rolle spielte, zeigt sich in den parallel zu den eigentlichen Spielen veranstalteten Heräen, den Laufwettbewerben für Jungfrauen. Das Heiligtum

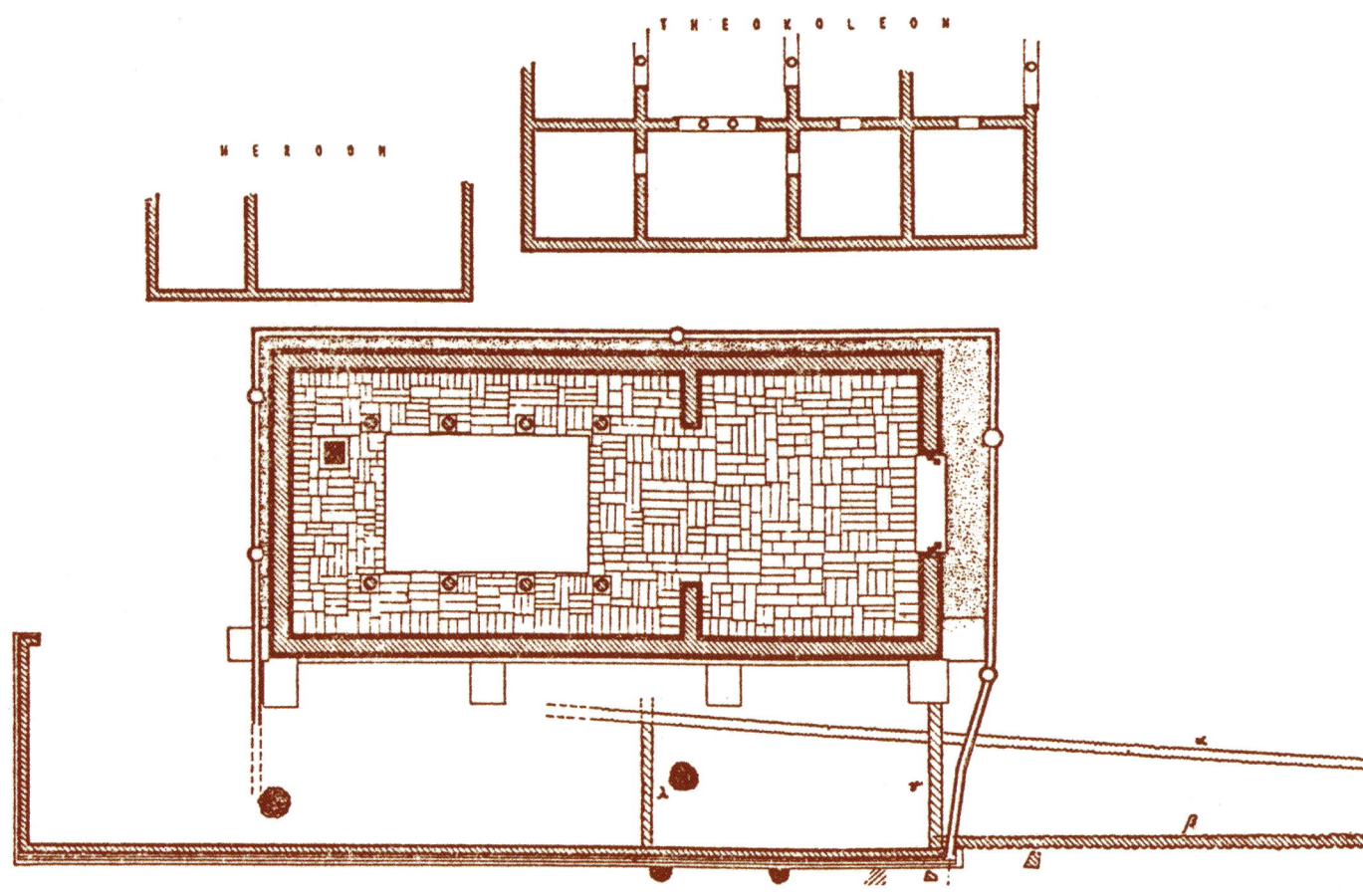

Werkstatt des Phidias, Olympia (440–430 v. Chr.).
Nach Herrmann (1972).

umfasste die Altäre, das Pelopeion (das Grab Pelops'), Hera- und Zeustempel, die ab Mitte des 6. Jahrhunderts erbauten Schatzhäuser am Fuße des Hügels sowie das Stadion, das zunächst innerhalb des heiligen Bezirks Altis lag, bevor es durch die Stoa des Echo abgetrennt wurde. Die Altis umfaßte auch das Hestiaheiligtum, das im 5. Jahrhundert errichtete Prytaneion, in dem die siegreichen Olympioniken speisten, das Metroon, das Philippeion, das Philipp II. von Makedonien im 4. Jahrhundert errichten ließ, die Werkstatt des Bildhauers Phidias[204], der das Zeuskultbild aus Gold und Elfenbein entstammt, das Buleuterion (Ratsgebäude, 5. Jahrhundert), in dem die Athleten zum Auftakt der Spiele einen heiligen Eid ablegten. Sie gelobten feierlich, nicht gegen die Regeln zu verstoßen, freie griechische Bürger – keine Sklaven – zu sein und sich keines Mordes oder eines anderen Sakrilegs schuldig gemacht zu haben. Dieselben Vorschriften galten auch

für die Zuschauer – die allerdings nicht Griechen sein mussten. Barbaren durften demnach den Spielen beiwohnen, wohingegen Frauen allem Anschein nach der Zutritt verwehrt blieb.[205]

Das Heiligtum in Delphi diente – außerhalb jeglicher Stadt gelegen – ebenfalls dazu, die verschiedenen griechischen Stämme und Gemeinwesen zu einen und eine panhellenische Identität zu stiften. Außerdem war es maßgeblich an der griechischen Kolonisation beteiligt. Bronzene Weihgeschenke aus der Zeit um 800 v. Chr. zeugen von einer ersten Kultstätte, die jedoch erst im letzten Viertel des 8. Jahrhunderts – während der Blütezeit der Polis – zentrale Bedeutung gewann. Hiervon künden zahlreiche Weihgeschenke sowie vor allem neue Verfahren der Metallbearbeitung, die zeitgleich mit dem Aufkommen des göttlichen Orakels entwickelt wurden. Die Pythischen Spiele sind erstmals für das Jahr 591/90 v. Chr. (oder 586/585

Apollontempel, Delphi.
Foto Waldemar Deonna.

Heiligtum der Athena Pronaia, Delphi.
Fotograf unbekannt.

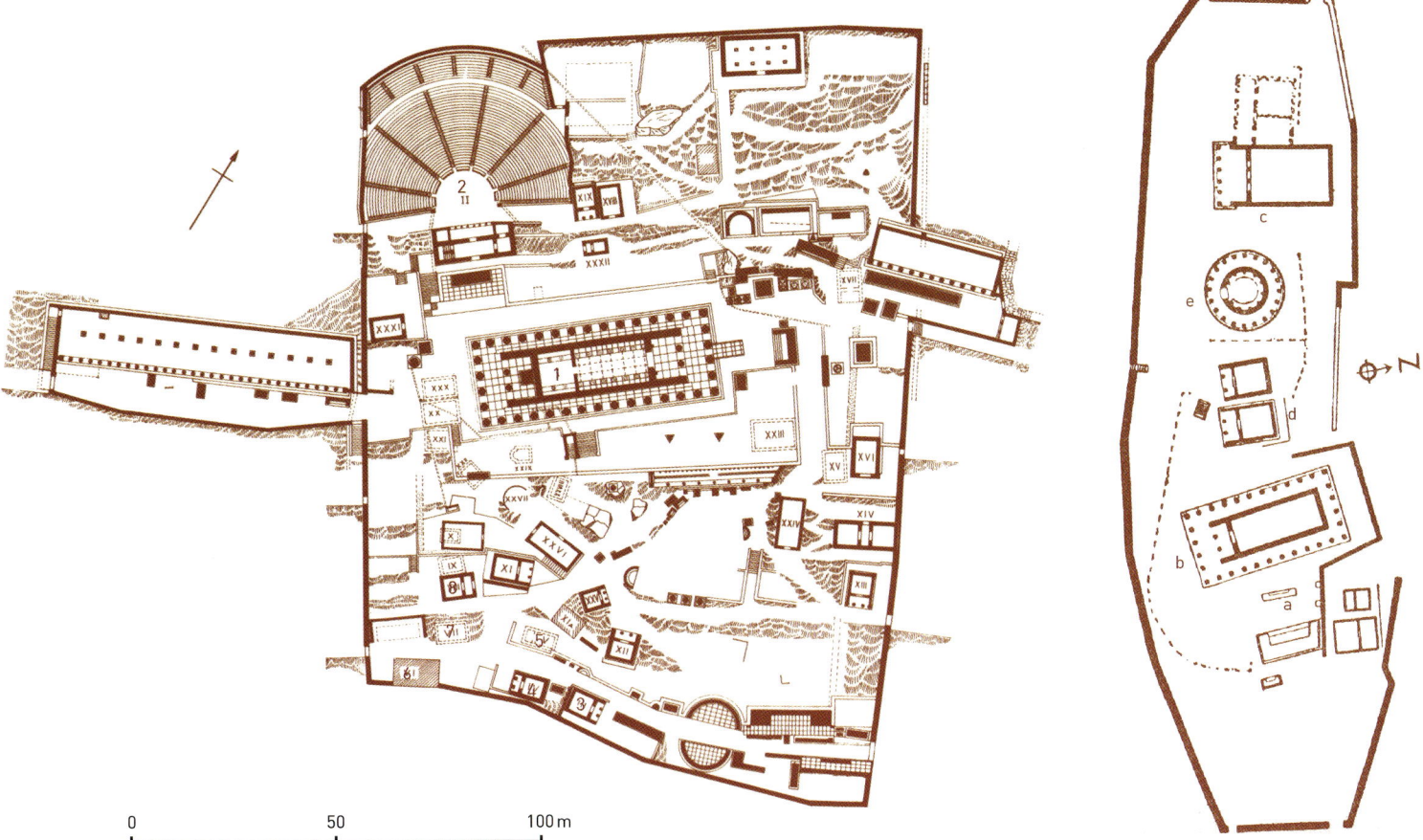

Heiligtum des Apollon, Delphi (7. und 6. Jh. v. Chr.). Übersichtsplan:
1. Apollontempel, 2. Altar des Apollon, 3. Schatzhaus der Siphnier,
4. Schatzhaus der Athener, 5. Schatzhaus von Knidos, 6. Stoa der Athener,
7. Sphinxsäule der Naxier, 8. Theater.
Nach Pouilloux und Roux (1963).

Heiligtum der Athena Pronaia, Delphi. Übersichtsplan:
a. Altar der Athena, b. Athenatempel II (510 v. Chr.),
c. Athenatempel III (4. Jh. v. Chr.), d. Schatzhäuser:
oben das Schatzhaus von Massilia, e. Tholos (4. Jh. v. Chr.).
Nach Gruben (1978).

bzw. 582/581 v. Chr.) belegt. Sie hatten die Olympischen Spiele zum Vorbild. Anfangs handelte es sich um einen künstlerischen Wettstreit, bei dem es Hymnen auf Apollon zu singen galt; die Wettkämpfe kamen erst später hinzu.[206] Aufkommen und Blüte des delphischen Orakels sind offenbar mit der im 8. Jahrhundert einsetzenden ersten Kolonisationswelle verbunden.

Die Orakelsprüche übten großen Einfluss auf die Errichtung von Kolonien aus, vor allem was die Standortwahl betraf.[207] Pythia, die Priesterin des Apollonheiligtums, verkündete monatlich die göttlichen Orakelsprüche — aber nur im Sommer, denn von Dezember bis Februar zog sich Apollon in das Land der Hyperboreer zurück. Während dieser Zeit wurde in Delphi Dionysos gehuldigt. Pythias Antworten waren dermaßen wirr, dass man »Propheten« zu Rate ziehen musste, um sie deuten zu lassen.

Athen und die Panathenäen

Am Beispiel Athens soll eingehender geschildert werden, wie einzelne Bauwerke einer klassischen griechischen Polis genutzt wurden. Die Betrachtung einer derart großen, komplexen und an Geldmitteln und Bauwerken reichen Polis gibt Aufschluss über Bedeutung und Funktion architektonischer Elemente. Allerdings darf man nur bedingt von einem — zudem außergewöhnlichen — Einzelfall auf die übrigen griechischen Gemeinwesen schließen. Athen war die bedeutendste und zugleich eine atypische Polis. Die Hauptstadt Attikas verhielt sich zum restlichen Griechenland ähnlich wie heutzutage New York zu den übrigen amerikanischen Städten. Eine gewisse Vorsicht ist daher bei der Übertragung von Erkenntnissen angebracht.

Wir werden uns Athen auf zwei Wegen nähern: zum einen in Form der Panathenäen-Prozession, der berühmtesten aller Prozessionen und der wichtigsten Feierlichkeit Athens zu Ehren der Stadtgöttin Athena; zum anderen werden wir Pausanias über die Schulter blicken, der in seiner *Beschreibung Griechenlands* die Stadt als antiker »Tourist« (*periegetes*) erkundete.

Die Anfänge der Panathenäen fallen wahrscheinlich in das Jahr 566/565 v. Chr. und daher mit der Gründung anderer wichtiger griechischer Feierlichkeiten wie der Pythischen Spiele 582 v. Chr., der Isthmien 581 v. Chr. und der Nemeen 573 v. Chr. zusammen. Das Hauptfest – die Großen Panathenäen – fand alle vier Jahre statt und ging angeblich auf den Tyrannen Peisistratos zurück.[208] Wahrscheinlich unter ihm wurden die Feiern um sportliche Wettkämpfe und musikalische Wettbewerbe sowie das Rezitieren von *Ilias* und *Odyssee* erweitert. Von da an kamen herausragende Künstler aus ganz Griechenland nach Athen. Den Höhepunkt der Feierlichkeiten bildete die Prozession, in der das eigens für die im Erechtheion aufbewahrte hölzerne Kultstatue der Göttin Athena angefertigte Gewand, das *peplos*, überbracht wurde. In römischer Zeit wurde es wie ein Segel auf einem Schiff auf Rädern befördert. Die Prozession begann im Morgengrauen des 28. Tages im Monat Hekatombaion[209]. Sie startete am Dipylon (Doppeltor), dem wichtigsten Stadttor Athens, folgte der Panathenäenstraße, querte die Agora, verlief über die Hauptverkehrsstraße durch die gesamte Stadt und endete oben auf der Akropolis. Für die Vorbereitungen hatte man um 400 v. Chr. zwischen dem Dipylon und dem Heiligen Tor ein eigenes Bauwerk, das Pompeion, errichtet. Himerios, ein Autor aus römischer Zeit, schreibt im 4. Jahrhundert: »Das Schiff beginnt seine Reise direkt am Tor, wie aus einem ruhigen Hafen. Von

dort aus bewegt es sich über ein wellenloses Meer und wird den sanft und schnurgerade abfallenden Dromos hinabgesteuert, der auf beiden Seiten von Wandelhallen gesäumt wird, in denen die Athener ihren Geschäften nachgehen.« Die Stickereien auf dem *peplos* zeigten den Sieg der Athener über die Giganten. An Bord des Schiffes befanden sich Priester und Priesterinnen. Größe und Machart des Schiffes brachten die Vorrangstellung der Seemacht Athen zum Ausdruck. Einmal mehr fungierte die Siegesgöttin – wie bei der Skulptur auf der Akropolis – als einigendes Band.

Anlässlich der Panathenäen wurden auch Reiterwettkämpfe und Wagenrennen veranstaltet, bei denen Männer in voller Rüstung auf fahrende Wagen auf- und absprangen und Tänze in voller Rüstung vollführten.[210] Trotz ihrer willkürlich anmutenden Zusammensetzung förderten die Panathenäen die Einheit Athens sowie dessen politische, gesellschaftliche und kulturelle Identitätsfindung. Sie prägten das Stadtbild und die Entwicklung der Stadt. Die kriegerische und mythologische Motive enthaltende Ikonografie der entlang des Prozessionsweges errichteten Kunstwerke überzog die gesamte Stadt mit einem Netzwerk von Plätzen, einer kognitiven Landkarte, die eine alles umfassende räumliche Identität widerspiegelte.[211] Die Panathenäen, vor allem die feierliche Prozession, in der die von der Stadt Athen, ihren Kolonien und später den Mitgliedern des Attischen Seebundes der Göttin Athena gestifteten Opfertiere zur Opferstätte geleitet wurden, vereinte alle Gesellschaftsschichten und Altersgruppen Athens mit den Bewohnern der Kolonien und den Bündnispartnern. Die zentripetal verlaufende Prozession berührte alle wichtigen Bezirke der Stadt: das Dipylon

— jenes Doppeltor, an dem die Prozession startete —, die benachbarten Handwerkerviertel — das Töpferviertel (Kerameikos) und das Schmiedeviertel (nahe des Hephaisteion) —, das politische Zentrum — die Agora — und die Akropolis, auf der schließlich eine Reihe von Opferhandlungen vollzogen wurden. Die Reihenfolge dort ergab sich aus der Lage der einzelnen Heiligtümer: Zuerst wurde der Athena Nike, dann der Athena Hygieia geopfert — auf dem direkt an der Südostecke des Mittelteils der Propyläen gelegenen Aschealtar. Die letzte Station bildete der festlich geschmückte große Altar der Athena. Dann wurde das Fleisch verteilt und mit dessen Zubereitung begonnen. Das Festmahl fand vermutlich am Ausgangspunkt der Prozession im Kerameikos statt.[212] Die Speiseräume im Pompeion mit ihren 66 Speiseliegen waren den Staatsdienern vorbehalten, während die restliche Bevölkerung im Freien aß. Ein Feuerritual markierte das Ende der Feierlichkeiten. Nach einem Fackellauf, der am Erosaltar in der Akademie vor dem Dipylon startete und über die Agora und am Prytaneion vorbei, wo Botschafter und verdiente Amtsträger auf Staatskosten speisten, zur Akropolis hinaufführte, entfachte der Sieger mit seiner Fackel das Feuer auf dem Athenaaltar. Aristophanes äußerte sich in seinen *Fröschen* abfällig über die infolge der allgemeinen Völlerei jämmerlichen Leistungen der Wettläufer.

Athen aus der Sicht des antiken Touristen Pausanias

Wir begeben uns erneut ins antike Athen. Wieder führt uns unser Weg von außen in die Stadt hinein. Doch diesmal betrachten wir sie mit den Augen des Pausanias und bestaunen die Gebäude und die Kunstwerke am Wegesrand als ortsfremder Tourist, nicht als Teilnehmer an einer lokalen religiösen Feierlichkeit. Die Aufmerksamkeit des »von Piräus heraufkommenden« Pausanias, der stillschweigend voraussetzte, dass alle Touristen seinem Beispiel folgen würden, galt zunächst den »Trümmern der Stadtmauer«. Allmählich näher kommend, entdeckt er am Wegesrand eine Reihe von Gräbern, darunter »als bekanntestes das des Menander… und das leere Grabmal des Euripides«[213]. Das Gelände entlang der Straße nach Athen wurde als Gräberfeld genutzt, auf dem Grabstätten aristokratischer Familien und Staatsgräber lagen. Hier hielt Perikles 430 v. Chr. seine berühmte Grabrede auf die im ersten Jahr des Peloponnesischen Krieges gefallenen Athener, ein Hohelied auf Athen, seine Bürger und seine Demokratie. Die Vermischung von Religion und Politik dokumentiert auch eine Stele (I, 6524) aus dem Jahr 336 v. Chr., welche die Krönung des Volkes (*demos*) durch die Demokratie zeigt.

Pausanias kommt zum Pompeion, einem im Jahr 400 v. Chr. zwischen Dipylon und Heiligem Tor errichteten Gebäude mit einem Peristyl — einem von Säulenhallen umgebenen rechtwinkligen Hof, dessen nördliche und westliche Seite die oben erwähnten Speiseräume säumten —, in dem die Vorbereitungen für den Panathenäenzug stattfanden. Weiter heißt es bei Pausanias: »Vom Tor erstrecken sich Hallen zum Kerameikos, und vor ihnen stehen Bronzebilder von Männern und Frauen, die etwas Bemerkenswertes geleistet haben.«[214] »Die eine der Hallen enthält Heiligtümer von Göttern und das sogenannte Gymnasion des Hermes. Darin ist

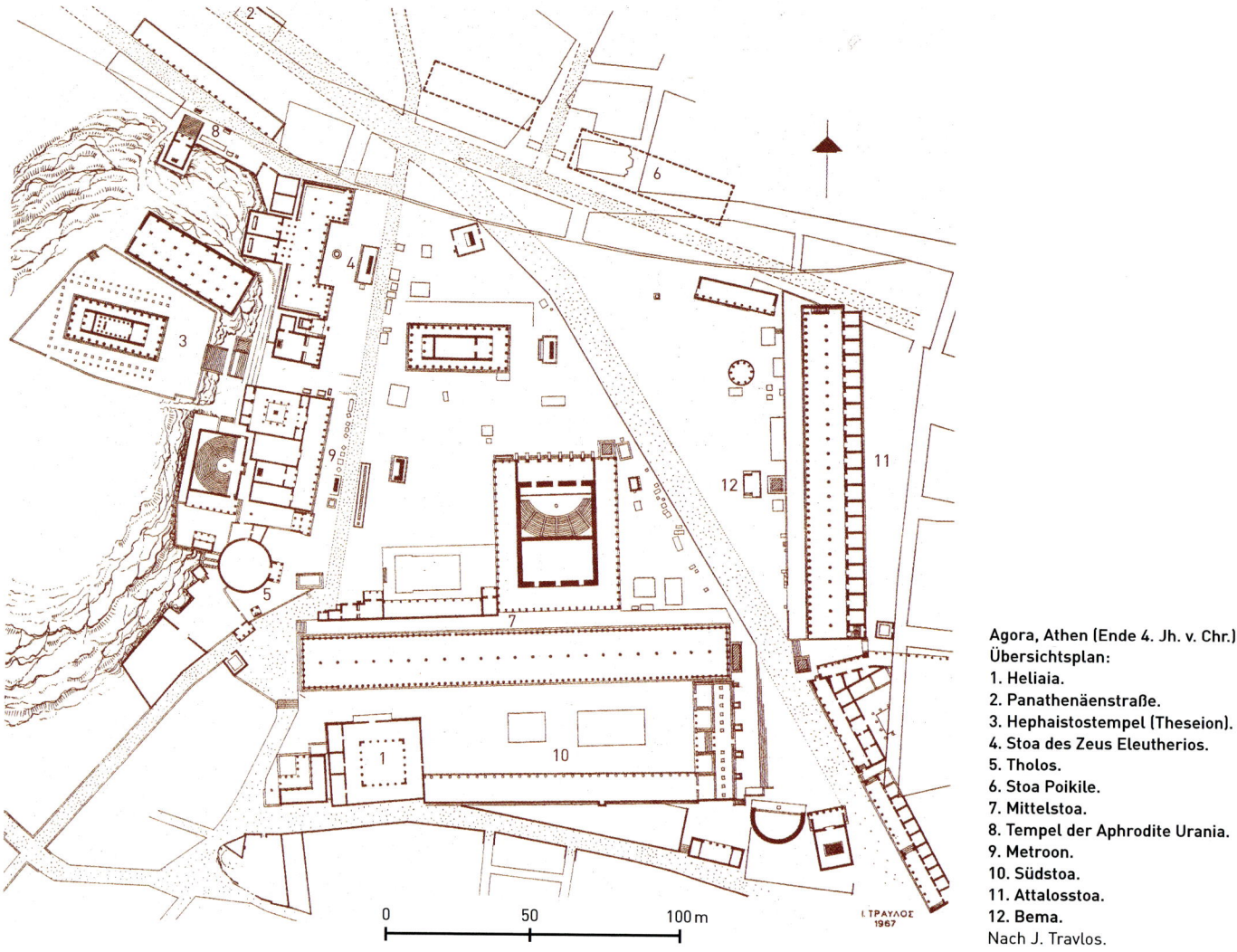

Agora, Athen (Ende 4. Jh. v. Chr.).
Übersichtsplan:
1. Heliaia.
2. Panathenäenstraße.
3. Hephaistostempel (Theseion).
4. Stoa des Zeus Eleutherios.
5. Tholos.
6. Stoa Poikile.
7. Mittelstoa.
8. Tempel der Aphrodite Urania.
9. Metroon.
10. Südstoa.
11. Attalosstoa.
12. Bema.
Nach J. Travlos.

auch das Haus des Pulytion, in dem die vornehmsten Athener eine Mysterienfeier wie die in Eleusis veranstaltet haben sollen.«[215] Das Kerameikos-Viertel hat seinen » Namen von dem Heros Keramos«, weiß Pausanias zu berichten. Danach folgt die 550 v. Chr. errichtete Königshalle (*stoa basileios*), der Sitz des *archon basileus*, eines für religiöse und politische Belange zuständigen königlichen Wahlbeamten. Wände und Stelen verkünden überlieferte Gesetze der Athener. Hierher wurde Sokrates im Jahr 399 v. Chr. zitiert, um sich gegen den Vorwurf der Gottlosigkeit zu verteidigen. Gen Westen weitergehend, betritt Pausanias mit der Agora das politische Zentrum Athens. Die Agora war ein großer offener Platz, der angeblich zu jener Zeit angelegt wurde, als Solon in Athen ein Regelwerk erließ, das u. a. auf einem rudimentären Prinzip ausgleichender Gerechtigkeit basierte. In früheren Zeiten – während der mykenischen Periode (1550–1100 v. Chr.) und der frühen

Eisenzeit (1100–700 v. Chr.) scheint das Gelände als Begräbnisplatz gedient zu haben. Infolge der Verfassungsreform des Kleisthenes setzte auf der Agora eine rege Bautätigkeit ein. Aus dieser Zeit stammen die Grenzsteine mit der Aufschrift »Hier beginnt die Agora«. Heiligtum und Agora waren demnach beide abgetrennte Bereiche, für die, wie oben geschildert, besondere Reinlichkeitsgebote galten. Wie bei den Heiligtümern befanden sich daher nahe der Grenzsteine heilige Wasserbecken für Reinigungsrituale. Unweit der Stoa Basileios ließ der Enkel des Tyrannen Peisistratos im Jahr 522 v. Chr. den Zwölf-Götter-Altar errichten, von dem aus sämtliche Entfernungen von Athen aus gemessen wurden. Neben der religiösen und technischen Bedeutung streicht Pausanias die große politische Wichtigkeit heraus: »Dahinter ist eine Halle gebaut mit Bildern der Zwölf Götter. Auf der gegenüberliegenden Wand ist Theseus gemalt sowie die De-

Demos, das Volk, von der Demokratie bekrönt.
Agora-Museum, Athen.

mokratia und der Demos. Die Inschrift besagt, dass Theseus in Athen die Demokratie eingeführt habe.«²¹⁶ Die enge Verbindung zwischen Religion und Politik hat gemäß Pausanias die örtliche Nähe der entsprechenden Einrichtungen zur Folge: »Auch ein Heiligtum der Göttermutter ist dort errichtet... und in der Nähe das Rathaus der Fünfhundert, die ein Jahr lang Ratsherren in Athen sind. Darin steht ein Holzbild des Zeus Bulaios und ein Apollon... und ein Demos. Die Thesomotheten hat Protogenes aus Kaunos gemalt.«²¹⁷

Neben dem älteren Heiligtum der Göttermutter aus dem frühen 5. Jahrhundert befand sich ein jüngeres *metroon* aus der zweiten Hälfte des 2. Jahrhunderts, das gleichzeitig als Heiligtum und als Archiv des Stadtstaates diente. Auch im Buleuterion, dem Sitz des Rates der Fünfhundert, wurden wichtige Dokumente aufbewahrt. »Nahe dem Rathaus der Fünfhundert befindet sich die sogenannte Tholos, und dort opfern die Pry-

tanen, und es sind da auch einige kleine Bildwerke aus Silber. Weiter stehen Standbilder der Heroen, nach denen später die athenischen Phylen benannt wurden.« Aus pragmatischen, vielleicht auch aus opportunistischen Erwägungen wurden in späterer Zeit die ursprünglich zehn Phylenheroen um den Myser Attalos, den Ägypter Ptolemaios und Kaiser Hadrian ergänzt.²¹⁸ Ferner errichteten die Athener auf der Agora der »Unbekannten Gottheit« einen Altar, um so die Toleranz der Stadt zu zeigen und die Redefreiheit zu rechtfertigen. Hier wurden auch die amtlichen Mitteilungen veröffentlicht; Gesetzesentwürfe wurden hier ebenso angeschlagen wie — unterhalb des jeweils für die Phyle zuständigen Heroen — die Listen der Wehrpflichtigen. Es sei in diesem Zusammenhang daran erinnert, welch große Rolle das Lesen überall auf der Agora und auf sämtlichen öffentlichen Plätzen Athens spielte und dass die Fähigkeit zu lesen und zu schreiben eine wichtige Voraussetzung für die Einführung der Demokratie darstellte.

Mitten auf der Agora befand sich die Orchestra, eine hölzerne Tribüne für Schauspielaufführungen und musikalische Darbietungen. Dass man an diesem Ort im Jahr 510 v. Chr. den als Befreiern der Stadt gefeierten Tyrannenmördern Harmodios und Aristogeiton ein Standbild errichtete, deutet darauf hin, dass dieser auch politischen Zwecken diente. Die Gebäude der Agora künden davon, dass sich hier das politische Leben der Stadt abspielte. Daneben fungierte sie als Ort zwangloser Begegnungen und Gespräche.

Die Agora war gleichzeitig der Marktplatz der Stadt. Dort fand man alles, was das Herz begehrte. Ganze Stadtviertel hatten sich auf den Handel mit Fisch und Kleidern spezialisiert; am Dromos befand sich vermutlich eine Halle, in der mit Getreide gehandelt wurde. Unweit

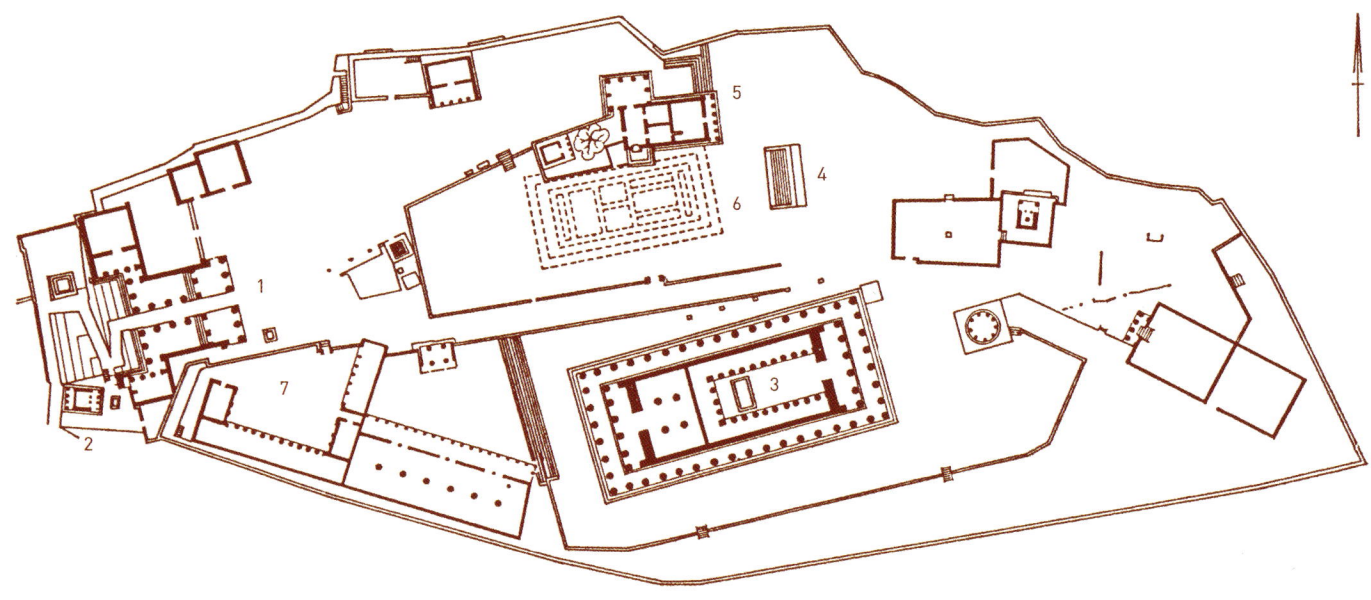

Akropolis, Athen, Übersichtsplan:
1. Propyläen, 2. Tempel und Altar der Athena Nike,
3. Parthenon, 4. Altar der Athena, 5. Erechtheion,
6. Alter Athenatempel 7. Heiligtum der Artemis
Brauronia.
Nach Stevens (1946).

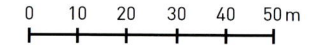

0 10 20 30 40 50 m

der Stoa Poikile, in deren Nähe auch die Geldverleiher ansässig waren, konnte man auch Fisch kaufen. Wein erhielt man beim Stadttor im Kerameikos; Bronzegegenstände wurden in der Nähe des Hephaisteion angefertigt und feilgeboten, Bücher auf der Orchestra und Sklaven beim Anakeion. Die Bildhauer arbeiteten unweit der Gerichtsgebäude, und nahe der Hermenfiguren übte ein Barbier sein Handwerk aus. In Eubulos' *Olbia* heißt es: »Alles war hier zu erhalten […] von Feigen und Rosen bis hin zu Wasseruhren und Anklageschriften« – eine Aufzählung, die Pollux im 2. Jahrhundert noch um Bücher und ihre Dienste anbietende Köche ergänzte.[219] In Richtung Hephaisteion und Königshalle weitergehend, trifft Pausanias auf Statuen, Trophäen, Gemälde und Bronzeschilde mit Widmungen, die »mit Pech bestrichen sind, damit ihnen die Zeit und der Grünspan nicht schade« (I, 15.4). Den nordwestlichen Abschluss der Agora bildet die zwischen 475 und 450 v. Chr.

errichtete Stoa Poikile. Das gen Süden ausgerichtete Gebäude beherbergte eine Reihe großer, von Polygnotos, Mikon und Panainos angefertigter Gemälde. Die Halle diente offensichtlich keinem besonderen Zweck. Sie war gelegentlich Schauplatz von Gerichtsverhandlungen. Hierher wurden all jene einberufen, die sich für die Teilnahme an den Eleusinischen Mysterien qualifizieren wollten. Schwertschlucker, Jongleure, Bettler, Schmarotzer und Philosophen gaben sich ein Stelldichein. Um 300 v. Chr. war sie die Wirkungsstätte Zenons aus Kition, des Begründers des nach ihr benannten Stoizismus.

Bevor Pausanias zur Akropolis emporsteigt, erkundet er am Fuß des Hügels Orte, welche die Erinnerung an die Perserkriege pflegen. In der Tat hatten die Griechen vor der Schlacht bei Plataiai einen feierlichen Eid geschworen, der bei Diodoros von Sizilien (XI. Buch) überliefert ist. Er begann mit den Worten »Ich will mein

Blick auf den Tempel der Athena Nike von den Propyläen.

Leben nicht über die Freiheit stellen« und endete mit dem Gelöbnis »Ich will keine der Städte zerstören, die an diesem Kampf teilnehmen. Von den Heiligtümern, die niedergebrannt und eingerissen sind, will ich keines wieder aufbauen, sondern sie als Mahnmale für den Frevelmut der Barbaren den kommenden Generationen so belassen, wie sie sind«[220]. Dann geht Pausanias zur Straße der Tripoden: »Es führt aber eine Straße von dem Prytaneion weg, die Dreifußstraße heißt. Das, wonach die Gegend heißt, sind Tempel, für diesen Zweck recht groß, auf denen Dreifüße stehen, zwar nur aus Bronze, aber sie umschließen bemerkenswerte Kunstwerke.«[221]

Pausanias wandert weiter zum Heiligtum des Dionysos Lenaios, wo vermutlich die ersten Theateraufführungen stattfanden, und zum Tempel des Dionysos Eleuthereus[222]. An dieser 800 Meter langen Straße pflegten die Chorführer (*choregoi*) – reiche Bürger, die den Chor bei Tragödienaufführungen finanzierten –

die Dreifüße aufzustellen, die sie als Preise erhielten. Solcher Art war auch das bereits erwähnte Lysikratesdenkmal. Nachdem Pausanias die »Statuen von Tragödien- und Komödiendichtern« gebührend bewundert hat, wendet er sich dem Dionysostheater zu, das innerhalb eines ganzen Gebäudekomplexes liegt, zu dem auch der Tempel des Dionysos Eleutherios gehört. Er macht dort auch die Reste des älteren Dionysosheiligtums ausfindig. An dieser Stelle ließ Thespis im Jahr 534 v. Chr. die erste Tragödie aufführen. Anschließend wurden Dramen von Aischylos gespielt. Agatharchos fertigte für eines der Dramen ein Bühnenbild an, aufgrund dessen Vitruv ihn als Entdecker der perspektivischen Raumdarstellung feierte. Im 4. Jahrhundert veranlasste der Redner Lykurgos den Bau eines Theaters und eines neuen Dionysostempels.

Auf der Akropolis besichtigt Pausanias die berühmten Tempel. »Von bemerkenswerten Weihgeschenken

Dionysostheater, Athen.
Foto Frédéric Boissonas.

sind da unter den alten Gaben ein Klappstuhl, Werk des Daidalos, und aus der Perserbeute der Panzer des Masistios, der bei Plataiai die Reiterei befehligte, und der angebliche Dolch des Mardonios«, weiß er vom Heiligtum der Pallas Athena zu berichten (I, 27.1). Ferner studiert er die zahllosen im Freien aufgestellten Weihgeschenke.

Bevor er wieder in die Stadt hinabsteigt, bestaunt er noch ein Weihgeschenk aus dem Zehnten der Kriegsbeute, eine »Bronzestatue der Athena von den bei Marathon gelandeten Persern, ein Werk des Phidias [...] Von dieser Athena ist die Lanzenspitze und der Helmbusch schon sichtbar, wenn man von Sunion kommt«. Sie kündet von der Herrschaft Athens über die Seewege. Bei seinem Abstieg erforscht Pausanias die Mauer, welche »die Pelasger errichtet haben, die einst unter der Burg wohnten«. Zu Pausanias' Zeit wurde die Akropolis nur von den so genannten *arrephoroi* bewohnt – jun-

gen Tempeldienerinnen, die allerlei geheimnisvollen Riten huldigten.[223]

Der moderne Tourist stellt rasch fest, dass J. M. Hurwit[224], dem russischen Regisseur Eisenstein folgend, zu Recht bemerkte, »die Akropolis, wie sie sich uns heute präsentiert, ist ein Produkt des 19. Jahrhunderts«. Sie bleibt weit hinter jenem »perfekten Beispiel eines der ältesten Filme« zurück, der eine perfekte visuelle und thematische Gegenüberstellung völlig unterschiedlicher Objekte und somit eine echte »Montage« lieferte. So anachronistisch und sachlich unrichtig diese Darstellung auch sein mag, schildert sie doch auf beeindruckende Weise die unglaubliche Fülle an Kontrasten, die diesen Ort charakterisiert. Dennoch vermögen auch die obigen Beschreibungen der Stadt Athen keine befriedigende Antwort auf die Frage zu liefern, wie die Gebäude auf die breite Masse der Bevölkerung wirkten bzw. wie sie von ihr genutzt wurden.

Blick auf die Akropolis von Athen von Westen.
Foto Frédéric Boissonas.

Sie enthalten keinerlei Hinweise auf das Alltagsleben, das sich vor dieser Kulisse abspielte; man erfährt nichts über die religiösen Bräuche und Anliegen der vielen Fremden und Sklaven. Wie mag wohl jene Welt in Stein auf sie gewirkt haben, die uns heutzutage so fremdartig erscheint? Worin liegt ferner die Faszination begründet, welche diese großartigen Bauwerke auf den modernen Menschen ausüben?

Hephaistostempel (Theseion), Athen. Südliche Längsseite.
Foto Serge Moulinier.

≫*Leukipp und sein Schüler Demokrit sagen, die Elemente seien das Volle und das Leere [...] Diese Elemente bildeten, als Materie, die Ursache der seienden Dinge [...] Die Unterschiede der Atome sind die Ursachen der anderen Dinge [...] Diese Unterschiede sind [...] Figur und Anordnung und Lage.*≪

Theophrastus, *De sensu*, 27

≫*Anaxagoras glaubt, dass Wahrnehmung nur durch Gegenteiliges stattfindet, denn Gleiches wirkt nicht auf Gleiches.*≪

Theophrastus, *De sensu* 27

≫*Unsichtbare Harmonie ist stärker als sichtbare.*≪

Heraklit, *Fragment* 54, 28

FÜNFTES KAPITEL

DIE POETIK DER KLASSISCHEN ARCHITEKTUR

Im Jahr 399 v. Chr. begegnete Sokrates vor der dorischen Kolonnade der berühmten Stoa Basileios, der ältesten Athens und Sitz des *archon basileus*, einem jungen Mann namens Euthyphron. Platon schildert die Begegnung in einem seiner frühesten Dialoge. Beide — Sokrates wie Euthyphron — hatten sich in einer gerichtlichen Angelegenheit zur Stoa begeben, Sokrates, weil man ihn der »Erdichtung neuer Götter« und der Irreführung der Jugend beschuldigt hatte — eine Anklage, die ihn schließlich das Leben kosten sollte; Euthyphron, weil er seinen Vater für die Ermordung eines seiner Leibeigenen belangen wollte. Abgesehen von der Erwähnung der Stoa Basileios handelt der Text nicht von der Architektur; nichtsdestotrotz werden in diesem Dialog Fragestellungen erörtert, denen man entnehmen kann, welche Weltsicht und welches Architekturverständnis im antiken Griechenland vorherrschten.

Wie die meisten Texte Platons zeichnet sich auch *Euthyphron* durch verschiedene Bedeutungsebenen aus. Inwiefern diese faszinierende soziologische und politische Quelle dem heutigen Leser hin und wieder Kopfzerbrechen bereitet, wird im nächsten Kapitel dargestellt werden. Gleichzeitig erfährt man aus diesem Text viel über die systematische Denkweise, wenn es um Begriffsdefinitionen geht, bei denen eine *species* auf ein *genus* bezogen wird — ein methodischer Ansatz, der für die Entwicklung der klassischen griechischen Architektur und der Raumauffassung eine wichtige Rolle gespielt haben dürfte.

Sokrates behauptet in *Euthyphron*, Nachkomme des legendären Erfinders, Handwerkers und Bildhauers Dädalos zu sein, der das Labyrinth des Minos entwarf, das allerdings im Dialog nicht erwähnt wird. Darin ist vielmehr von den antiken Kultstatuen (*xoana*) die Rede beziehungsweise von den Automatenspielzeugen (*daedaleia*) seines Ahnherrn Dädalos[225], die »nicht stehen bleiben wollten«. Sokrates behauptet, genau dasselbe zu tun wie sein Vorfahr, nämlich Dinge zu kreieren, die sich aus eigener Kraft bewegen können, »Wortgebilde, die davongingen und nicht stehen bleiben wollten, wohin sie einer auch stellt«. Doch damit nicht genug rühmte sich Sokrates, Worte zu schaffen, »die *Fremde* in Bewegung bringen«. Er verstand sich nicht nur als Handwerker im herkömmlichen Sinne — obwohl er den Beruf des

Heratempel I (»Basilika«), Paestum.
Nordwestliche Ecksäule.
Foto Serge Moulinier.

Parthenon, Akropolis, Athen.
Südostecke.
Foto Serge Moulinier.

Bildhauers erlernt hatte –, sondern gleichzeitig als Erfinder von *Mitteln und Wegen* zur Erschaffung von Gegenständen, die er anderen zugänglich machen wollte. Oder anders gesagt, er konzipierte nicht nur Produkte, sondern auch *Methoden*. J. Pollock benutzte in diesem Zusammenhang die Metapher »kognitive Zimmerei«[226]. *Euthyphron* handelt daher davon, wie es sich durch die Verwendung der Begriffe *species* und *genus* logisch richtig argumentieren läßt.

Sokrates, der die Errichtung des Parthenon als junger Mann miterlebte, vertrat eine wichtige Geistesströmung, die laut E. R. Dodds[227] zur »Umwandlung eines unordentlichen Durcheinanders […] in ein System methodischer Disziplinen« führte. Auch wenn Dodds zu weit geht, wenn er den archaischen Denkweisen jedwede Systematik abspricht, ändert dies nichts an der Tatsache, dass in Griechenland an der Wende von der archaischen zur klassischen Periode eine neuartige Weltsicht von unerhörter systematischer Strenge aufkommt, welche die Entstehung neuer Disziplinen auslöst. Eine dieser Disziplinen war die Architektur.

Eine eingehende Untersuchung griechischer Gebäude ergibt, dass sich die Bauweise Schritt für Schritt im weiteren Rahmen eines umfassenden Systems der Raumkonzeption sowie im engeren Sinne einer *ars poetica* der Architektur weiterentwickelte, die später als klassischer Kanon bezeichnet wurde. Dieses architektonische Konzept mit seiner charakteristischen Raumauffassung macht die Faszination antiker griechischer Bauwerke aus. Ihre typische Raumstruktur ist bis auf den heutigen Tag erkennbar, auch wenn von den Bauwerken inzwischen nur noch unvollständige Ruinen erhalten sind.

Das Gebäude als Objekt

Die Ausbildung des so genannten klassischen Kanons erfolgte allmählich im Zusammenhang mit dem Aufkommen einer neuartigen Gebäudeanordnung. An die Stelle der ausgedehnten, zusammenhängenden Palast- oder Stadtanlagen aus mykenischer Zeit traten in der archaischen Periode separate, freistehende Bauwerke. Dieser Umbruch erfolgte just zu jener Zeit, da die lose politische Organisation, die darbende Wirtschaft und die danieder liegende technische Entwicklung, die in der archaischen Periode die blühenden Verhältnisse der Bronzezeit mit ihren zentralistischen, wohlgeordneten Strukturen, ihrem Reichtum und hohen Bildungsstand abgelöst hatten, einen erneuten Aufschwung nahmen.[228] Nach einer langen, dem finsteren Mittelalter vergleichbaren Phase der Stagnation setzten tiefgreifende Umwälzungen ein, die an jene erinnern, die 2000 Jahre später in Westeuropa die Renaissance auslösten. Diese Umwälzungen wurden vermutlich durch Fortschritte in der Landwirtschaft hervorgerufen und führten zu einer Bevölkerungsexplosion. Laut A. Snodgrass[229] sank die Zahl der 320 gegen Ende der Bronzezeit nachgewiesenen Ansiedlungen auf 130 im 12. Jahrhundert und 40 im 11. Jahrhundert. Danach – zwischen 780 und 720 v. Chr. – nahm die Bevölkerung schlagartig um das Siebenfache zu. Parallel dazu nahmen die Interaktionen zwischen den Gemeinwesen längere Zeit ab, um danach wieder sprunghaft anzusteigen.

Bei der Systematisierung ging es vor allem darum, innerhalb des immensen Datenbestandes Einheiten auszumachen, sie als »Objekte« zu definieren, Kategorien zu ihrer Identifizierung zu entwickeln und sie

Nestorpalast,
Pylos (um 1300 v. Chr.).
Nach J. Travlos (1966).

0   10   20   30 m

Hephaistostempel (Theseion), Athen.
Deckenuntersicht des Südperistyls.
Foto Serge Moulinier.

Heratempel (Poseidontempel), Paestum.
Foto Serge Moulinier.

in Zeichen (*kath' ekaston*) und Typen (*kath' olou*) einzu-
teilen. Hiervon handeln weite Passagen von *Euthyphron*,
obwohl die Anfänge dieser Vorgehensweise auf die ionischen Denker zurückgehen. Unter diesen Vorzeichen
begann sich der klassische Kanon der Architektur zu
formen.

In Ermangelung schriftlicher Quellen liegen die
Anfänge dieser Entwicklung zwangsläufig im Dunkeln.
Zählte der mutmaßliche Standort des Königsthrones
innerhalb mykenischer Palast- oder Stadtanlagen — ein
viereckiger, von vier Säulen umringter Platz — zu den
genau definierten Objekten (*onda*)? Wurden diese wie
die Tempel im 8. Jahrhundert als separate räumliche
Einheiten konzipiert? Vielleicht kann Homer uns
weiterhelfen. Der zentrale Raum des mykenischen
Königspalastes trägt bei ihm die Bezeichnung *megaron*.

Was Homer im 9. Jahrhundert darunter verstand,
ist allerdings fraglich, da er bekanntlich Ereignisse aus

grauer Vorzeit schilderte. Meinte Homer, wenn er die
goldenen Pfeiler oder die Eingangshalle eines präch-
tigen *megaron* rühmte, Gebäude aus dem frühen 13. Jahrhundert oder freistehende Bauwerke, wie sie zu seiner
Zeit üblich waren — so wie Herodot (I.47) im 5. Jahrhundert oder Pindar in seiner Olympischen Ode aus
dem Jahr 472 v. Chr. den Apollontempel von Delphi
als *megaron*[230] besangen?

Die Etymologie des Wortes *megaron* hilft auch nicht
weiter. Es leitet sich von dem hebräischen Wort *Me' arah*
— Höhle — her. Man könnte nun rätseln, wie dieses
Wort nach Griechenland gelangte. Offensichtlich tausch-
ten sich die Künstler des Mittelmeerraums unterei-
nander aus. Jedenfalls bezeichnete es einen Hohlraum
innerhalb einer kompakten Gebäudemasse, was eher
für den mykenischen Königspalast spricht als für das
freistehende *megaron*, wie es zu Homers Lebzeiten üblich
war. Dank dieses Begriffs konnte man auf den Aufent-

Heratempel I (»Basilika«), Paestum.
Nördliche Längsseite.
Foto Serge Moulinier.

haltsort des Königs deuten, ihn als »Objekt« definieren. Wofür er darüber hinaus verwendet werden konnte und ob er einen bestimmten Raumtypus bezeichnete, ist allerdings fraglich. Fest steht, dass in der griechischen Architektur gegen Ende des 7. Jahrhunderts ein deutlicher Wandel eintrat, der die Ablösung der komplexen Gebäudeanlagen mykenischer Zeit durch frei stehende Tempel zur Folge hatte.

Wie bereits erwähnt, stellte das Pteron ein typisches Kennzeichen dieser neuartigen Bauwerke dar, das seine Entstehung vermutlich pragmatischen Überlegungen verdankte. Es schützte sowohl die rasch verwitternden Außenwände des später als Naos bezeichneten Gebäudes als auch die herbeiströmenden Menschenscharen.

Als man dazu überging, den Naos aus witterungsbeständigem Stein zu errichten, wurde der Säulenkranz dennoch beibehalten. Ferner wurden die unregelmä-

ßigen Kolonnaden, die den rechtwinkligen oder apsidial geformten Naos umgaben, allmählich durch gleichmäßige, streng rechtwinklig angeordnete Säulenkränze abgelöst. Andere Elemente wurden stärker aufeinander abgestimmt. Die bislang – wie bei der Tholos in Delphi oder dem Apollontempel in Syrakus – ohne Rücksicht auf die darunter befindlichen dorischen Säulen angeordneten Triglyphen wurden von nun an auf die Säulenachsen und auf die Mitte des Interkolumniums ausgerichtet. Diese Entwicklung scheint weder durch soziökonomische noch durch technische Neuerungen ausgelöst worden zu sein.

Welterzeugung – *kosmopoiia*

Die Furcht vor Verunreinigung (*miasma*) und das Bedürfnis nach Reinigung – *katharsis* im ursprünglichen

Heratempel, Paestum.
Mittelschiff von Ost nach West.
Foto Serge Moulinier.

Sinne — waren unter Umständen ausschlaggebend dafür, dass man den Tempel (*temenos*) vom umgebenden Land abzutrennen und einzufrieden begann.[231] Aus denselben Motiven ging man möglicherweise dazu über, spezielle Kultstätten, also bestimmten architektonischen Gesetzen unterworfene Tempel, zu errichten. Der *temenos* — ein abgetrennter Ort innerhalb eines abgegrenzten Bezirks —, »eine Welt innerhalb einer Welt«[232] wurde aufgrund seiner gleichmäßigen Kolonnade und seines geordneten Aufbaus zum Symbol für Reinheit. Im *temenos* spiegelte sich das Weltbild der alten Griechen (*kosmeo*) wider. Fragmentarische Überlieferungen der Theorien des Pythagoras enthalten derartige Denkansätze. Pythagoras[233] soll als erster griechischer Philosoph das Wort *kosmos* in der Bedeutung »Welt« und »Ordnung« verwendet und »*katharsis*« — die Reinigung — mit »Regelmäßigkeit« gleichgesetzt haben. Dieses Wort findet sich jedoch bereits bei Homer und

Hesiod und zwar für weiblichen Schmuck. Überdies findet sich kein Indiz dafür, dass die Beseitigung architektonischer Unregelmäßigkeiten und die Ausbildung des klassischen Kanons unter dem Aspekt bestimmter Rituale oder göttlicher Reinigungszeremonien erfolgten.

Andererseits ist die Vermutung naheliegend, dass der Peripteros von den Bewohnern der damals aufstrebenden Gemeinwesen allmählich mit anderen Augen gesehen wurde, dass sich die umlaufende Kolonnade zum typischen Kennzeichen entwickelte, das den Tempel zum sichtbar abgegrenzten *Objekt* erhob. Eine Kolonnade umschreibt, gleich einer Mauer, ein umfriedetes Stück Land. Zudem verlieh die Säulenreihe vor der im Schatten liegenden Mauer des Naos dem Tempel eine markante Struktur, die sich viel deutlicher von der Umgebung abhob als eine schlichte Lehmziegelmauer. Die gleichmäßig geformten und

Concordiatempel, Agrigent (Akragas).
Haupteingang an der Ostseite des Tempels.
Foto Serge Moulinier.

angeordneten Säulen verstärkten diesen Effekt, indem sie eine »illusionäre Kontur«[234] schufen. Der *temenos* entwickelte sich zu einer kognitiven Einheit, zu einer makellosen »Welt in einer Welt«[235]. Die Schaffung einer Kolonnade und ihre sorgfältige Abstimmung auf die übrigen Elemente des Bauwerks — *kosmein,* eine Welt erschaffen — zeugen jedoch nicht nur von weltanschaulichen Überlegungen, sondern stellen gleichzeitig eine wichtige Etappe in der Ausbildung eines kohärenten architektonischen Konzepts dar.

Der Mensch besitzt von Natur aus die Gabe, seine Wahrnehmungen in Stein zu meißeln — eine grundlegende Fähigkeit, ohne die Erfahrungen nicht gesammelt und zu einem Wissensschatz angehäuft werden könnten, ohne die kein Austausch, keine lebensnotwendige Kommunikation möglich wäre. So gesehen handelt es sich bei Objekten nicht um »Dinge, welche die Welt da draußen ausmachen«, die »nicht von

menschlichen Vorstellungen beeinflusst« sind, sondern die im Gegenteil der menschlichen Vorstellungskraft entspringen. Sie werden ebenso »begriffen«[236] wie physikalische Gegenstände, nur dass dieses »Begreifen« durch den Verstand erfolgt. Gleichzeitig richtete sich die Gestalt dieser mentalen Objekte durchaus nach den Zwängen in der Welt »da draußen«. Diese Interaktion zwischen »Hand und Kopf« war eine unabdingbare Voraussetzung für das menschliche Überleben.

Das Entwickeln solcher mentaler Objekte — etwa beim Gang durch die Straßen einer Stadt — kann auf passive, einfache und automatische Weise erfolgen. Parallel dazu löst die Identifizierung und das Nachdenken über diese Objekte jedoch einen aktiven, komplexen und bewusst ablaufenden Denkprozess aus. Dieser beruht auf im Laufe der Geschichte entwickelten geistigen Werkzeugen, Denkgebäuden und -methoden, welche von den Vorstellungen und Sehnsüchten der jeweiligen Gesell-

Heratempel (Poseidontempel), Paestum.
Die oberen Gebäudeteile auf der Südseite.
Foto Serge Moulinier.

schaft künden. »Es gibt keine andere Totalität als all die Objekte, die da sind.« Das Weltbild wird durch Individuen, Institutionen und Gemeinschaften geprägt. Erst durch sie werden Objekte zu solchen gemacht. Ihre Entscheidungen zeitigen tiefgreifende wirtschaftliche, soziale und technische Folgen. Vor diesem Hintergrund versteht man den geradezu zwanghaften Drang, in der Architektur wie auf allen — damals in großer Zahl neu aufkommenden — Gebieten menschlicher Betätigung Objekte zu identifizieren und zu klassifizieren. Die Zeitspanne zwischen der archaischen und der klassischen Periode ist in gewisser Weise einzigartig. Wie Sokrates in *Euthyphron* ausführt, wird in dieser Zeit nicht nur eine weitere Reihe neuer Objekte geschaffen, eine weitere, mit einer Serie neuartiger Objekte bestückte Welt, sondern es wird eine Denkmethode entwickelt, die »es *Fremden* ermöglicht«, neue Objekte und neue Welten zu konzipieren.

Säule und Zahl

Das Kernstück der systematischen Architekturtheorie und des allmählich aufkommenden klassischen Kanons bildet die Kolonnade. Sie erhob den Tempel zu einem Objekt. Die rundum verlaufende Kolonnade schuf mit ihren gleichförmigen und gleichmäßig angeordneten Säulen eine »illusionäre Kontur«, eine erkennbare Einheit. Sie bestand ihrerseits aus einer Vielzahl exakt definierter, auf Anhieb erkennbarer und zählbarer Einzelteile — den Säulen —, anhand deren Ähnlichkeiten oder Unterschiede sich die jeweiligen Tempel in verschiedene Kategorien einteilen ließen. Die verbindliche Festlegung von Gestalt und Abstand der Säulen entsprang keinem vagen Bedürfnis nach einer »Ordnung«, sondern erfolgte im Rahmen der Entwicklung einer umfassenden Architekturtheorie. Präziser gesagt, die Erweiterung des Tempels um eine Kolonnade legte

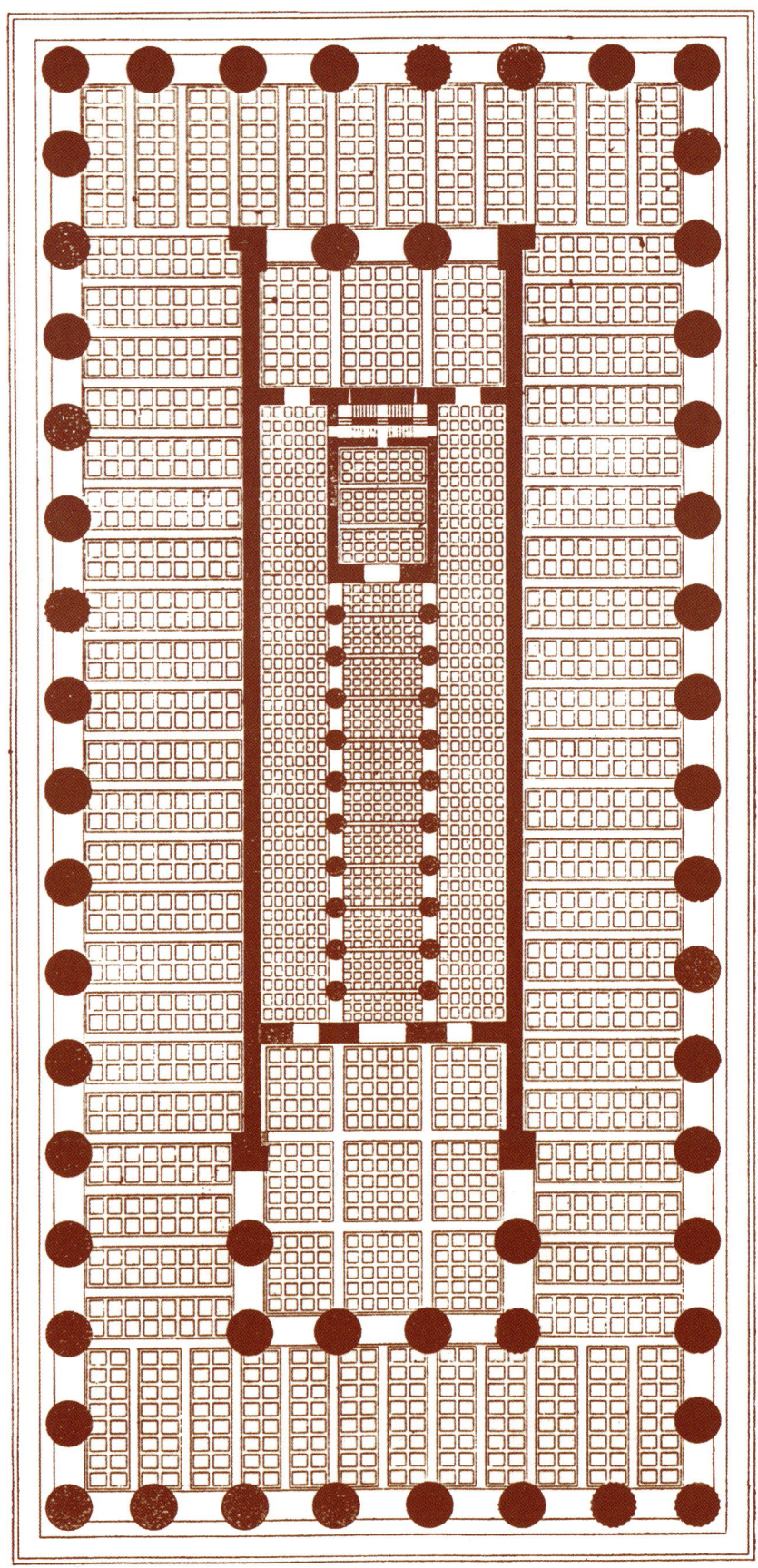

Tempel G, Selinunt (520–um 475 v. Chr.).
Plan der Decke.
Nach Kohte (1915).

den Gedanken nahe, eine Methode zur Kategorisierung baulicher Objekte zu ersinnen, die wiederum die Tendenz verstärkte, Normen für Säulen und Interkolumnien zu entwickeln.

Derart abstrakte und komplexe geistige Entwicklungen setzten nicht nur auf dem Gebiet der Architektur, sondern auch in der Musik, der Dichtkunst und in der Philosophie ein. Die Resultate sind bei Vitruv (Buch III, Kap. 3) zusammengefasst. Unter Heranziehung früherer Schriften klassifiziert Vitruv die verschiedenen Tempel anhand der Säulenzahl. Die von ihm verwendeten griechischen Bezeichnungen deuten darauf hin, dass dieses System bereits in Griechenland entwickelt worden war. Ein Tempel, dessen Frontkolonnade vier Säulen zählte, hieß *Tetrastylos*. Ein *Hexastylos* wies sechs, ein *Oktastylos* acht und ein *Dekastylos* zehn Säulen auf. Parallel dazu präsentiert Vitruv ein weiteres, auf einem Zahlenverhältnis – zwischen Säulendurchmesser und Säulenabstand – basierendes Klassifikationsschema. Ein Mal mehr ist die entsprechende Terminologie aus dem Griechischen entlehnt: *Pyknostylos* bezeichnet einen Tempel, dessen Interkolumnium 1,5 Säulendurchmesser beträgt, *systolos* meint ein Interkolumnium von 2 Säulendurchmessern, *eustylos* von 2,5, *diastylos* von 3 und *areaostylos* einen Tempel mit noch größeren Säulenabständen.

Die Normierung der Kolonnadensäulen und die Harmonisierung von Säule und Interkolumnium erfolgte – wie bereits erwähnt – im Lauf einer Jahrhunderte währenden Entwicklung. Parallel dazu kamen die Begriffe *genus* und *species* als wichtige Kategorien der Architekturtheorie sowie des klassischen Kanons auf. Es ist daher naheliegend, diese Tendenz, Bauwerke bis

in ihre kleinsten Einheiten und in Zahlenschlüssel zu zerlegen, in einen weiteren philosophischen Zusammenhang einzuordnen, nämlich in die Bemühungen der griechischen Denker[237], die Welt mit Hilfe ihrer elementaren Bestandteile und von Zahlenverhältnissen darzustellen. Pythagoras' Weltbild – *kosmos* – beruht auf der präzise berechneten Kombination elementarer Einheiten.[238] Auf dem Gebiet der Musik und der Musiktheorie erzielte Pythagoras einen entscheidenden Durchbruch, indem er den Ton mit Zahlen, mit der Saitenlänge einsaitiger Streichinstrumente kombinierte. Manche seiner Schüler waren dagegen weniger erfolgreich. So schildert beispielsweise Alexander von Aphrodisias in seinem Aristoteleskommentar[239], dass Eurytus die menschliche Gestalt anhand der Zahl 250 definierte und anschließend den grob skizzierten Umriss eines Menschen mit ebenso vielen kleinen Kieselsteinchen auslegte. Auch Platon erklärt – unter dem Einfluss von Pythagoras – in seinen Schriften, namentlich in der berühmten Passage seines Dialoges *Timaios*, die Welt als eine Kombination aus Zahlen und kleinen »teilbaren Körpern« – *ta somata meristou*[240]. Außer in Vitruvs fünftem Buch über das Theater findet sich jedoch kein Beleg dafür, dass die Lehre des Pythagoras Zahl und Abstand der Säulen des Pterons beeinflusste. Die einzelnen Tempel wiesen sowohl vorne als auch seitlich unterschiedlich viele Säulen auf. Der Apollontempel in Bassai und der ältere Apollontempel in Korinth besaßen bekanntlich 6 x 15 Säulen. Andere Tempel wiederum verfügten – aus unbekannten Gründen – über 6 x 12, 6 x 13, 6 x 14 oder 6 x 17 Säulen. Eine Untersuchung sämtlicher antiker Tempel Griechenlands lässt keinerlei auf der Säulenzahl beruhen-

Athenatempel (früher Demetertempel), Paestum.
Foto Serge Moulinier.

des Ordnungsprinzip erkennen und liefert keinen Hinweis darauf, dass es eine Verbindung zwischen der Anzahl der Säulen und dem Weltbild von Pythagoras oder Platon gab. Dies hielt die Architekten des Spätmittelalters und der Renaissance jedoch nicht davon ab, Platons *Timaios*, Vitruvs *De Architectura* und die Bibel zu einem synkretistischen System zu kombinieren, innerhalb dessen Pythagoras' und Platons Lehren eine gewichtige Rolle spielten. Dieses System erhob zwar Anspruch auf Allgemeingültigkeit und berief sich auf antike Vorbilder, hatte aber in Wirklichkeit kaum etwas mit klassischer Architektur der griechischen Antike zu tun.[241]

Taxis und *merologia*

Vitruvs rein deskriptive Vorgehensweise, die Tempel nach Zahlen zu klassifizieren, ist alles andere als systematisch. Für die architektonische Planung ist sie nur von begrenztem Nutzen. Die Einführung des Pteron dagegen war für die griechische Architektur von entscheidender Bedeutung. Erneut ging es darum, Bauwerke zu kategorisieren — diesmal allerdings nicht anhand von Zahlen, sondern aufgrund der Topologie, d. h. der aneinander gefügten Gebäudeteile (*meroi*), ohne Rücksicht auf deren Gestalt und Zahl. Mit der getrennten Untersuchung der einzelnen Gebäudeteile (*merologia*) war der Grundstein zu einer systematischen Architekturbetrachtung gelegt.

Am Anfang seines Werkes erörtert Vitruv die vorschriftsmäßige Raumaufteilung eines Gebäudes. Den griechischen Begriff *taxis* übersetzt er mit dem lateinischen Wort *ordinatione* und bezeichnet ihn als »Konsti-

tuente« der Architektur. Deren Abgrenzung gegenüber der sogenannten *diathesis* bzw. *dispositione* ist jedoch schwer nachzuvollziehen, und die Einführung des Begriffs *ideae* im Zusammenhang mit *ichnographia, orthographia* und *scenographia* stiftet endgültig Verwirrung. Sie stehen für die verschiedenen architektonischen Abbildungsverfahren — Grundriss, Aufriss und perspektivische Darstellung. Die aristotelische *Metaphysik* enthält eine verständlichere Darstellung der Raumaufteilung und der Taxis als geordnete Abfolge von Objekten. Taxis und Schönheit (*to kalon*) werden die Unordnung (*ataxia* und *aischron*) gegenübergestellt. In diesem Zusammenhang geht Aristoteles auch auf Formgebung und Position als Grundelemente von Demokrits Naturphilosophie ein. Doch interpretiert Aristoteles Demokrits *diathige* im Sinne seiner eigenen *taxis,* seines persönlichen, statischen Raumverständnisses[242], das auch in einem anderen seiner Texte — in der *Poetik* — anklingt. Letztere befasst sich hauptsächlich mit dem Dichten von Tragödien[243] und enthält keine direkten Aussagen zur Architektur. Dennoch geht es in diesem »Lehrbuch« mehrfach um die Anfertigung anderer Artefakte sowie um die Frage, wie aus welchen Teilen sich Tiere oder ein beliebiges »Objekt« (*apan pragma*) zusammensetzt und wann es als *kalon,* als wohlgefällig, zu bezeichnen ist.

Ein Objekt — ganz gleich welcher Art — soll laut Aristoteles aus »lieblichem« Material, aus »wohlgefälliger Sprache« bestehen. Vor allen Dingen aber muss es »vollständig« (*teleon*) und »ganz« (*holon*) sein und stets als ein Ganzes betrachtet werden. Um vom »menschlichen Verstand leicht erfasst« und vom »Gedächtnis leicht gespeichert« werden zu können,

Heratempel (Poseidontempel), Paestum.
Foto Serge Moulinier.

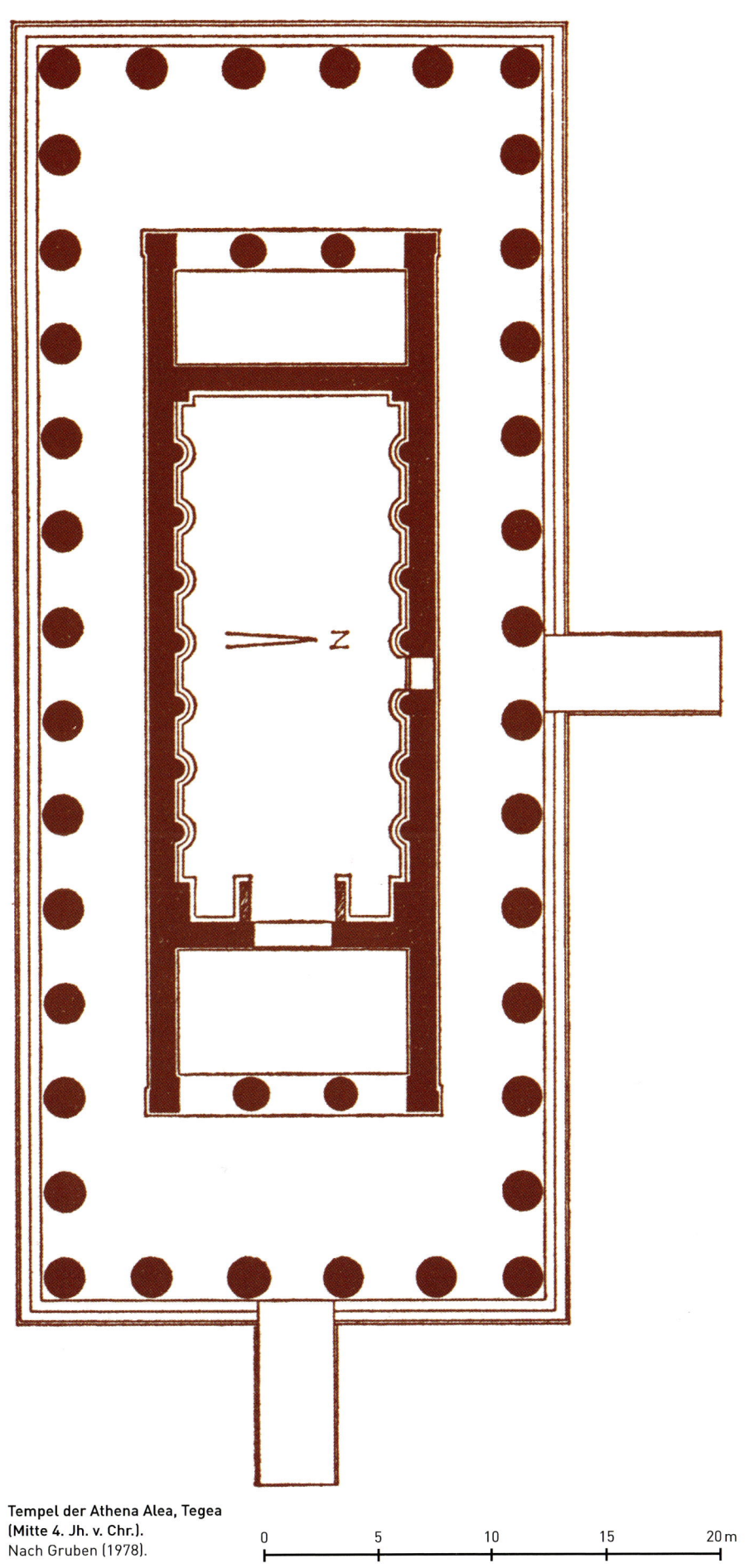

Tempel der Athena Alea, Tegea (Mitte 4. Jh. v. Chr.). Nach Gruben (1978).

0   5   10   15   20 m

muss es eine bestimmte Größe aufweisen: Es darf weder zu groß noch zu klein sein. Ferner besteht es aus Einzelteilen (*moria*), die es nach gewissen Regeln (*tetagmena*) anzuordnen gilt.

Der dreiteilige Aufbau

Für Vitruv ist das Verhältnis zwischen Kolonnade und Naos das entscheidende Kriterium. Er teilt (in Buch III, Kap. 2) die Tempel in entsprechende Kategorien ein, deren griechische Bezeichnungen den Leser glauben machen, sie seien bereits in der griechischen Antike geläufig gewesen: Der *Prostylos* besaß eine der Vorderfront vorgelagerte Säulenreihe, der *Amphiprostylos* hatte zusätzlich eine Säulenreihe an der rückwärtigen Front, während der *Peripteraltempel* ganz von Säulenreihen umgeben war und der Antentempel (*naos en parastasin* oder *in antis*), dessen Naosmauern von Pilastern begrenzt wurden, bar jeglicher Kolonnade war.

Dieser auf den ersten Blick rein deskriptiven Einteilung liegt – wie die Präfixe *pro-, amphi-* und *peri-* belegen – ein wohl durchdachtes Raumkonzept zugrunde, »eine gegliederte Struktur, anhand derer sich die Objekte in ihre Bestandteile zerlegen ließen«[244]. Die Objekte werden in einzelne Komponenten zerlegt, die zueinander in Beziehung gesetzt werden. Ein Peripteros bestand demzufolge aus einem Naos, einem vorderen und einem rückwärtigen Pteron sowie aus zwei seitlichen. Der Grundriss ergibt ein dreiteiliges Gefüge[245] beziehungsweise ein aus neun Quadraten (drei mal drei) bestehendes Muster, dessen Mittelpunkt der Naos und dessen Peripherie das jeweilige Pteron markiert. Diese peripheren Komponenten können entweder – ihrer geografischen Anordnung folgend – als östliches, südliches, westliches und nördliches oder aber – aus der Sicht eines sich nähernden Besuchers – als vorderes, rückwärtiges, linkes und rechtes Pteron bezeichnet werden.

Mit Hilfe der Kategorien »unten«, »Mitte« und »oben« konnte dieses Grundschema um eine dritte – die räumliche – Dimension erweitert werden. Dieses aufgrund seines einfachen Zuschnitts unschwer zu begreifende Schema avancierte rasch zum Standardbauplan. In der Renaissance wurde es von Cesariano[246] aufgegriffen, der die einzelnen Bauelemente mit Buchstaben versah. J. N. L. Durand entwickelte es gegen Ende des 18. Jahrhunderts erneut weiter, indem er den dreiteiligen Aufbau statt mit Hilfe von Quadraten entlang von Achsen darstellte.[247] Die Hierarchie der ineinander verschachtelten, mehrfach verwendeten Bauteile war fortan viel leichter zu erkennen. Durands ursprünglich für die Studenten der École polytechnique konzipierte Darstellungsmethode wurde in der zweiten Hälfte des 19. Jahrhunderts von zahlreichen Architekten übernommen. Sie erlaubte es, Gebäude allgemein zu kategorisieren und im Rahmen eines »präparametrischen« Vorentwurfs gleichzeitig architektonische Alternativen zu ersinnen. Der auf Effizienz bedachte Durand propagierte einen linearen Planungsprozess – vom groben Entwurf bis zum genauestens ausgearbeiteten Detail. Je nachdem, ob es um die Konzeption eines neuen Artefakts oder um die Analyse eines bereits bestehenden Kunstobjektes geht, wird das Schema dabei mehr oder weniger oft unterteilt. Derlei Überlegungen waren den Autoren der griechischen Antike, welche der Taxis

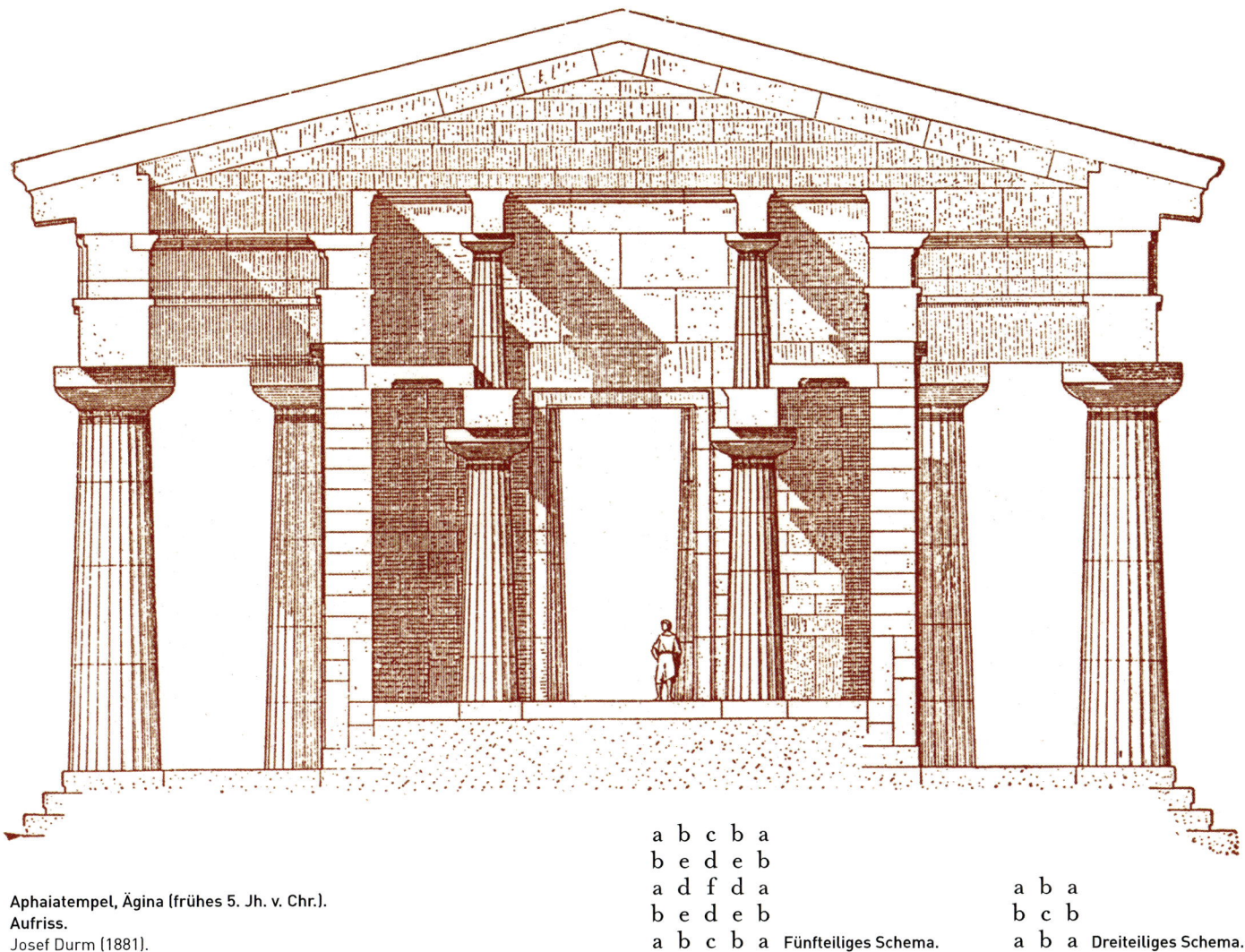

Aphaiatempel, Ägina (frühes 5. Jh. v. Chr.).
Aufriss.
Josef Durm (1881).

```
a  b  c  b  a
b  e  d  e  b
a  d  f  d  a                       a  b  a
b  e  d  e  b                       b  c  b
a  b  c  b  a  Fünfteiliges Schema.  a  b  a  Dreiteiliges Schema.
```

mit den Gesetzen der Poetik und der Rhetorik beizukommen suchten, vollkommen fremd. Sie finden sich noch nicht einmal bei Vitruv.

Wie bereits erwähnt, muss ein »vollständiges Ganzes« laut der *Poetik* von Aristoteles in wohlgeordnete Bestandteile untergliedert (*tetagmenon*) sein. Anders als Vitruv stellt Aristoteles ausdrücklich fest, dass ein regelgerechtes Kunstwerk einen dreiteiligen Aufbau vorzuweisen hat. Ein Ganzes besteht prinzipiell aus einem »Anfang, Mitte und Ende«. Das wesentliche Kriterium ist weniger die Zahl drei – weitere Unterteilungen sind durchaus möglich – als vielmehr die Forderung nach einem Abschluss. Ein Kunstwerk besitzt einen Anfang (*arche*) und ein Ende (*eschaton*), die den Mittelteil (*meson*) einrahmen. Nicht nur in seiner *Poetik*, sondern auch in seiner später verfassten *Rhetorik* propagierte Aristoteles einen geordneten, dreiteiligen Aufbau (*tattein*), der die Rede »gut verständlich« (*eusynoptos*) mache.

Den Mittelteil zerlegt er in zwei Hälften – die Darlegung der rechtlichen Problematik und die Beweisführung – schließlich will der Redner sein Publikum überzeugen.

Dieses dreiteilige – deskriptive und erklärende – Schema sollte laut Aristoteles für die Darstellung, Erforschung und Analyse bestehender Kunstwerke herangezogen werden. Gleichzeitig verstand es sich als normative Handreichung zur Planung und Ausgestaltung neuer Werke. Das keineswegs von Aristoteles erfundene Schema entspringt einer viel früher einsetzenden, weit verzweigten Entwicklung auf anderen Gebieten des geistigen und kulturellen Lebens, die zeitgleich zum Aufkommen des Peristyls und zum Verschwinden der einzelnen zentralen Kolonnade verläuft. Bereits Korax von Syrakus, der als Erster (in der zweiten Hälfte des 5. Jahrhunderts) ein Lehrbuch der Rhetorik verfasste, erörterte die Möglichkeit, durch die Einfügung von zwei

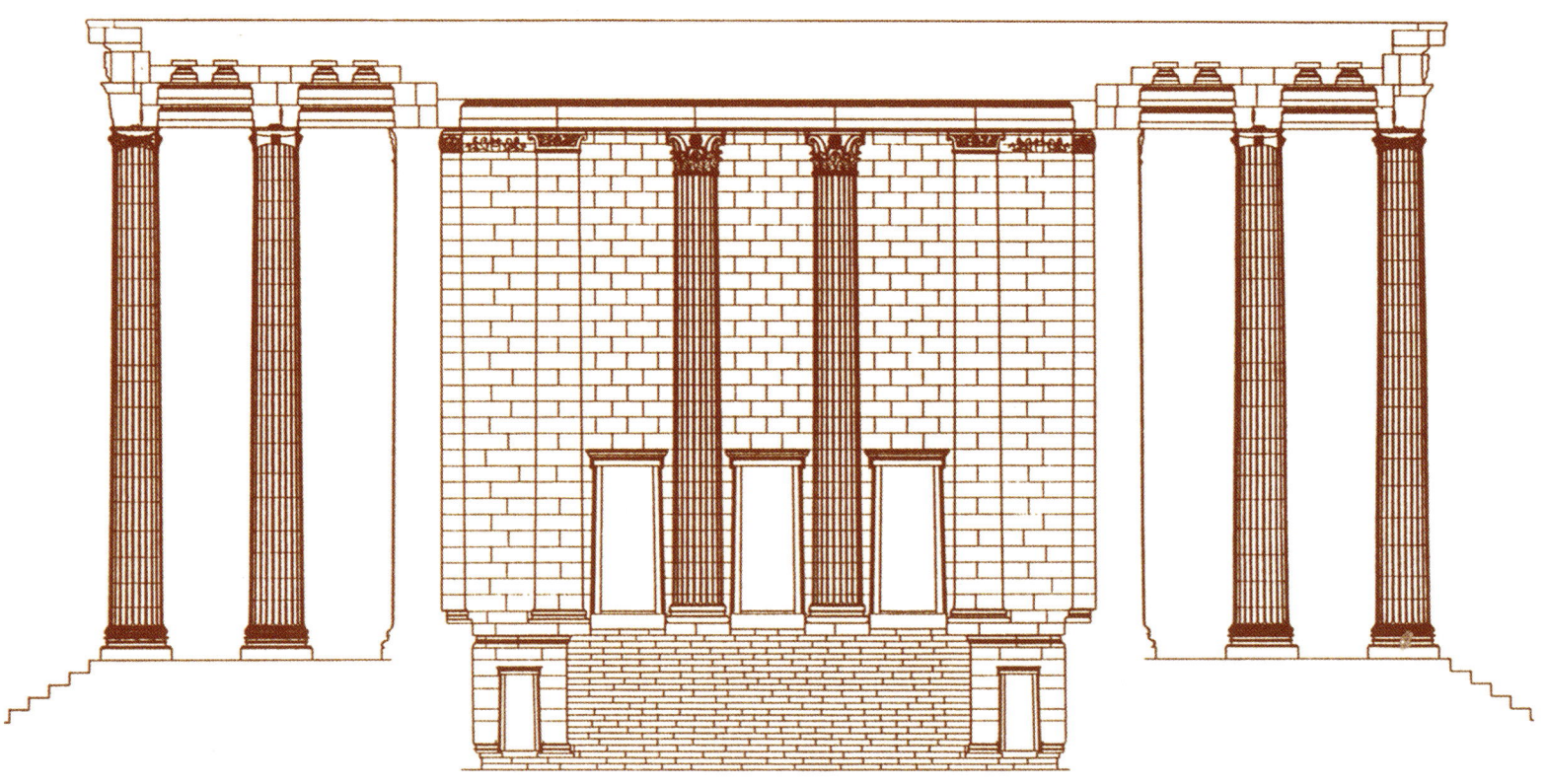

Apollontempel, Didyma. Aufriss.
Nach H. Knackfuss. H. Berve und G. Gruben (1978).

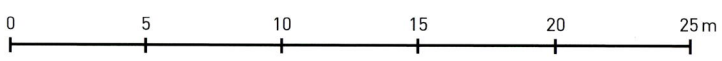

0   5   10   15   20   25 m

Zwischenelementen eine fünfteilige Rede zu konzipieren. Der Lyriker Alkman verfasste dreiteilige Gedichte. Während in Selinunt am dreiteiligen Tempel C gearbeitet wird, verkündet Stesichoros von Himera (632–556 v. Chr.)[248] die Lehre von den »berühmten Drei« – *strophe, antistrophe* und *epôdos*. Dem Vorbild des Musikers und Dichters Terpanders von Lesbos[249] folgend, der im 7. Jahrhundert im Gegensatz zum offenen Aufbau der Epen Homers ein geschlossenes siebenteiliges Schema entwickelte, verfasste Pindar seine Oden in drei, durch Überleitungen verbundenen Teilen. Daraus resultierte ein fünfteiliges Schema, wie es im Artemistempel von Korfu bereits verwirklicht worden war und zu Pindars Lebzeiten im Aphaiatempel in Ägina und im Zeustempel von Olympia Anwendung fand. Hin und wieder entwickelte Pindar in Anlehnung an sein Vorbild Terpander das fünfteilige Schema noch weiter, indem er zwei weitere Elemente einfügte und somit wieder zu einem siebenteiligen gelangte. Wie der Mittelteil des Naos das wertvollste Kultobjekt des Tempels – die Götterstatue – barg, so enthielt der Mittelteil von Pindars Oden – der nicht von ungefähr *omphalos* (Nabel) hieß – die Schilderung eines zentralen Mythos.

Bisher erfolgte die Analyse hauptsächlich entlang der Querachse des Bauwerks. Wählt man statt dessen die Längsachse, ergibt sich genau dieselbe Aufschlüsselung der einzelnen Elemente. Die Aufgliederung in drei Teile ist ebenfalls vielfach belegt: vom archaischen Artemistempel in Korfu – mit Pronaos, Naos und geschlossenem Adyton – bis hin zum klassischen Apollontempel in Bassai und jenem in der zweiten Hälfte des 4. Jahrhunderts errichteten Tempel, den sein hel-

lenistischer Baumeister Pytheos mit einem dritten Element in Form eines flachen Opisthodomos versah. Das herausragendste Beispiel stellt der Artemistempel in Magnesia dar, dessen Erbauer Hermogenes von Priene von Vitruv sowohl für die architektonische Leistung als auch für seine Beschreibung des Bauwerks gerühmt wurde. Wie bereits erwähnt, ist dieser Tempel ein *peripteros* – das heißt er ist ringsum von Säulen umgeben – und sein Naos ist in einen Pronaos, den eigentlichen Naos und den Opisthodomos unterteilt. Die Proportionen dieses dreiteiligen Gebäudes sind 2 : 2 : 1. Vitruv gibt sie in seiner Abhandlung jedoch mit 2 : 3 : 2 wieder. Dies wirft einmal mehr die Frage auf, inwieweit Vitruvs theoretischer Text tatsächlich Praxis und Theorie der griechischen Baumeister der Antike widerspiegelt. Gleichzeitig stellt sich die Frage, wann ein Bauwerk als vorschriftsmäßig, als dem Kanon entsprechend, galt und wie dieser Kanon exakt definiert ist – ein Problem, auf das zu einem späteren Zeitpunkt eingegangen werden soll.

Zunächst wollen wir uns erneut dem dreiteiligen Aufbau als einem wichtigen Element des Kanons zuwenden. In seiner *Rhetorik* bezeichnet Aristoteles den Anfang einer Rede (*prooimion*), den Auftakt eines Gedichts (*prologos*) und das Vorspiel eines Flötenstücks (*proaulion*) als analoge Elemente[250]. Alle drei sind »Anfänge« (*odopoiesis*), die auf nachfolgende Teile verweisen. Pindar streicht in seiner vierten olympischen Ode die Analogie zwischen Architektur und Rhetorik heraus, indem er den *prologos* mit der Giebelfront eines Bauwerks (*ergou prosopon*) gleichsetzt, dessen »goldene Pfeiler des Portikus« (*prothyro*) durch ihren strahlenden Glanz schon von weitem auf das Gebäude (*megaron*) aufmerksam machen. Diese Parallele sowie die vielfachen Übereinstimmungen mit Strukturen aus anderen Kunstgattungen soll jedoch nicht als Hinweis auf eine wie auch immer geartete »Weltsicht« interpretiert werden. Sie belegt vielmehr, dass es im damaligen Griechenland mit seinen unzähligen, miteinander in Wissbegier wetteifernden Stadtstaaten gang und gäbe war, Informationen auszutauschen, zu diskutieren, zu kritisieren und interdisziplinär zu lernen, um einen heutigen Ausdruck zu gebrauchen. Dies spiegeln Texte – wie die Dialoge von Sokrates –, aber auch Orte wider, wie etwa die Agora mit ihren Wandelhallen (*stoa*) und ihren öffentlichen Speiseplätzen. Dass die Griechen sich in sämtlichen Kunstgattungen – in Lyrik, Dramatik, Rhetorik, Musik und Architektur – mit diesem stets ähnlichen Schema befassten, lässt darauf schließen, dass sie die in allen Bereichen wirksame treibende Kraft zu erforschen suchten. Manche glaubten – wie Anaxagoras, ein Freund des Perikles – an ein »gestaltendes Prinzip« (*kosmopoiia*), das sich des menschlichen Verstandes bedient.[251]

Wie bereits erwähnt, wurde im Zusammenhang mit der Entwicklung einer *Poetik* der Architektur das Gebäude in der griechischen Antike stets bewusst als »Ganzes« wahrgenommen – eine wichtige Voraussetzung für das Aufkommen bestimmter Raumvorstellungen, die schließlich in den so genannten klassischen Kanon münden sollten. Von entscheidender Bedeutung war die neu entwickelte Tempelform des Peristyls, dessen Naos von einer Säulenreihe umgeben wird. Die Säulen vermittelten dem Tempel eine illusionäre Kontur; sie grenzten ihn ab und machten ihn zu einem Objekt (*zo on*), auf das man deuten und auf das Bezug genommen werden konnte. Die zunehmend regelmäßige Gestaltung und Anordnung der Säulen des Peristyls steigerte die einheitliche Wirkung spürbar. Kolonnaden und Wände unterteilten das Tempelinnere in einzelne Segmente, ließen Unregelmäßigkeiten in der Raumaufteilung offenkundig werden und markierten die Grundbestandteile des Bauwerks: Naos und Pteron. Die aufkommende dreiteilige Anlage funktioniert nach dem Baukastenprinzip. Der Tempelplan enthält detaillierte Angaben darüber, wo einzelne Komponenten – beispielsweise die Säulen – anzubringen sind. Sämtliche Elemente dieser »kognitiven Landkarte« sind aufeinander bezogen. Man kann ihr entnehmen, in welchem Verhältnis etwa eine bestimmte Säule zu einer anderen oder zu einer Tür beziehungsweise zum ganzen Gebäude steht. Dieses Schema stellt das Pendant zum Plan einer Tragödie dar, wie ihn Aristoteles in seiner *Poetik* beschrieb. Auch ihm ist genauestens zu entnehmen, wo eine Handlung abläuft und wo ein Schauspieler die Bühne betritt, um in die Handlung einzugreifen.

Es ist wichtig, darauf hinzuweisen, dass dieser Bauplan den Standort der einzelnen Objekte nicht vom Standpunkt eines bestimmten Betrachters aus schildert, sondern auf »absolute« beziehungsweise »allozentrische« Weise. Die Anordnung der Säulen, Türen, Statuen sowie deren Wechselbeziehung kann demzufolge von jedem beliebigen Standpunkt aus *gedacht* werden, ohne sie vom Standpunkt des Betrachters aus zu *sehen*.[252]

Die Arten der Architektur

Nachdem wir erörtert haben, wie die griechischen Architekten der klassischen Antike den Standort der einzelnen Objekte ermittelten – die *taxis* –, soll im Folgenden der Frage nachgegangen werden, *welcher Art* die fraglichen Objekte waren. Im Mittelpunkt der Betrachtung soll jedoch nicht von Anfang an der Tempel als Ganzes, sondern zunächst die einzelne Säule stehen. Die Säule als isoliertes Objekt, das aus seiner Einbindung in das Gesamtobjekt, das Gebäude, herausgelöst ist. Die Säule bietet sich deshalb an, weil es historisch erwiesen ist, dass gerade anhand dieses Elements das Konzept der »Arten« im klassischen Kanon der Architektur logisch und morphologisch entwickelt wurde. Der folgende Abschnitt befasst sich daher mit der Frage, wie Säulen »individualisiert« werden, aufgrund welcher Merkmale sie sich identifizieren lassen und wie sie sich zu den in Platons Dialog *Euthphron* entwickelten Kategorien *genus* und *species* verhalten. Schließlich soll dargelegt werden, dass sich das hinsichtlich der Säulen Festgestellte auf jedes beliebige »Objekt«[253] anwenden lässt – auf Pilaster, Wände, Geländersäulen, Türen, Fensteröffnungen, Türvertäfelungen, Sockel bis hin zu Einrichtungsgegenständen wie Tischen, Stühlen und Leuchtern.

Bevor die eigentliche Analyse beginnt, sei mir eine abschließende Bemerkung zur Terminologie gestattet: Ich habe mich ganz bewusst für den Begriff »Art« anstelle von »Ordnung« entschieden. In den antiken Quellen taucht kein einziges Mal der Begriff der architektonischen »Ordnung« auf. Wenn antike Schriftsteller wie Pausanias ein Bauwerk identifizieren, bezeichnen sie es schlicht und einfach als dorisch, ionisch oder korinthisch. Vitruv – der großen Wert auf Systematik legte – verwendete den Terminus *genera* – »Arten«. Erst nach der Renaissance kam allmählich der Begriff der »Ordnungen« auf[254], wobei *ordo* ursprünglich nichts anderes war als die Übersetzung des griechischen Wortes *taxis*. Sebastiano Serlio benutzt fast ausnahmslos den Terminus *genera* und die meisten italienischen und französischen Architekturtheoretiker des 17. Jahrhunderts folgten seinem Beispiel.

Was sind nun die Charakteristika dorischer, ionischer und korinthischer Säulen? Zum Ersten setzen sie sich aus einzelnen Bestandteilen zusammen, die ihrerseits eine bestimmte Zahl von Unterteilungen aufweisen. Zweitens variieren die Proportionen dieser einzelnen Bestandteile – mit diesem Kriterium beschäftigten sich Vitruv und die klassische Architektur im Anschluss an die Renaissance besonders intensiv.[255] Und drittens war die Beschaffenheit ihres Profils ebenfalls unterschiedlich.

Zunächst sollen die einzelnen Teile einer Säule betrachtet werden. Die Säulen lassen sich ebenso in – senkrechte – Segmente untergliedern wie das gesamte Gebäude. Wie der Tempel soll die Säule in Teile zerlegt werden, die anschließend ihrerseits wieder in einzelne Elemente unterteilt werden.

Wer die antiken Bauwerke betrachtet und die entsprechenden griechischen (und römischen) Quellen studiert, entdeckt, dass alle antiken griechischen Säulen sich – ganz gleich ob es sich um dorische, ionische oder korinthische handelte – aus einem Kapitell und einem Schaft zusammensetzten. Dorische Säulen standen direkt auf dem Boden auf, während ionische und

Parthenon, Akropolis, Athen.
Detail eines Kapitells.

korinthische über eine Basis verfügten. Der klassische Kanon der Architektur, den die Römer von den Griechen übernahmen und der zur Zeit der Renaissance seine endgültige Form erhielt, vermochte sich mit der dorischen Ausnahme nicht abzufinden und versah deshalb häufig auch dorische Säulen mit einer Basis. Man betrachte nur Serlios kanonische Übersicht der architektonischen Arten am Anfang dieses Buches. Claude Perrault hingegen berücksichtigte in seiner Vitruvübersetzung die archäologischen Erkenntnisse, indem er die dorische Säule ohne Basis abbildete. Die Tendenz, die architektonischen Arten zu vereinheitlichen, erwies sich jedoch als dermaßen hartnäckig, dass europäische Reisende oftmals irritiert waren, wenn sie in Griechenland zum ersten Mal auf eine antike dorische Säule ohne Basis stießen.

Betrachtet man nun den Tempel in seiner Gesamtheit – vom First bis zum Fundament –, stellt man fest,

dass die Säule stets zwischen zwei andere Elemente eingefügt ist: Darüber liegt das Gebälk (für das keine griechische Bezeichnung überliefert ist), darunter der Stylobat, die letzte Stufe des *krepidoma*. Diese wiederum besteht vielfach aus drei Teilen, die eine dreifach abgestufte Plattform ergeben. Das Gebälk setzt sich ebenfalls aus drei Teilen zusammen: bei ionischen Tempeln aus dem *epistylion* (Architrav), dem Fries mit seinen alternierenden Triglyphen und Metopen und dem *geison* (Gesims); bei dorischen Bauwerken aus den *taeniae* (Faszien), dem *zoophoros* (Fries) und dem Kranzgesims. Einige der genannten Elemente sind ihrerseits dreiteilig aufgebaut. Das ionische Kranzgesims gliedert sich in *sima* – das eigentliche Gesims –, Zahnschnitt und Faszien, die für gewöhnlich aus drei Bändern bestehen. Der dorische Triglyphenfries zeichnet sich infolge des zwischen zwei Faszien eingefügten Mittelbandes ebenfalls durch einen dreiteiligen Aufbau aus. Die

Metopen des Mittelbandes werden beidseitig von Triglyphen flankiert, welche — wie ihr Name besagt — drei senkrechte Rillen zieren.

Untersucht man die drei Bestandteile einer Säule — Kapitell, Schaft und Basis — entdeckt man, dass sie sich ihrerseits in weitere Elemente zerlegen lassen: Das dorische Kapitell setzt sich aus Abakus, Echinus und Halsring zusammen, das ionische aus Abakus, Voluten und Echinus. Das korinthische Kapitell wirkt zwar ungleich komplexer, besitzt aber mit Abakus, Voluten und Akanthusblättern ebenfalls einen dreiteiligen Aufbau. Im 16. Jahrhundert suchten Architekturtheoretiker wie Sebastiano Serlio und Philibert Delorme den dreiteiligen Aufbau des korinthischen Kapitells durch aufwändige Analysen und übereinander gelegte Schaubilder deutlich zu machen.[256]

Der Schaft der dorischen Säule hat eine obere Partie — den Hals — und einen mittleren Teil — mit 20, in scharfen Graten auslaufenden Kanneluren —, jedoch keinen unteren Abschluss. Der ionische und der korinthische Säulenschaft hingegen setzen sich aus drei Teilen zusammen. Der mittlere Abschnitt ist stets kanneliert. Die Kanneluren sind jedoch zahlreicher als bei der dorischen Säule — ihre Anzahl beträgt 24 — und überdies durch flache Stege getrennt. Der ionische Schaft wird nach oben von einem niedrigen Unterteil, das für gewöhnlich aus drei schmalen Elementen, einem *Astragal* (Perlstab), einer *Taenia* (Leiste) und einer *Apophyge* (konkave kurvierte Vermittlung), besteht, und einem oberen Teil mit kunstvollen Lotos- und Palmettverzierungen (gefolgt von Astragalen) begrenzt wie im Fall des einzigartigen, im 5. Jahrhundert errichteten ionischen Tempels von Locri (Kalabrien) oder des Erechtheion. Häufig besteht der obere Abschluss aus einem schlichten Astragalband.

Hephaistostempel (Theseion), Athen.

Wie bereits erwähnt, hat die dorische Säule keine Basis. Die kanonische Basis der ionischen und der korinthischen Säule besteht aus drei Elementen. Der dreiteilige Aufbau der Basis der Erechtheionsäulen ist unschwer zu erkennen. Auf eine obere *Spira* oder *Torus* (Wulst) folgt als zweites ein *Trochilos* (Hohlkehle) und als drittes wieder eine Spira. Dieser Aufbau gilt deshalb als kanonisch, weil er sehr weite Verbreitung fand und in jeglicher Hinsicht dem Gesamtkonzept entspricht. Seine dreiteilige Komposition ist offenkundig, und die Kymatien unterstreichen die Unterteilung in einzelne Elemente. Gerade Partien wechseln mit gekrümmten, konkave mit konvexen, hervorspringende mit zurückgesetzten, ebene mit schrägen. Die Liste dieser Eigenschaftspaare erinnert an die »binären Oppositionen« des Linguisten Roman Jakobson[257]. Sie verliehen der Säule ein abwechslungsreiches Profil, anhand dessen sie sich mühelos in ihre Komponenten zerle-

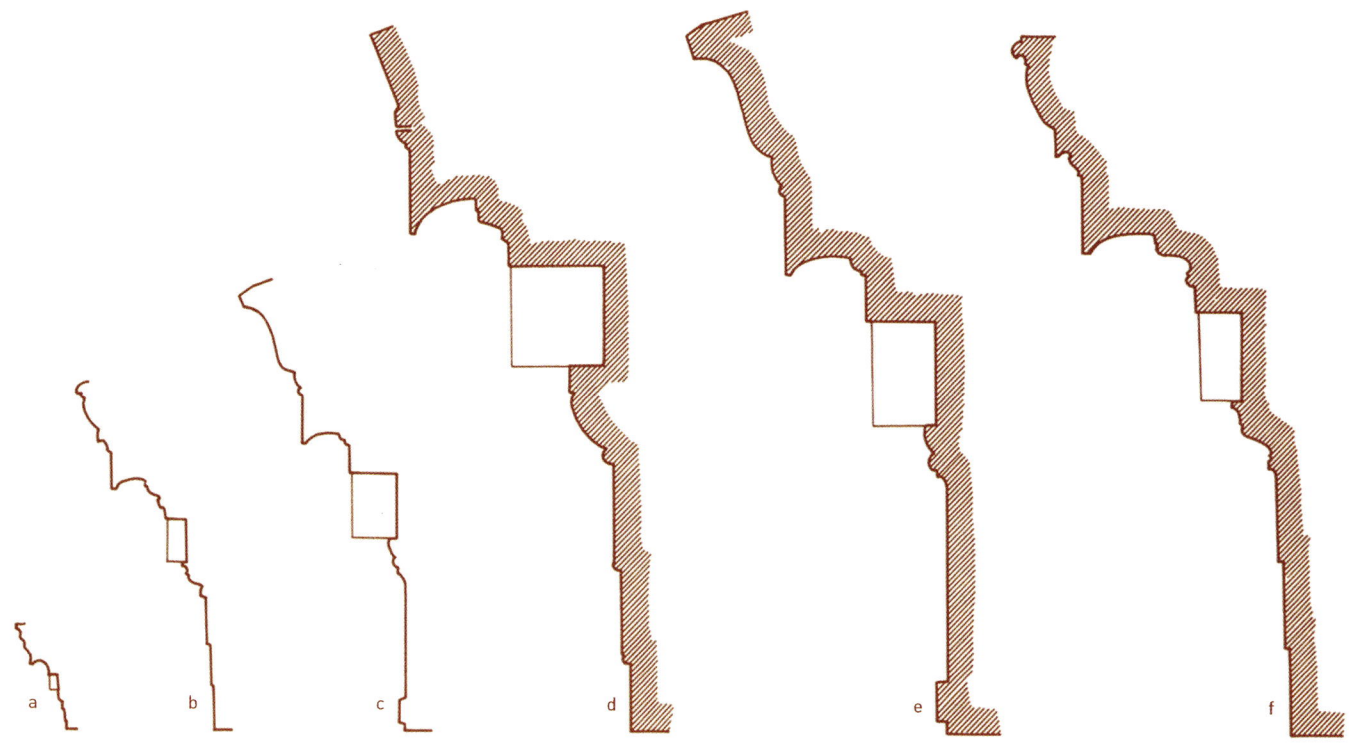

Gebälk (5. und 4. Jh. v. Chr.). Von links nach rechts:
a. Sarkophag aus Sidon.
b. Erechtheion, Akropolis, Athen, Karyatiden-Vorhalle (421–405 v. Chr.).
c. Nereidenmonument, Xanthos (400 v. Chr.).

d. Ionischer Tempel, Messa, Lesbos.
e. Nereidenmonument, Xanthos (400 v. Chr.).
f. Erechtheion, Akropolis, Athen, Karyatiden-Vorhalle (421–405 v. Chr.).

gen und zuordnen ließ. Im Sonnenlicht kamen die ein-zelnen Profile noch besser zur Geltung.

Mit der horizontalen Gestaltung der Säulen ver-hielt es sich ebenso. Erreichte die attisch-ionische Basis mit minimalen gestalterischen Mitteln — unter Ver-wendung binärer Oppositionen — ein maximales ver-tikales Profil, so erzielte das »horizontale« Profil des dorischen Säulenschaftes einen vergleichbaren Effekt. Die sanften Wellen der konkaven, in messerscharfen Graten auslaufenden Kanneluren prägen die konvexe Umrisslinie des Säulenschaftes.

Dieselben Kunstgriffe, die Verwendung »binärer Oppositionen« bezüglich der dreidimensionalen Ge-staltung, wurden mit gleichem Geschick und dersel-ben Gründlichkeit in der Skulptur beim Modellieren des menschlichen Körpers und bei der Berechnung des Faltenwurfs — beispielsweise bei den Karyatiden des Erechtheion und den Flachreliefs des Parthenon —

angewandt. Interessanterweise benutzt Aristoteles im Zusammenhang mit dem Profil den Begriff *rysmos* — eine andere Schreibweise für *rythmos*[258] —, der eine flie-ßende Abfolge der einzelnen Formen suggeriert.

Die Zerlegung der Säulenkomponenten in einzelne Bestandteile und das Ineinanderschachteln einzelner Teile lassen sich nicht endlos wiederholen. Früher oder später wird eine Grenze erreicht. Bestimmte architek-tonische Elemente, die *stoichea*, lassen sich nicht weiter unterteilen. Diese Grenze resultierte aus praktischen und kognitiven Zwängen. Man konnte einen Stein nur bis zu einem gewissen Grad bearbeiten, ohne dass sich Risse bildeten. Bestimmte Formen — die sogenannten »Urformen«[259] — ließen sich nicht mehr in noch ein-fachere geometrische Figuren zerlegen. In der grie-chischen Architektur wurde dieses »Element«, das Aristoteles in seiner *Metaphysik*[260] als »sich jeglicher wei-teren Aufteilung widersetzend« definierte, als *kymation*

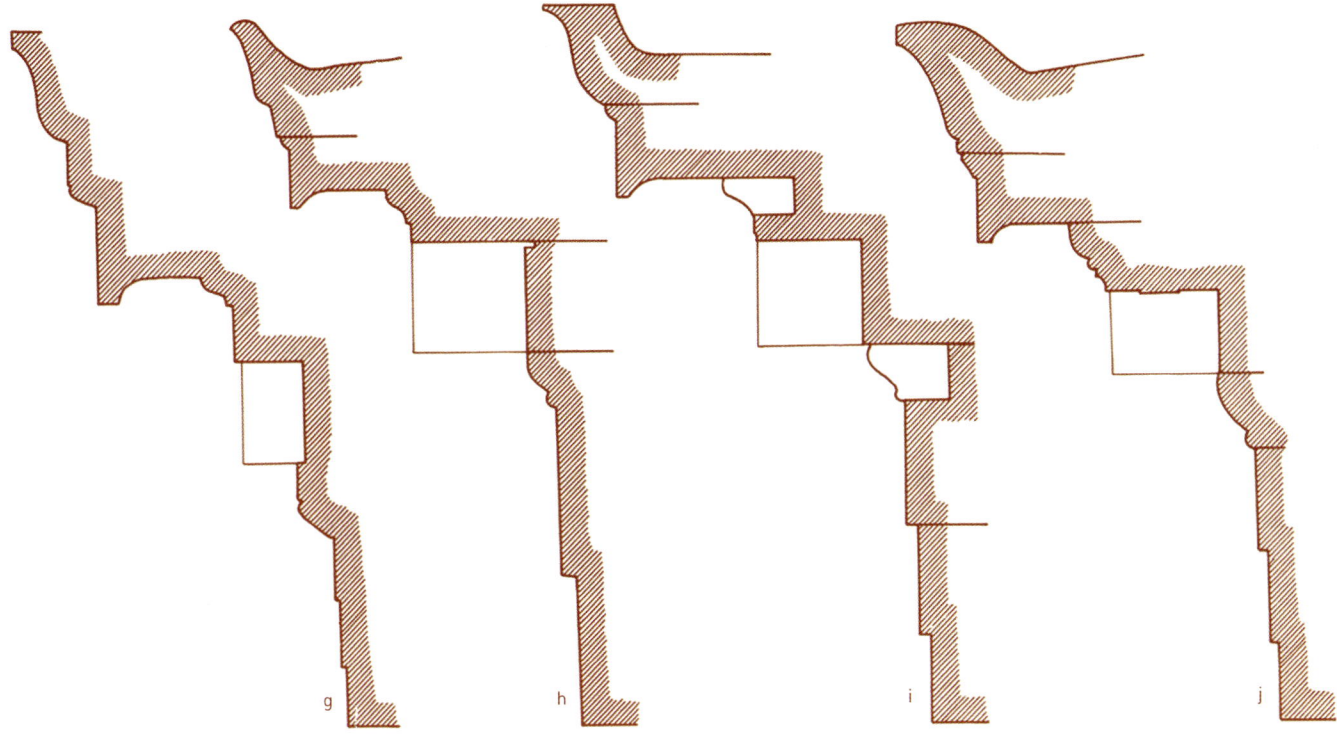

g. Sarkophag aus Sidon.
h. Zeustempel, Labranda (Mitte 4. Jh. v. Chr.).
i. Mausoleum, Halikarnassos (um 353 v. Chr.).

j. Athenatempel, Priene (334 v. Chr.).
W. Koenigs und H. Philipp. In: Schwandner (1996).

bezeichnet. Obwohl *kymation* »sanfte Welle« bedeutet, enthielt diese schlichte geometrische Form bekanntlich auch Taeniae – langgezogene Prismen. Der Kanon kannte ein dorisches, lesbisches, ionisches und ein ägyptisches Kymation. Die Bestandteile der ionischen Säulenbasis – Spira und Trochilos – fallen zwar auch unter die Definition der nicht weiter teilbaren *stoichea*, wurden aber dennoch nicht als Kymatien bezeichnet.

Kymatien waren zwar alles andere als groß, spielten aber dadurch, dass sie das Profil der einzelnen Bestandteile des Gebäudes prägten und somit die architektonischen Arten unterscheiden halfen, eine überaus wichtige Rolle. M. Biedermann, ein zeitgenössischer Erkenntnistheoretiker, nannte diese grundlegenden Erkennungsmerkmale *geons* (eine Kontraktion aus *geometrical ions*)[261]. Er ging der Frage nach, wie viele elementare Bestandteile erforderlich sind, um ein beliebiges konkretes Objekt zu klassifizieren, und kam zu

dem Schluss, dass drei von ihnen genügten. Die normativen Kymatien des klassischen Kanons weisen erstaunliche Parallelen zu Biedermanns *geons* auf. Dies könnte eine Erklärung dafür sein, dass der klassische Kanon – zusammen mit dem dreiteiligen Aufbau – seit jeher auf ein derart großes Interesse stößt.

Wie fast alles in der griechischen Architektur wurde auch die Form der Kymatien importiert. Die diversen Kombinationsweisen und die dadurch ausgelösten Veränderungen scheinen jedoch in der Tat in Griechenland entwickelt worden zu sein. Die klassische Architektur kannte nur eine ganz begrenzte Anzahl von Kymatien. Der komplizierte Aufbau und die Vielfalt der verschiedenen Profile war auf die Kombination dieser einfachen Elemente zurückzuführen. Letztere scheinen dank ihres interaktiven Nebeneinanders gewisse Veränderungen erfahren zu haben. Polykleitos schreibt in seinem fragmentarischen, vieldiskutierten *Kanon*,

Heratempel, Paestum.
Foto Serge Moulinier.

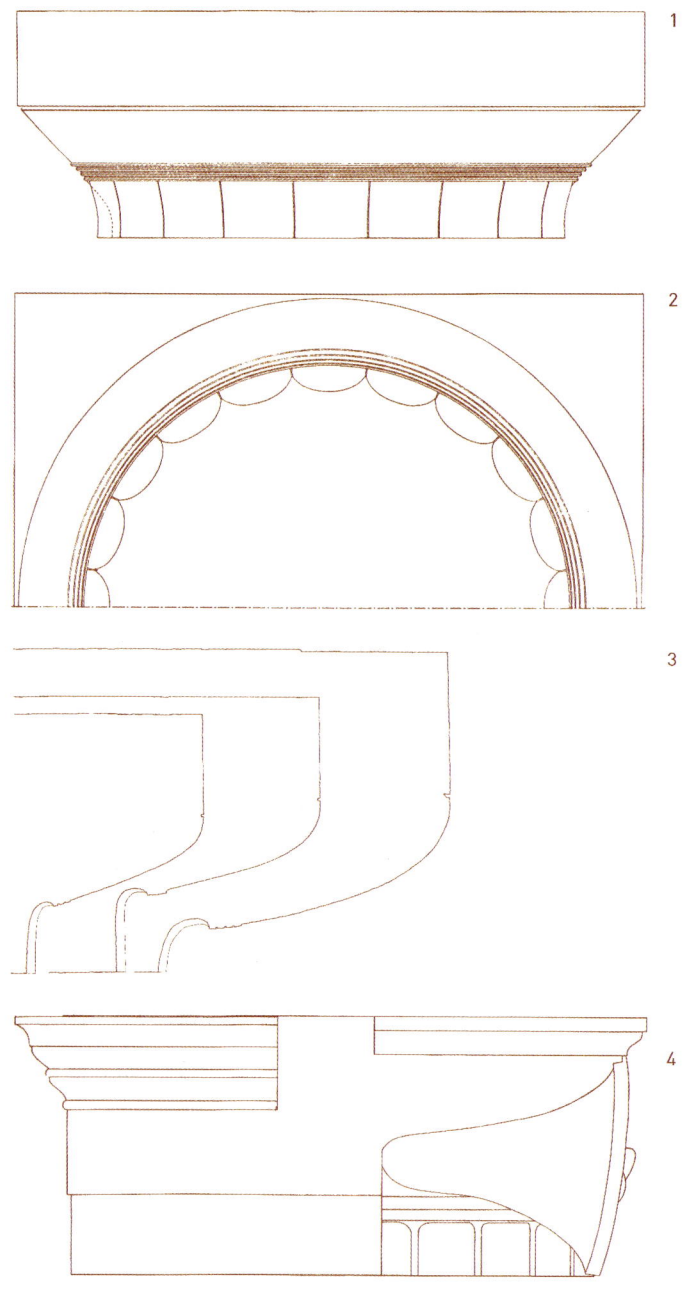

1., 2. Artemistempel, Epidauros. Dorisches Kapitell.
3. Artemistempel, Epidauros. Dorisches Kapitell im Profil.
4. Tempel der Athena Pronaia, Delphi. Ionisches Kapitell (4. Jh. v. Chr.).
Nach Roux (1961).

Hephaistostempel (Theseion), Athen.

Hephaistostempel (Theseion), Athen.

einem Buch über die Proportionen des menschlichen Körpers: »Das Gute entsteht aus dem *paramicron.*«[262] *Para micron* kann mit »vielen Zahlen« wiedergegeben werden. Es kann jedoch ebenso gut bedeuten, dass das »kleinste Detail«, die elementaren *stoichea* oder *kymatia*, die Qualität eines Kunstwerks ausmachen.

Die Analyse der Säulenarten wird – wie bereits erwähnt – auf alle weiteren Elemente angewandt, aus denen sich ein Gebäude zusammensetzt und die sich darin finden. Den heutigen Leser mag dies seltsam anmuten, aber noch am Vorabend des Zweiten Weltkriegs war es für jeden, der sich mit den »Stilen« auskannte, offensichtlich, dass Säulen, Pilaster, Wände, Geländersäulen, Türen, Fensteröffnungen, Decken, Sockel und selbst Möbel – Tische, Stühle und Leuchter –, die für ein und dasselbe Bauwerk angefertigt wurden, aufeinander abgestimmt werden mussten – es sei denn, man wollte bewusst stilistische Kontraste

herbeiführen. Die bahnbrechende Neuerung des klassischen Kanons bestand darin, die räumliche Anordnung, die Taxis, mit den zur Verfügung stehenden Stilarten, den *genera*, zu verknüpfen. Daraus resultierte ein Muster, dank dessen man Objekte in ihre Grundbestandteile zerlegen und identifizieren sowie die Grundbestandteile anhand ihrer Wechselbeziehungen lokalisieren konnte. Damit war ein wichtiger Schritt auf dem Weg zu einer systematischen Raumauffassung getan: Für ein konkretes Beispiel – die Struktur eines Bauwerks – waren, um Begriffe der heutigen Erkenntnistheorie zu verwenden, die Subsysteme des »Was« und »Wo« in der räumlichen Darstellung sowie in ihrer ausgeklügelten Wechselwirkung definiert worden.[263]

Erechtheion, Akropolis, Athen. Detail einer ionischen Basis.

Erechtheion, Akropolis, Athen. Detail einer ionischen Basis.

Der metrische Aufbau

Aus heutiger Sicht mag die detaillierte Analyse der vertikalen Komponenten eines klassischen griechischen Bauwerks bis in ihre kleinsten Bestandteile aufwändig und wenig reizvoll erscheinen. Mit der Dichtung der klassischen Antike verhält es sich nicht anders: Die Werke von Homer, Sappho und Pindar werden auch heute noch gerne gelesen – aufgrund ihres Inhalts, nicht etwa wegen ihres formalen Aufbaus.

Griechische Bauwerke – Tempel, Schatzhäuser, Stoen und Propyläen – lassen sich als hierarchisches Gefüge aus einer Vielzahl sich ständig wiederholender Elemente begreifen. Die Ebenen dieser Hierarchie waren unterschiedlich. In einem ersten Schritt wurde das Gebäude in räumliche Parzellen aufgegliedert. Im nächsten wurde festgelegt, aus welchen stilistischen Elementen die Komponenten dieser Parzellen bestehen

sollten. Im dritten Schritt – der jetzt erörtert werden soll – wurden den Teilen einzelne Elemente zugeordnet und zueinander in Beziehung gesetzt.

Vitruv beschreibt ein solches System (Buch III, Kap. 1) und bezeichnet es mit dem griechischen Wort *symmetria,* das er mit »Proportion« übersetzt. Die *symmetria* beruht auf einem einheitlichen Grundmaß, das im Griechischen *embastis* und im Lateinischen *modulus* heißt. Mit Hilfe dieses durch Multiplikation oder Division des Säulendurchmessers ermittelten Grundmaßes werden alle weiteren Dimensionen des Gebäudes berechnet. Zahlen spielen daher eine zentrale Rolle. Dies passt hervorragend zu Vitruvs Architekturverständnis, das auf dem Prinzip der Nachahmung, der *mimesis,* beruht. Diesen Begriff wird man bei Vitruv ebenso vergeblich suchen wie eine allgemeine Architekturtheorie. Vitruv ermittelt vielmehr die Proportionen des menschlichen Körpers und überträgt sie

Erechtheion, Akropolis, Athen. Detail einer ionischen Basis.

Erechtheion, Akropolis, Athen. Detail einer ionischen Basis.

auf Bauwerke, da er fest davon überzeugt ist, dass »der Mensch von Natur aus so gebaut ist, dass die Proportionen der einzelnen Glieder den Ausmaßen des gesamten Körpers entsprechen«. Diesen theoretischen Ansatz untermauert Vitruv mit dem Hinweis, dass die Maßeinheiten der griechischen Antike sich ebenfalls von den menschlichen Gliedmaßen – von Finger, Hand und Elle – ableiteten. Das sogenannte *teleon*, die »vollkommenen Zahlen«[264], ergaben sich ebenfalls aus der menschlichen Gestalt. Vitruv führt stellvertretend die Zahlen 6 und 10 an und ist – in Anlehnung an Platon – überzeugt, dass Dinge und Zahlen einander entsprechen. Ab der Renaissance wurde diese Theorie in der europäischen Architektur vielfach diskutiert und übernommen. Die meisten Bauwerke der griechischen Antike gestatten jedoch keinerlei allgemeine Schlussfolgerungen. *Symmetria* beschreibt – wie der Begriff besagt – die Übereinstimmung sämtlicher Komponen-

ten eines natürlichen oder künstlichen Objektes. Vitruv reduzierte diese Übereinstimmung auf ein reines Zahlenverhältnis. Dadurch wurden nicht nur andere, möglicherweise wichtigere Aspekte der Übereinstimmung zwischen den einzelnen Elementen sowie den Elementen und dem Bauwerk als Ganzem vernachlässigt, sondern gleichzeitig Maßverhältnisse aufgestellt, die – wie Antoine Desgodetz und Claude Perrault[265] bereits im 17. Jahrhundert für die römische Architektur feststellten – für die griechischen Bänder nachweislich nicht zutrafen. Ferner finden sich bei Vitruv weder exakte Aussagen darüber, wie sich die Zahlen zu bestimmten architektonischen Elementen verhalten, noch ist sein Ansatz abstrakt genug, um allgemeine Schlussfolgerungen über die Komponenten eines Bauwerks zu gestatten.

Aus diesem Grund gilt es, Unterscheidungsmerkmale zu entwickeln, die gleichzeitig abstrakt und spe-

Erechtheion, Akropolis, Athen. Detail einer Karyatide.

Propyläen, Akropolis, Athen.

zifisch genug sind, um die Beziehung zwischen einzelnen Elementen eines Gebäudes sowie zwischen Elementen und dem Gebäuden als Ganzem erkennen zu lassen. Einmal mehr erweisen sich Säule und Kolonnade als gattungsspezifische Merkmale. Bekanntlich wirkt eine Säulenreihe wie ein »subjektiver Umriss«, der das zugehörige Gebäude abgrenzt. Gleichzeitig bilden die Säulen durch ihr wechselseitiges Verhältnis eine »Gruppe« bzw. ein »architektonisches Raummuster«. Wieder haben wir es mit einem »Objekt«, einem »Muster« mittlerer Dimension, zu tun, das größer ist als eine Säule, aber kleiner als das ganze Gebäude oder seine groben Unterteilungen. Diese Säulenmuster sind in der Taxis enthalten. Der gelegentlich vorkommende Begriff »Rhythmus« fasst die Säulen zu klar definierten Gruppen zusammen. Vitruv spricht auch von Rhythmus, allerdings indirekt, auf dem Umweg über den Begriff *eurythmia*, der bei ihm für Proportion steht und

sich nicht eindeutig von der *symmetria* unterscheiden lässt, die – trotz anderslautender Interpretationen – nicht mit zweiseitiger Symmetrie im heutigen Sinn übersetzt werden darf.

Die architektonischen Komponenten – wie etwa die Säulen – werden in einem ähnlichen kognitiven Verfahren zu größeren Einheiten zusammengefügt, wie es weiter oben für die Kymatien beschrieben ist. Interessanterweise bezeichnete Aristoteles das Profil eines Objekts mit dem Wort *rysmos*[266] – einer anderen Schreibweise von *rythmos.* Zu seinen Lebzeiten wurde dieser Begriff hauptsächlich für den metrischen Aufbau und die zeitliche Abfolge von Tänzen verwendet. Um Missverständnissen vorzubeugen, sollte man für architektonische Elemente vielleicht abstraktere Bezeichnungen[267] wie akzentuiert/betont oder nicht akzentuiert/unbetont[268] einführen. Legt man dieses Einteilungsschema zugrunde, ist die Säule ein betontes, das Inter-

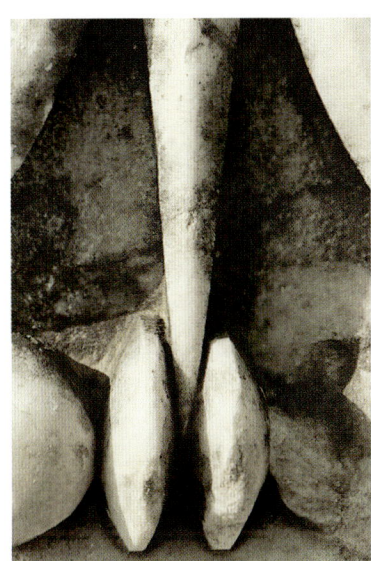

Parthenon, Akropolis, Athen. Ostfries. Detail. Musée du Louvre, Paris.

Perlstab, Priene. Detail.

kolumnium hingegen ein unbetontes Element. Betonte und unbetonte Teile wechseln ständig miteinander ab: Pilaster mit Wandflächen und Wandflächen mit Fenster- oder Türöffnungen.

Metrische Muster sind aus einzelnen Komponenten zusammengesetzte Objekte und unterliegen folglich den oben geschilderten Formgesetzen des klassischen Kanons. Das abschließende Element musste – wie beim *Anapäst* oder *Jambus* – betont sein. In der Architektur wurde diese Akzentuierung durch besonders große Schlusselemente oder besonders klein gehaltene Schlussabstände – oder beides – verstärkt, wie beispielsweise beim Abschluss der dorischen Tempelkolonnaden.

Metrische Muster sind aus einzelnen Komponenten zusammengesetzte Objekte. Muster verhalten sich daher ebenso zueinander wie Objekte, indem sie ihrerseits wieder Muster bilden. Diese neuen Muster erge-

ben sich in mehreren Richtungen – nach hinten, nach oben, seitlich – und zeichnen sich durch eine gewisse Gesetzmäßigkeit aus. In regelmäßigen Abständen treffen vertikal und horizontal betonte Elemente aufeinander. Säulen werden mit darüber befindlichen Triglyphen, Säulen, Konsolen, Rinnleisten, Skulpturen und Antefixen kombiniert. Hieraus resultierte ein größeres und langwieriges Problem – die sogenannte dorische Eckkontraktion, von der später noch die Rede sein wird.

Figuren

Unter Figuren versteht man in der klassischen Architektur einzigartige Relationen, die sich aufgrund ihrer ausgeprägten Komplexität jeglicher Zerlegung in weiter reduzierbare Elemente oder einfachere Muster und

Heratempel (Poseidontempel), Paestum.
Kanneluren der Südsäule im Opisthodomos.
Foto Serge Moulinier.

Einordnung in ein System entziehen. Einige Figuren erinnern an Schablonen und lassen sich mit Hilfe von Listen und Definitionen – einigen einfachen »Wenn-dann«-Regeln – erfassen. Figuren sind aus der Dichtung, der Rhetorik und der Musik bekannt. Die griechische Architektur der Antike griff darauf deutlich weniger zurück als die römische. Bei Vitruv erfährt man nichts über ihre Verwendung in der Architektur. Ein anderer römischer Schriftsteller, Marcus Tullius Cicero, beschäftigte sich mit den Figuren der Rhetorik[269]. Er unterscheidet zwischen offenkundigen und subtilen Figuren. Offenkundige Figuren sind *Parallelismus* und *Kontrast*. Hermogenes verstand sich bekanntlich besonders gut darauf, mit Parallelismen zu arbeiten. Seit der archaischen Periode setzte man Parallelismen ein, um eine einheitliche Raumwirkung zu erzielen. Vermutlich bediente man sich dabei eines Gitternetzes[270], einer Technik, die in Ägypten bereits viel

früher zum Einsatz gelangte. Die Bauwerke der griechischen Antike wurden vielfach im Hinblick auf die Verwendung solcher Muster untersucht. Am bekanntesten ist die Analyse des Erechtheion durch A. Thiersch[271], der im Grundriss des Gebäudes sowohl Parallelismen als auch Kontraste herausarbeitete. Dennoch dürfte man im antiken Griechenland Gebäude wohl schwerlich unter solchen Gesichtspunkten betrachtet haben.

Subtile Figuren sind *Aposiopese*[272] oder *Ellipse* (das Verschweigen oder Auslassen eines Teiles), *Apokope* (das bewusste Weglassen einer Komponente) und *Epistrophe* (die Wiederkehr bestimmter Elemente). Mit ihrer Hilfe ließen sich sowohl das Grundschema als auch der jeweilige Stil variieren. Selbst der streng kanonisch konzipierte Parthenon zeichnet sich durch derartige Ausnahmen aus und das Erechtheion enthält sie in Hülle und Fülle. Anders als die offenkundigen Figuren, die

Parthenon, Akropolis, Athen. Fragment eines Kapitells.
Foto Goette.

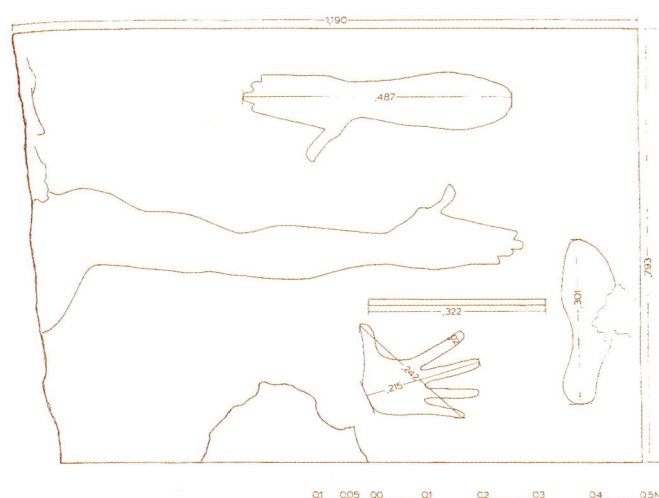

Relief mit Maßangaben, Salamis.
Zeichnung nach I. Dekoulalou-Sideris (1990).

zum Gesamtkonzept des Kanons passen, scheinen die subtilen kontraproduktiv. Doch dieser Eindruck täuscht: Diese lokalen Anomalien unterstreichen, indem sie den kanonischen Regeln scheinbar zuwiderlaufen, deren flächendeckende Verbreitung. Manche dieser bewussten Auslassungen, Unterbrechungen und Wiederholungen waren darauf zurückzuführen, dass man experimentierte und Neues ausprobierte. Viele resultierten – wie im Falle der Propyläen – aus einander widersprechenden Zwängen. Zumindest aus heutiger Sicht verleihen sie den Bauwerken eine gewisse Lebendigkeit und spiegeln die vielfältigen Aktivitäten, Glaubens- und Wunschvorstellungen der unglaublich mannigfaltigen Athener Gesellschaft wider. Die Propyläen stellen nicht nur ein pragmatisches, sondern gleichzeitig ein höchst reizvolles Bauwerk dar, gegen das die von W. B. Dinsmoor angeregte Rekonstruktion[273] langweilig wirkt.

Profile von römischen und griechischen Basen.
1. Paestum.
2. Saturnia.
3. Cosa, Basilika.
4. Tivoli, rechteckiger Tempel.
5. Rom, Veiovistempel.
6. Rom, Forum Boarium, Vestatempel.
7. Rom, Palatin, Fragment.
8. Rom, Forum Boarium, rechteckiger Tempel.
9. Rom, Argentina, Tempel A.

10. Rom, Forum Holitorium, Tempel A.
11. Rom, Tempel Via delle Botteghe Oscure.
12. Delos.
13. Athen, Alter Parthenon.
14. Athen, Tempel der Athena Nike.

15. Athen, Agora A 2891 und 2892.
16. Athen, Propyläen.
17. Athen, Erechtheion, Nordportikus.
Nach Shoe (1969).

Ionisches Kapitell. Detail. Agora-Museum, Athen.

In der späten Renaissance erfreuten sich subtile Figuren in der klassischen Architektur zunehmender Verbreitung. In Palladios Werk wurde ihnen gar eine Schlüsselrolle zuteil.[274] Ihre wachsende Beliebtheit zeugte von einer allmählich aufkommenden Gegenbewegung in der Architektur, einer Abkehr vom klassischen Kanon, von der noch die Rede sein wird.

Synthese: Ein neues System

Die Systematisierung der antiken griechischen Architektur – in Form des Kanons und der darin enthaltenen Regel vom dreiteiligen Aufbau – erfolgte nicht von einem Tag auf den anderen. Die von L. T. Shoe[275] bestens dokumentierten Entwicklungsstufen der ionischen Basis vermitteln einen Eindruck von den Erprobungsphasen, die fast alle Bestandteile antiker griechischer Bauwerke durchliefen, bevor sie in den Kanon aufgenommen oder, besser gesagt, institutionalisiert wurden. Bezeichnenderweise existiert für eine der grundlegenden Komponenten des architektonischen Kanons, für das Gebälk, keine griechische Benennung, obwohl diese Komponente offensichtlich als »Objekt« empfunden wurde. Es wäre daher sachlich unrichtig, sämtliche architektonischen Entscheidungen, die im antiken Griechenland getroffen wurden, als Streben nach einem klassischen Kanon zu interpretieren. Ebenso wenig sollte man die Werke der antiken griechischen Architekten anhand eines erst im Nachhinein entwickelten Kanons beurteilen.

Es verwundert daher keineswegs, dass eine Überprüfung sämtlicher erhaltener antiker Säulenbasen anhand der beschriebenen kanonischen Regeln zu enttäuschenden Ergebnissen führt. In Griechenland, namentlich in Kleinasien, waren die meisten ionischen Basen weder

Aphaiatempel, Ägina. Fragmente von Terrakotta-Akroterien von der Westseite und vom Ostgiebel.
Nach Furtwängler (1906).

dreiteilig aufgebaut noch so rudimentär wie das attische Modell. Die Palette der Skotien reichte von kunstvoll ausgestalteten Exemplaren im Heratempel auf Samos (aus dem 6. Jahrhundert) bis zur relativ simplen Säulenbasis im Pallas-Athenatempel von Priene mit ihren zwei zwischen drei Lagen doppelter Astragale eingefügten Hohlkehlen. Nach einer langen Reihe aufwändiger Experimente – wobei Elemente aus der Levante übernommen, neu kombiniert und in ihren Dimensionen verändert und andere Komponenten wie Torus, Skotie und Plinthe ergänzt beziehungsweise entfernt sowie durch die Einführung horizontaler Kanneluren weiterentwickelt wurden – fand die attisch-ionische Säulenbasis des Erechtheion Eingang in den Kanon. Die einzelnen Komponenten waren derart austauschbar, dass selbst namhafte Archäologen wie Koldewey irrten, der bei seiner Restaurierung des äolischen Kapitells aus Neandria Elemente des Kapitells und der Basis miteinander verwechselte.[276]

In der archaischen und auch noch in der klassischen Periode machten sich die Architekten ohne Kartenmaterial und ohne klare Zielsetzung an die Arbeit. Rund um das Mittelmeerbecken wurde in regionalen Zentren experimentiert. In Äolien, Ionien, in Sparta und vor allem in Süditalien wurde eifrig ausprobiert und wieder verworfen. Man wechselte fortlaufend zwischen dorischen und ionischen Raumkonzepten, zwischen verschiedenen Kymatien und ihren Kombinationen hin und her, ohne »stilistische Reinheit« anzustreben. Dennoch kamen diese Versuche nicht von ungefähr. Durch die Zerlegung und Verschmelzung einzelner Formen suchte man Neues zu schaffen – eine Entwicklung, die schließlich mit der attisch-ionischen Basis einen Höhepunkt erreichte.

Dieser Prozess dürfte nach dem Muster von F. Jacobs klassischer Abhandlung *Evolution and Tinkering* (*Evolution und Flickschusterei*)[277] abgelaufen sein. Die griechischen Archi-

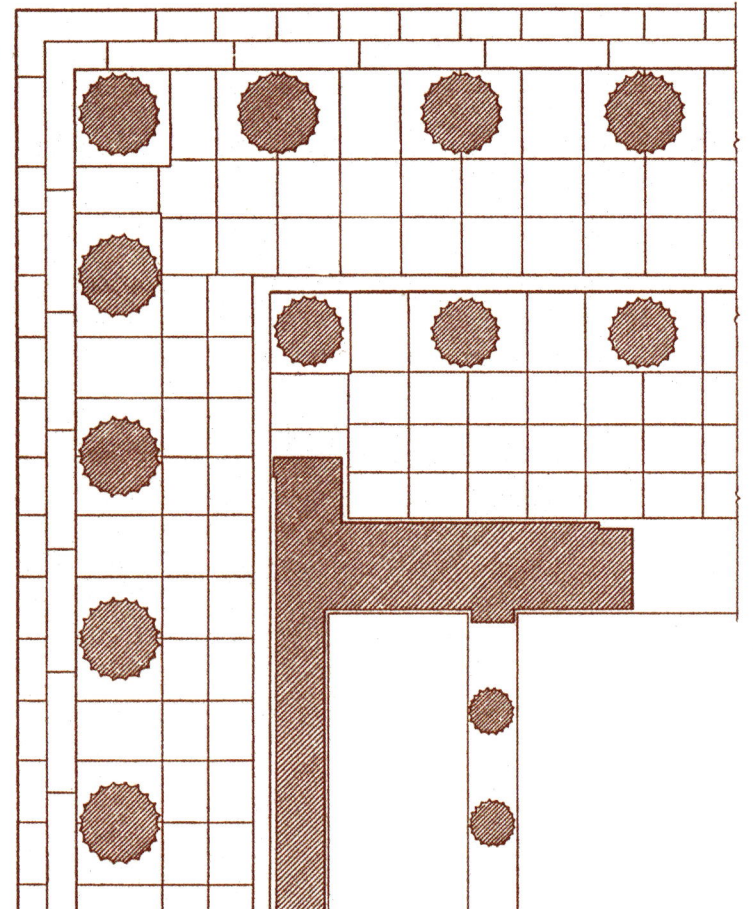

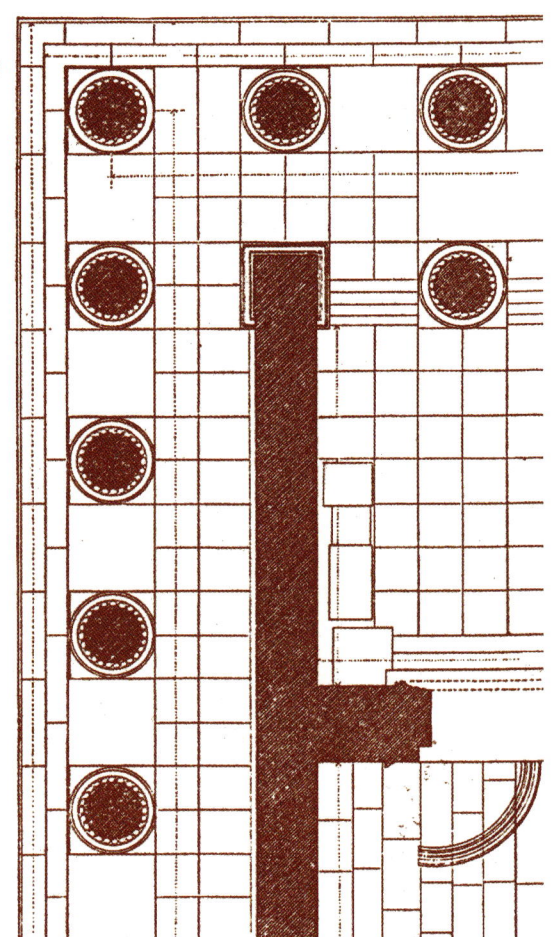

Entwicklung zu einer größeren Koordination der Elemente
1. Parthenon, Akropolis, Athen.
Plan der Bodenplatten an Front und Seite.
Nach A. W. Lawrence (1983).

2. Tempel der Athena Polias, Priene.
Nach T. Wiegand und H. Schrader (1904).

tekten der Antike suchten – inmitten einer schroffen Gebirgslandschaft – nach praktikablen Lösungen für widersprüchliche Gegebenheiten und Zwänge.[278] Wie erwähnt, ging diese Entwicklung nicht linear, sondern parallel vonstatten. In verschiedenen Regionen wurden zahlreiche Versuche unternommen, die je nach Ort zu ganz unterschiedlichen Ergebnissen führten. Manche wurden relativ rasch wieder verworfen, wie beispielsweise der eher provinziell anmutende Versuch, in Amyklae das dorische mit dem ionischen Kapitell zu verschmelzen, das Experiment von Samothrake, dessen Propylon (285–246 v. Chr.) ionische Säulen aus dem Osten und korinthische Säulen aus dem Westen kombinierte, indem an beide Enden des Bauwerks Vorhallen mit unterschiedlichen Säulentypen angefügt wurden, bis hin zum Athener Erechtheion mit seiner unkonventionellen Vermischung von Gebäuden und Säulenelementen, die erst von den Architekten des

20. Jahrhunderts aufgegriffen werden sollte. Andere erwiesen sich als äußerst einflussreich, ohne jedoch unmittelbare Spuren zu hinterlassen, wie beispielsweise die äolische Säule, die erst Jahrhunderte später von Archäologen wieder ausgegraben wurde.

Die Architekturtheorie und die daraus abgeleitete Bauweise bildeten sich in einem langwierigen und mühevollen Prozess aus. Neben gelegentlichen Misserfolgen gab es auch bahnbrechende Neuerungen: einflussreiche architekturtheoretische Abhandlungen wie etwa Polykleitos' *Kanon* oder die Einführung eines neuartigen Säulentyps im Apollontempel von Bassai sowie die wenige Jahre zuvor stattfindende Vermischung dorischer und ionischer Elemente im Parthenon und in den Propyläen, dem ungewöhnlichsten aller Profanbauten. Ein vergleichbarer Durchbruch vollzog sich etwa um dieselbe Zeit in der Tragödie: die nachhaltig die Dialektik steigernde Einführung des zweiten Schau-

Bibliothek von Ephesos.

spielers durch Aischylos und des dritten durch Sophokles.

Die gleichzeitige Verwendung dorischer, ionischer und korinthischer Stilelemente lässt sich nicht als bloße »synkretistische« Strömungen erklären. Sie war vielmehr der sichtbare Ausdruck einer neu aufgekommenen Architekturtheorie. Die ursprüngliche Taxis mit ihrem typischen dreiteiligen Aufbau war zu einer Raumkonzeption weiterentwickelt worden, die jedem Gebäudeabschnitt einen bestimmten architektonischen Stil zuordnete: Die äußeren und im Erdgeschoß gelegenen Teile waren im dorischen, die inneren und im ersten Stock gelegenen im ionischen und die im Innersten und am höchsten im Gebäude befindlichen Teile waren im korinthischen Stil zu errichten. Dieses in mehreren Bauwerken ausgeführte Schema kommt in der Athener Attalosstoa besonders gut zur Geltung, in der — wie bereits geschildert — die korinthischen Kapitelle

durch eine wiederentdeckte Vorläuferform, das eher ägyptisch bzw. orientalisch geprägte Palmkapitell, ersetzt wurden. Besonders beliebt war dieses Schema bei den Römern, wie vor allem das riesige römische Amphitheater, das Kolosseum, bezeugt. Trotz seiner gewaltigen Ausmaße und seines gleichförmigen Zuschnitts lassen sich in diesem Bauwerk mühelos spezifische Elemente identifizieren. Die europäische Renaissance entwickelte dieses System noch weiter — sowohl in großartigen Gebäudeanlagen als auch im kleinsten, intimsten Rahmen.

Man darf daher annehmen, dass diese Synthese nicht nur auf das Nebeneinander verschiedener architektonischer Stilrichtungen — der dorischen, ionischen und der korinthischen — und das Verlangen nach Einheit zurückzuführen ist. Politische Motive könnten ebenfalls eine Rolle gespielt haben; möglicherweise wollte man lokale Formensprachen zu einem »internationa-

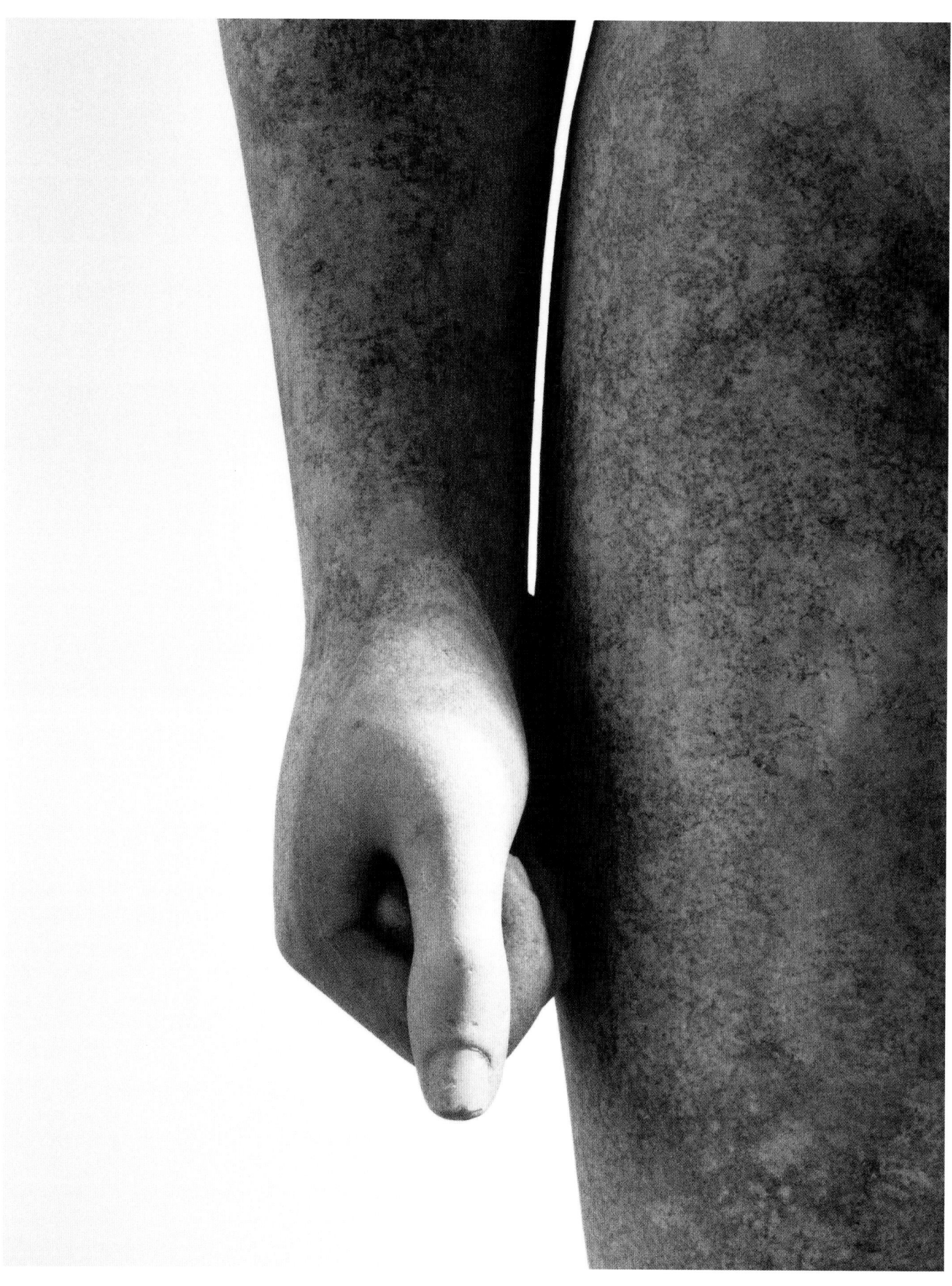

Kouros, Vathy.
Foto Gehnen.

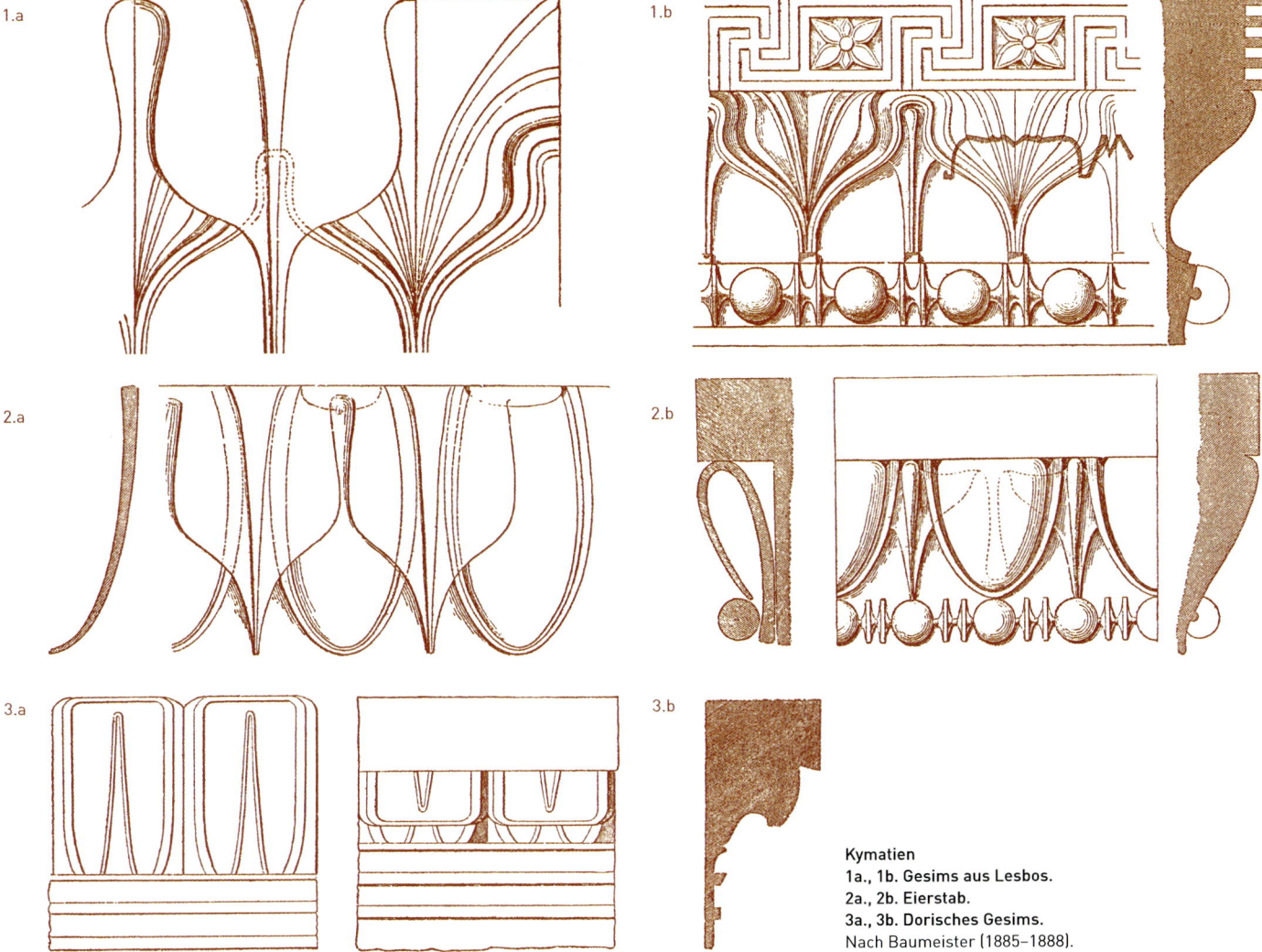

Kymatien
1a., 1b. Gesims aus Lesbos.
2a., 2b. Eierstab.
3a., 3b. Dorisches Gesims.
Nach Baumeister (1885–1888).

len panhellenischen« Universalismus verschmelzen. Das Bedürfnis, ein detaillierteres, auf institutionelle, soziale, politische und kulturelle Belange zugeschnittenes Raumkonzept zu entwickeln, war mindestens ebenso ausschlaggebend dafür, dass die Architekten die vorhandenen Stile aufgriffen und in ein neuartiges, hierarchisches und topologisches System einbanden. Nun verfügte die klassische Architektur über ein Verfahren, mit dessen Hilfe sich nicht nur das »Was« und »Wo« innerhalb der Welt des Bauens definieren, sondern das sich auch für die Planung anderer möglicher Welten verwenden ließ.

Optische Korrekturen

Im Zusammenhang mit der griechischen Architektur der Antike stellt sich die Frage, warum exakt in jenem Moment, da die Systematisierung der Architekturtheorie einen Höhepunkt erreichte und die bislang regionalen Experimente dank der im Anschluss an die Persereinfälle durchgeführten Bauvorhaben in einen allgemein gültigen Kanon klassischer Architektur mündeten, plötzlich ein Hang zur Unregelmäßigkeit einsetzte. War dies eine durch die vielen neu eingeführten Regeln ausgelöste Reaktion auf die mit der Normierung und Standardisierung der architektonischen Produktion einhergehenden Gefahren oder handelte es sich dabei um die Anfänge einer Gegenbewegung?

Dieses Phänomen lässt sich weder mit Hilfe der Taxis noch der Taxonomie der Stile oder der metrischen Verhältnisse erklären. Die Unregelmäßigkeiten manifestierten sich in Poseidonia (Paestum) und wurden von C.-M. Delagardette aufgedeckt. J. Hoffer interpretierte sie erstmals als bewusstes »Abweichen von der Ebenmäßigkeit«, das den »leblosen Formen der

Dorische Kymatien.
Nach Shoe (1952).

Kunst den Atem der Natur einhauche« und den Betrachter »durch ihre ansprechende Wirkung verblüffe«. »Sie erzeugen Lebendigkeit«, wie A. Michaelis, Straßburger Professor für klassische Archäologie und Autor einer grundlegenden Parthenonstudie, bemerkte.[279]

Eine andere Forschungsmeinung interpretiert diese Unregelmäßigkeiten nicht als »Verfeinerung« oder »Vervollkommnung«, sondern führt sie auf mangelnde Sorgfalt bei der Ausführung oder ein vorzeitiges Absacken des Bauwerks infolge nachgebender Fundamente oder ungünstiger Bodenverhältnisse zurück. Die Neigung des Stylobats sollte angeblich das Abfließen des Regenwassers erleichtern. Ganz abgesehen davon, dass die Neigung auch bei aus dem Fels geschlagenen Böden auftrat, wie W. B. Dinsmoor unter Hinweis auf den Parthenon bemerkte[280], bleibt eine ganze Reihe weiterer Abweichungen ungeklärt: Warum wiesen beispielsweise die Säulen mehrfach eine leichte Neigung oder unregelmäßige Abstände auf? Archäologischen Funden[281] der letzten Zeit verdanken wir die Erkenntnis, dass die Entasis der Säulen des Apollontempels von Didyma geometrisch berechnet und demzufolge bewusst herbeigeführt war. Leider ist keine entsprechende griechische Quelle überliefert, die uns darüber aufklären könnte, welche Absicht sich dahinter verbarg.

Laut Vitruv sind derartige Normverstöße durch die Optik bedingt und sollen optische Täuschungen korrigieren — um einen modernen Begriff zu verwenden. Unter dem Stichwort *logos opticos* erklärt Vitruv, wie es zu solchen optischen Täuschungen kommt. Gebäude wollen schließlich betrachtet werden — vorausgesetzt,

dass man für ihre *venustas*, ihre Anmut, empfänglich ist. Das Betrachten erfolgt über die Augen, und das menschliche Auge irrt — *occulus fallit*. Diese Unschärfe des menschlichen Sehvermögens gilt es, mit aufwändigen Berechnungen (*ratiocinatione*) auszugleichen.[282] Glaubt man Vitruv, so dienen diese absichtlichen Normverstöße vielfach dazu, den Eindruck vollkommener Regelmäßigkeit und Harmonie zu vermitteln. Daher empfiehlt er etwa, beim Areaostylos den Säulendurchmesser zu erhöhen, um zu verhindern, dass die Säulen infolge der großen Abstände und da die Luft dazwischen »den optisch wahrgenommenen Durchmesser kleiner« mache, zierlicher wirken, als sie in Wirklichkeit sind. Außerdem sollten die Säulen in der Mitte eine Schwellung aufweisen, für welche Vitruv das griechische Wort *entasis* verwendet. Er bezieht sich in diesem Zusammenhang auf eine leider verloren gegangene Skizze auf den letzten Seiten seines Buches. Weiter rät er dazu, das Gesims zu neigen, um das Gebäude länger wirken zu lassen — *longior visus linea*. Bezeichnenderweise erwähnte Vitruv mit keinem Wort, dass derartige Korrekturen bei ionischen Tempeln weitaus weniger ausgeprägt waren als bei dorischen. Letztere würdigte er noch nicht einmal einer separaten Darstellung, sondern verwies kurzerhand auf die Ausführungen zum ionischen Tempel, die sich auf den dorischen übertragen ließen.

Vitruv stützte sich in erster Linie auf Carus Titus Lucretius und dessen ein halbes Jahrhundert zuvor in *De Rerum Natura* (Buch IV) entwickelte Wahrnehmungstheorie. »Das Wesen der Dinge kann nicht mit den Augen erfasst werden«, argumentiert er, die nur passive Rezeptoren und anfällig für Täuschungen seien.

Stoa, Priene. Ecksäule.

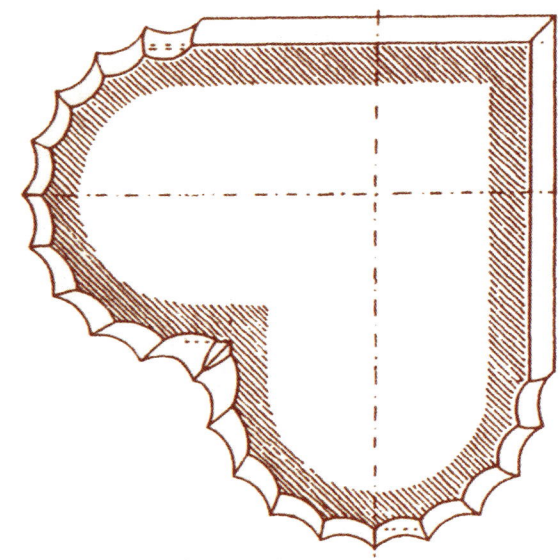

**Südstoa des Nordmarktes, Milet (150 v. Chr.).
Grundriss einer herzförmigen Ecksäule.**
Nach Gerkan (1922).

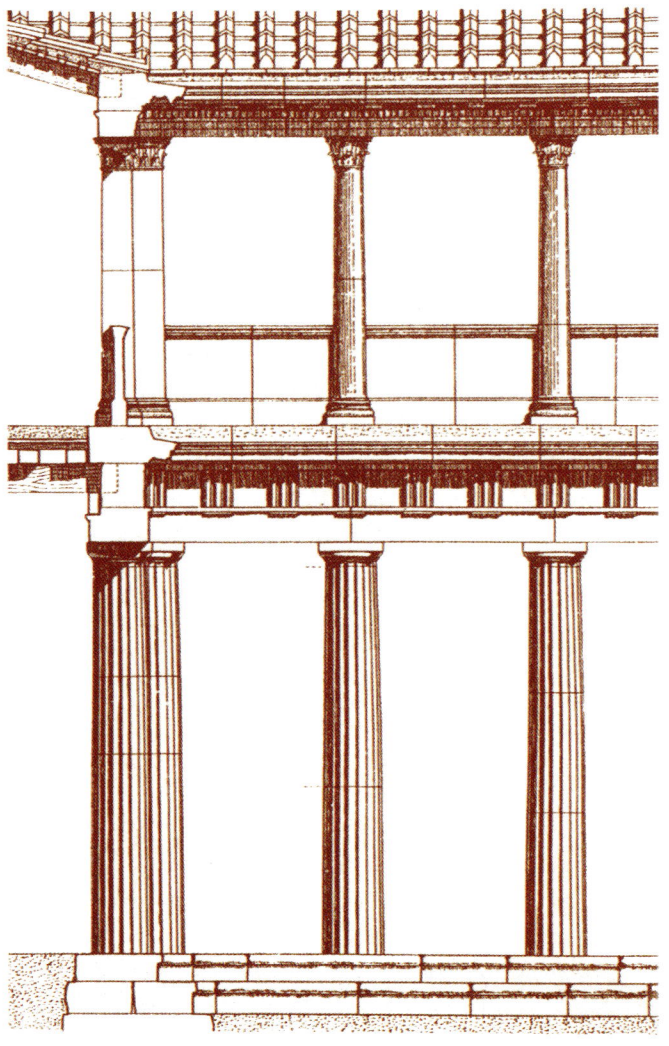

**Nordstoa des Nordmarktes, Milet (150 v. Chr.).
Aufriss.**
Nach Gerkan.

**Attalosstoa, Athen (159–138 v. Chr.).
Vorderansicht.**
Nach J. Travlos (1980).

Am Verstehensprozess sei auch das Denken, der menschliche Verstand, beteiligt. Dieser bewerkstellige die erforderlichen optischen Korrekturen.

Inwieweit war diese Theorie von den optischen Korrekturen den Griechen vertraut bzw. wurde sie von den griechischen Architekten umgesetzt? Ein fragmentarischer Anhang des so genannten Damianos-Manuskripts, der mitunter dem hellenistischen Mathematiker, Mechaniker (*mechanikos*), Erfinder von Maschinen und Entwickler von Automaten (*automata-poetikis*) Philon von Byzantion zugeschrieben wird, sowie eine ganz ähnliche Passage aus dem Werk des ebenfalls gegen Ende des 2. Jahrhunderts schreibenden Heron von Alexandria[283] empfehlen, optischen Täuschungen durch architektonische »Kompensationen« entgegenzuwirken. Damianos rät den Architekten, nach geeigneten Mitteln und Wegen zu suchen, um den Eindruck korrekter Größe und Form zu erwecken, »da die Dinge nicht so erscheinen, wie sie in Wirklichkeit sind«. Philon von Byzantion, der ebenfalls Mathematiker und Erfinder war und älter als Heron[284] gewesen sein dürfte, bezeichnet die Geschichte der Architektur interessanterweise als lange Folge von Versuchen und Irrtümern. Fortlaufend seien Elemente ergänzt und entfernt worden, um optische Täuschungen zu kompensieren und den Eindruck von Regelmäßigkeit zu erwecken. Dies könnte man im Sinne einer intuitiven künstlerischen Improvisation interpretieren. Die komplexe Struktur der Tempel, die notwendige Koordination aller Bauarbeiten und der Kontext beider Schriften – sowohl Heron als auch Philon waren Mathematiker und Mechaniker – sprechen jedoch eindeutig dafür, dass dieser Prozess bis ins Detail geregelt war. Er basierte

auf mathematischem Wissen – der dreidimensionalen Geometrie – in Verbindung mit wissenschaftlichen Erkenntnissen über Natur und Sehprozess. In der Tat setzte sich Euklid in seiner Optik mit ganz ähnlichen Themen auseinander. Die Irrtümer und die durch sie bedingten Korrekturen schienen eine reine Frage der Technik.

Die passende philosophische Untermauerung findet sich bereits bei dem oben erwähnten Demokrit[285], demzufolge »wir in Wirklichkeit nichts genau kennen«. Unser visuelles Wissen, das Bild (*emphasis*), richtet sich sowohl nach unseren »körperlichen Voraussetzungen« als auch nach der Wirkung (*aporroai*) »jener Dinge, die auf den Körper einstürmen und in ihn eindringen«. Daraus soll man nicht schließen, dass Wissen unmöglich sei, sondern vielmehr, wie wichtig die exakte Kenntnis von der Begrenztheit jener Instrumente ist, mit deren Hilfe das Wissen erworben wird. Ferner ergibt sich daraus die Notwendigkeit, die »absolute«[286] Weltdarstellung oder »allozentrische« Karte durch eine deutlich vom Standpunkt des jeweiligen Betrachters abhängige Abbildung zu ergänzen. Auch ein Kanon musste daher fortan eine »egozentrische« Karte enthalten, welche die Anordnung der Säulen, Türen, Statuen sowie ihren jeweiligen Standort und ihre Konfiguration vom Standpunkt des Betrachters aus bestimmte.

Unvollendetes und *assyndeton*

Im Zusammenhang mit den Verstößen gegen die Vorschrift der *teliotes* – der Regelmäßigkeit und der gleich-

Heratempel (Poseidontempel), Paestum.
Foto Serge Moulinier.

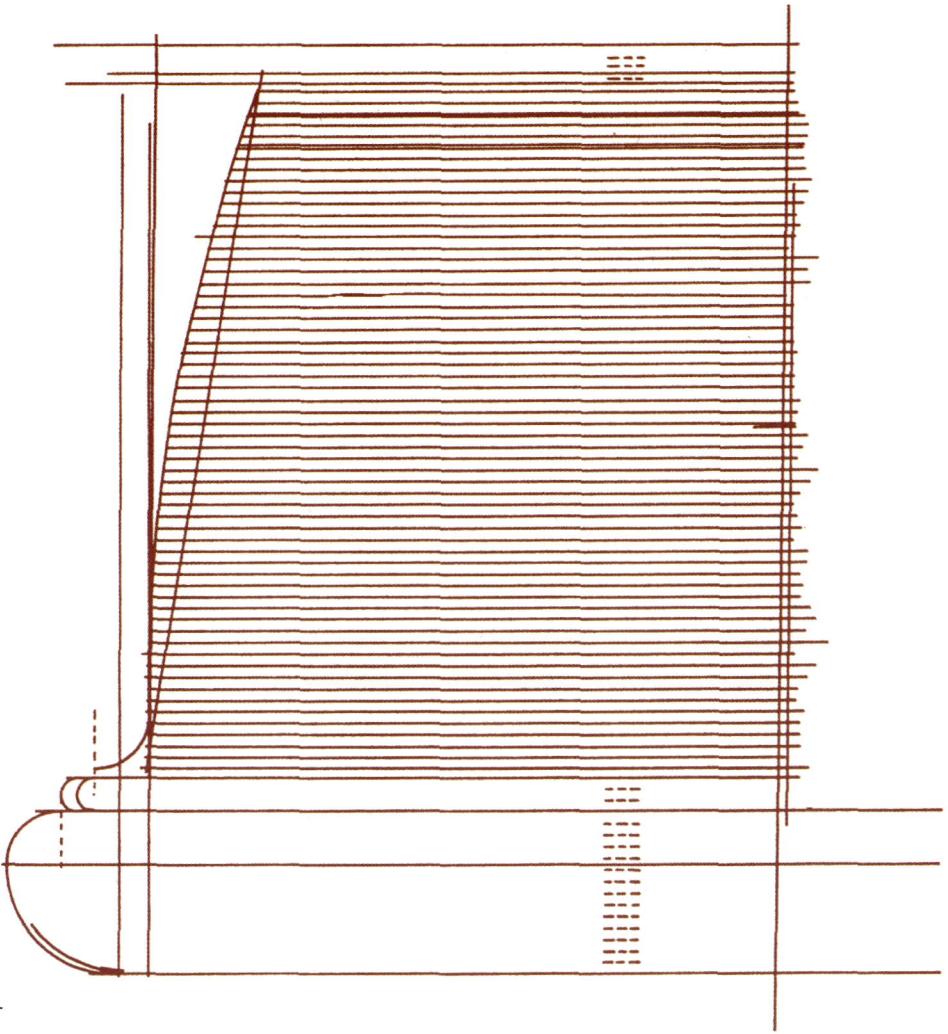

**Apollontempel, Didyma.
Konstruktionszeichnung der
Entasis an der Tempelwand.**
Nach Haselberger (1985).

förmigen Ordnung eines Werkes –, mit der Idee der
»Vervollkommnung« und der optischen Korrekturen
stellt sich das Problem der unvollendeten Bauwerke.
Das Phänomen des Unvollendeten (*hemiteles*) scheint
die griechischen Architekten der Antike nicht sonder-
lich beschäftigt zu haben.[287] Dennoch spielte das
non-finito, wie Vasari es in der Auseinandersetzung mit
Michelangelos Kunstwerken nennt, in der ästhetischen
Diskussion eine immer größere Rolle. so dass man
auch rückblickend die Bedeutung des Unvollendeten
für die griechische Architektur zu erörtern begann.
Bekanntlich wurde das gesamte griechische Denken
von dem Streben nach Perfektion (*teleon*) beherrscht,
ganz gleich, ob es um die Beschaffenheit der Welt
(*kosmos*) oder um die Komposition eines Kunstwerks
(*ergon*) ging. Eine gelungene Arbeit (*apergasia telea*)
bescherte Lob und Anerkennung. Vitruvs Erforschung
der idealen Proportionen stand ganz im Zeichen der

Perfektion. Die Kernhandlung einer Tragödie hatte
sich laut der *Poetik*[288] von Aristoteles durch Vollkommenheit (*telea*) auszuzeichnen. Mehr noch: Die Tragödie als solche sollte diese Eigenschaft aufweisen. Perfektion hat in diesem Zusammenhang eine ganz prag-
matische, unschwer zu erkennende Bedeutung: Ein
Werk sollte in sich abgeschlossen (*peras*) sein; auf
den vorbildlich strukturierten Hauptteil sollte ein
Schluss (*epilog*) folgen. Ein Werk galt dann als perfekt,
wenn es nichts mehr zu ergänzen gab. Vasari, die römischen Abhandlungen über Malerei und die jüngeren
Schriften zur griechischen Architektur der Antike ver-
stehen unter *hemiteles*[289] ein im Plan nur andeutungs-
weise enthaltenes Element, das folglich auch nur teilweise ausgeführt wurde, das sich zwar einwandfrei
identifizieren lässt, aber gleichzeitig von grober Machart bzw. unvollständig ist. Das Heraion in Olympia,
die Tempel G und F in Selinunt, der Apollontempel

Parthenon, Akropolis, Athen.
Stylobat an der Nordseite.
Foto Serge Moulinier.

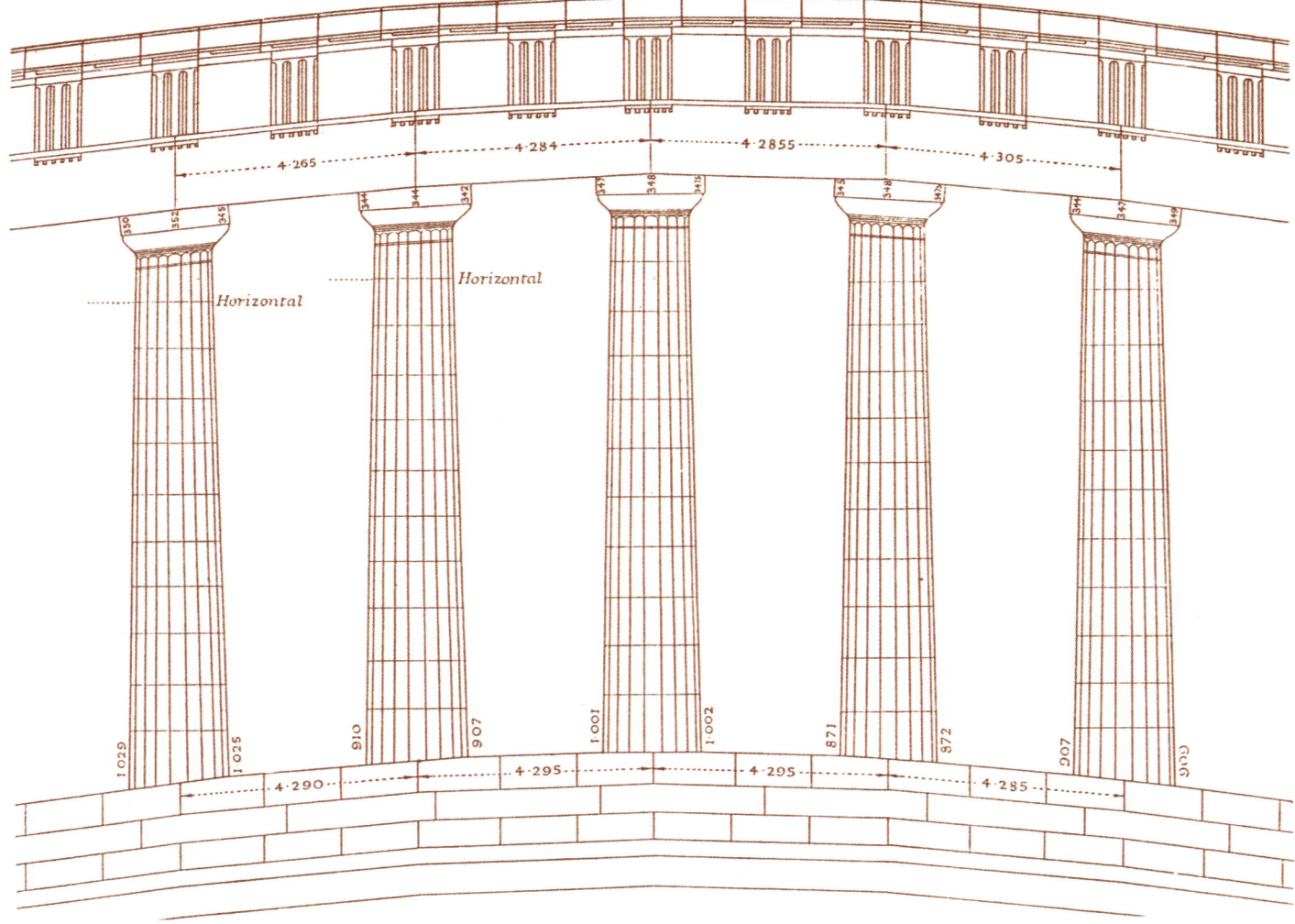

Parthenon, Akropolis, Athen.
Überproportionale Darstellung der
Verzerrung der Nordkolonnade.
Nach A. W. Lawrence (1957).

auf Naxos und natürlich die Propyläen der Akropolis zeichnen sich durch unvollendete Details aus, die zur Aufrichtung und Anbringung einzelner Steine wie etwa Ankersteine (*ancone*) erforderlich waren. Warum diese Details nie fertiggestellt wurden, entzieht sich meistens unserer Kenntnis. Die Bautätigkeit wurde gelegentlich infolge äußerer Umstände wie beispielsweise Kriege unterbrochen und auch nicht immer zu Ende geführt. Vielleicht wurden die fraglichen Elemente auch unvollendet belassen, weil sie wichtig oder hübsch anzusehen waren. Bei Plinius finden sich Passagen[290], in denen er die unvollendeten Werke einer ganzen Reihe griechischer Maler der Antike — unter anderem des »berühmten Apellis« — rühmt, die nur als Skizzen (*lineamenta*)[291] vorliegen, »weil die Linienführung dieser Skizzen die ursprünglichen Absichten der Künstler erkennen lässt«. In gewisser Weise John Ruskins Authentizitätslehre vorwegnehmend, behaup-

tet Plinius, diese groben Linien enthielten die unverwechselbare »Handschrift« des Künstlers. Inwieweit im antiken Griechenland derlei Überlegungen ausschlaggebend dafür waren, dass ein Bauwerk im Zustand der *ateles* belassen wurde, ist schwer zu sagen. Der zeitgenössische Betrachter fühlt sich von den unvollendeten Bauwerken der Antike angesprochen, weil sie ihn unmittelbar in den künstlerischen Schaffensprozess einbeziehen. Über das stille Vergnügen des passiven Betrachters hinaus fällt ihm nämlich die Aufgabe zu, aktiv an der Fertigstellung des Kunstwerks mitzuwirken. Dazu muss er sich zunächst in die Raumauffassung und das Regelwerk des klassischen Kanons vertiefen. Die Umsetzung des klassischen Kanons wurde daher — wie bereits erwähnt — nie als pedantische oder mechanische Übung empfunden.

Zur Untermauerung lässt sich Aristoteles' *Rhetorik* anführen, die besagt, dass der Epilog einer Rede durch-

Parthenon, Akropolis, Athen.
Rückansicht von Figuren im Westgiebel.
Foto Hellner.

aus unvollständig sein solle. Damit sind nicht etwa Lücken in der logischen Argumentationskette gemeint – der Text soll nicht inkohärent sein –, sondern nicht vorhandene oder noch nicht vollzogene Verbindungen: Die einzelnen Argumente sollen unverbunden (*assyndetos*)[292] nebeneinander stehen. Nicht zum ersten Mal greift Aristoteles, nachdem er unter großen Mühen ein komplettes, geschlossenes System analysiert hat, Aspekte auf, die nicht in dieses System hineinpassen und folglich die Notwendigkeit dokumentieren, ein weiteres, die Grenzen des Bisherigen sprengendes System zu entwickeln. So konzipierte Aristoteles neben seiner *Topik* eine *Rhetorik* und eine *Poetik*. Seiner *apodeixis* stellte er eine *enthymeme*[293] zur Seite. Den Begriff des Fremden (*zo xenon*)[294] dehnt er in seiner *Poetik* auf den *barbarismos* aus, der innerhalb des strengen Regelwerks der Poetik ein Mittel zur Vermeidung von unerwünschten »Gemeinplätzen« (*tapeinon*) darstellt.

Gemäß der antiken Poetik ruft die griechische Tra-

gödie auch Vergnügen hervor – allerdings »tragisches Vergnügen« (*tragodias edone*) und zwar nicht kraft ihrer statischen Abfolge (*taxis*), sondern aufgrund ihres dynamischen Aufbaus (*systasis*), der sich nicht in der gefälligen Abfolge regelmäßig angeordneter Objekte erschöpft. Je komplexer die Handlung (*pepegmenos*), desto größer die *psychagogeia* – der »Reiz und die Anleitung für die menschliche Seele«[295]. Die Taxis steht somit in enger Verbindung mit dem »plötzlichen Umschlagen der Handlung«. Diese *peripetia* und die *anagnorisis*[296] (das Wiedererkennen) werden zu weiteren zentralen dynamischen Elementen.

In diesem Zusammenhang sei auf die bereits erwähnten subtilen Figuren wie *aposiopesis* und *epistrophe* verwiesen, die neben Taxis, Arten und Metrik zu den unumgänglichen Bestandteilen des klassischen Kanons zählen. Sie waren vermutlich ausschlaggebend dafür, dass die griechischen Architekten der Antike die dorische Eckkontraktion in den klassischen Kanon aufnahmen. Der überaus strenge, gleichzeitig stark zur Vereinfachung und zu Intoleranz tendierende Vitruv empfahl in seinem vierten Buch kurzerhand die Abschaffung des dorischen Stils. Seine rigorose Haltung entsprang dem Verlangen, Ambiguität und logische Schwachstellen unbedingt zu vermeiden, da diese Auftraggeber und Ausführende verunsichern mussten. Einer ganzen Reihe griechischer Architekten beipflichtend, die vielleicht nicht nur aus theoretischen Erwägungen, sondern möglicherweise auch aus »regionalen« oder persönlichen Interessen handelten[297], verwarf er den dorischen Stil als »konfus und unpassend« – in der Hoffnung, dass diese Anomalie keine Fortsetzung finde.

Andererseits konzipierten die griechischen Architekten mit dem – ebenso wie die Euklidsche Geometrie auf Geschlossenheit und Perfektion bedachten — klassischen Kanon und seinem Schema von Problem und Lösung (*ploke* und *lysis*)[298] eine endlose Kette von Fragen und Antworten — ein Metasystem, das bereits Ansätze zur Entwicklung alternativer »antiklassischer« Gegensysteme enthielt. Damit stellte sich erneut jene quälende Frage, mit der Sokrates sich beschäftigte: das Problem des »richtigen Handelns«.

Artemistempel, Segesta. Unvollendeter Unterbau.
Foto Serge Moulinier.

Propyläen, Akropolis, Athen.
Foto Walter Hege.

Blick vom Parthenon auf das Theater des Herodes Atticus, Athen.
Foto Frédéric Boissonas.

KATHARSIS, KRITIK, KREATION

» Die Menschen aber wissen ebenso wenig, was sie im Wachen tun, wie sie sich erinnern, was sie im Schlafe tun. «

Heraklit aus Ephesos

» Der Ursprung der Dinge ist das Grenzenlose. Woraus sie entstehen, darein vergehen sie auch mit Notwendigkeit. Denn sie leisten einander Buße und Vergeltung für ihr Unrecht nach der Ordnung der Zeit. «

Anaximander, *Physik* 24, 17

» Der Geist ist unendlich und sich selbst bestimmend. «

Anaxagoras, *Fragment* 12

War die Entwicklung der klassischen griechischen Architektur an das Aufkommen einer bestimmten Lebensweise bzw. besonderer gesellschaftlicher und politischer Rahmenbedingungen gekoppelt? Diese Überlegung verweist uns unweigerlich auf die eingangs gestellte Frage zurück: Warum klassische griechische Architektur heute?

Nachdem jahrelang Argumente für das Für und Wider gesammelt wurden, lautet die richtige Antwort auf die Frage heutzutage, dass griechische Bauwerke auf zwei verschiedenen Ebenen wirkten, wie wir es zunächst in Platons Dialog *Euthyphron* aus Sokrates' Mund erfahren haben. In diesem Text sind zwei verschiedene Argumentationslinien geschickt miteinander verwoben. Die erste zeugt — von Werten und Taten handelnd — von Sokrates' massiver Verachtung der Grund- und Menschenrechte, ein Standpunkt, der den heutigen Leser betroffen macht. Die zweite hingegen erfüllt ihn mit Bewunderung, da Sokrates auf brillante Weise eine neu-

artige Denkmethode entwickelt. Anders als in *Euthyphron* gibt es jedoch einen Punkt, in dem sich die beiden Linien kreuzen, da die gesellschaftlichen, politischen und architektonischen Denkmuster sich nicht nur in ein und derselben Struktur begegneten, sondern sich auch in ihrer Wirkung ergänzten.

Es liegt auf der Hand, dass sich die klassische griechische Architektur parallel zum Aufkommen der Polis und zur Einführung der Demokratie entwickelte. Dennoch ist keine Korrelation zwischen dem architektonischen Raumverständnis und den politischen Systemen nachweisbar, welche die Gebäude in Auftrag gaben oder nutzten. Antike griechische Tempel oder Stoen enthielten weder in ihrer Gesamtkonzeption noch im Detail offene oder auch verdeckte Symbole für Polis und Demokratie, Anspielungen auf politische oder gesellschaftliche Strukturen oder Wertvorstellungen. Solche Verbindungen lassen sich möglicherweise für den Skulpturenschmuck herstellen, der diese Gebäude zierte. Dies ist jedoch ein gänzlich anderes Thema.

Die griechischen Kolonialstädte, die gegen Ende des 6. Jahrhunderts angelegt wurden, verkörperten zweifellos die Ideale der Polis und der Demokratie. Ihr regelmäßiges, rechtwinkliges Straßennetz erleichterte die gerechte Aufteilung des Landes unter den Bürgern und symbolisierte somit eine annähernde politische Gleichberechtigung. Dem politischen Konzept der Gleichheit vor dem Gesetz, der von Hippodamos von Milet beschriebenen *isonomia*, entsprach die *isomoiria* — die Gleichheit der verteilten Landparzellen — und die *isodomia* — die Gleichheit der Gebäude, weniger der einzelnen steinernen Elemente. Das auf einem Gitternetz basierende Flächenkonzept wurde jedoch bekanntlich bereits im Jahr 2000 v. Chr. in Mesopotamien und Ägypten entwickelt und umgesetzt: Das Rechteck war die ägyptische Hieroglyphe für den Begriff »Distrikt« (*hesp*)[299]. Damit erübrigt sich jeglicher Versuch, eine Verbindung zur griechischen Polis oder Demokratie herstellen zu wollen. In einem bescheideneren Ausmaß nutzten antike griechische Heiligtümer eine Art rechtwinkliges Koordinatensystem für die Anlage von Gebäudekomplexen.[300] Vermutlich war es entstanden, indem man die Linien der Außenwände eines Gebäudes bis zum nächsten verlängerte.[301] Dieses städtische Gitternetz spiegelte bis zu einem gewissen Grad die rechtwinklige Raumanordnung der Tempelanlagen[302] und anderer wichtiger öffentlicher Gebäude wider, die während der archaischen und der frühen klassischen Periode noch relativ variabel war und im 4. Jahrhundert — dank der nunmehr regelmäßigen Säulenabstände — zunehmend gleichförmiger wurde.

Das Aufkommen und die allmähliche Durchsetzung des viereckigen Grundmusters in diesen Gebäudekomplexen fiel zeitlich mit der Gründung der antiken Stadtstaaten zusammen. Doch stand dieses Ordnungsprinzip für die Raumaufteilung und die Bemessung von Bauwerken keineswegs mit der *isonomia* oder irgendwelchen vergleichbaren Gleichheits- oder Gleichberechtigungsgedanken (*isotis*) der Polis bzw. der Demokratie in Verbindung.

Andererseits schlug sich die Tatsache, dass es innerhalb der griechischen Polis — unabhängig davon, ob diese aristokratische, tyrannische oder demokratische Züge trug —, keine »königliche«, absolutistische Macht gab, im Fehlen eines einzigen zentralen Platzes, eines »Herzstücks« (*megaron*) im Sinne orientalischer oder mykenischer Ansiedlungen nieder. Die antiken Siedlungen Griechenlands zeichneten sich vom 8. Jahrhundert an durch ihre »anarchische« Raumstruktur mit ihrer wohl strategischen, jedoch keineswegs zentralistischen Anord-

nung der mitunter frei stehenden *megara* aus. Die fehlende Strukturierung der Flächen zwischen den Gebäuden galt in der Vergangenheit als Ausdruck der antiken griechischen Mentalität, die zwar ein Konzept für »Leere«, eine andere Bezeichnung für »nichts«, aber kein Konzept für die Darstellung des Raumes zwischen Objekten kannte. Dies ist natürlich vollkommen falsch, da sowohl vorsokratische Philosophen als auch Aristoteles Konzepte entwickelt hatten, mit denen sich die Beziehungen zwischen und innerhalb von Objekteinheiten darstellen ließen. Wie wir im vorhergehenden Kapitel gesehen haben, wurden Artefakte — Skulpturen wie Gebäude — zumindest bis ins 4. Jahrhundert eher mit Hilfe »objektzentrierter« Schemata konzipiert als anhand »egozentrischer« Darstellungen. Diese Vorgehensweise wurde vermutlich aus gesellschaftlichen oder politischen Gründen gewählt: Da es keine Zentralgewalt gab, bestand auch kein Interesse an der Entwicklung eines zentralistischen Koordinatensystems. Im 3. Jahrhundert scheint das rechtwinklige Gitternetz, ein »allozentrisches« Koordinatensystem, zunehmend zum wichtigen Grundprinzip der Raumordnung avanciert zu sein und zwar im Zusammenhang mit der wachsenden Bedeutung der Agora als Drehscheibe des öffentlichen Lebens. Dieser Sachverhalt trifft jedoch auf jedes beliebige politische System zu.

Das Aufkommen der klassischen Architektur und der Drang, einen einzigartigen, kohärenten Formenschatz, einen Kanon zu schaffen, ist vor dem Hintergrund der Stiftung einer gesamtgriechischen Identität bzw. jenes Phänomens zu sehen, das G. Nagy als Panhellenismus[303] bezeichnete. Die Architektur war — wie die übrigen Kulturtechniken — Teil einer Bewegung, welche die ethnische Reinheit und Überlegenheit betonte, um auf diese Weise den Aufstieg Athens und folglich die griechische

Hegemonie und Expansion voranzutreiben. Die Gründung einer neuen griechischen Kolonie ging stets mit dem Bau eines Tempels, mit der Einrichtung eines Kultes, eines Gründungsmythos und einer entsprechenden Heldendichtung einher. Platons ungewöhnlicher Dialog *Menexenos* kündet vom typisch überhöhten Anspruch auf ethnische Reinheit und Überlegenheit. Sokrates bezieht darin eine geradezu feministisch anmutende Position: Er behauptet, die berühmte, bei Thukydides überlieferte Gefallenenrede des Perikles sei in Wahrheit von einer Frau namens Aspasia verfasst worden. Aus dem Gedächtnis zitiert er Passagen einer weiteren Grabrede, in welcher Aspasia die Stadt Athen als eine mustergültige »Frau und Mutter« schilderte, welche »im Freiheitskampf Griechen gegen Griechen unterstütze«. Laut Aspasia, die bezeichnenderweise nicht etwa aus Athen, sondern aus Milet stammte, beruhte die Überlegenheit der Athener auf ihrer Reinrassigkeit; anders als »Pelops, Cadmus, Aegyptus oder Danaus«, die nur »dem Namen nach Griechen« waren, hatten sie sich nicht mit minderwertigen barbarischen Stämmen vermischt, sondern waren reinrassig (*amigeis*) geblieben. Laut Perikles' Schilderung unterlag auch das politische System Athens keinen äußeren Einflüssen und war keinerlei »Gesetzen von Nachbarstaaten« nachempfunden. Dabei ignorierte er bewusst die mesopotamischen und ägyptischen Anleihen, welche die Athener Verfassung im Laufe ihrer langen Geschichte gemacht hatte. Der klassische Kanon der Architektur wurde von den Athenern gleichermaßen als einzigartig und seine auffallende Schlichtheit als bewusst anzustrebendes Qualitätsmerkmal empfunden. In Platons Dialog *Kritias* wird der Poseidontempel wegen der übermäßigen Verwendung von Gold, Silber und Elfenbein in seinem Inneren als »barbarisches Werk« eingestuft. Dies entspricht der in der oben zitierten Rede enthaltenen Erklärung Perikles', wonach die Athener »Feinheit kultivieren, ohne zu übertreiben«.

Dieses Bestreben, eine nationale Identität zu stiften, kam innerhalb besonders günstiger Rahmenbedingungen zum Tragen. Warenströme und Informationen konnten ungehindert fließen und auch die Freizügigkeit der Menschen war bemerkenswert groß. Perikles betonte in seiner Ansprache die Segnungen dieser dynamischen Offenheit, welche den institutionellen Strukturen Athens, der explosionsartigen Zunahme der Nachrichtenübermittlung und den Fortschritten im Verkehrswesen zu verdanken sei. Athen war jedoch in dieser Beziehung kein Einzelfall. Wie bereits erwähnt, zeichneten sich sowohl die Stützpunkte in Kleinasien und in Italien als auch viele griechische Städte des Mutterlandes durch ihre Offenheit gegenüber äußeren Einflüssen aus und importierten bereitwillig Formen aus fremden Ländern, wie die Aufteilung, einzelne Details und bestimmte technische Aspekte der Bauwerke belegen. Ohne diese Offenheit gegenüber neuen Erkenntnissen und weit gereisten Technikern — die nicht nur »Impulse« oder »Inspirationen«, sondern wirklich die »Bausteine« für eine Fortentwicklung der Baukunst lieferten — und ohne die entsprechende Infrastruktur zur Verbreitung dieser bahnbrechenden Erkenntnisse hätte sich die neue Poetik antiker griechischer Architektur ebenso wenig ausbilden können wie der klassische Kanon.

Die gezielte Identitätsstiftung und Aufrechterhaltung der Kreativität wurden zusätzlich durch die »agonistische« Wesenart der griechischen Kultur gefördert. Sie schlug sich in einer enormen Bandbreite sportlicher, militärischer sowie künstlerischer Wettkämpfe nieder. Das dem Kanon zugrunde liegende Konzept leitete sich ebenfalls aus der Wettbewerbssituation ab. Der Begriff

Kanon stammt aus dem Akkadischen oder Hebräischen und steht ursprünglich für »Stab« oder »Stock« sowie für »Messlatte«[304]. Im Griechischen bezeichnet das Wort zunächst ein Werkzeug, das Richtscheit. Es diente dazu, beim Bauen die Geradlinigkeit der Fluchten zu kontrollieren und Entfernungen zu messen. Polykleitos verwendete den Begriff in seinem gleichnamigen Buch vermutlich als Synonym für Maßeinheit. Diese Maßeinheit oder Messlatte diente dazu, mittels eines Baukastenprinzips die Proportionen des menschlichen Körpers auf eine Skulptur zu übertragen. Vitruv entwickelte ein ähnliches System, dank dessen sich die exakte Größe sämtlicher Elemente eines Tempels bestimmen ließ. Im Zeitalter des Hellenismus wurde das Wort Kanon jedoch auch im Sinne von »kanonisch« – höchsten Qualitätsanforderungen genügend – verwendet. Es bezeichnete eine Reihe erstklassiger – und somit »klassischer« – Objekte, die Modellcharakter besaßen und für die weitere Praxis maßgeblich wurden. Die herausragende Qualität dieser Objekte wurde in einem Wettbewerb, nach eingehender Beratung und abschließender Urteilsfindung (krisis) ermittelt. Als Entscheidungsrichter fungierte eine Gruppe Sachverständiger (kritai) aus dem Museum in Alexandria. G. Nagy macht den berechtigten Einwand geltend[305], dass dieses Zusammenspiel von agon und krisis, das in einem kollektiven Urteil gipfelte, keineswegs in Alexandria entwickelt wurde. Seine Wurzeln reichen vielmehr in die vorklassische Zeit mit ihren Dichter- und Musikwettbewerben (rhapsodoi) zurück. Die Anfänge des Kanons als maßgebliches Regelwerk, dem ein in kollektiver Abstimmung ausgewählter Prototyp zugrunde gelegt wurde, standen somit keineswegs unter despotischen, sondern unter demokratischen Vorzeichen.

Der Zusammenhang zwischen klassischer Architektur und Rechtsstaatlichkeit ist damit noch keineswegs

erschöpft. Bekanntlich handelte es sich bei den Konzepten taxis und kosmesis um bestimmten Regeln gehorchende Gesetzmäßigkeiten (nomimon), die, auf den Raum (kosmos) übertragen, eine bestimmte gesetzmäßige Anordnung der Raumelemente ergaben. Wie bereits geschildert, regierten dieselben – zeitlichen – Ordnungsprinzipien die Abfolge der einzelnen Segmente in der antiken griechischen Dichtung, Musik und Rhetorik. Wie Raumeinheiten nach gewissen Regeln (kosmounde) mit ineinander verschachtelten, der Größe nach geordneten physikalischen Objekten besetzt sind, beispielsweise im »guten Aufbau eines Gebäudes«, so sind die Zeitsegmente nach bestimmten Regeln mit Handlungen und Ereignissen angefüllt, die so lange dauern wie der gute »Aufbau eines Gesangs«. In beiden Fällen bildet ein Gesetz (nomos) die Basis für die »gute Welt« (eukosmos). Von der archaischen Epoche an sind nomos, taxis und kosmesis miteinander verknüpft. Der Gesetzmäßigkeit sind neben Zeit und Raum weitere, konkretere und komplexere Bereiche unterworfen, zu denen der menschliche Körper ebenso zählt wie die gesellschaftliche Ordnung oder die »Verfassung einer Polis«.

Seit der archaischen Periode besteht eine Verbindung zwischen taxis, kosmesis und nomos einerseits und dem menschlichen Körper, der Seele und der Gesellschaft andererseits. Dies geht – unabhängig vom jeweiligen Inhalt – ganz eindeutig aus den analogen Beziehungen hervor, die Platons Dialog Gorgias[306] zugrunde liegen, in dem die Harmonie des Ganzen (taxeos kai tou kosmou) ausdrücklich auf das Haus (oikos), die Ordnung der Seele (sofrosyne) und die Gerechtigkeit (dikeosine) bezogen wird.

Ungeachtet solcher spekulativer Parallelen zwischen psychologischen bzw. gesellschaftlichen Normen und architektonischem Raumverständnis dürften die klassischen Bauwerke der Antike mit ihrer ausgeklügelten

Raumaufteilung, ihrer komplizierten Aneinanderfügung und Verbindung einzelner Elemente wohl kaum als eine Art Paradigma gewirkt haben, das kraft seines Raumkonzepts beim Betrachter bestimmte moralische und politische Vorstellungen hervorrief. Ein wohlgefälliges Gebäude (*eunomon kekosmemenon*) mochte dagegen sehr wohl — wie Aristoteles im Zusammenhang mit einem Musikinstrument schilderte — »eher der Reinigung (*katharsis*) als der Unterweisung (*mathesin*)« dienen. Die therapeutische Läuterung der Gedanken vollzieht sich nicht dadurch, dass man weitere Kenntnisse erwirbt, sondern vielmehr indem man sich des bereits vorhandenen Wissens auf eine neue Art bewusst wird. Um dieses aristotelische Postulat verständlich zu machen, kann man Heraklit heranziehen, der in archaischer Zeit darüber klagte, dass die Menschen aller Belehrung zum Trotz »nicht in der Lage sind, nach dem Aufwachen bewusst zu handeln, ebenso wie sie nicht wissen, was sie tun, wenn sie schlafen«. In der Tat lassen sich den Schriften von Heraklit und Aristoteles vor dem Hintergrund neuester Forschungen in der Erkenntnistheorie — wonach das Phänomen der Voreingenommenheit heutzutage ebenso wenig überwunden ist wie in der Antike — ganz neue Aspekte abgewinnen. Wenn die Menschen heute nicht im Stande sind, ein sachlich korrektes Urteil über höchst wichtige Sachverhalte zu fällen, liegt dies weniger an mangelnden Informationen als vielmehr an ihren fest gefassten, sachlich oft nicht zutreffenden Meinungen. Das Denken der Menschen ist — als ob sie immer noch »schliefen« — in festen, althergebrachten Mustern gefangen, welche nie in Frage gestellt werden. Sie sind, wie Heraklit ausführte, unfähig, bewusst auf die sie umgebende Wirklichkeit zu reagieren, über ihre Vorstellungen zu reflektieren und ihre Überzeugungen kritisch zu prüfen. Daher bleibt ihnen jegliche Kreativität

verwehrt, und sie sind dazu verurteilt, ein amoralisches, wenn nicht gar unmoralisches Leben zu führen. Aktuelle Untersuchungen haben ergeben, dass es nicht reicht, mehr Informationen bereitzustellen, um diese Befangenheit zu bekämpfen. Verschiedene Mittel wurden erprobt, um den menschlichen Geist von seinen Vorurteilen zu befreien. Eine Aufgabe, welche laut der aristotelischen *Poetik* die antike griechische Trägödie dank ihrer *logou katharsis* erfüllte. Mittels ihrer doppelten Strategie, die »liebliche Reden« (*hedismeno logo*) mit schwierigen Rätseln (*ainigma*) und dem Schockerlebnis der Entfremdung (*xenicon*) kombinierte, führte die Tragödie eine neue Weltsicht herbei, die Aristoteles *anagnoris* — Entdeckung[307] — nannte. Sie löst eine Veränderung aus, indem sie die Widersprüche zwischen den herrschenden Vorstellungen offenkundig macht und die Konflikte mit den anerkannten Dogmen herausstellt. Letzten Endes kritisierte sie das Fehlen von *nomos* — nicht nur im Denken der Menschen und in ihrer Sicht der Natur, sondern auch in der Sphäre der zwischenmenschlichen Beziehungen und im Aufbau der Gesellschaft. Vielleicht erfüllten die Raumkonzepte des klassischen Kanons (*taxis* und *kosmesis*) in Kombination mit dem dorischen und ionischen Stil, den metrischen Mustern sowie den offenkundigen und subtilen Stilmitteln eine vergleichbare, ebenfalls auf Rätsel, Entfremdung und *anagnorisis* basierende Funktion. Ganz wie die Tragödie lieferte der Kanon ein Werkzeug, um neue Welten zu schaffen und gab Antwort auf die Frage nach der richtigen Lebensführung. Für das klassische Bauwerk gilt genau dasselbe, was Heraklit über das Orakel von Delphi berichtet, nämlich dass es »weder etwas ausspricht, noch etwas verheimlicht, sondern ein Zeichen gibt«. Klassische Gebäude künden vom Prinzip der *eunomia* — von der Möglichkeit, sein Leben ganz bewusst nach bestimmten Regeln zu gestalten.

ANMERKUNGEN

Prolog

1. Spengler, O. (1926)

2. Heidegger, M. (1989)

3. Hamlin, T. (1940)

4. Logan, R. K. (1986)

5. Burkert, W. (1992)

6. Malkin, I. (1987)

7. Morgan, C. (1990)

8. Edmonds, J. M. (1940)

9. Burkert, W. (1992)

10. Burkert, W. (1992)

11. Coulton, J. J. (1977)

12. Heckscher, W. S. (1937–1938), S. 204–220; Weiss, R. (1973), S. 10

13. Vasari, G. (1550, 1568), Einführung

14. Pirenne, H. (1939)

15. Dennett, D. C. jr. (1948)

16. Klibansky, R. (1939)

17. Krinsky, C. H. (1967)

18. In der modernen Forschung werden die regionalen Ursprünge der architektonischen Arten im klassischen Griechenland betont. Siehe Barletta, B. A. (2001) und Betancourt, P. P. (1977).

19. Vitruv, De Architectura

20. Aristoteles, Geschichte der Tiere I

21. Lefaivre, L. und A. Tzonis (2004)

22. Krautheimer, R. (1942–1943), S. 1–34

23. Lefaivre, L. und A. Tzonis (2004)

24. Vitruv, De Architectura

25. Wittkower, R. (1962)

26. Serlios Schrift war die erste, die in diesem Bereich in einer modernen Sprache veröffentlicht wurde.

27. Palladio, A. (1570), Einführung zu Quatro Libri

28. Lefaivre, L. und A. Tzonis (2004)

29. Perrault, C. (1683)

30. Le Roy, J. D. (1758, überarbeitet 1770)

31. Stuart J., und Revett, N. (1762–1839); siehe Wiebenson (1969).

32. Ausgabe von 1770, S. 3

33. Theologe und Bischof von Cambrai

34. Pope, A. (1731). Shaftesbury war ein überzeugter liberaler Reformer, der an die parlamentarische Autorität glaubte.

35. Highet, G. (1985). Siehe Rousseaus Zusammenarbeit mit C. W. Gluck zur Reformierung der Musik durch eine Wiederbelebung der griechischen Tragödie.

36. Laugier, M.-A. (1753)

37 Lefaivre, L. und A. Tzonis (2004)

38. Winckelmann, J. J. (1762)

39. Blondel, J. F. (1675–1683)

40. Correspondence littéraire, philosphique et critique (1. Mai 1763)

41. Piranesi, G. B. (1769)

42. Laugier, M.-A. (1753); siehe auch Ribart de Chamoust, M. (1783).

43. Goethe, J. W. (1772)

44. Butler, E. M. (1935)

45. Butler, E. M. (1935), S. 27

46. Snell, B. (1953)

Erstes Kapitel

47. Martin, R. (1976)

48. Pausanias, Beschreibung Griechenlands VIII, 41.7

49. Cooper, F. A. (1978). Dieses Kapitel beruht auf den Forschungen von F. A. Cooper und N. J. Kelly über den Apollontempel in Bassai.

50. Cooper, F. A. (1978)

51. Cooper, F. A. (1978)

52. Nach der griechischen Revolution kam Gropius als Konsul nach Athen und gründete mit anderen 1837 die Archäologische Gesellschaft Griechenlands, die es sich zu ihrer ersten Aufgabe machte, die Athener Akropolis auszugraben.

53. Cooper, F. A. (1978)

54. Roux, G. (1976)

55. The Morning Chronicle, 27. Januar 1816

56. Weitere maßstabsgetreue Zeichnungen des Tempels wurden von der Expedition Scientifique de Morée 1833 und von Denis Lebouteux 1853 angefertigt. Von 1902 bis 1907 führte die Archäologische Gesellschaft von Athen ein Restaurierungsprogramm am Tempel durch.

1956 wurde er bei einem Erdbeben,1966 bei einem Sturm schwer beschädigt. Heute ist der Stylobat nicht mehr plan und waagerecht, da die Grundmauern des Tempels in weicher, aufgeschütteter Erde liegen; mehrere Teile des Bauwerks sind aufgrund von Temperaturschwankungen eingestürzt, auf die der Kalkstein, das Hauptbaumaterial, besonders empfindlich reagiert. Seit 1983 befindet sich das Bauwerk unter einem Schutzzelt und wird systematisch restauriert.

57. Cooper, F. A. und N. J. Kelly (1996)

58. Dinsmoor, W. B. (1950)

59. Cooper, F. A. und N. J. Kelly (1996)

60. Cooper, F. A. und N. J. Kelly (1996)

61. Cooper, F. A. und N. J. Kelly (1996)

62. Für einen Vergleich zwischen narrativer Organisation und handelnden Personen bei Herodot siehe Myres, J. L. (1973), S. 62–63.

63. Cooper, F. A. und B. C. Madigan (1992), S. 27, 30–31

64. Vatin, C. (2001), S. 381–387

65. Cooper, F. A. und N. J. Kelly (1996), S. 367–369

66. Osborne, R. (1987A), S. 12–16

67. Yalouris, N. (1979), S. 89–104

68. Clemens von Alexandria, Stromateis 1.151

Zweites Kapitel

69. Darwins Definition der Evolution.

70. Murray, O. (1993), S. 12. Siehe auch Osborne, R. (1996); Schnapp-Gourbeillon, A. (2002); Snodgrass, A. (1971).

71. Coulton, J. J. (1993)

72. Coulton, J. J. (1993)

73. Coulton, J.J. (1993)

74. Camp, J. und E. Fisher (2002)

75. Kilian, K. (1980)

76. Mallwitz, A. (1981). I. A.Papanikolaou (1990) lehnt den Einfluss ab, den megara und oikoi auf verschiedene Produkte der geometrischen Epoche bis hin zum griechischen Peripteraltempel des 7. Jahrhunderts v. Chr. ausgeübt haben, da das Hekatompedon I auf Samos und der Apollontempel von Eretria keinen hypothetischen Pteron haben.

77. Petropoulos, M. (1996–97)

78. Bammer, A. (1990); Bammer, A. (1991)

79. Mazarakis-Ainian, A. (1997)

80. Pindar, Olympische Oden 13, Isthmische Oden 13, 20–22

81. Schwandner, E.-L. (1990); Wikander, C. (1983)

82. Robinson, H. (1976), S. 205

83. Rhodes, R. F. (1984); Klein, N. L. (1991); Gebhard, E. R. (2001)

84. Gebhard, E. R. (2001)

85. Broneer, O. (1971); Gebhard, E. R. und F.P. Hemans (1992)

86. Ägypten, Megiddo, Ramat Rahel und Samaria: Vgl. Shiloh, Y. und A. Horowitz (1975).

87. Tel Dan, Hazor, Megiddo, Taanach, Beth-Shean, Samaria, Ramat Rahel, Jerusalem und Gezer: Vgl. Gebhard, E. R. (2001).

88. Mitchell, T. C. (1982) »Israel and Judah until the Revolt of Jehu (931–841).« The Cambridge Ancient History vol. 3, part 1: The Prehistory of the Balkans, the Middle East and the Aegean World, Tenth to Eighth Centuries BC, J. Boardman, I. E. S. Edwards, N. G. L. Hammond und E. Sollberger (Hg.). Cambridge. Betancourt, P. P. (1977)

89. Mallwitz, A. (1981)

90. Coulton, J. J. (1976); Pfaff, C. A. (1990)

91. Akurgal, E. (1983)

92. Betancourt, P. P. (1977)

93. Betancourt, P. P. (1977), S. 123; Martin, R. (1955–56), S. 119–32

94. Betancourt, P. P. (1977) zählt auf: »Proto-ionisch« wird von W. B. Dinsmoor, »äolisch« von K. Schefold (1938), D. S. Robertson und Akurgal, »äolo-ionisch« von R. Vallois benutzt. Siehe auch Boardman, J. (1959) und Shiloh, Y. (1979). Wesenberg, B. (1971) nennt diese Kapitelle »Volutenkapitelle«.

95. Boardman, J. (1959); Wesenberg, B. (1971)

96. Pausanias, Beschreibung Griechenlands V, 16,1

97 Herodot, Historien II, 97, II, 135, II, 178–180

98. Rodenwaldt, G. (1939)

99. Barletta, B.A. (2001)

100. Coulton, J. J. (1979)

101. Gruben, G. (1993); Gruben, G. (1997)

102. Meritt, L. S. (1969)

103. Coulton, J. J. (1976); Bruneau, P. und J. Ducat (1983)

104. Vitruv, De Architectura VII, 12, 16

105. Plinius, Naturgeschichte XXXIV, 83

106. Gruben, G. (1960)

107. Lawrence, A. W. (1996); Muss, U. (1994); Picón, C. A. (1988)

108. Mylonas, G. E. (1957); Shear, I. M. (1999)

109. Robertson, D. S. (1943)

110. Lawrence, A. W. (1983)

111. Mylonas, G. E. (1957); Shear, I. M. (1999)

112. Herodot, Historien III, 57–58; Pausanias, Beschreibung Griechenlands X, 11,2

113. Mylonas, G. E. (1957); Shear, I. M. (1999)

114. P. Amandry meint, dass es sich hierbei um die Siege Kimons 479/78 v. Chr. über die Perser bei Mykale und bei Sestos handelt. Vgl. Bommelaer, J.-F. und D. Laroche (1991).

115. Bommelaer, J.-F. und D. Laroche (1991); Amandry, P. (1953)

116. Barletta, B. A. (2001), S. 99–100

117. Morris, S. P. (1992)

118. Friedländer, P. (1949), Nr. 139A

119. Bundgaard, J. A. (1957)

Drittes Kapitel

120. Herodot, Historien VIII, 55

121. Jeppesen, K. (1958)

122. J. J. (1977)

123. Lawrence, A. W. (1983), Anfang 15. Kap.

124. Penrose, F. C. (1888)

125. Dinsmoor, W. B. (1950), S. 161

126. Korres, M., G. A. Panetsos, T. Seki (1996), S. 12

127. Über Plutarch und die Finanzierung siehe Hurwit, J. M. (1999), S. 310–311.

128. Travlos, J. (1980)

129. De Waele, J. A. (1990)

130. Hellström, P. (1988), S. 107–121; Strabo, eografie XIV 1 14

131. Hurwit, J. M. (1999)

132. Bundgaard, J. A. (1957)

133. Hurwit, J. M. (1999)

134. Bundgaard, J. A. (1976); Tanoulas, T. (1996), S. 114–123, 129

135. De Waele J, A. (1990), S. 64

136. Travlos, J. (1980), S. 213–227

137. Dinsmoor, W. B. (1950)

138. Eine vergleichbare Bewegung weg von regionalen Gestaltungskonventionen hin zu einer Koine ist auch im Entwurf von Artefakten einer anderen Art, der Keramik, zu erkennen (Coldstream, J. N. (1983)). Häuser sind jedoch keine Produkte, die verkauft und exportiert werden können. Die Errichtung von Häusern ging viel langsamer vonstatten, und wie wir bereits gesehen haben, war dafür die Zusammenarbeit einer großen Zahl von Spezialisten erforderlich, deren Aktivitäten koordiniert und lange im Voraus geplant werden mussten. Die zentripetale-zentrifugale Entwicklung von Gestaltungsregeln in einem Kanon oder einer Koine erforderte also ein viel großflächiger verteiltes Netzwerk regionaler Zentren und eine komplexere Anhäufung von Techniken und Methoden.

139. Tomlinson, R. A. (1963); Vitruv, De Architectura IV, 3

140. Koenigs, W. (1983), S. 134–176

141. Vitruv, De Architectura III, 6

142. Vitruv, De Architectura III, 2 und III, 3

143. Tomlinson, R. A. (1963)

144. Tomlinson, R. A. (1963); Jeppesen, K. (1958)

145. Seiler, F. (1986)

146. Lawrence, A. W. (1996); Tomlinson, R. A. (1963)

147. Jeppesen, K. (1958)

148. Osborne, R. (1987), S. 12–16

149. Jeppesen, K. (1958)

150. Jeppesen, K. (1958), S. 70

151. Haselberger, L. (1980), S. 191–215, Haselberger, L. (1985), S. 114–122, Haselberger, L. (1983a), S. 90–123; Haselberger, L. (1983b), S. 111–119

152. Vitruv, De Architectura VII, 11

153. Pausanias, Beschreibung Griechenlands II, 27,5

154. Coupel, P. und Demargne, P.(1969)

155. Pedersen, P. (2001/2002), S. 97–130

156. Plinius, Naturgeschichte 36

157. Jeppesen, K. (2002a), S. 207–218

158. Travlos, J. (1988), S. 402–411

159. Vitruv, De Architectura IX

160. Lawrence, A. W. (1983)

161. Aristoteles, Politik IV, 1, 2, 16; Schuller W. u.a. (1989)

162. Martin, R. (1951); Martin, R. (1956)

Viertes Kapitel

163. Homer, Odyssee 7, 153–154

164. Vernant, J.-P. (1965), Kapitel 3: L'organisation de l'espace. Hestia et Hermès

165. Wright, J. C. (1994)

166. Vernant, J.-P. (1979), S. 37–132

167. S. Martini, W. (1986), S. 23–36 und Drerup, E. (1969). Die gegenteilige Auffassung vertritt Bergquist, B. (1967).

168. Burkert, W. (1985), S. 55–64

169. Rupp, D. (1983), S. 102; Schleif, H. (1934), S. 139, 156

170. Rupp, D. (1983), S. 103

171. Mazarakis-Ainian, A. (1988), S. 105–119

172. Mazarakis-Ainian, A. (1997), S. 286

173. Burkert, W. (1985), S. 270–271, 78, 87

174. Bergquist, B. (1967)

175. Herodotus, Historien VIII, 50

176. Über die tauridische Artemis siehe Euripides, Iphigeneia auf Tauris 977f.; über das Palladion siehe Apollodoros, Bibliothek III, 143; Burkert, W. (1985), Nr. 84, II 5, 3; Romano, I. B. (1988).

177. Romano, I. B. (1988); Simon, E. (1983)

178. Hollinshead, M. B. (1999), S. 189 – 128, 194

179. Keiner archäologischen Untersuchung ist es bislang gelungen, das adyton innerhalb des Tempels exakt zu lokalisieren bzw. seine architektonische Beschaffenheit zu erhellen. Laut Herodot (VII, 140–143) lag das adyton innerhalb eines megaron und enthielt Sitzgelegenheiten für Besucher. In Euripides' Ion wird das adyton als Sitz des Orakels genannt. Antike Beschreibungen des Tempels berichten auch von einem eisernen Thron am Eingang der cella, vor dem Pindar Hymnen auf Apollon anstimmte, von einer Feuerstelle der Göttin Hestia im vorderen Tempelbereich und von einem adyton auf zwei Ebenen – einem höher gelegenen, das die goldene Apollonstatue barg, und einem etwas tiefer gelegenen, möglicherweise in zwei Bereiche unterteilten: den oikos, in dem die Ratsuchenden sitzend auf die Orakelbefragung warteten, und das antron, in dem die Priesterin Pythia an jenem omphalos oder marmornen Nabelstein saß, den die Griechen als Grab des Python oder des Dionysos verehrten. Diese in antiken Quellen beschriebenen Teile des Apollontempels zu Delphi stimmen in keiner Weise mit dem überein, was die archäologischen Untersuchungen ergaben. Das ursprüngliche Pflaster der cella ist nicht an Ort und Stelle erhalten, und die Nachforschungen haben lediglich ergeben, dass die cella in drei, möglicherweise in vier Bereiche unterteilt war. Der östliche, zum Eingang hin gelegene und an den pronaos anschließende Teil war gepflastert und verfügte über zwei Seitentüren. Dieser Teil, in den man als erstes gelangte, war vom angrenzenden zentralen Teil der cella durch eine Mauer auf der Höhe der beiden ersten Innensäulen abgetrennt. Über den zentralen Teil liegen keine Informationen vor. Der westliche, weiter innen gelegene Raum war nicht gepflastert; es gibt jedoch keinerlei Hinweise darauf, dass sein Fußboden tiefer lag als der Rest. In diesem westlichen Teil war die südliche Kolonnade unterbrochen. Vgl. Amandry, P. (2000), S. 9–21, bes. S. 20–21.

180. Lukian, Herodot oder Aetion 62

181. Lukian, Die Flüchtlinge 7

182. Kyrieleis, H. (1996)

183. Murray, O. (1993)

184. Greek Historical Inscriptions Nr. 1

185. Svenbro, J. (1993)

186. Sokolowski, F. (1992), Nr. 107; Van Straten, F.(1992), S. 270–271

187. Hollinshead, M. B. (1999)

188. Snodgras, A. M. (1977)

189. De Polignac, F. (1995), S. 15

190. Antonaccio, C. M. (1994), S. 79–104

191. De Polignac, F. (1995); De Polignac, F. (1994), S. 3–18

192. Vidal-Naquet, P. (1981), Kap. 2: Le chasseur noir et l'origine de l'éphébie athénienne, S. 151–175

193. De Polignac; F. (1995); Strabo, Geografie IX, 3, 5 (419)

194. De Polignac, F. (1995); Graf, F. (1996); Georgoudi, S. (2001), S. 153–171

195. Cole, S. G. (1994), S. 199–216

196. Morgan, C. (1990), S. 26–28

197. Detienne, M. und J. – P. Vernant (1974)

198. Sophokles, Ajax 1216–1222

199. Morgan, C. (1997)

200. Morgan, C. (1997)

201. Pausanias, Beschreibung Griechenlands V, 7, 7

202. Morgan, C. (1997)

203. Morgan, C. (1997)

204. Pausanias, Beschreibung Griechenlands V, 15,1

205. Pausanias, Beschreibung Griechenlands V, 13, 10

206. Pausanias, Beschreibung Griechenlands X, 7,2

207. Morgan, C. (1997)

208. Shear, J. L. (2002)

209. Simon, E. (1983)

210. Travlos, I. (1980); Simon, E. (1983)

211. Travlos, J. (1988), S. 477

212. Simon, E. (1983)

213. Pausanias, Beschreibung Griechenlands I, 2,2

214. Pausanias, Beschreibung Griechenlands I, 2,4

215. Pausanias, Beschreibung Griechenlands I, 2,5

216. Pausanias, Beschreibung Griechenlands I, 2,3

217. Pausanias, Beschreibung Griechenlands I, 3,5

218. Pausanias, Beschreibung Griechenlands I, 8,5

219. Pollux, Onomasticon IX, 47,8

220. Diodoros Siculus, Bibliotheca historica XI, 29,3–4

221. Pausanias, Beschreibung Griechenlands I, 20,1

222. Pausanias, Beschreibung Griechenlands I, 20,2

223. Pausanias, Beschreibung Griechenlands I, 28,2

224. Hurwit, J. M. (1999)

Fünftes Kaptel

225. Morris, S. P. (1992); Frontisi-Ducroux, F. (1975)

226. Pollock, J. L. (1995)

227. Dodds, E. R. (1951), S. 236

228. Snodgrass, A. M. (1980)

229. Snodgrass, A. M. (1980)

230. Homer, Ilias I, 396; Homer, Odyssee XVII, 604, und XVIII, 198

231. Nilsson, M. (1952), Kap. 3

232. Goodman, N. (1981)

233. Kirk, G. S. und J. E. Raven (1963)

234. Jackendoff,R. (1992), S. 22

235. Goodman, N. (1981)

236. Putnam, H. (1992), S. 109–133

237. Kirk, G. S. und J. E. Raven (1956)

238. Kirk, G. S. und J. E. Raven (1963), S. 314; Aristoteles, Metaphysik 127.9, 1092b8

239. Alexander von Aphrodisias, Metaphysik 827, 9; Kommentar von Aristoteles, Metaphysik N5, 1092b8

240. Platon, Timaios 35–36

241. Lefaivre, L. und A. Tzonis (2004)

242. Aristoteles, Metaphysik 985b, 10–20. Es ist in Demokrits vermutlich um 440 v. Chr. entstandenen Werken Megas Diakosmos und Micras Diakosmos enthalten.Wie Mourelatos jedoch zu bedenken gab, gründet Aristoteles' *taxis* auf einer Fehlinterpretation von Demokrits dynamischerem Konzept.

243. Aristoteles verwendet zu Beginn seiner Darstellung explizit den Ausdruck methodou.

244. Mit diesen Worten beschreibt Jackendorff ([1992], S. 44} Marrs Modell zur Darstellung geometrischer und topologischer Eigenschaften physikalischer Gegenstände.

245. Tzonis, A. und L. Lefaivre (1986)

246. Cesariano, C. (1521); Tzonis, A. und L. Lefaivre (1986)

247. Tzonis, A. und L. Lefaivre (1986)

248. Sandys, J. (1968), S. XXXII

249. Zitiert in Pollux, Onomasticon.

250. Aristoteles, Rhetorik III, 14.14

251. Aristoteles, Metaphysik I, 4.15

252. Bloom, P., M. A. Peterson, L. Nadel und M. F. Garret (1999)

253. Zum kognitiven System des »Was« und »Wo« vgl. Bloom, P., M. A. Peterson, L. Nadel und M. F. Garret (1999) und Jackendoff, R. (1989).

254. Lefaivre, L. und A. Tzonis (2004)

255. Lefaivre, L. und A. Tzonis (2004)

256. Tzonis, A. und L. Lefaivre (1986)

257. Jacobson, R., C. G. M. Fant und M. Halle (1952)

258. Mourelatos, A. P. D. (2003)

259. Ullmann, S. (1996)

260. Aristoteles, Metaphysik V, III

261. Biedermann, I. (1995)

262. Pollitt, J. J. (1974)

263. Bloom, P., M. A. Peterson, L. Nadel und M. F. Garret (1999)

264. Platon, Das Staatswesen V, 4, 6 B; Eukild, Die Elemente 7

265. Lefaivre, L. und A. Tzonis (2004), Einleitung von A. Tzonis

266. Aristoteles, Metaphysik I, IV

267. Jacobson, R., C. G. M. Fant und M. Halle (1952)

268. Nagy, G. (1994), S. 18. Diesen Weg beschreitet W. S. Allen, der für die Literatur den Begriff Rhythmus vermeidet und statt dessen für ein »System, das mit Betonung arbeitet«, plädiert. Vgl. Nagy, G. (1994), S. 27.

269. Cicero, Rhetorik an Herrenius I, 4; Cicero, Über die Erfindung I, 17

270. Coulton, J. J. (1977)

271. Thiersch, A. (1889)

272. Hermogenes, Rhetorik 361. 12 und 419.16

273. Dinsmoor, W. B. (1950), S. 200–202

274. Tzonis, A. und L. Lefaivre (1986)

275. Shoe Meritt, L. (1969)

276. Betancourt, P. P. (1977), S. 66–67

277. Jacob, F. (1977)

278. Kauffman, S. A. (1993), S. 33

279. Zitiert nach Goodyear, W. H. (1912)

280. Dinsmoor, W. B. (1950)

281. Haselberger, L. (1983b) und (1985)

282. Vitruv, De Architectura III, 3.10–13

283. Damianos, Optica; Heron, Definitiones 135.15

284. Heath, T. (1981)

285. Kirk, G. S. und J. E. Raven (1963), S. 423

286. Bloom, P., M. A. Peterson, L. Nadel und M. F. Garret (1999)

287. Kalpaxis, A. (1986); Schmoll, J. A. (1959)

288. Aristoteles, Poetik XXIII, 23

289. Schmoll, J. A. (1959)

290. Plinius, Naturgeschichte 35.145

291. Pollitt, J. J. (1977)

292. Aristoteles, Rhetorik III, 19.6

293. Aristoteles, Rhetorik I

294. Aristoteles, Poetik XXI, 22; Aristoteles, Rhetorik III, 11

295. Aristoteles, Poetik VI, 27

296. Aristoteles, Poetik XV, 16 und X, 4

297. Tomlinson, R. A. (1963)

298. Aristoteles, Poetik XVIII, 4

Epilog

299. Aristoteles, Politik II, 8

300. Jammer, M. (1970)

301. J. Ito, The Site Planning of Greece and Rome. Theory and Practice of Architectural Planning in the Santuaries of Classical Antiquity. Kamoto: 1988; J. Ito, Theory and Practice of Site-Planning in Classical Santuaries. Fukuoka-shi: 2002. Das erste genannte Beispiel ist das Poseidonheiligtum in Sunion.

302. Die einzige Ausnahme bildet die Tholos. Hier findet ein Transfer der rechtwinkligen Koordinaten in polare Koordinaten statt.

303. Nagy, G. (1990)

304. Burkert, W. (1992)

305. Nagy, G. (1990)

306. Platon, Gorgias 504 d–e

307. Aristoteles, Politik VIII, 6.4–6

DORISCHE ART

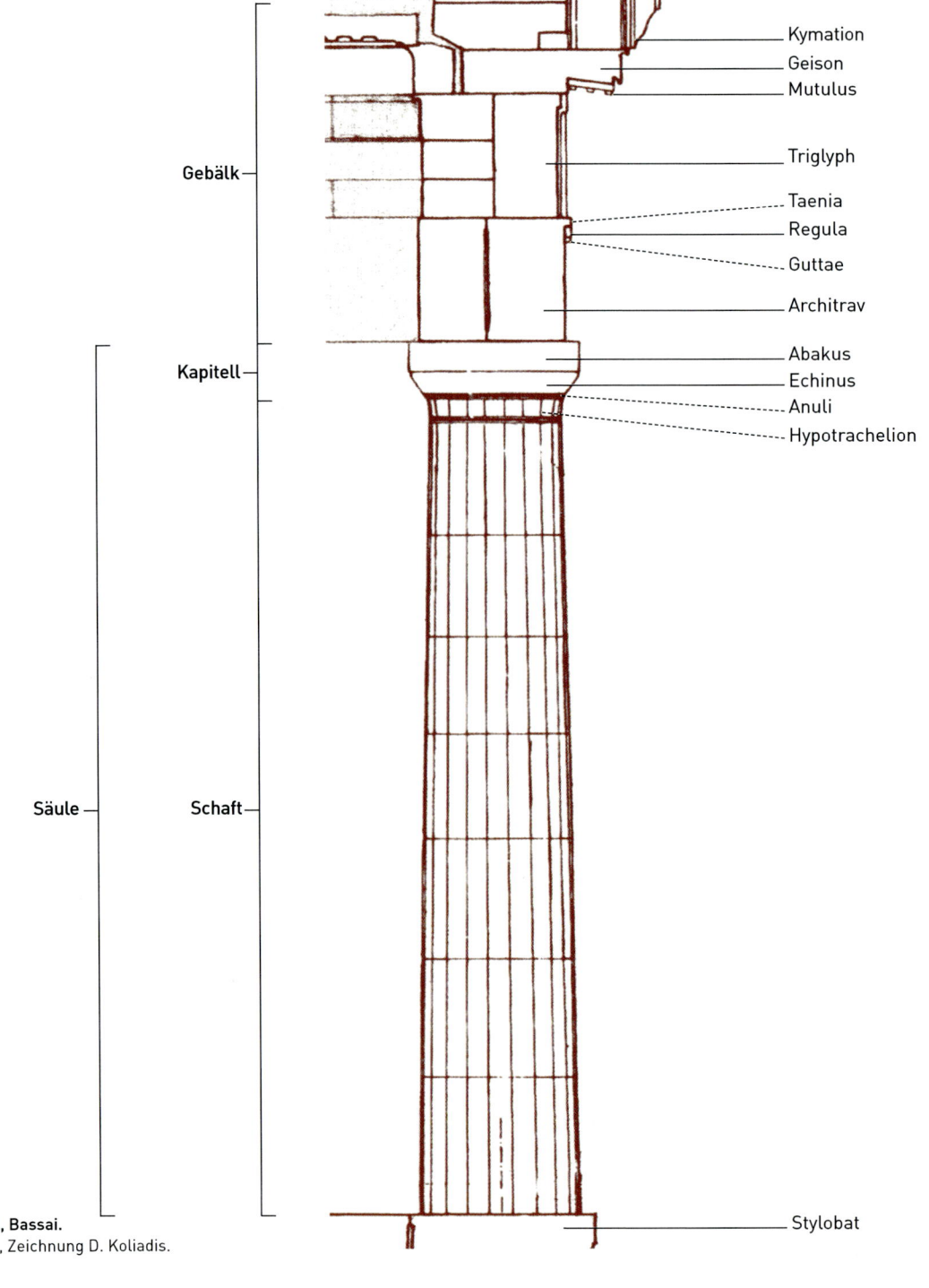

Kymation
Geison
Mutulus

Triglyph

Taenia
Regula
Guttae

Architrav

Abakus
Echinus
Anuli
Hypotrachelion

Gebälk

Kapitell

Säule   Schaft

Stylobat

Apollontempel, Bassai.
D. Svolopoulos, Zeichnung D. Koliadis.

IONISCHE ART

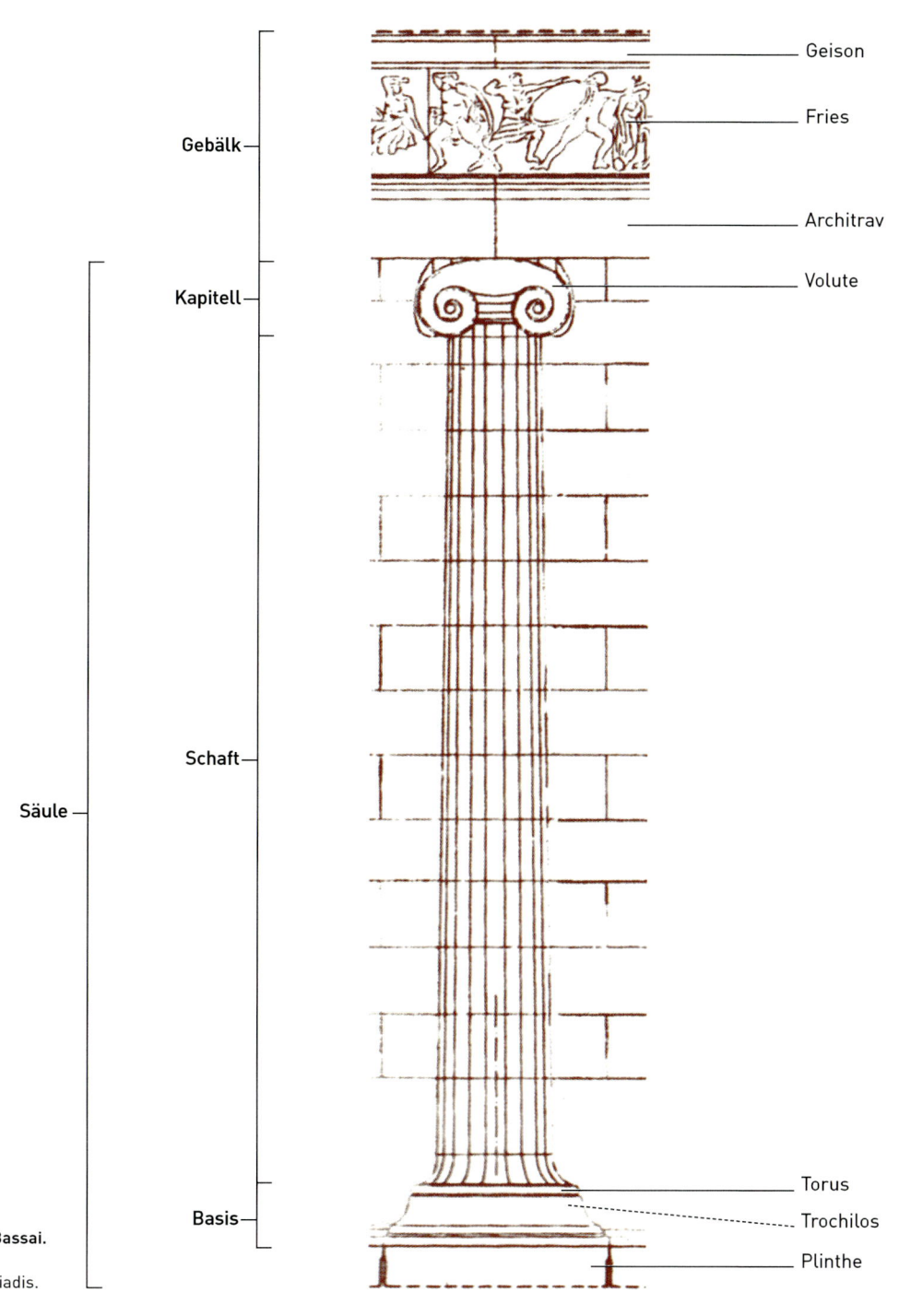

Geison

Fries

Architrav

Volute

Gebälk

Kapitell

Schaft

Säule

Torus

Trochilos

Basis

Plinthe

Apollontempel, Bassai.
D. Svolopoulos,
Zeichnung D. Koliadis.

KORINTHISCHE ART

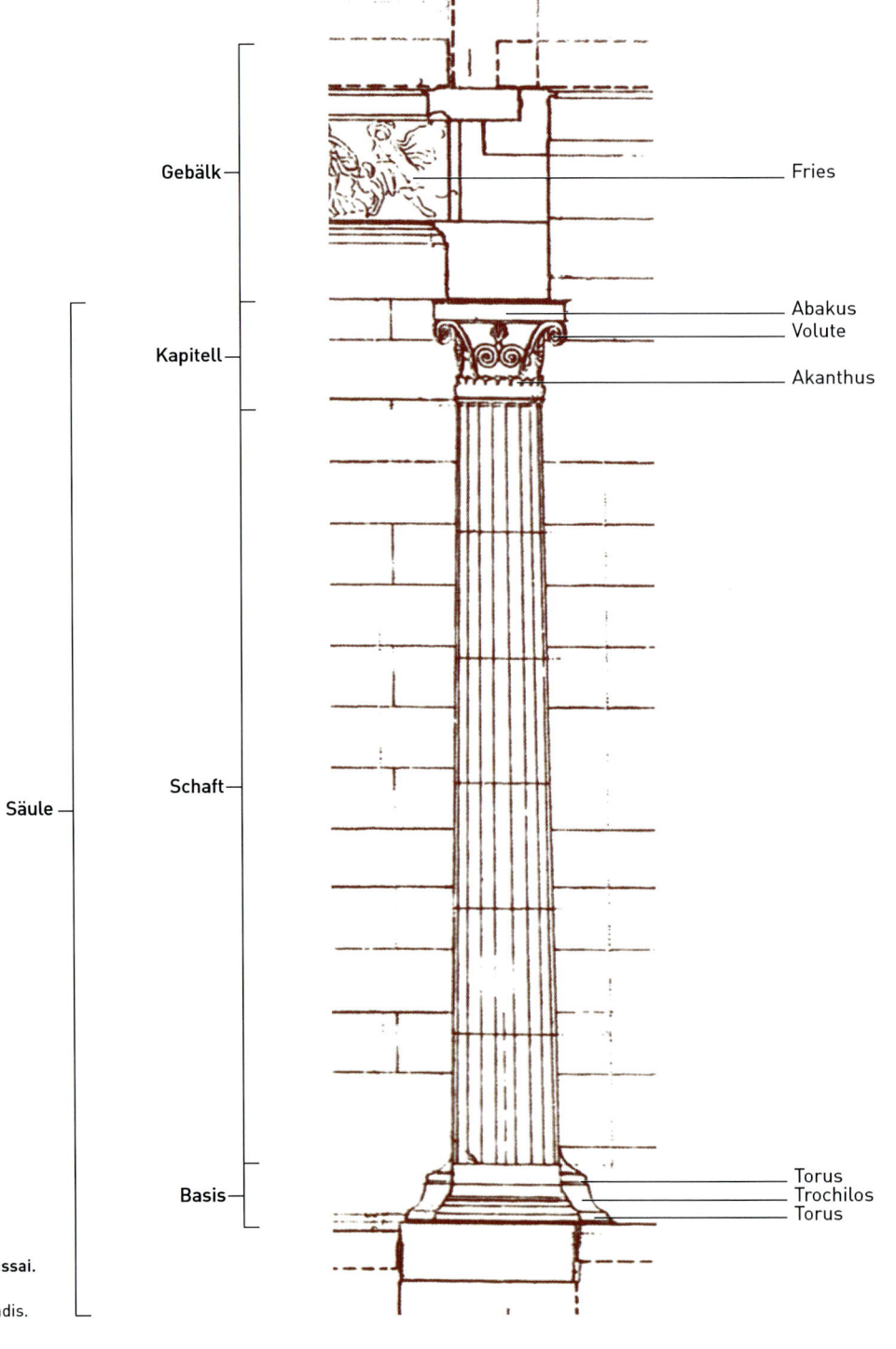

Gebälk

Fries

Kapitell

Abakus
Volute
Akanthus

Säule

Schaft

Basis

Torus
Trochilos
Torus

Apollontempel, Bassai.
D. Svolopoulos,
Zeichnung D. Koliadis.

ANLAGE DES GRIECHISCHEN TEMPELS

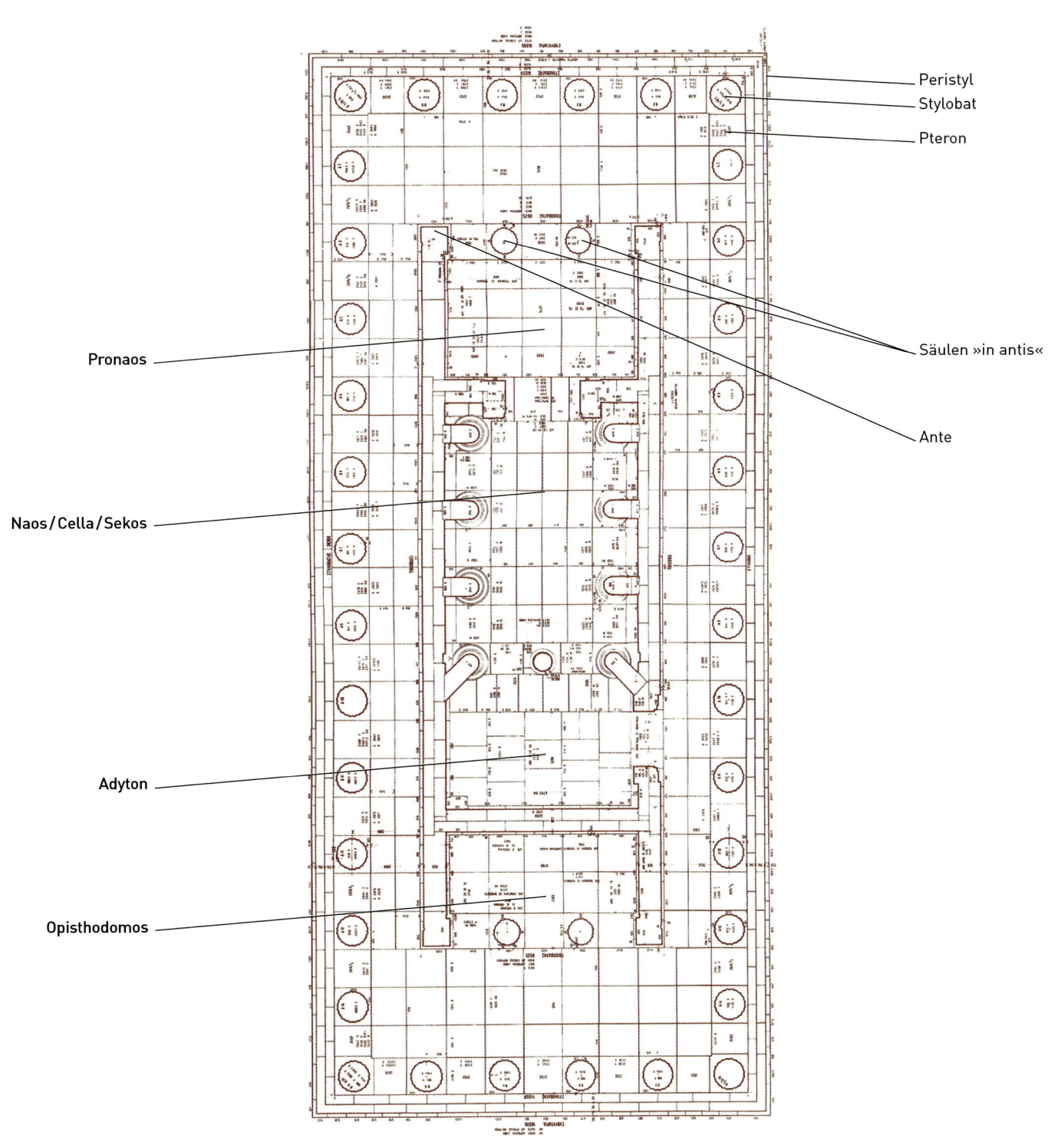

Peristyl

Stylobat

Pteron

Säulen »in antis«

Ante

Pronaos

Naos/Cella/Sekos

Adyton

Opisthodomos

DIE WELT DER ALTEN GRIECHEN

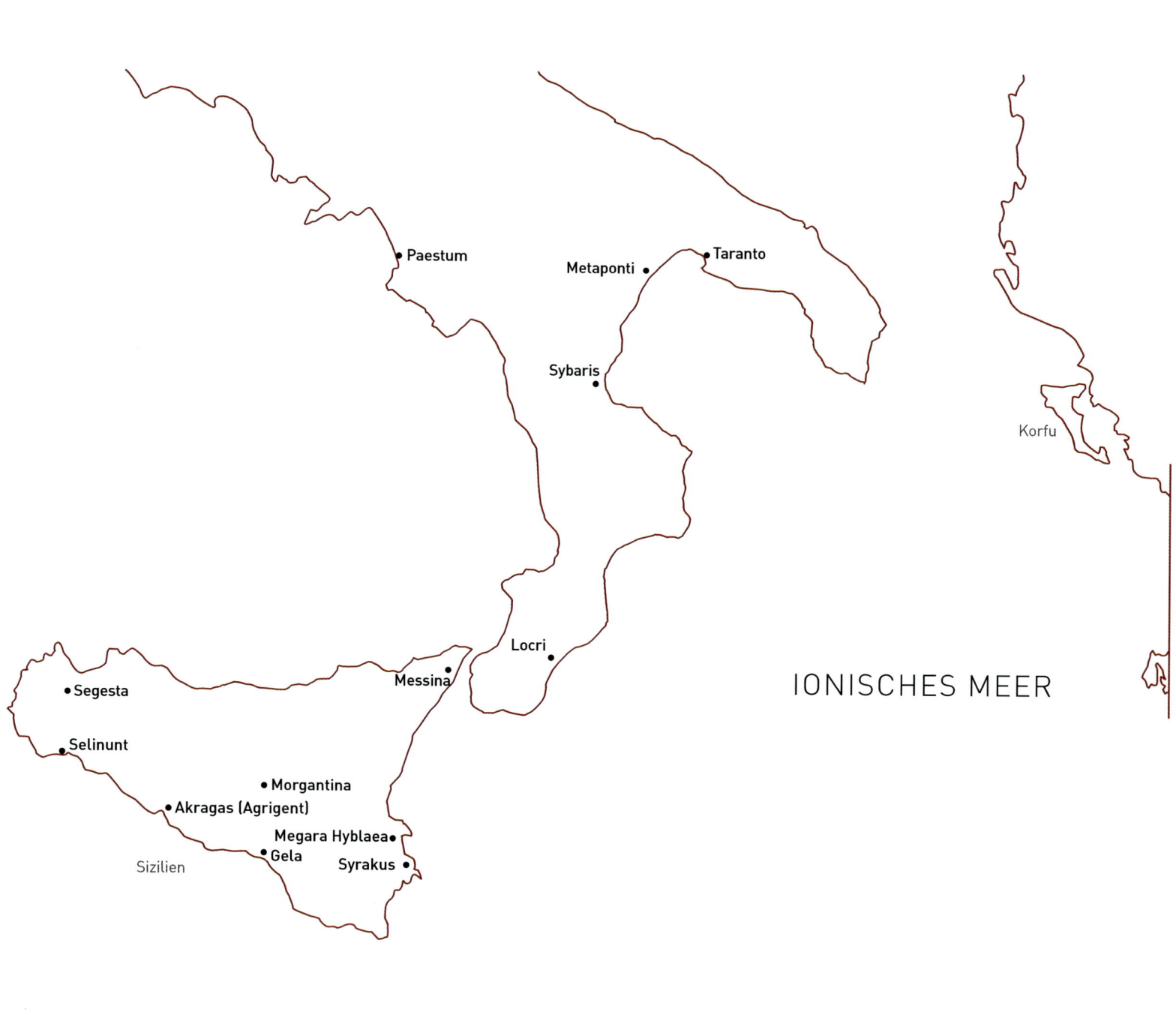

Paestum

Metaponti • • Taranto

Sybaris •

Korfu

Locri

Segesta • Messina

IONISCHES MEER

Selinunt

• Morgantina

• Akragas (Agrigent)

Megara Hyblaea •
• Gela
Sizilien Syrakus •

Therakien

Makedonien

• Pella
Vergina •

Olynthos
•

Olymp
▲

Thessalien
Iolkos
Dimini •

• Dodona

Thasos

Samothrake

Lemnos

• Troja
• Neandria

Klopedi
•
Thermi •
• Mytilene

Lesbos

Phrygien

Parnass
▲
Delphi •
Lewadia
Orchomenos
•

Thermos •

Itaka

Lefkandi
• • Oropos

• Theben
Rhamnos
Perachora • • Eleusis
Korinth • • Athen
Aginą• • Piräus
Sikyon • Aphaia
Mykene • • Nemea
• Olympia • Tiryns
Bassai • • Tegea
Megalopolis
Peloponnes
Messene
• Sparta
Pylos •

Elis •

Euböa

ÄGÄISCHES
MEER

Chios

Larisa •
• Phokaia

Lydien
• Sardis

• Smyrna (Izmir)
Klazomene •

Pergamon •

• Belevi

• Ephesos
• Magnesia

Samos

Andros

Karien
• Priene
• Milet
Didyma •

Lykien

Syros

Delos

Thorikon
• Sunion

Hermione •

Kykladen

Paros

Naxos

Siphnos

Melos

Philakopi
•

Thera (Santorin) • Akrotiri

Halikarnassos
•

Kos

Knidos •

Rhodos

• Lindos

Vroulia •

Kythera

Kydonia
•

Knossos
•
• Arkanes
• Prinias • Gurnia
• Gortyn

Kreta

DIE VERBINDUNGEN IM ALTEN GRIECHENLAND

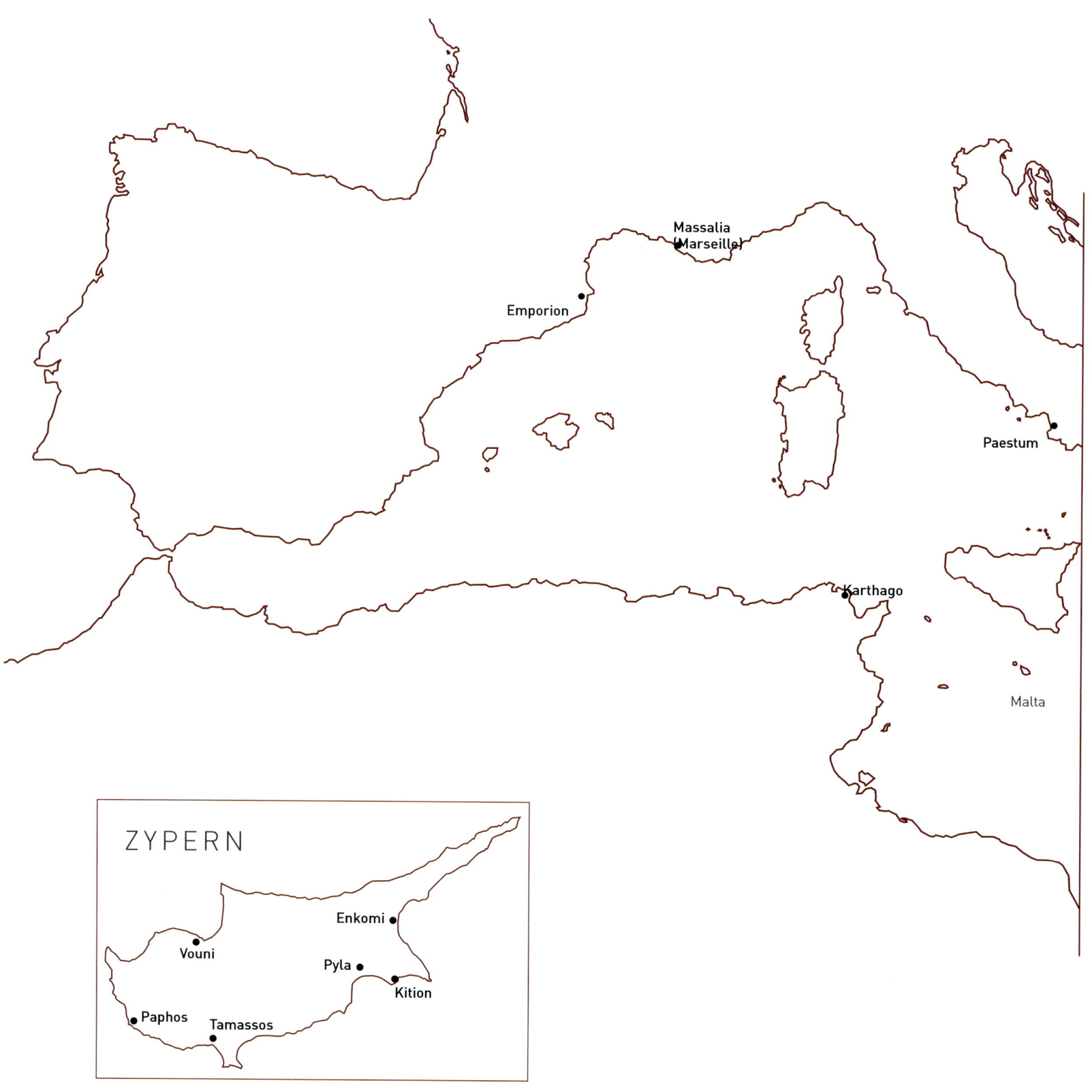

Massalia
(Marseille)

Emporion

Paestum

Karthago

Malta

ZYPERN

Enkomi

Vouni

Pyla

Kition

Paphos

Tamassos

Skytien

● Olbia

● Sinope
Pontoni

● Trapezunt

● Heraclea

Taranto
●

Aphrodisias
●

● Al Mina

Locri
●

Telmessos
●
● Xanthos

Babylon ●

Knossos
●

Zypern

Kreta
Phaistos
●
● Gurnia

Byblos
●
● Sidon

Meggido
●

Asdod
●
● Jerusalem

Apollonia
●

● Askalon

● Cyrene

Alexandria
●

● Euesperides

Naucratis
●

Hermopolis ●

CHRONOLOGIE

Alle Jahreszahlen beziehen sich auf Ereignisse vor Christi Geburt.

	POLITISCHE UND KULTURELLE EREIGNISSE	BAUWERKE
3000	Beginn der minoischen Kultur auf Kreta	
3000–2000	Entwicklung der Kulturen im Mittelmeerraum	
2700–2200	Altes Reich in Ägypten	
2700–2200	Sumerische Kultur in Mesopotamien	
um 2200	Erste Paläste auf Kreta	
2130–1800	Mittleres Reich in Ägypten	
2100	Entstehung der mykenischen Kultur	
2000	Zerstörung zahlreicher europäischer Städte	
2000–1700	Altes babylonisches Reich in Mesopotamien	
um 1700	Zerstörung der Paläste auf Kreta durch ein Erdbeben	
1575-1100	Neues Reich in Ägypten	
1500-1450	Erste mykenische Kuppelgräber	
1460-1200	Vorherrschaft des Hethiter-Reiches	
1450	Eroberung der Paläste auf Kreta durch die Mykener	
1400	Machtübernahme in Mesopotamien durch die Assyrer	
um 1400	Erste mykenische Paläste	
um 1370	Zerstörung des Palasts von Knossos	
um 1300		Nestorpalast, Pylos
1230	Erste israelitische Siedlungen in Kanaan	
1220	Zerstörung von Troja VII a	
1200	Untergang der mykenischen Kultur Ende des Hethiter-Reichs Vertreibung der »Seevölker« aus Ägypten	
Ende des 13. Jhs.		Palast und Zitadelle, Tiryns
1150	Zerstörung der Zitadelle von Mykene	
1100–1000	Invasion der Dorer	
1050	Erste Verwendung von Eisen in Griechenland Aufnahme von Kontakten mit Zypern	
1050–950	Wanderung der Ionier und anderer griechischer Stämme ins Ägäische Meer und nach Kleinasien	
um 1000	Endgültige Zerstörung der mykenischen Palastkultur	
1000–960	Herrschaft Davids in Israel	
1000–750	Phönizische Kultur	
975	Herongrab, Lefkandi	

	POLITISCHE UND KULTURELLE EREIGNISSE	BAUWERKE
960–931	Herrschaft von König Salomon in Israel	
um 900–800	Demografische und landwirtschaftliche Wieder-belebung. Waffen und Geräte aus Eisen	
800	Eröffnung eines Handelsbüros in Al Mina durch Euböer und Zyprioten	
776	Erste Olympische Spiele	
775	Eröffnung eines Handelsbüros auf Ischia durch Euböer	
753	Gründung Roms	
um 750	Entwicklung der griechischen Stadtstaaten in räumlicher und sozialer Hinsicht	
um 750–700	Entstehung des griechischen Alphabets nach phönizischem Vorbild. Erstes Auftreten des schwer bewaffneten, gepanzerten Soldaten (Hoplite) in der griechischen Welt. Bereits hohe Wertschätzung des Apollonorakels in Delphi	
um 690–650		Poseidontempel, Isthmia
675	Gesetzgebung durch Lykurg in Sparta	
um 657	Kypselos Tyrann von Korinth	
um 650–625		Alter Tempel im Heraion, Argos
um 630	Geburt von Sappho von Lesbos	
625–585	Periander Tyrann von Korinth Lebenszeit von Thales von Milet	
um 621	Gesetzgebung durch Drakon	
um 610–540	Lebenszeit von Anaximander von Milet	
600	Gründung von Massilia (Marseille)	
um 600	Einführung der Sklaverei	
um 610–600		Athenatempel in Smyrna (Izmir)
um 594	Solon Archon von Athen	
um 580–570		Artemistempel, Kerkyra, Korfu
570 oder 550		Tempel C, Selinunt
560–556	Erste Tyrannei durch Peisistratos in Athen	
560–546	Kroisos König von Lydien	
Mitte des 6. Jhs.		Tempel A, Neandria
545	Eroberung ionischer Städte durch die Perser	
um 540	Einrichtung der Tyrannei in Samos	
539	Eroberung Babylons durch die Perser Rückkehr der Juden aus dem Exil	
534	Aufführung der ersten Tragödie während der Dionysosfestspiele in Athen	

	POLITISCHE UND KULTURELLE EREIGNISSE	BAUWERKE
um 530	Emigration von Pythagoras nach Süditalien	
528	Tod von Peisistratos Athen unter der Herrschaft von Hippias	
525		Artemistempel, Ephesos
510	Befreiung Athens von der Tyrannei	
508	Reformen durch Kleisthenes in Athen	
499	Aufstand der ionischen Städte	
494	Plünderung Milets. Ende des ionischen Aufstands	
490	Schlacht bei Marathon	
482	Entdeckung einer Silbermine in Laurium, Attika	
480	Schlacht an den Thermopylen und bei Salamis Plünderung der Stadt und der Akropolis von Athen durch die Perser	
479	Schlacht bei Plateai und Mykale	
477	Attischer Seebund	
476	Erste *Olympische Ode* von Pindar	
475	Rückkehr der Gebeine des Theseus nach Athen	
472	*Die Perser* von Äschylos	
470–399		Heratempel IV, Samos
465	Aufstand der Heloten	
um 460		Zeustempel, Olympia
458	Befestigung von Athen und Piräus durch Wälle *Die Orestie* von Äschylos	
454	Überführung der attischen Bundeskasse von Delos nach Athen	
451	Gesetz über die Staatsbürgerschaft durch Perikles	
449–444		Hephaistostempel (Theseion), Athen
447	Umfangreiches Bauprogramm für Athen	
447–438		Parthenon, Athen
445–426	Herodot von Halikarnassos	
437–432		Propyläen, Akropolis, Athen
431	Peloponnesischer Krieg Beginn der Arbeit vonThukydides an *Der Pelopon- nesische Krieg* *Medea* von Euripides	
430	Pestepidemie in Athen Wirkungszeit von Demokrit, Hippokrates, Sokrates und Protagoras	

	POLITISCHE UND KULTURELLE EREIGNISSE	BAUWERKE
429	Tod des Perikles Ödipus von Sophokles	
um 429–400		Apollontempel, Bassai
427–425		Tempel der Athena Nike, Akropolis, Athen
423	*Die Wolken* von Aristophanes	
421	*Der Friede* von Aristophanes	
421–405		Erechtheion, Akropolis, Athen
415	*Die Troerinnen* von Euripides	
414	*Die Vögel* von Aristophanes	
411	Vorübergehende Aufhebung der Demokratie in Athen; *Lysistrata* von Aristophanes	
404	Eroberung Athens durch die Spartaner; Errichtung einer Oligarchie von »Dreißig Tyrannen«	
403	Sturz der »Dreißig Tyrannen«; Wiederherstellung der Demokratie in Athen	
399	Prozess und Hinrichtung von Sokrates	
395	Veröffentlichung von *Der Peloponnesische Krieg* von Thukydides	
384	Geburt von Aristoteles und Demosthenes	
nach 370		Tholos, Epidaurus
359	Philipp II. König von Makedonien	
um 353		Mausoleum, Harlikarnassos
2. Hälfte des 4. Jhs.		Theater von Epidaurus
348	Tod Platons	
347/346–329		Arsenal, Piräus
340		Athenatempel, Priene
338	Sieg Philipps bei Theben und Chäronea über die Athener	
336	Ermordung Philipps; Inthronisation Alexanders	
335	Beginn der Lehrtätigkeit von Aristoteles in Athen; Gründung der peripatetischen Philosophenschule	
334		Weihe des Tempels der Athena Polias, Priene
333	Sieg bei Issos	
332	Kriegszug Alexanders nach Asien Schlacht am Granikus	
331	Gründung Alexandrias Sieg bei Gaugamela	

POLITISCHE UND KULTURELLE EREIGNISSE	BAUWERKE
330 Brand des Palastes von Persepolis	
327 Hochzeit Alexanders mit der baktrischen Königstochter Roxane	
326 Überquerung des Indus durch Alexander. Meuterei des Heeres; Rückzug	
323 Tod Alexanders in Babylon	
322 Tod von Aristoteles und Demosthenes	
320–301 Diadochenkämpfe: Errichtung eines großen Königsreichs, bestehend aus Griechenland, Makedonien und dem Nahen Osten, durch den makedonischen General Antigonos und seinen Sohn Demetrios	
310 Gründung der stoischen Philosophenschule, benannt nach der Stoa Poikile in Athen, durch Zeno von Kition	
307 Gründung einer Philosophenschule durch Epikur	
301 Schlacht von Ipsos	
300 Wirkungszeit von Euklid	Tempel der Artemis Cybele, Sardis Artemistempel, Epidaurus, Agora, Priene.
3. Jh. und später	Apollontempel, Didyma
279 Invasion Makedoniens und Griechenlands durch die Galater (keltische Gallier)	
260–212 Wirkungszeit von Archimedes	
239–210 Unabhängiges griechisches Königreich in Baktrien	
238–227 Sieg über die Galater durch Attalos von Pergamon, Eroberung Kleinasiens und Proklamation zum König	
174	Tempel des olympischen Zeus, Athen (hellenistische Epoche)
167 Schändung des Tempels in Jerusalem durch Antiochos IV.	
um 165	Zeusaltar, Pergamon
um 159–138	Attalosstoa, Athen
150	Tempel des Apollon Smintheus in der Troas, Kleinasien
148 Vierter makedonischer Krieg Plünderung von Korinth Makedonien wird römische Provinz	
um 130	Tempel der Artemis Leukophryene, Magnesia
30 Tod Kleopatras, Königin von Ägypten	

BIBLIOGRAFIE

ABKÜRZUNGEN

AA	Archäologischer Anzeiger
ABSA	The Annual of the British School at Athens
Aeph	Αρχαιολογική Εφημερίς
ActaAArtHist	Acta ad archaeologiam et artium historiam pertinentia
AJA	American Journal of Archeology
AM	Mitteilungen des Deutschen Archäologischen Instituts, Athenische Abteilung
AntCl	L'antiquité classique
AntJ	Antiquaries Journal
ASAtene	Annuario della Scuola archeologica di Atene e delle Missioni italiane in Oriente
BABesch	Bulletin antieke beschaving, Annual Papers on Classical Archaeology
BASOR	Bulletin of the American Schools of Oriental Research
BCH	Bulletin de correspondance hellénique
BEFAR	Bibliothèque des Écoles françaises d'Athènes et de Rome
CRAI	Comptes rendus des séances de l'Académie des inscriptions et belles-lettres
EpigrAnat	Epigraphica Anatolica. Zeitschrift für Epigraphik und historische Geographie Anatoliens
Fondation Hardt	Fondation Hardt pour l'Étude de l'Antiquité Classique
Gnomon	Gnomon. Kritische Zeitschrift für die gesamte klassische Altertumswissenschaft
Hephaistos	Hephaistos. Kritische Zeitschrift zur Theorie und Praxis der Archäologie und angrenzender Wissenschaften
Hesperia	Hesperia. Journal of the American School of Classical Studies at Athens
IstForsch	Istanbuler Forschungen
IstMitt	Istanbuler Mitteilungen
JbZMusMainz	Jahrbuch des Römisch-Germanischen Zentralmuseums
JdI	Jahrbuch des Deutschen Archäologischen Instituts
JHS	Journal of Hellenic Studies
JWCI	Journal of the Warburg and Courtauld Institutes
ÖJh	Jahreshefte des Österreichischen Archäologischen Instituts in Wien
OpAth	Opuscula Atheniensia, Stockholm
OpRom	Opuscula Romana, Stockholm
Peloponnesiaka	Πελοποννησιακά. Περιοδικόν της Εταιρείας Πελοποννησιακών Σπουδών
RA	Revue archéologique
RdA	Rivista di archeologia
RM	Mitteilungen des Deutschen Archäologischen Instituts, Römische Abteilung
SIMA	Studies in Mediterranean Archaeology
Qedem	Qedem. Monographs of the Institute of Archaeology, Hebrew University in Jerusalem
QS	Quaderni di storia

BIBLIOGRAFIE

ANTIKE WERKE

Aelius Aristides
Oratio Panathenaica

Alexander von Aphrodisias
Metaphysik

Apollodoros
Bibliothek

Aristophanes
Die Frösche

Aristophanes
Die Wolken

Aristoteles
Geschichte der Tiere

Aristoteles
Kategorien

Aristoteles
Metaphysik

Aristoteles
Die Nikomachische Ethik

Aristoteles
Poetik

Aristoteles
Politik

Aristoteles
Rhetorik

Aristoteles
Rhetorik an Alexander

Aristoteles
Über die Entstehung der Tiere

Aristoteles
Über Interpretation in Organon

Athenaeus
Dipnosophistae

Cicero
Über den Redner

Cicero
Rhetorik an Herrenius

Cicero
Über die Erfindung

Clemens von Alexandria
Stromateis

Damianos
Optica

Diodoros Siculus
Bibliotheca historica

Eubulos
Olbia

Euklid
Die Elemente

Euripides
Ion

Euripides
Iphigeneia auf Tauris

Hermogenes
Rhetorik

Herodot
Historien

Heron von Alexandria
Definitiones

Heron von Alexandria
Mechanica

Herondas
Mimiamben

Hesiod
Werke und Tage

Homer
Ilias

Homer
Odyssee

Homerische Hymnen
Hymnos an Aphrodite
Hymnos an Apollon

Lukian
Die Flüchtlinge

Lukian
Herodot oder Aetion

Pausanias
Beschreibung Griechenlands

Pindar
Oden

Platon
Euthyphron

Platon
Die Gesetze

Platon
Gorgias

Platon
Kratylos

Platon
Kritias

Platon
Das Staatswesen

Platon
Theaitet

Platon
Timaios

Plinius
Naturgeschichte

Plutarch
De Herodoti Malignitate

Plutarch
Das Leben des Perikles

Plutarch
Das Leben des Solon

Plutarch
Das Leben des Theseus

Plutarch
Parallelbiografien

Plutarch
Quaestiones Romanae

Plutarch
Spartanische Institutionen

Plutarch
Über die Musik

Pollux
Onomasticon

Polyaenus
Strategemata

Polykleitos
Kanon

Sextus Empiricus
Grundriss der pyrrhonischen Skepsis

Sophokles
Ajax

Strabo
Geografie

Thucydides
Der Peloponnesische Krieg

Vitruv
De Architectura

BIBLIOGRAFIE

MODERNE WERKE

Akurgal, E. »Vom äolischen zum ionischen Kapitell.« Anatolia 5. (1960).

Akurgal, E. Die Kunst Anatoliens. Berlin: 1961.

Akurgal, E. The Birth of Greek Art: The Mediterranean and the Near East. London: 1968.

Akurgal, E. Alt-Smyrna I. Ankara: 1983.

Alberti, L. B. De Re Aedificatoria. 1440–50.

Alcock, S. E. und R. Osborne (Hg.) Placing the Gods, Sanctuaries and Sacred Space in Ancient Greece. Oxford und New York: 1994.

Alroth, B. »The positioning of Greek votive figurines.« Early Greek Cult Practice: Proceedings of the Fifth International Symposium at the Swedish Institute at Athens, June 26-29, 1986, R. Hägg, N. Marinatos und G. C. Nordquist (Hg.). Göteborg: 1986.

Amandry, P. »La Colonne des Naxiens et la Portique des Athéniens.« Fouilles de Delphes, Vol. 2. Paris: 1953.

Amandry, P. »La vie religieuse à Delphes.« BCH, Suppl. 36 (2000), 9–21.

Andrae W. »Die griechische Säulenordnung.« IstForsch 17 (1950).

Antonaccio, C. M. »Terraces, tombs, and the Early Heraion.« Hesperia 61 (1992), 85–105.

Antonaccio, C. M. »Placing the Past: the Bronze Age in the Cultic Topography of Early Greece.« Placing the Gods, Sanctuaries and Sacred Space in Ancient Greece. S. E. Alcock und R. Osborne (Hg.). Oxford und New York: 1994.

Arnold, D. Temples of the Last Pharaohs. Oxford: 1999.

Ashby, C. Classical Greek Theatre, New Views of an Old Subject. Iowa City: 1999.

Auberson, P. Temple d'Apollon daphnéphoros, Architecture. Bern: 1968.

Augustinos, O. French Odysseys: Greece in French Travel Literature from the Renaissance to the Romantic Era. Baltimore: 1994.

Austin, M. M. Greece and Egypt in the Archaic Age. Cambridge: 1970.

Balanos, N. Les monuments de l'Acropole, relèvement et conservation. Paris: 1938.

Bammer, A. »Beiträge zur ephesischen Architektur.« ÖJh 49 (1968–71), 1–40.

Bammer, A. » A Peripteros of the Geometric Period in the Artemision of Ephesus.« Anatolian Studies 40 (1990), 137–60.

Bammer, A. »Les sanctuaires des VIIIE et viie siècles à l'Artémision d' Ephèse.« RA (1991), 63–84.

Barletta, B.A. Ionic Influence in Archaic Sicily: the Monumental Art (SIMA 23). Göteborg: 1983.

Barletta, B. A. The Origins of the Greek Architectural Orders. Cambridge: 2001.

Barnes, J. The Presocratic Philosophers. London: 1986.

Bauer, H. Korintische Kapitelle des 4. und 3. Jahrhunderts v. Chr. (AM, Suppl. 3). Berlin: 1973.

Baumeister, A. Denkmäler des Klassischen Altertums. Bde. 1–3. München und Leipzig: 1885–88.

Bergquist, B. The Archaic Greek Temenos: a Study of Structure and Function. Lund: 1967.

Bergquist, B. »The Archaic temenos in Western Greece A Survey and two inquiries.« Le Sanctuaire Grec (Fondation Hardt 37) A. Schachter (Hg.). Vandoeuvres-Genf: 1992.

Bergquist, B. »Feasting of Worshippers or Temple and Sacrifice?« Ancient Greek Cult Practice from the Archaeological Evidence: Proceedings of the Fourth International Seminar on Ancient Greek Cult, October 22–24, 1993, R. Hägg (Hg.) Stockholm: 1998.

Bernal, M. G. Black Athena, the Afroasiatic Roots of Classical Civilization. London und New Brunswick, N. J.: 1987.

Berve, H. und G. Gruben Griechische Tempel und Heiligtümer. München: 1961.

Berve, H. und G. Gruben Tempel und Heiligtümer der Griechen. München: 1978.

Betancourt, P. P. The Aeolic Style in Architecture, a Survey of its Development in Palestine, the Halikarnassos Peninsula, and Greece, 1000–500 BC. Princeton: 1977.

Bieber, M. The History of the Greek and Roman Theater. Princeton: 1939.

Biederman, I. »Visual Object Recognition.« Visual Cognition, An Invitation to Cognitive Science. Vol. 2, S. M. Kosslyn und D.N. Osherson (Hg.) Cambridge, Mass., und London: 1995.

Bietak, M. (Hg.) Archaische griechische Tempel und Altägypten.Wien: 2001.

Billot, M.-F. L'apparition de l'acanthe dans les décors des toits du monde grec. Acanthe: 1993.

Blondel, J.-F. Cours d'architecture. Paris: 1675–83.

Blondel, J.-F. Architecture Française. Paris: 1752–57.

Bloom, P., M. A. Peterson, L. Nadel und M. F. Garret (Hg.) Language and Space. Cambridge, Mass., und London: 1999.

Blümel, C. Greek Sculptors at Work. London: 1969.

Boardman, J. »Chian and Early Ionic Architecture.« AntJ 39 (1959).

Boardman, J. The Greeks Overseas, their Early Colonies and Trade. London: 1980.

Boardman, J. Persia and the West: an Archaeological Investigation of the Genesis of Achaemenid Art. London: 2000.

Boardman, J. und D. Finn. The Parthenon and its Sculptures. Austin: 1985.

Boardman, J., J. Griffin und O. Murray (Hg.) The Oxford History of Greece and the Hellenistic World. Oxford: 1988.

Bodnar, E. W. und C. Mitchell (Hg.) Cyriacus of Ancona's Journeys in the Propontis and the Northern Aegean 1444–1445. Philadelphia: 1976.

Boersma, J. S. Athenian Building Policy from 561/0 to 405/4 B.C. Groningen: 1970.

Bommelaer, J.-F. und D. Laroche. Guide de Delphes, le site. Paris: 1991.

Bowen, M. L. »Three Attic Temples.« ABSA 45 (1950).

Bowen, M. L. »Some Observations on the Origin of Triglyphs.« ABSA 45 (1950).

Brijder, H. A. G. (Hg.) Ancient Greek and Related Pottery: Proceedings of the International Vase Symposium in Amsterdam, April 12–15, 1984. Amsterdam: 1984.

Brockman, A. D. Die griechische Ante. Marburg: 1968.

Brommer, F. »Gott oder Mensch.« Jdl 101 (1986), 37–50.

Broneer, O. Isthmia I: Temple of Poseidon. Princeton: 1971.

Brun, J.-P.,und P. Jockey (Hg.) Technai, Techniques et sociétés en Méditerranée, Hommage à M.-C. Amouretti. Paris: 2001.

Bruneau, P. und J. Ducat. Guide de Délos. Paris: 1983.

Buitron-Oliver, D. M. (Hg.) The Interpretation of Architectural Sculpture in Greece and Rome. Hannover und London: 1997.

Bundgaard, J. A. Mnesicles: a Greek Architect at Work. Kopenhagen: 1957.

Bundgaard, J.A. The Parthenon and the Mycenaean City on the Heights. Kopenhagen: 1976.

Burckhardt, J. The Greeks and Greek Civilization. London: 1998.

Buren, E. D. van. Archaic Fictile Revetments in Sicily and Magna Graecia. London: 1923.

Burkert, W. Greek Religion: Archaic and Classical. Cambridge, Mass.: 1985.

Burkert, W. The Orientalizing Revolution. Cambridge, Mass., und London: 1992.

Burkert, W. »Greek temple-builders: Who, where and why?« The Role of Religion in the Early Greek Polis: Proceedings of the Third International Seminar on Ancient Greek Cult, organized by the Swedish Institute at Athens, October 16–18, 1992, R. Hägg (Hg.) Stockholm: 1996.

Burns, G. Festschrift für Carl Weickert. Berlin: 1955.

Buschor, E. Altsamische Standbilder. Bd. 2. Berlin: 1934.

Büsing, H. H. Die griechische Halbsäule. Wiesbaden: 1970.

Butler, E. M. The Tyranny of Greece over Germany, Cambridge, Mass.: 1935.

Cali, F. L'Ordre Grec, essai sur le temple dorique. Paris: 1958.

Camp, J. (Hg.) The Athenian Agora, a Guide to the Excavation and Museum. Athen: 1990.

Camp, J. M. und E. Fisher. Exploring the World of the Ancient Greeks. London: 2002.

Camp, J. M. The Archaeology of Athens. New Haven und London: 2001.

Cantarella, E. Ithaque, De la vengeance d'Ulysse à la naissance du droit. Paris: 2003.

Caratelli, G. P. (Hg.) Megale Hellas, Storia e civiltà della Magna Grecia. Mailand: 1983.

Caratelli, G. P. (Hg.) Sikanie, Storia e civiltà della Sicilia Greca. Mailand: 1985.

Carpenter, R. Ancient Corinth: a Guide to the Excavations and Museum. Athen: 1947.

Carpenter, R. Esthetic Basis of Greek Art. Bloomington: 1959.

Carpenter, R. The Architects of the Parthenon. Harmondsworth: 1970.

Cartledge, P. The Greeks: a Portrait of Self and Others. Oxford: 2002.

Cassimatis, H., R. Étienne und M.-Th. le Dinahet. »Les autels, Problèmes de classification et d'enregistrement des données.« L'espace sacrificial, Colloque Lyon 4–7 Juin 1988, R. Etienne und M.-Th. le Dinahet (Hg.). Paris: 1991.

Catling, R. W. »A fragment of an Archaic Temple from Artemis Orthia, Sparta.« ABSA 89 (1994), 269–275.

Cavalli-Sforza, L. L., P. Menozzi und A. Piazza. The History and Geography of Human Genes. Princeton: 1994.

Cesariano, C. De architectura. Como: 1521.

Changeux, J.-P. und A. Connes. Matière à pensée. Paris: 1992.

Childs, W. A. P. u. a. Fouilles de Xanthos 8, Le monument des Néréides: le décor sculpté. Vol. 2: Illustrations photographiques et graphiques. Paris: 1989.

Coldstream, J. N. »The meaning of the regional styles in the eighth century B.C.« The Greek Renaissance of the Eighth century B.C., tradition and innovation, R. Hägg (Hg.) Stockholm: 1983.

Coldstream, N. The Formation of the Greek Polis: Aristotle and Archaeology. Wiesbaden: 1984.

Cole, S.G. »The Uses of Water in Greek Sanctuaries.« Early Greek Cult Practice: Proceedings of the Fifth International Symposium at the Swedish Institute at Athens, June 26–29, 1986, R. Hägg, N. Marinatos und G.C. Nordquist (Hg.). Göteborg: 1988.

Cole, S. G. »Demeter in the Ancient Greek City and its Countryside.« Placing the Gods, Sanctuaries and Sacred Space in Ancient Greece, S. E. Alcock und R.Osborne (Hg.). Oxford und New York: 1994.

Colonna, F. Hypnerotomachia Poliphili. Venedig: 1499.

Connelly, J. B. »Parthenon and Parthenoi, a Mythological Interpretation of the Parthenon Frieze.« AJA 100 (1996), 53–80.

Cook, J. M. und R. V. Nicholls. Old Smyrna Excavations. London: 1998.

Cook, R. M. »Origins of Greek Sculpture.« JHS 87 (1967), 24–31.

Cooper, F. A. The Temple of Apollo at Bassai: a Preliminary Study. New York und London: 1978.

Cooper, F. A. und N. J. Kelly (Hg.) The Temple of Apollo Bassitas. Vol. 1: The Architecture. Princeton: 1996.

Cooper, F. A. und B. C. Madigan (Hg.) The Temple of Apollo Bassitas. Vol. 2: The Sculpture. Princeton: 1992.

Cooper, F. A. (Hg.) The Temple of Apollo Bassitas. Vol. 3: The Architecture: Illustrations. Princeton: 1996.

Cornford, F. M. From Religion to Philosophy. New York: 1957.

Coulson, W. D. E. u. a. (Hg.) The Archaeology of Athens and Attica under the Democracy (Oxbow Monographs 37). Oxford: 1994.

Coulton, J. J. »The Treatment of Re-entrant Angles.« ABSA 61 (1966), 132–146.

Coulton, J. J. The Architectural Development of the Greek Stoa. Oxford: 1976.

Coulton, J. J. Greek Architects at Work. London: 1977.

Coulton, J. J. »Doric capitals as proportional analysis.« ABSA 74 (1979), 81–153.

Coulton, J. J. »The Parthenon and Periklean Doric.« Parthenon-Kongress Basel, Referate und Berichte, E. Berger (Hg.) Mainz: 1984.

Coulton, J. J. »Modules and Measurements in Ancient Design and Modern Scholarship.« Munus non ingratum: Proceedings of the International Symposium on Vitruvius'« De architectura and the Hellenistic and Republican Architecture (BABesch., Suppl. 2). H. Geertman und J. J. de Jong (Hg.). (1989), 85–89.

Coulton, J. J. »The Toumba Building: Description and Analysis of the Architecture.« Lefkandi II: The Protogeometric Building at Toumba, Part 2: The Excavation, Architecture and Finds, M. R. Popham, P. G. Calligas und L. H. Sackett (Hg.). Athen und London: 1993.

Coupel, P. u. a. Fouilles de Xanthos 3, Le monument des Néréides: l'architecture. Vol. 2: Études et restitutions. Paris: 1969.

Courtils, J. des und J.-C. Moretti (Hg.) Les grands ateliers d'architecture dans le monde égéen du VIe siècle avant J.-C. Paris: 1993.

Danner, P. Griechische Akrotere der archaischen und klassischen Zeit (RdA, Suppl. 5). Rom: 1989.

Davis, J. H. R. People of the Mediterranean: an Essay in Comparative Social Anthropology. London: 1977.

De Coulanges, F. La cité antique. Paris: 1984.

Dekoulakou-Sideris, I. »A metrological relief from Salamis.« AJA 94 (1990), 445–451.

De la Coste-Messelière, P. »Chapiteaux doriques du haut archaïsme.« BCH 87 (1963).

Demand, N.H. Urban Relocation in Archaic and Classical Greece, Flight and Consolidation. London: 1990.

Demangel, R. La frise ionique. Paris: 1932.

Dennett, D. C. jr. »Pirenne and Muhammed.« Speculum 23 (1948).

Detienne, M. Les Maîtres de vérité dans la Grèce Archaïque. Paris: 1967.

Detienne, M. Apollon le Couteau à la Main. Paris: 1998.

Detienne, M. (Hg.) Les savoirs de l'écriture en Grèce ancienne. Lille: 1988.

Detienne, M. und J.-P. Vernant. Les Ruses de l'intelligence, La Métis des Grecs. Paris: 1974.

Detienne, M. und J.-P. Vernant (Hg.) La cuisine du sacrifice en pays grec. Paris: 1979.

De Waele, J. A. »Le dessin d'architecture du temple grec au début de l'époque classique.« Le dessin d'architecture dans les sociétés antiques, actes du colloque de Strasbourg 26–28 janvier 1984. Leiden: 1985.

De Waele, J. A. The Propylaia of the Akropolis in Athens: the Project of Mnesikles. Amsterdam: 1990.

Diels, H. Die Fragmente der Vorsokratiker. Berlin: 1934–54.

Dinsmoor, W. B. Observations on the Hephaisteion (Hesperia, Suppl. 5). Cambridge, Mass.: 1941.

Dinsmoor, W. B. The Architecture of Ancient Greece: an Account of its Historic Development. London: 1950.

Ditlefsen, F. »Gedanken zum Ursprung des dorischen Frieses.« ActaAArtHist 5 (1985).

Dodds, E. R. The Greeks and the Irrational. Berkeley: 1951.

Donohue, A. A. »The Greek Images of Gods, Considerations on Terminology and Methodology.« Hephaistos 15 (1997), 31–45.

Dörpfeld, W. »Der Tempel von Sunion.« AM 9 (1884).

Dörpfeld, W. u. a. Troja und Ilion. Athen: 1902.

Dörpfeld, W. u. a. Alt-Olympia, Untersuchungen und Ausgrabungen zur Geschichte des ältesten Heiligtums von Olympia und der älteren griechischen Kunst. Berlin: 1935.

Dothan, T. The Philistines and their Material Culture. Jerusalem: 1967.

Dougherty, C. und L. Kurke (Hg.) Cultural Poetics in Archaic Greece: Cult, Performance, Politics. Cambridge: 1993.

Doxiadis, C. A. Architectural Space in Ancient Greece. Cambridge, Mass., und London: 1972.

Drachmann, B. (Hg.) Scolia vetera in Pindari Carmina. Bd. 1. Leipzig: 1903.

Drerup, H. »Zur Entstehung der griechischen Tempelrinhalle.« Festschrift für Friedrich Matz. N. Himmelmann-Wildschütz und H. Biesantz (Hg.). Mainz am Rhein: 1962.

Drerup, H. Griechische Baukunst in geometrischer Zeit. Göttingen: 1969.

Drerup, H. »Das sogenannte Daphnephorion in Eretria.« Studien zur klassischen Archäologie zum 60. Geburtstag von F. Hiller. K. Braun und A. Furtwängler (Hg.). Saarbrücken: 1986.

Durkheim, E. D. The Elementary Forms of the Religious Life: a Study in Religious Sociology. London: 1915.

Durm, J. W., H. Ende und E. Schmitt. Handbuch der Architektur 2. Teil: Die Baustile, 1. Band: Die Baukunst der Griechen. Darmstadt: 1881.

Dyer, L. »Olympian Treasuries and Treasuries in General.« JHS 25 (1905), 294–319.

Easterling, P. E. und J.V. Muir (Hg.) Greek Religion and Society. Cambridge: 1985.

Edmonds, J. M. Lyra Graeca. Vol. 3. London und New York: 1940.

Eilan, N., R. McCarthy und B. Brewer (Hg.) Spatial Representation: Problems in Philosophy and Psychology. Oxford: 1999.

Étienne, R. »Autels et sacrifices.« Le Sanctuaire Grec (Fondation Hardt 37). A. Schachter (Hg.) Vandoeuvres-Genf: 1992.

Evans, A. J. The Palace of Minos. London: 1921–36.

Fagerström, K. Greek Iron Age Architecture: Developments through Changing Times (SIMA 81). Göteborg: 1988.

Farrar, C. The Origins of Democratic Thinking: the Invention of Politics in Classical Athens. Cambridge: 1988.

Fehr, B. »The Greek Temple in the early archaic period: meaning, use and social context.« Hephaistos 14 (1996),165–191.

Fénelon, F. de Salignac de la Mothe. Les Aventures de Télémaque. The Hague: 1699.

Filarete (Antonio di Pietro Averlino). Filarete's Treatise on Architecture. Translated and edited by J. R. Spencer. New Haven: 1965.

Finley, M. I. The Use and Abuse of History. London: 1975.

Finley, M. I. The World of Odysseus. London: 1977.

Finley, M. I. Politics in the Ancient World. Cambridge und New York: 1983.

Fishman, J. A. »Language and Ethnicity.« Language, Ethnicity and Intergroup Relations. H. Giles (Hg.) London: 1977.

Fishman, J. A. (Hg.) Readings in the Sociology of Jewish Languages (Contributions to the Sociology of Jewish Languages. Vol. 1). Leyden: 1985.

Foley, A. The Argolid 800–600 B.C.: an Archaeological Survey. Göteborg: 1988.

Frankfort, H. The Art and Architecture of the Ancient Orient. Harmondsworth: 1970.

Frederiksen, R. »The Greek Theatre, a typical Building in the Urban Centre of the Polis?« Even More studies in the Ancient Greek Polis (Papers from the Copenhagen Polis Centre 6). T.H. Nielsen (Hg.). Stuttgart: 2002.

Freyer-Schauenburg, B. Bildwerke der archaischen Zeit und des strengen Stils (Samos 11). Bonn: 1974.

Friedländer, P. Epigrammata, Greek Inscriptions in Verse from the Beginnings to the Persian Wars. Berkeley: 1948.

Frontisi-Ducroux, F. Dédale, Mythologie de l'artisan en Grèce ancienne. Paris: 1975.

Furtwängler, A. Aegina, das Heiligtum der Aphaia. München: 1906.

Gebhard, E. R. »The Archaic Temple at Isthmia, Techniques of Construction.« Archaische griechische Tempel und Altägypten. M. Bietak (Hg.). Wien: 2001.

Gebhard, E .R. und F. P. Hemans. »University of Chicago Excavations at Isthmia, 1989.« Hesperia 61 (1992), 1–77.

Georgoudi, S. »La procession chantante de Molpoi de Milet.« Chanter les dieux, Musique et religion dans l'Antiquité grecque et romaine. P. Brulé und C. Vendries (Hg.). Rennes: 2001.

Gerkan, A. von Milet I,6. Der Nordmarkt und der Hafen an der Löwenbucht. Berlin und Leipzig: 1922.

Gerkan, A. von »Die Herkunft des Dorischen Gebälks.« JdI 63–64: (1948–49).

Gernet, L. Droit et institutions en Grèce antique. Paris: 1982.

Gernet, L. und R. Di Donato. Les Grecs sans miracle. Paris: 1983.

Giannisi, P. »Chant et Cheminement en Grèce archaïque.« QS 46 (1997), 133–141.

Giles, H. (Hg.) Language, Ethnicity and Intergroup Relations. London: 1977.

Giles, H., R. Y. Bourhis und D. M.Taylor »Towards a Theory of Language in Ethnic Group Relations.« Language, Ethnicity and Intergroup Relations. H. Giles (Hg.) London: 1977.

Ginouvès, R. u.a. Dictionnaire méthodique de l'architecture grecque et romaine I: Matériaux, techniques de construction, techniques et formes du décor. Athen und Rom: 1985.

Ginouvès, R. u.a. Dictionnaire méthodique de l'architecture grecque et romaine II: Éléments constructifs: supports, couvertures, aménagements intérieurs. Athen und Rom: 1992.

Ginouvès, R. u.a. Dictionnaire méthodique de l'architecture grecque et romaine III: Espaces architecturaux, bâtiments et ensembles. Athen und Rom: 1998.

Goethe, J. W. von. Von Deutscher Baukunst. 1772.

Goldstein, M. S. The Setting of the Ritual Meals in Greek Sanctuaries, 600–300 B.C., Ph.D. Diss. Berkeley: 1978.

Goodman, N. Ways of Worldmaking. Indianapolis: 1981.

Goodyear, W. H. Greek Refinements: Studies in Temperamental Architecture. New Haven: 1912.

Graf, F. »Pompai in Greece: some considerations about space and ritual in the Greek polis.« The Role of Religion in the Early Greek Polis: Proceedings of the Third International Seminar on Ancient Greek Cult, Organized by the Swedish Institute at Athens, October 16–18, 1992. R. Hägg (Hg.). Stockholm: 1996.

Green, J. R. Theatre in Ancient Greece: Early Athenian Theatre Setting and Control. London und New York: 1994.

Gruben, G. Die Kapitelle des Heratempels auf Samos. München: 1960.

Gruben, G. »Das archaische Didymaion.« JdI 78 (1963), 78–182.

Gruben, G. »Die Sphinx-Säule von Aigina.« AM 80 (1965), 170–208.

Gruben, G. »Naxos und Paros, Vierter Vorläufiger Bericht über die Forschungskampagnen 1972-80.« AA (1982), 159–195.

Gruben, G. »Anfänge des Monumentalbaus auf Naxos.« Bautechnik der Antike. A. Hoffmann (Hg.). Mainz am Rhein: 1991.

Gruben, G. Architektur auf Naxos und Paros. Berlin: 1991.

Gruben, G. »Die insellionische Ordnung.« Les Grands ateliers d'architecture dans le monde égéen du VIe siècle avant J.-C. J. des Courtils und J.-C. Moretti (Hg.). Paris: 1993.

Gruben, G. »Griechische Un-Ordnung.« Säule und Gebälk, zu Struktur und Wandlungsprozeß griechisch-römischer Architektur. E.-L. Schwandner (Hg.). Mainz am Rhein: 1996.

Gruben, G. »Naxos und Delos, Studien zur archaischen Architektur der Kykladen.« JdI 112 (1997).

Gullini, G. »Urbanistica e architettura.« Megale Hellas, Storia e civiltà della Magna Grecia. G. P. Carratelli (Hg.). Mailand: 1983.

Gullini, G. »L' Architettura.« In Sikanie, Storia e civiltà della Sicilia Greca. P. Carratelli (Hg.) Milan: 1986.

Haarmann, H. Language in Ethnicity: a View of Basic Ecological Relations. Berlin: 1986.

Haarmann, H. Early Civilization and Literacy in Europe: an Inquiry into Cultural Continuity in the Mediterranean World. Berlin: 1996.

Hägg, R. (Hg.) The Greek Renaissance of the Eighth Century B.C.: Tradition and Innovation. Stockholm: 1983.

Hägg, R. (Hg.) The Role of Religion in the Early Greek Polis: Proceedings of the Third International Seminar on Ancient Greek Cult, Organized by the Swedish Institute at Athens, October 16–18, 1992. Stockholm: 1996.

Hägg, R. und N. Marinatos (Hg.) Greek Sanctuaries, New Approaches. New York: 1993.

Hägg, R., N. Marinatos und G.C. Nordquist (Hg.) Early Greek Cult Practice: Proceedings of the Fifth International Symposium at the Swedish Institute at Athens, June 26–29, 1986. Göteborg: 1988.

Hall, J. M. Ethnic Identity in Greek Antiquity. Cambridge: 1997.

Hamlin, T. Architecture through the Ages. New York: 1940.

Harris, D. The Treasures of the Parthenon and Erechtheion. Oxford: 1995.

Harrison, E. B. »The South Frieze of the Nike Temple and the Marathon Painting in the Stoa.« AJA 76 (1972), 353–378.

Harrison, E. B. »The Glories of the Athenians, Observations on the Program of the Frieze of the Temple of Athena Nike.« The Interpretation of Architectural Sculpture in Greece and Rom. D.M. Buitron-Oliver (Hg.). Hannover und London: 1997.

Hartog, F. Le Miroir d'Herodote. Paris: 2001.

Haselberger, L. »Werkzeichnungen am Jüngeren Didymeion.« IstMitt 30 (1980), 191–215.

Haselberger, L. »Bericht über die Arbeit am Jüngeren Apollontempel von Didyma.« IstMitt 33 (1983), 90–123.

Haselberger, L. »Die Werkzeichnungen des Naiskos im Apollontempel von Didyma.« Bauplanung und Bautheorie der Antike. W. Hoepfner u. a. (Hg.). Berlin: 1983.

Haselberger, L. »The Construction Plans for the Temple of Apollo at Didyma.« Scientific American 253 No. 6. (1985), 114–122.

Haselberger, L. »Aspekte der Bauzeichnungen von Didyma.« RA (1991), 99–113.

Haugen, E. I. The Ecology of Language: Essays. Stanford: 1972.

Haussoullier, B. »La Voie Sacrée de Milet à Didymes.« Cinquantenaire de l'École des Hautes Etudes, Sciences Historiques et Philologiques, Fasc. 138. Paris: 1921.

Havelock, E. A. The Literate Revolution in Greece and its Cultural Consequences. Princeton: 1982.

Heath, Sir T. A History of Greek Mathematics. Vol. 2. New York: 1981.

Heberdey, R. »Daitis: Ein Beitrag zum ephesischen Artemiscult.« ÖJh, Suppl. 7, Coll. 44 ff. (1904).

Heckscher, W. S. »Relics of Pagan Antiquity in Medieval Setting.« Journal of the Warburg Institute 1 (1937–38), 204–220.

Hedreen, G. M. Capturing Troy: the Narrative Functions of Landscape in Archaic and Early Classical Greek Art. Ann Arbor: 2001.

Heidegger, M. Aufenthalte. Frankfurt: 1989.

Heisel, J. P. Antike Bauzeichnungen. Darmstadt: 1993.

Hellmann, M.-C. Recherches sur le vocabulaire de l'architecture grecque. Athen und Paris: 1992.

Hellmann, M.-C. L'Architecture grecque. Paris: 1998.

Hellmann, M.-C. (Hg.) Choix d'inscriptions architecturales grecques. Lyon und Paris: 1999.

Hellström, P. »The Planned Function of the Mnesiklean Propylaia.« OpAth 17 (1988), 107–121.

Herrmann, H.-V. Olympia Heiligtum und Wettkampfstätte. München: 1972.

Herrmann, K. »Zum Dekor dorischer Kapitelle.« Architectura 13 (1983).

Herzfeld, M. Anthropology through the Looking-Glass: Critical Ethnography in the Margins of Europe. Cambridge: 1987.

Highet, G. The Classical Tradition, Greek and Roman Influences on Western Literature. Oxford und New York: 1985.

Himmelmann-Wildschütz, N. und H. Biesantz (Hg.) Festschrift für Friedrich Matz. Mainz am Rhein: 1962.

Hodge, A. T. The Woodwork of Greek Roofs. Cambridge: 1960.

Hoepfner, W. (Hg.) Kult und Kultbauten auf der Akropolis, Internationales Symposion vom 7. bis 9. Juli 1995 in Berlin. Berlin: 1997.

Hoepfner, W. u. a. (Hg.) Bauplanung und Bautheorie der Antike. Berlin: 1983.

Hoffmann, A. (Hg.) Bautechnik der Antike. Mainz am Rhein: 1991.

Holbl, G. »Ägyptischer Einfluss in der griechischen Architektur.« ÖJh 55 (1984), 1–18.

Hollinshead, M. B. »›Adyton‹, ›Opisthodomos‹, and the inner room of the Greek temple.« Hesperia 68 (1999), 189–218.

Howe, T. N. The Invention of the Doric Order, Diss. Harvard University: 1985.

Humphrey, J. W., J. P. Oleson und A. N. Sherwood (Hg.) Greek and Roman Technology, a Sourcebook: Annotated Translations of Greek and Latin Texts and Documents. London: 1998.

Hurwit, J. M. The Art and Culture of Early Greece, 1100–480 B.C. Ithaca, N.Y. und London: 1985.

Hurwit, J. M. The Athenian Acropolis: History, Mythology and Archaeology from the Neolithic Era to the Present. Cambridge: 1999.

Ito, J. The Site Planning of Greece and Rome: Theory and Practice of Architectural Planning in the Sanctuaries of Classical Antiquity. Kamamoto: 1988.

Ito, J. Theory and Practice of Site-Planning in Classical Sanctuaries. Fukuoka-shi: 2002.

Jackendoff, R. Consciousness and the Computational Mind. Cambridge, Mass., und London: 1989.

Jackendoff, R. Languages of the Mind: Essays on Mental Representation. Cambridge, Mass., und London: 1992.

Jacob, F. »Evolution and Tinkering.« Science 4295, Vol. 196 (1977).

Jaeger, W. W. The Theology of the Early Greek Philosophers. Oxford: 1936.

Jaeger, W. W. Paideia: the Ideals of Greek Culture. Oxford: 1939.

Jakobson, R., C. G. M. Fant und M. Halle. Preliminaries to Speech Analysis. Cambridge, Mass.: 1952.

Jammer, M. Concepts of Space: the History of Theories of Space in Physics. Cambridge, Mass.: 1970.

Janko, R. »From Catharsis to the Aristotelian Mean.« Essays on Aristotle's Poetics, A. Oksenberg Rorty (Hg.). Princeton: 1992.

Jeffery, L. H. The Local Scripts of Ancient Greece. Oxford: 1990.

Jenkins, I. The Parthenon Frieze. Austin: 1994.

Jeppesen, K. Paradeigmata: Three Mid-Fourth Century Main Works of Hellenic Architecture Reconsidered, Diss. Aarhus: 1958.

Jeppesen, K. The Theory of the Alternative Erechtheion: Premises, Definition, and Implications. Aarhus: 1987.

Jeppesen, K. »The Superstructure: A comparative analysis of the architectural, sculptural and literary evidence.« The Maussolleion at Halikarnassos, Reports of the Danish Archaeological Expedition to Bodrum. Vol. 5. K. Jeppesen (Hg.). Kopenhagen: 2002.

Jeppesen, K. (Hg.) The Maussolleion at Halikarnassos, Reports of the Danish Archaeological Expedition to Bodrum. Vol. 5. Kopenhagen: 2002.

Kalpaxis, A. Früharchaische Baukunst in Griechenland und Kleinasien. Athen: 1976.

Kalpaxis, A. Hemiteles, akzidentelle Unfertigkeit und »Bossen-Stil« in der griechischen Baukunst. Mainz am Rhein: 1986.

Kaminski, R. G. und C. Maderna-Lauter. Die Geschichte der antiken Bildhauerkunst I, Frühgriechische Plastik. Mainz am Rhein: 2002.

Karageorghis, V. Excavations in the Necropolis of Salamis. Nicosia: 1967, 1971, 1973.

Karageorghis, V. Les Ancients Chypriotes, entre Orient et Occident. Paris: 1991.

Karakasi, K. Archaische Koren. München: 2001.

Kauffman, S. A. The Origins of Order: Self-Organization and Selection in Evolution. New York: 1993.

Kempinski, A. und M. Avi-Yonah. Syria-Palestine. Genf: 1979.

Kienast, H. »Samische Monumentalarchitektur—Ägyptischer Einfluß?« Archaische griechische Tempel und Altägypten. M. Bietak (Hg.). Wien: 1991.

Kienast, H. »Topographischen Studien im Heraion von Samos.« AA (1992), 171–213.

Kienast, H. »Die rechteckigen Peristasenstützen am samischen Hekatompedos.« Säule und Gebälk, zu Struktur und Wandlungsprozeß griechisch-römischer Architektur. E.-L. Schwander (Hg.) Mainz am Rhein: 1996.

Kilian, K. »Zum Ende der mykenischen Epoche in der Argolis.« JbZMusMainz 27 (1980), 166–195.

Kirk, G. S. Myth: its Meaning and Functions in Ancient and Other Cultures. Cambridge und Berkeley: 1970.

Kirk, G. S. und J. E. Raven. The Presocratic Philosophers: a Critical History with a Selection of Texts. Cambridge: 1963.

Klein, N. L. »Excavation of the Greek temples at Mycenae by the British School at Athens.« ABSA 92 (1997), 247–322, 373–400.

Klein, N. L. The Origin of the Doric Order on the Mainland of Greece, Diss. Bryn Mawr College: 1991.

Klibansky, R. The Continuity of the Platonic Tradition during the Middle Ages. London: 1939.

Knell, H. »Iktinos: Baumeister des Parthenon und des Apollontempels von Phigalia-Bassae?« JdI 83 (1968).

Koch, H. Studien zum Theseustempel in Athen. Berlin: 1955.

Kohte, J. Die Baukunst des Klassischen Altertums und ihre Entwicklung in der mittleren und neueren Zeit, Konstruktions- und Formenlehre. Braunschweig: 1915.

Koldewey, R. Die antiken Baureste der Insel Lesbos. Berlin: 1890.

Koldewey, R. Neandria. Berlin: 1891.

Koldewey, R. und O. Puchstein. Die griechischen Tempel in Unteritalien und Sicilien. 2 Bde. Berlin: 1899.

Kondis, J. »Olympia. In Temples and Sanctuaries of Ancient Greece: a Companion Guide. E. Kunze (Hg.). London: 1973.

Konigs, W. »Der Athenatempel von Priene.« IstMitt 33 (1983), 134–176.

Kopcke, G. »What Role for Phoenicians?« Greece Between East and West, 10th–8th Centuries BC: Papers of the Meeting at the Institute of Fine Arts, New York University, March 15–16 1990. G. Kopcke und I. Tokumarau (Hg.). Mainz am Rhein: 1992.

Korres, M. »Der Plan des Parthenon.« AM 109 (1994), 53–120.

Korres, M. Study for the Restoration of the Parthenon: The West Wall of the Parthenon and Other Monuments. Vol. 4. Athen: 1994.

Korres, M. und Ch. Μπουρας Μελέτη αποκαταστάσεως του Παρθενος, T 1 Athen: 1983.

Korres, M. From Pentelicon to the Parthenon. Athen: 1995.

Korres, M., G. A. Panetsos und T. Seki (Hg.) The Parthenon: Architecture and Conservation. Athen: 1996.

Koufopoulos, P. Study for the Restoration of the Parthenon: Restoration Project of the Opisthodomos and the Ceiling of the West Colonnade Aisle. Vol. 3a. Athen: 1994.

Krauss, F. Paestum, die griechischen Tempel. Berlin: 1941.

Krauss, F., G. Gruben und D. Mertens. Paestum, die griechischen Tempel. Berlin: 1978.

Krautheimer, R. »Introduction to an Iconography of Mediaeval Architecture.« Courtauld Institute 5 (1942–43).

Kriesis, A. »Ancient Greek Town Building.« Acta Congressus Madvigiani 4 (1958).

Krinsky, C. H. »Seventy-Eight Vitruvius Manuscripts.« JWCI 30 (1967).

Kron, U. »Archaisches Kultgeschirr aus dem Heraion von Samos.« Ancient Greek and Related Pottery: Proceedings of the International Vase Symposium in Amsterdam, April 12–15, 1984. H. A. G. Brijder (Hg.). Amsterdam: 1984.

Kyrieleis, H. Führer durch das Heraion von Samos. Athen: 1981.

Kyrieleis, H. »Offerings of the common men in the Heraion at Samos.« Early Greek Cult Practice: Proceedings of the Fifth International Symposium at the Swedish Institute at Athens, June 26–29, 1986. R. Hägg, N. Marinatos und G. C. Nordquist (Hg.). Göteborg: 1988.

Kyrieleis, H. Der Grosse Kuros von Samos. Bonn: 1996.

Lang, M. L. The Athenian Agora: a Guide to the Excavations. Athen: 1954.

Laugier, M.-A. Essai sur l'architecture. Paris: 1753.

Lawrence, A. W. »The Acropolis and Persepolis.« JHS 71 (1951).

Lawrence, A. W. Greek Architecture. Harmondsworth: 1957, revidiert 1983, 1996.

Lawrence, A. W. Greek Aims in Fortification. Oxford: 1979.

Le Roy, J. D. Les ruines des plus beaux monuments de la Grèce. Paris: 1758, revidiert 1770.

Lebouteux, D. Expédition Scientifique de Morée. 1833 und 1853.

Lefaivre, L. und A. Tzonis (Hg.) The Emergence of Modern Architecture: a Documentary History from 1000 to 1800. London: 2004.

Lefas, P. »How many columns did Hermogenes remove?« RA (2001), 93–103.

Lefkowitz, M. R. Not Out of Africa. New York: 1996.

Lefkowitz, M. R. und G. MacLean Rogers (Hg.) Black Athena Revisited. Chapell Hill und London: 1996.

Lévêque, P. und P. Vidal-Naquet. Clisthène l'Athénien. Paris: 1964.

Lissarague, F. »Delphes et la céramique.« BCH 36 (2000), 53–67.

Lloyd, G. E. R. Methods and Problems in Greek Science. Cambridge: 1991.

Logan, R. K. The Alphabet Effect: The Impact of the Phonetic Alphabet on the Development of Western Civilization. New York: 1986.

Loraux, N. Les Enfants d'Athéna, idées athéniennes sur la citoyenneté et la division des sexes. Paris: 1981.

Loraux, N. L'Invention d'Athènes, histoire de l'oraison funèbre dans la cité classique. Paris und New York: 1982.

Lord, A. B. The Singer of Tales. Cambridge, Mass.: 2000.

Malkin, I. Religion and Colonization in Ancient Greece. Leyden: 1987.

Malkin, I. Myth and Territory in the Spartan Mediterranean. Cambridge: 1994.

Malkin, I. »The polis between myths of land and territory.« The Role of Religion in the Early Greek Polis: Proceedings of the Third International Seminar on Ancient Greek Cult, Organized by the Swedish Institute at Athens, October 16–18, 1992. R. Hägg (Hg.). Stockholm: 1996.

Malkin, I. The Returns of Odysseus, Colonization and Ethnicity. Berkeley: 1998.

Malkin, I. »La Fondation d'une colonie apollinienne, Delphes et l'Hymne Homérique à Apollon.« BCH 36 (2000), 69–77.

Malkin, I. (Hg.) Ancient Perceptions of Greek Ethnicity. Washington und Cambridge, Mass.: 2001.

Mallwitz, A. »Das Heraion von Olympia und seine Vorgänger.« JdI 81 (1966).

Mallwitz, A. »Kritisches zur Architektur Griechenlands im 8. und 7. Jahrhundert.« AA (1981), 599–642.

Mansfield, J. M. The Robe of Athena and the Panathenaic »Peplos.« Diss. University of California. Berkeley und Ann Arbor: 1985.

Marchand, S. L. Down from Olympus. Archeology and Philhellenism in Germany, 1750–1970. Princeton: 1996.

Margineau-Carstoiv, M. »La composition des chapiteaux ioniques.« BCH 121 (1997).

Margineau-Carstoiv, M. und A. Sebe. »Remarques sur le tracé des volutes ioniques hellenestiques.« BCH 124/1 (2000).

Marinatos, N. »Medusa on the Temple of Artemis at Corfu.« Archaische griechische Tempel und Altägypten. M. Bietak (Hg.). Wien: 2001.

Marinatos, S. und M. Hirmer. Crete and Mycenae. New York: 1960.

Mark, I. S. The Sanctuary of Athena Nike in Athens: Architectural Stages and Chronology. (Hesperia, Suppl. 26). Princeton: 1993.

Martienssen, R. D. The Idea of Space in Greek Architecture, with Special Reference to the Doric Temple and its Setting. Johannesburg: 1956.

Martin, J. Architecture ou l'art de bien bâtir. Paris: 1547.

Martin, R. E. Recherches sur l'agora grecque, études d'histoire et d'architecture urbaines. Paris: 1951.

Martin, R. Problème des origines des ordres à volutes, Études d'archéologie classique I. Nancy: 1955–56.

Martin, R. L'Urbanisme dans la Grèce antique. Paris: 1956.

Martin, R. L'Art grec. Paris: 1994.

Martini, W. »Vom Herdhaus zum Peripteros.« JdI 101 (1986), 23–36.

Mavrikios, A. D. »Aesthetic Analysis Concerning the Curvature of the Parthenon.« AJA 69 (1965), 264–268.

Mazarakis-Ainian, A. »Early Greek Temples: Their Origin and Function.« Early Greek Cult Practice: Proceedings of the Fifth International Symposium at the Swedish Institute at Athens, June 26–29, 1986. R. Hägg, N. Marinatos und G. C. Nordquist (Hg.). Göteborg: 1988.

Mazarakis-Ainian, A. »Late Bronze Age Apsidal and Oval Buildings in Greece and Adjacent areas.« ABSA 84 (1989), 269–88.

Mazarakis-Ainian, A. From Rulers Dwellings to Temples: Architecture, Religion and Society in Early Iron Age Greece, 1100-700 BC (SIMA 121). Jonsered: 1997.

Meiggs, R. Trees and Timber in the Ancient Mediterranean World. Oxford: 1982.

Melas, E. (Hg.) Temples and Sanctuaries of Ancient Greece: a Companion Guide. London: 1973.

Meritt, L. S. »The Geographical distribution of Greek and Roman Ionic bases.« Hesperia 38 (1969), 186–204.

Mertens-Horn, M. »Die archaischen Baufriese aus Metapont.« RM 99 (1992), 1–122.

Métraux, G. P. R. Western Greek Land-use and City-planning in the Archaic period. New York, London: 1978.

Milizia, F. Dizionario delle belle arti del disegno. Bassano: 1797.

Miller, J. G. »Temple and Image: Did All Greek Temples House Cult Images?« AJA 101 (1997).

Mitchell, L. G. und P. J. Rhodes (Hg.) The Development of the Polis in Archaic Greece. London und New York: 1997.

Momigliano, A. The Classical Foundations of Modern Historiography. Berkeley: 1990.

Montesquieu, C. L. de Secondat, Baron de. Essai sur le goût. Paris: 1748.

Morgan, C. Athletes and Oracles: the Transformation of Olympia and Delphi in the Eighth Century BC. Cambridge: 1990.

Morgan, C. »The Archaeology of Sanctuaries in Early Iron Age and Archaic Ethne, a Preliminary View.« The Development of the Polis in Archaic Greece. L. G. Mitchell und P. J. Rhodes (Hg.). London: 1997.

Morris, I. (Hg.) Classical Greece, Ancient Histories and Modern Archaeologies. Cambridge: 1994.

Morris, S. P. Daidalos and the Origins of Greek Art. Princeton: 1992.

Mossé, C. La Grèce archaïque d'Homère à Eschyle, VIIIe-VIe siècles av. J.-C. Paris: 1984.

Mossé, C. (Hg.) La Grèce ancienne. Paris: 1986.

Mourelatos, A. P. D. (Hg.) The Pre-Socratics. New York: 1974.

Müller, V. »Development of the Megaron in Prehistoric Greece.« AJA 48 (1944).

Müller-Wiener, W. Bildlexikon zur Topographie Istanbuls, Byzantion, Konstantinopolis, Istanbul, bis zum Beginn des 17. Jahrhunderts. Tübingen: 1977.

Murray, O. Early Greece. Cambridge, Mass.: 1993.

Muss, U. Die Bauplastik des archaischen Artemisions von Ephesos. Wien: 1994.

Mylonas, G. E. Ancient Mycenae: the Capital City of Agamemnon. Princeton: 1957.

Myres, J. L. Herodotus: Father of History. Oxford: 1973.

Nagy, G. Greek Mythology and Poetics. Ithaca: 1990.

Nagy, G. Pindar's Homer: the Lyric Possession of an Epic Past. Baltimore und London: 1994.

Nehamas, A. »Pity and fear in the Rhetoric and the Poetics.« Essays on Aristotle's Poetics. A. Oksenberg Rorty (Hg.) Princeton: 1992.

Neils, J. (Hg.) Worshipping Athena, Panathenaia and Parthenon. Madison: 1994.

Neils, J. The Parthenon Frieze. Cambridge: 1995.

Newton, C. T. A History of Discoveries at Halicarnassus, Cnidus and the Branchidae. Vol. 2, part 2. London: 1863.

Nilsson, M. P. A History of Greek Religion. New York: 1964.

Nilsson, M. P. The Mycenaean Origin of Greek Mythology. Berkeley: 1972.

Norman, N. J. The »Ionic« Cella: a Preliminary Study of Fourth Century B.C. Temple Architecture, Ph. D. Diss. University of Michigan: 1980.

Ohnesorg, A. »Votiv- oder Architektursäulen?« Säule und Gebälk, zu Struktur und Wandlungsprozeß griechisch-römischer Architektur. E.-L. Schwandner (Hg.). Mainz am Rhein: 1996.

Oksenberg Rorty, A. (Hg.) Essays on Aristotle's Poetics. Princeton: 1992.

Orlandos, A.K. Les Matériaux de construction et la technique architecturale des anciens Grecs. Vol. 1. Paris: 1966.

Orlandos, A. Η αρχιτεκτονική του Η αρχιτεκτονική του Παρθενώνος, Αθηναι, τομος Β. Athen: 1977.

Orlandos, A. Η αρχιτεκτονική του Παρθενώνος, Αθηναι, τομος Γ. Athen: 1978.

Orthmann, W. Der alte Orient. Berlin: 1975.

Osborne, R. Classical Landscape with Figures: the Ancient Greek City and its Countryside. London: 1987.

Osborne, R. »The Viewing and Obscuring of the Parthenon Frieze.« JHS 107 (1987), 98–105.

Osborne, R. Greece in the Making, 1200–479 BC. London: 1996.

Østby, E. »Der Ursprung der griechischen Tempelarchitektur und ihre Beziehungen mit Ägypten.« Archaische griechische Tempel und Altägypten. M. Bietak (Hg.). Wien: 2001.

Palladio, A. I quattro libri dell'architettura. Venedig: 1570.

Parke, H. W. Festivals of the Athenians. Ithaca, N.Y.: 1977.

Parker, R. Miasma, Pollution and Purification in Early Greek Religion. Oxford: 1983.

Parry, A. M. (Hg.) The Making of Homeric Verse: the Collected Papers of Milman Parry. Oxford: 1987.

Partida, E. C. The Treasuries at Delphi: an Architectural Study (SIMA 160). Jonsered: 2000.

Paton, J. M. The Erechtheum. Cambridge, Mass.: 1927.

Payne, H. und G. M. Young. Archaic Marble Sculpture from the Acropolis. London: 1950.

Pedersen, P. The Parthenon and the Origin of the Corinthian Capital. Odense: 1989.

Pedersen, P. »Reflections on the Ionian Renaissance in Greek architecture and its historical background.« Hephaistos 19/20 (2001–2002), 97–130.

Pennethorne, J. The Geometry and Optics of Ancient Architecture. London und Edinburgh: 1878.

Penrose, F. C. An Investigation of the Principles of Athenian Architecture. London: 1888.

Perrault, C. Ordonnance des cinq espèces de colonnes selon la méthode des anciens. Paris: 1668.

Petropoulos, M. »New Elements from the Excavation of the Geometric Temple at Ano Mazaraki (Rakita).« Peloponnesiaka, Suppl. 22 (1996–97), 165–192.

Pfaff, C. A. »Three-peaked Antefixes from the Argive Heraion.« Hesperia 59 (1990), 149–156.

Picard, C. L'Acropole I, L'enceinte, l'entree, le bastion d'Athéna Niké, les Propylées. Paris: 1929–32.

Picard, C. L'Acropole II, Le plateau supérieur, l'Erechtheion, les annexes sud. Paris: 1929–32.

Picón, C. A. »The Sculptures of the Archaic Temple of Artemis at Ephesos.« Πρακτικα του 12ου Διθεθνους Συνεδρίου Κλασσικής Αρχαιολογίας 3, (1988) 221–224.

Piranesi, G. B. Diverse Maniere d'adornare i Cammini. Rom: 1769.

Pirenne, H. Mohammed and Charlemagne. London: 1939.

Plommer, H. »Review: Herbert Koch, Studien zum Theseustempel in Athen.« Gnomon 29 (1957), 33–38.

Plommer, H. »The Archaic Acropolis, Some Problems.« JHS 35 (1960), 127–159.

Plommer, H. »The Old Platform in the Argive Heraion.« JHS 104 (1984), 183–184.

Plommer, W. H. »Three Attic Temples.« ABSA 45 (1950).

Plommer, W. H. Ancient and Classical Architecture. London: 1956.

Poliakov, L. Le mythe arien. Paris: 1971.

Polignac, F. de »Mediation, Competition, and Sovereignty: The Evolution of Rural Sanctuaries in Geometric Greece.« Placing the Gods, Sanctuaries and Sacred Space in Ancient Greece. S. E. Alcock und R. Osborne (Hg.). Oxford und New York: 1994.

Polignac, F. de La Naissance de la cité grecque. Paris: 1995.

Polignac, F. de »L'installation des dieux et la genèse des cités en Grèce d'Occident, une question résolue? Retour à Mégara Hyblaea.« La colonisation grecque en Méditerranée occidentale, actes de la rencontre scientifique en hommage à Georges Vallet, Rome–Naples 15–18 novembre 1995. Rom: 1999.

Pollitt, J. J. Art and Experience in Classical Greece. Cambridge: 1972.

Pollitt, J. J. The Ancient View of Greek Art: Criticism, History and Terminology. New Haven: 1974.

Pollitt, J. J. »The Meaning of the Parthenon Frieze.« The Interpretation of Architectural Sculpture in Greece and Rome. D. M. Buitron-Oliver (Hg.). Hannover und London: 1997.

Pollitt, J. J. The Art of Ancient Greece: Sources and Documents. Cambridge: 1990.

Pollock, J. L. Cognitive Carpentry, Blueprint for How to Build a Person. Cambridge, Mass.: 1995.

Pontremoli, E. und B. Haussoullier. Didymes, Fouilles de 1895 et 1896. Paris: 1904.

Pope, A. Moral Essays. London: 1731.

Popham, M. R. und L. H Sackett. Lefkandi I, The Iron Age. Athen und London: 1979–80.

Popham, M. R., P. G. Calligas und L. H. Sackett (Hg.) Lefkandi II, The Protogeometric Building at Toumba, Part 2: The Excavation, Architecture and Finds. Athen und London: 1993.

Poulsen, F. Delphi. London: 1920.

Poursat, J.-C. La Grèce préclassique, des origines à la fin du VIe siècle. Paris: 1992.

Puchstein, O. Das ionische Capitell. Berlin: 1887.

Puchstein, O. Die ionische Säule als klassisches Bauglied orientalischer Herkunft, ein Vortrag. Leipzig: 1907.

Putnam, H. Renewing Philosophy. Cambridge, Mass., und London: 1992.

Quatremère de Quincy, A. C. De l'architecture égyptienne. Paris: 1803.

Renard, L. »Notes d'architecture proto-géométrique en Crète.« AntCl 36 (1967), 566–595.

Renfrew, C. The Emergence of Civilisation: the Cyclades and the Aegean in the Third Millennium B.C. London: 1972.

Renfrew, C. (Hg.) The Explanation of Culture Change. London: 1973.

Renfrew, C. Archaeology and Language: the Puzzle of Indo-European Origins. London: 1987.

Renfrew, C. und E. B. W. Zubrow (Hg.) The Ancient Mind, Elements of Cognitive Archaeology. Cambridge: 1994.

Rhodes, R. F. The Beginnings of Monumental Architecture in the Corinthia, Diss. University of North Carolina: 1984.

Rhodes, R. F. Architecture and Meaning in the Athenian Acropolis. Cambridge, New York und Melbourne: 1995.

Ribart de Chamoust, M. L'Ordre François Trouvé dans la Nature. Paris: 1783.

Richter, G. M. The Archaic Gravestones of Attica. London: 1961.

Richter, G. M. A. »Perspective, Ancient, Medieval, and Renaissance.« Scritti in Onore di Bartolomeo Nogara. Rom: 1937.

Richter, G. M. A. Perspective in Greek and Roman Art. London und New York: 1970.

Ridgway, B. S. The Archaic Style in Greek Sculpture. Chicago: 1993.

Riemann, H. Zum griechischen Peripteraltempel, seine Planidee und ihre Entwicklung bis zum Ende des 5. Jahrhunderts. Düren: 1935.

Robertson, D. S. Greek and Roman Architecture. London: 1969.

Robinson, D. M. u.a. Excavations at Olynthus. Vol. 8 und 12. Baltimore: 1938–46.

Robinson, H. »Excavations at Corinth, Temple Hill 1968–1972.« Hesperia 45 (1976), 203–239.

Rodenwaldt, G. Korkyra I, Der Artemis-tempel. Berlin: 1940.

Rodenwaldt, G. Korkyra II, Die Bildwerke des Artemistempels. Berlin: 1939.

Roebuck, M. »Archaic Architectural Terracottas from Corinth.« Hesperia 59 (1990), 49.

Romano, I. B. Early Greek Cult Images, Diss. University of Pennsylvania: 1980.

Romano, I. B. »Early Greek Cult Images and Cult Practices.« Early Greek Cult Practice: Proceedings of the Fifth International Symposium at the Swedish Institute at Athens, June 26–29, 1986. R. Hägg, N. Marinatos und G. C. Nordquist (Hg.). Göteborg: 1988.

Ross, Sir W. D. Aristotle. London: 1923.

Roux, G. »Le chapiteau corinthien de Bassae.« BCH 77 (1953), 124–130.

Roux, G. »L'architecture de l'Argolide aux IVe et IIIe s. avant J.-C.« BEFAR 199 (1961).

Roux, G. L'architecture de l'Argolide aux IVe et IIIe siècles. Paris: 1961.

Roux, G. Karl Haller von Hallerstein, Le temple de Bassae. Strasbourg: 1976.

Roux, G. (Hg.) Temples et Sanctuaires. Lyon: 1984.

Roux, G. »Pourquoi le Parthénon?« CRAI (1984), 301–317.

Roux, G. »L'architecture à Delphes: un siècle de découvertes.« BCH Suppl. 36 (2000), 181–199.

Rupp, D. »Reflections on the development of altars in the eighth century B.C.« The Greek Renaissance of the Eighth Century B.C.: Tradition and Innovation. R. Hägg (Hg.). Stockholm: 1983.

Salmon, J. B. Wealthy Corinth: a History of the City to 338 BC. Oxford: 1984.

Sandys, J. The Odes of Pindar. London: 1968.

Schachermeyer, F. »Die ältesten Kulturen Griechenlands.« AJA 41 (1937).

Schachter, A. »Policy Cult and the Placing of the Greek Sanctuaries.« Le Sanctuaire Grec (Fondation Hardt 37). A. Schachter (Hg.). Vandoeuvres-Genf: 1992.

Schachter, A. Le Sanctuaire Grec (Fondation Hardt 37). Vandoeuvres-Genf: 1992.

Schleif, H. »Der Zeusaltar in Olympia« JdI 49 (1934), 139–156.

Schmoll, J. A. (Hg.) Das Unvollendete als künstlerische Form. Bern: 1959.

Schnapp-Gourbeillon, A. Aux origines de la Grèce, La genèse du politique. Paris: 2002.

Schneider, P. »Zur Topographie der Heiligen Strasse von Milet nach Didyma.« AA 1 (1987), 101–129.

Scholl, A. »Choephoroi, zur Deutung der Korenhalle des Erechtheion.« JdI 110 (1995), 179–212.

Schwandner, E.-L. »Überlegungen zur technischen Struktur und Formentwicklung archaischer Dachterrakotten.« Hesperia 59 (1990), 192–291.

Schwandner, E.-L. (Hg.) Säule und Gebälk, zu Struktur und Wandlungsprozeß griechisch-römischer Architektur. Mainz am Rhein: 1996.

Scranton, R. »Interior Design of Greek Temples.« AJA 50 (1946).

Scranton, R. Greek Architecture. New York und London: 1962.

Scully, V. J. The Earth, the Temple and the Gods: Greek Sacred Architecture. New Haven: 1962.

Seiler, F. Die griechische Tholos, Untersuchungen zur Entwicklung, Typologie und Funktion kunstmäßiger Rundbauten. Mainz am Rhein: 1986.

Semper, G. Der Stil in den technischen und tektonischen Künsten, oder Praktische Aesthetik, ein Handbuch für Techniker, Künstler und Kunstfreunde, Bd.1: Die Textile Kunst für sich betrachtet und in Beziehung zur Baukunst. München: 1878.

Semper, G. Der Stil in den technischen und tektonischen Künsten, oder Praktische Aesthetik, ein Handbuch für Techniker, Künstler und Kunstfreunde, Bd.2: Keramik, Tektonik, Stereotomie, Metallotechnik für sich betrachtet und in Beziehung zur Baukunst. München: 1879.

Serlio, S. I libri dell'architettura. Venice: 1537–75. Vollständige Ausgabe 1584. Reprint. Ridgewood, N.J.: 1964.

Shaftesbury, A. A. Cooper, Earl of Characteristics of Men, Manners, Opinions, Times. London: 1711.

Shear, I. M. »Maidens in Greek Architecture, the Origin of the Caryatids.« BCH 123 (1999), 65–85.

Shear, J. L. Polis and Panathenaia: the History and Development of Athena's Festival, Diss. Ann Arbor: 2002.

Shiloh, Y. »The Proto-Aeolic Capital and Israelite Ashlar Masonry.« Qedem 11 (1979), 83–87.

Shiloh, Y. und A. Horowitz. »Ashlar Quarries of the Iron Age.« BASOR 217 (1975), 37–48.

Shipley, G. und J. Salmon (Hg.) Human Landscapes in Classical Antiquity, Environment and Culture. London: 1996.

Shoe, L. T. Profiles of Western Greek Mouldings. 2 Bde. Rom: 1952.

Shoe Meritt, L. »The Geographical Distribution of Greek and Roman Ionic bases.« Hesperia 38 (1969).

Sichtermann, H. Kulturgeschichte der klassischen Archäologie. München: 1996.

Simon, E. Festivals of Attica. Madison: 1983.

Simopoulos, K. Foreign Travellers to Greece. Athen: 1970–75.

Snell, B. The Discovery of the Mind. Cambridge, Mass.: 1953.

Snodgrass, A. M. Archaeology and the Rise of the Greek State. Cambridge: 1977.

Snodgrass, A. M. Archaic Greece: The Age of Experiment. London: 1980.

Sokolowski, F. Lois sacrées des cités grecques, Supplément. Paris: 1962.

Somolinos, J. R. »Le Plus ancien oracle d'Apollon Didymeen.« EpigrAnat 17 (1991), 69–71.

Spengler, O. Der Untergang des Abendlandes. Berlin: 1918–22.

Stais, V. Το Σούνιον και οι ναοί Ποσειδώνος και Αθηνάς, Athen: 1920.

Stevens, G. P. »The Periclean Entrance Court of the Acropolis of Athens.« Hesperia 5 (1936), 443–520.

Stevens, G. P. The Setting of the Periclean Parthenon (Hesperia, Suppl. 3). Princeton: 1940.

Stevens, G. P. »The Curves of the North Stylobate of the Parthenon.« Hesperia 12 (1943).

Stevens, G. P. »The Northeast corner of the Parthenon.« Hesperia 15 (1946), 1–26.

Stevens, G. P. »Remarks upon the Colossal Chryselephantine Statue of Athena in the Parthenon.« Hesperia 24 (1955), 240–276.

Stevenson Smith, W. The Art and Architecture of Ancient Egypt. Harmondsworth: 1958, revidiert 1965.

Stevenson Smith, W. Interconnections in the Ancient Near-East: a Study of the Relationships between the Arts of Egypt, the Aegean, and Western Asia. New Haven: 1965.

Stone, I. F. The Trial of Socrates. Boston: 1988.

Strauss Clay, J. The Politics of Olympus: Form and Meaning in the Major Homeric Hymns. Princeton: 1989.

Stuart, J. und N. Revett. The Antiquities of Athens, Measured and Delineated. London: 1762–1830.

Svenbro, J. Phrasikleia: an Anthropology of Reading in Ancient Greece. Ithaca und London: 1993.

Svolopoulos, D. Ναός Επικουρίου Απόλλωνος Βασσών. Αρχιτεκτονική Μελέτη. Τεύχος 2. Athen: 1995.

Tanoulas, T., M. Ioannidou und A. Moraitou. Study for the Restoration of the Propylaea 1. Athen: 1994.

Tanoulas, T. »The Ionic stylobate and the building process of the Propylaia.« Säule und Gebälk, zu Struktur und Wandlungsprozeß griechisch-römischer Architektur. E.-L. Schwandner (Hg.) Mainz am Rhein: 1996.

Themelis, G. »Δελφοί και περιοχή τον 8ο και 7ο π.Χ. αιώνα«, Athene 61 (1983), 237–244.

Theodorescu, D. Le chapiteau ionique grec. Genf: 1980.

Tomlinson, R. A. »The Doric Order: Hellenistic critics and criticism.« JHS 83 (1963), 133–145.

Tomlinson, R. A. Argos and the Argolid: From the End of the Bronze Age to the Roman Occupation. Ithaca, N.Y.: 1972.

Tomlinson, R. A. Greek Sanctuaries. London: 1976.

Tomlinson, R. A. »The Sequence of Construction of Mnesikles« Propylaia.« ABSA 85 (1990), 405–413.

Tournikiotis, P. (Hg.) The Parthenon and its Impact in Modern Times. Athen: 1994.

Travlos, J. Πολεοδομική Εξέλιξις των Αθηνών. Athen: 1960.

Travlos, J. Athènes au fil du temps, atlas historique d'urbanisme et d'architecture. Bologna: 1972.

Travlos, J. Pictorial Dictionary of Ancient Athens. New York: 1980.

Travlos, J. Bildlexikon zur Topographie des antiken Attika. Tübingen: 1988.

Trevor Hodge, A. The Woodwork of Greek Roofs. Cambridge: 1960.

Tuchelt, K. Vorarbeiten zu einer Topographie von Didyma. Tübingen: 1973.

Tuchelt, K. »Tempel – Heiligtum – Siedlung-Probleme zur Topographie von Didyma.« Neue Forschungen in griechischen Heiligtümern. U. Jantzen (Hg.). Tübingen: 1976.

Tuchelt, K. »Didyma - Bericht über die Arbeiten der Jahre 1980–1983.« IstMitt 34 (1984), 214–225.

Tuchelt, K., P. Schneider, T. Schattner und H.-R. Baldus. »Didyma - Bericht über die Ausgrabungen 1985 und 1986 an der Heiligen Strasse von Milet nach Didyma.« AA (1989), 143–217.

Tzonis, A. und L. Lefaivre. Classical Architecture: the Poetics of Order. Cambridge, Mass., und London: 1986.

Tzonis, A. »Il bastione comme mentalità.« La Città el mura. C. de Seta und J. le Goff (Hg.). Rom: 1989.

Tzonis, A. »Hütten, Schiffe und Flaschengestelle, Analogischer Entwurf für Architekten und/oder Maschinen.« Archithese Mai–Juni (1990).

Tzonis, A. Le Corbusier. New York: 2001.

Ullman, S. High-Level Vision, Object Recognition and Visual Cognition. Cambridge, Mass., und London: 1996.

Umholtz, G. »Architraval arrogance? Dedication Inscriptions in Greek Architecture of the Classical Period.« Hesperia 71 (2002), 261–293.

Van Buren, E. D. Archaic Fictile Revetments in Sicily and Magna Graecia. London: 1923.

Van Buren, E. D. Greek Fictile Revetments in the Archaic Period. London: 1926.

Van Straten, F. »Votives and Votaries in Greek Sanctuaries.« Le Sanctuaire Grec (Fondation Hardt 37). A. Schachter (Hg.). Vandoeuvres-Genf: 1992.

Vasari, G. Le vite de' più eccelenti pittori, scultori ed architettori. Florenz: 1550, 1568.

Vatin, C. »Marques de chantier et organisation du travail dans un grand sanctuaire.« Technai, Techniques et sociétés en Méditerranée, Hommage à Marie-Claire Amouretti. J.-P. Brun und P. Jockey (Hg.). Paris: 2001.

Vermeule, E. T. Greece in the Bronze Age. Chicago: 1972.

Vernant, J.-P. Les Origines de la pensée grecque. Paris: 1962.

Vernant, J.-P. Mythe et pensée chez les Grecs. Bde. 1 und 2. Paris: 1965.

Vernant, J.-P. »A la table des hommes, Mythe de fondation du sacrifice chez Hésiode.« : La cuisine du sacrifice en pays grec. M. Detienne und J.-P. Vernant (Hg.). Paris: 1979.

Vernant, J.-P. »The Birth of Images.« Mortals and Immortals, Collected Essays. F. Zeitlin (Hg.). Princeton: 1991.

Vernant, J.-P. und P. Vidal-Naquet. La Grèce ancienne 2, L'espace et le temps. Paris: 1991.

Vernant, J.-P. Entre mythe et politique. Paris: 1996.

Veyne, P. Les Grecs ont-ils cru à leurs mythes? Essai sur l'imagination constituante. Paris: 1983.

Vidal-Naquet, P. Le chasseur noir, formes de pensée et formes de société dans le monde grec. Paris: 1981.

Vidal-Naquet, P. La Démocratie grecque vue d'ailleurs, essais d'historiographie ancienne et moderne. Paris: 1990.

Vidal-Naquet, P. Les Grecs, les historiens, la démocratie: le grand écart. Paris: 2000.

Vidal-Naquet, P. Fragments sur l'art antique. Paris: 2002.

Vidal-Naquet, P. Le Monde d'Homère. Paris: 2002.

Walbank, F. W. The Hellenistic World. Cambridge, Mass.: 1981.

Walter, H. Das griechische Heiligtum, dargestellt am Heraion von Samos. Stuttgart: 1990.

Walter-Karydi, E. »Geneleos.« AM 100 (1985), 89–103.

Weickert, C. Das lesbische Kymation, ein Beitrag zur Geschichte der antiken Ornamentik. Leipzig: 1913.

Weiss, R. The Renaissance Discovery of Classical Antiquity. New York und Oxford: 1973.

Welter, G. Aigina. Berlin: 1938.

Werner, K. The Megaron during the Aegean and Anatolian Bronze Age: a Study of Occurrence, Shape, Architectural Adaption and Function (SIMA 108). Jonsered: 1993.

Wesenberg, B. Kapitelle und Basen, Beobachtungen zur Entstehung der griechischen Säulenformen. Düsseldorf: 1971.

Wesenberg, B. »Panathenäische Peplos-dedikation und Arrhephorie, zur Thematik des Parthenonfrieses.« JdI 110 (1995),149–178.

Wesenberg, B. »Die Entstehung der griechischen Säulen und Gebälkformen in der literarischen Überlieferung der Antike.« Säule und Gebälk, zu Struktur und Wandlungsprozeß griechisch-römischer Architektur. E.-L. Schwandner (Hg.) Mainz am Rhein: 1996.

West, M. L. The East Face of Helicon: West Asiatic Elements in Greek Poetry and Myth. Oxford: 1997.

Weynants-Ronday, M. Les Statues vivantes. Brüssel: 1926.

White, J. Perspective in Ancient Drawing and Painting (Society for the Promotion of Hellenic Studies, Suppl. 7). London: 1956.

Wiebenson, D. Sources of Greek Revival Architecture. London: 1969.

Wiegand, T. Didyma. Berlin: 1941.

Wikander, C. »Opaia Kiramis: Skylight Tiles in the Ancient World.« OpRom 14 (1983).

Wikander, C. Sicilian Architectural Terracottas: a Reappraisal. Stockholm: 1986.

Winckelmann, J. J. Anmerkungen über die Baukunst der Alten. Leipzig: 1762.

Winter, F. E. Greek Fortifications. London und Toronto: 1971.

Wittkower, R. Architectural Principles in the Age of Humanism. London: 1962.

Woodruff, P. »Aristotle on Mimesis.« Essays on Aristotle's Poetics. A. Oksenberg Rorty (Hg.) Princeton: 1992.

Wren, Sir C. Tracts on Architecture. 1670.

Wright, G. R. H. Ancient Building in South Syria and Palestine. 2 Bde. Leyden und Köln: 1985.

Wright, J. C. »The Old Temple Terrace at the Argive Heraeum and the Early Cult of Hera in the Argolid.« JHS 102 (1982), 186–201.

Wright, J. C. »The Spatial Configuration of Belief, the Archaeology of Mycenaean Religion.« Placing the Gods, Sanctuaries and Sacred Space in Ancient Greece. S. E. Alcock und R. Osborne (Hg.). Oxford und New York: 1994.

Wycherley, R. E. How the Greeks Built Cities. New York: 1949.

Wycherley, R. E. The Athenian Agora III: Literary and Epigraphical Testimonia. Princeton: 1957.

Yalouris, N. »Problems relating to the temple of Apollo Epikourios at Bassai.« Greece and Italy in the Classical World: Acts of the XI International Congress of Classical Archaeology, London 1978. J. N. Coldstream und M. A. R. Colledge (Hg.). London: 1979.

Zanker, P. The Mask of Socrates: the Image of the Intellectual in Antiquity. Berkeley: 1995.

Παπαθανασόπουλος, Θ. »Ο ναός του Επικουρίου Απόλλωνα«, *Αρχαιολογία 29*, (1988), 12-26.

Παπανικολαου, Ι.Α. »Ζητήματα των Μεγάρων Α και Β του Θερμου«, Aeph, (1990), 191-200.

REGISTER

Die *kursiven* Seitenzahlen beziehen sich auf Abbildungen.

272

BILDNACHWEIS

Die Abbildungen stammen aus dem Archiv von Alexander Tzonis mit Ausnahme der folgenden Fotos.

AKG-images, S. 146, 221

AKG-images/Erich Lessing, S. 72 oben, 72 unten, 82 oben, 86 oben, 104, 132 links, 166

AKG-images/John Hios, S. 147

AKG-images/Robert O'Dea, S. 82 unten

Archives Boissonas, S. 8, 12, 14, 16, 17, 23, 100, 114, 120, 121, 156, 178, 179, 236

Athen, École française/Georges de Miré, S. 20 links, 20 rechts, 88 links, 88 rechts, 89, 170

Athen, Deutsches Archäologisches Institut, S. 26, 27, 28, 42, 78, 79 oben, 79 unten, 80, 81, 92, 93, 96, 106, 108, 109, 110, 112, 118, 119, 124, 125, 126, 127, 162, 215, 222, 232, 235

Genf, Musées d'Art et d'Histoire/Waldemar Deonna, S. 22, 99, 134, 169

Serge Moulinier, S. 57, 60, 70, 113, 145, 180, 182, 183, 186, 187, 188, 189, 190, 191, 194, 196, 208, 214, 228, 230, 234

Paris, Lucien Hervé, S. 6

Mark Edward Smith, S. 102